전쟁과 세계경제조작 배후의
영적인 원인 및 그 해법

킴 마이클즈 지음
편집 번역팀 옮김
光峯 감수

도서출판 은하문명

Help the Ascended Masters Stop War

■ 그리스도 의식을 추구하며(http://cafe.naver.com/christhood)
초벌번역 참여자들 (세바뇨스, 도운, 루미, 리얼셀프, 토파즈, 최종윤, 사랑쟁이)

전쟁과 세계경제조작 배후의
영적인 원인 및 그 해법

머리말

이 책은 '세계 영성화' 시리즈에 속합니다. 이 시리즈에 속한 책들은 승천한 대사들로부터 전달받은 것으로서 고착된 세상의 문제들을 해결하는데 필요한 실용적인 도구와 지식이 담겨져 있습니다. 또한 이 책에는 우리가 전쟁 문제를 다루는데 있어 필요한 도구와 지식이 명확하게 제시되어 있습니다. 그러나 승천한 마스터들과 그들의 가르침에 관한 기본적인 지식을 담고 있지는 않습니다. 이 책을 효과적으로 사용하기 위해서는 다음과 같은 주제에 대한 일반적인 지식을 알고 있어야 합니다.

• 여러분은 승천한 마스터들이 누구이고, 어떻게 그들이 가르침을 인간들에게 주며, 어떻게 하면 그것을 개인과 지구행성 수준에서 최상으로 활용할 수 있는지를 알 필요가 있습니다. 여러분은 〈어떻게 당신이 세상의 변화를 도울 수 있는가〉와 〈자아의 힘〉과 같은 책들에서 마스터들의 폭넓은 가르침을 찾아볼 수가 있습니다.

• 여러분은 지구가 어떻게 우주적인 학교로서의 역할을 하는지 알 필요가 있습니다. 여러분은 육화한 영적인 존재로서 자신의 역할과 권한을 알아야 합니다. 승천한 마스터들의 역할과 육화 중인 여러분의 역할, 그리고 여러분이 그들에게 지구를 변화시킬 수 있는 권한을 줄 수 있다는 것을 알 필요가 있습니다. 여러분은 이 시리즈의 첫 번째 책에서 자신들이 세상을 바꾸는 방법에 관해 더 많은 것을 찾을 수 있을 것입니다.

• 여러분은 마스터들에게 받은 실용적인 도구들을 어떻게 사용하는지 그 방법을 알 필요가 있습니다. 여러분이 세상을 바꾸는데 도움이 되는 더 많은 방법을 www.transcendencetoolbox.com에서 찾아 볼 수 있습니다.

• 여러분은 지구상에서 벌어지는 전쟁에 대해 전적인 책임이 있는 어둠의 세력들의 존재와 그들이 이용하는 방법에 대해서 알 필요가 있습니다. 여러분은 기본적인 가르침들을 악의 우주론(Cosmology of Evil)에서 찾을 수 있습니다.

이 책을 사용하는 방법

이 책에 제시된 가르침들과 도구들을 이용하는 방법은 한 가지만 있는 것이 아닙니다. 하지만, 만약 여러분이 전쟁을 멈추는데 결정적인 기여를 하고자 한다면 다음과 같이 이 프로그램을 시작할 것을 제안합니다.

• 각 장의 주제에 대한 이해를 높이기 위해서 먼저 하나의 장(章)을 완벽하게 읽기 바랍니다.

• 그 장과 관련된 기원문을 9일 동안 하루에 1회 낭독해 바치며 동일한 장을 반복하여 학습합니다.

이렇게 프로그램을 짜놓은 이유는 책 안의 장들이 점진적인 진행의 형태이기 때문입니다. 한 장의 기원문을 실행함으로써 여러분은 특정한 환영과 에너지로부터 자신의 의식을 정화하게 됩니다. 이것은 다음 장의 가르침을 더 쉽게 받아들이고 응용하게 해줍니다. 물론 여러분은 이 책 전체를 읽고 나서 기원문을 하나 선택하거나 더 많은 기원문들을 여러 차례 행할 수 있습니다. 언제나 한 기원문을 9일 또는 33일간 하루에 1회씩 낭독하는 것이 더욱 강력합니다.

만약 여러분이 부담을 느낀다면

이 책의 목적은 단순히 여러분에게 지적인 지식을 주는 것이 아닙니다. 그 진정한 목적은 여러분이 기원문들을 낭독하여 바침으로써 승천한 마스터들에게 전쟁을 조장하는 에너지들과 어둠의 세력들을 제거할 권한을 주기 위한 것입니다. 이러한 세력들은 지구에서 자신들을 제거하는 과정에 여러분들이 기여하는 것이 달갑지 않을 것입니다. 따라서 그들은 다양한 방식으로 여러분이 부담을 느끼도록 할 수도 있으며 여러분에게 직접적인 에너지로 간섭할 수도 있습니다. 그들의 목적은 여러분 스스로 그런 노력을 중단하도록 만드는 것입니다.

만약 여러분이 부담을 느낀다면, 부디 이 책의 마지막 장을 읽고 그 장과 관련된 기원문을 이용하여 자신과 여러분 주위의 모든 사람들에 대한 보호를 요청하세요. 그러면 그 장에 언급된 대로, 대부분의 사람들이 곧바로 전쟁 세력들의 공격에서 벗어날 수 있습니다.

어둠의 세력들은 언제나 우리가 공격받기 쉬운 우리 삶의 어떤 조건들을 증폭시키려 할 것입니다. 만약 특정 문제가 있다면, 그 문제를 해결하는 더 직접적인 방식의 다른 도구를 이용하는 것이 도움이 될 수 있습니다. 마스터들은 여러분이 특정한 주제들을 다루는데 도움이 되는 많은 기원문들과 디크리들을 주었으며, 그것은 www.transcendencetoolbox.com에서 찾아볼 수 있습니다. 또한 일부 도구들은 킴 마이클즈의 다른 책에서 찾을 수 있거나, www.morepublish.com에서 구입할 수 있습니다.

이 책에서 언급했듯이, 일정 인원의 사람들이 기원문을 실행하고 전쟁 배후에 놓인 그 의식을 초월하는 것이 중요합니다. 사회적인 매체를 이용하는 것을 포함해서 이 책에 대해 다른 사람들에게 알리기를 적극 권고합니다. 성모 마리아께서 말씀하신 바와 같이, 많은 사람들이 이 책을 읽고 기원문을 낭독하여 바친다면, 승천한 마스터들이 가까운 미래에 지구에서 전쟁을 없애는 것이 가능하게 될 것입니다. 이런 내용들은 퍼트릴만한 가치가 있는 메시지가 아닌가요?

Contents

해 먹는다 / 병사들의 에너지장들 / 그런 세력들이 존재한다는 것을 실감하는 충격 / 아스트랄계에 대한 묘사 / 아스트랄계 안의 타락한 존재들 / 멘탈계의 타락한 존재들 / 살인을 정당화하는 의식 / 자의식계의 타락한 존재들 / 전쟁의 숨은 원인 / 이런 가르침들에 대한 여러분들의 반응 / 전반적인 뼈대 제공하기 / 마스터들의 빛으로 전쟁을 없애기 /

4장 전쟁의 비-물리적인 원인들을 드러내기 (기원문)

1부 / 2부 / 3부 / 4부

5장 어떻게 전쟁이 실제로 제거될 수 있는가?

이전 생애들의 효과 / 전쟁의 사고방식에서 깨어나기 / 병사들이 전쟁의 주요 원인이 아니다 / 전쟁의 기반을 이루고 있는 이원성 의식 / 인간들이 돌아서기 위한 잠재력 / 여러분이 실질적으로 할 수 있는 것에 대한 한계 / 전쟁에 대한 대안 선택을 위해 빛을 기원하기 / 시간에 따른 인류의 진화 / 상향 운동의 원인 / 그리스도의 심판과 이원성적인 심판 / 물고기자리 주기의 의식을 초월하기 / 전환기 동안 심판 요청하기 / 이러한 도구들이 오용될 잠재성 / 사람들을 선택에 직면하게 하기 / 다른 세계들 내의 존재들과 마주하기 / 심판이 시작되는 이유 / 낮게 내려가거나 높게 오르려는 선택 / 건설적으로 그리스도의 심판을 사용하기

6장 심판의 필요성을 사람들에게 일깨우기 (기원문)

1부 / 2부 / 3부 / 4부

7장 전쟁의 원인으로서의 두려움

마스터들은 모든 생명들을 끌어올리기를 원한다 / 투쟁은 여러분의 마음 안에 있다 / 하향나선 안의 전환점 / 전쟁의 원인으로서의 원초적 두려움 / 물

질적 조건에 앞서서 생겨나는 영적인 에너지들 / 이원성 안에서 자신의 참된 정체를 망각하다 / 두려움으로부터 자유롭게 되기 / 멘탈 수준에서의 원초적 두려움의 결과 / 충분한 투쟁을 경험하는 것 / 자의식계 수준에서의 원초적인 두려움의 결과 / 전쟁 배후의 원동력으로서의 증오 / 국가들이 그들의 과거에 대해 질문할 필요성 / 극단적인 증오의 배후에 대한 설명 / 어떻게 증오에 찬 존재들이 육화상태에서 제거되는가? / 전쟁을 인식하되, 거기에 머무르지 않기 / 전쟁의 의식에 대한 종식을 요구하라 / 지구행성을 정화하기 위해 긍정적인 변화를 만들어내기 / 지구에 대한 순수한 비전

8장 두려움의 환영을 산산조각내기 (기원문)

1부 / 2부 / 3부/ 4부

9장 전사(戰士) 사고방식

전쟁을 통해 명예를 얻고자 하는 사고방식 / 전사문화의 시작 / 전사문화와 거대한 투쟁 / 사람들에게 전사적 사고방식을 주입하는 문제점 / 전사적 사고방식의 폐쇄회로 / 군(軍) 혹은 위협, 어느 것이 먼저인가? / 전사적 사고방식에 대한 중독을 극복하기 / 국가적 자부심은 아무것도 아니다 / 호전적인 전사 사고방식 분쇄하기 / 군대를 무한정 영속화하기 / 이원성을 통한 불균형적인 창조 / 궁극적 무기의 오류 / 고도의 문명은 전쟁에 의존하지 않는다 / 여러분은 전쟁을 충분히 겪었는가?

10장 전사적 사고방식을 산산조각 내기 (기원문)

1부 / 2부 / 3부/ 4부

11장 전쟁을 통한 물질적인 돈벌이

전쟁 산업을 폭로하기 / 증대되어 돌아오는 법칙을 통한 번영 / 전쟁을 통한

부(富)의 총량 감소 / 전쟁과 돈 사이의 관계 / 음모이론과 돈 / 돈에 관한 황금시대의 관점 / 전체로부터 빼앗음으로써 부유하게 되기 / 이자의 개념에 의문 가지기 / 어떻게 인위적인 금융제도가 만들어지게 되었는가? / 경제에서 빼앗은 돈을 전쟁자금으로 / 부채의 눈덩이를 위장하기 / 이자는 고유의 가치를 지니나, 부채는 그렇지 않다 / 타락한 존재들이 경제 성장을 정지시키려고 시도하는 방법 / 거짓 경제에서의 인위적인 소비 / 금융조작의 제거 / 부담감 없이 기회를 받아들이기 / 지구를 변화시키기 위한 상향 운동 구축하기 /

12장 이익을 위한 전쟁을 심판하기 (기원문)

 1부 / 2부 / 3부/ 4부

13장 그릇된 통화체계를 폭로하기 (기원문)

 1부 / 2부 / 3부/ 4부

14장 전쟁과 권력에 대한 추구

영적인 세계와 물질적인 세계 / 어떻게 자유에 대한 열망이 반란을 일으킬 수 있는가? / 어떻게 극단적인 욕구들이 중독들을 낳는가? / 문명들과 권력에 대한 추구 / 이원성에서는 아무것도 결코 충분하지 않다 / 왜 타락한 존재들이 지구에 육화했는가? / 거짓된 개념들 또는 원초적인 권력을 통해 지배하기 / 의식 상태를 제거하기 위해 요청하기 / 왜 여러분이 지금 육화해 있는가? / 여러분이 심판을 요청할 때 일어나는 것들 / 천사들이 악귀들과 대면하고 무력화시키는 방법 / 빛을 기원하는 것을 통해서 승리가 성취된다 / 일체성과 동일성 간의 차이 / 신은 동일함이 아니라, 다양성을 창조했다 / 타락한 존재들의 사상들로부터 여러분 자신을 자유롭게 하기 /

15장 권력을 향한 끝없는 욕망을 심판하기 (기원문)

19장 아스트랄계 정화하기 (기원문)

1부 / 2부 / 3부/ 4부

20장 멘탈계 안의 속임수들

멘탈계 안의 타락한 존재들 / 멘탈계 내 타락한 존재들의 사상들 / 전체는 부분들의 총합 이상이다 / 수직적인 하나됨과 수평적인 하나됨 / 타락한 존재들의 왜곡들을 꿰뚫어 보기 / 타락한 존재들이 동일성을 통해서 통제를 추구하는 방식 / 왜 타락한 존재들의 힘이 제한되어 있는가? / 완전한 통제는 불가능하다 / 여러분에게 최상의 것을 하는 것 / 타락한 존재들의 기만들을 드러내기 / 지적능력의 한계들 / 지성이라는 모래 늪에서 벗어나기 / 논쟁을 위해 가르침들을 이용하지 말라 / 물질주의적인 설명을 넘어서기 / 물질주의적 과학은 근본적으로 어떻게 결함이 있는가? / 타락한 존재들이 어떻게 대안 교사들로서 작용하는가? / 고난의 학교를 통해서 배우기 /

21장 멘탈계 정화하기 (기원문)

1부 / 2부 / 3부/ 4부

22장 정체성의 환영들

너희는 살인하지 말라 / 자의식계의 타락한 존재들로부터 오는 사상들 / 타락한 존재들의 논리를 합리적으로 숙고해 보라 / 신은 타락한 존재와 타락하지 않은 존재를 차별하지 않는다 / 여러분은 죄인이 아니고 동물도 아니다 / 왜 타락한 존재들은 분리에 대해 언급하지 않는가? / 여러분의 그리스도 잠재성을 부인하기 / 어떻게 타락한 존재들이 그릇된 길을 만들어내는가? / 멘탈계와 자의식계의 타락한 존재들 / 타락한 존재들은 설득이 되지 않는다 / 권한은 육화한 존재들에게 있다 / 온화한 주장의 연막을 꿰뚫어보기 / 타락한 존재들은 인간들에게 무감각하다 / 타락한 존재들을 다룰 때 사리분별하

어떻게 영적인 사람들이 전쟁을 멈추도록
도울 수 있는가?

나는 승천한 마스터, 성모 마리아입니다! 이 책의 목적을 위해서 나는 여러분이 승천한 마스터들에 대해서 알고 있다고 가정할 것입니다. 여러분은 우리에 대한 기본적인 지식을 갖고 있습니다. 즉 인간과 마스터들 사이의 관계를 의미하는 지구상의 역학에 대한 기본적인 지식이 있습니다. 여러분은 자유의지의 법칙과 영적 대사들인 우리가 지구상의 모든 조건들을 변화시키고 모든 불완전함, 어둠, 그리고 전쟁을 제거할 능력을 갖고 있음을 이해합니다. 그러나 우리가 이런 것들을 척결할 힘은 있지만, 궁극의 법칙인 자유의지 때문에 이를 행사할 권한은 없습니다. 그것은 사람들이 충분히 겪을 만큼 겪고 스스로 진정으로 바뀔 때까지는 육화한 인간들의 자유의지 그 자체가 표현되도록 반드시 허용되어야만 한다는 것을 의미합니다.

자유의지를 존중하지 않는 세력

또한 나는 여러분이 이 지구상에는 인간들의 자유의지를 존중하지 않는 세력이 있다는 기본적인 역학을 이해한다고 믿습니다. 이 세력은 속임수, 조잡한 힘, 당신들이 떠올릴 수 있는 어떤 음모 등에 기초한 모든 가능한 방법들로 인간들을 조종하고 통제하려고 합니다. 그럼에도 자유의지는 궁극의 법칙이기 때문에 우리 마스터들이 개입하여 이러한 기만적인 시도나 어둠의 세력들의 활동을 중단시킬 수가 없습니다. 심지어 그들이 인간들의 자유의지를 침해하더라도 우리가 개입하여 그들을 저지하는 것은 허용되지 않습니다. 이것은 설사 어둠의 세력들이 인간을 속이고 조종할지라도 그들이 진정으로 자유의지의 법칙을 어기는 것은 아니기 때문입니다. 즉 여러분이 이런 일이 일어나는 것을 허용하기로 선택하거나 방관하지 않는 한, 조종되거나 속을 수가 없는데, 이것은 당신들이 자신의 삶이나 상황에 대해 기꺼이 또 전적으로 책임을 지지 않기 때문인 것입니다. 그러므로 어둠의 세력들이 창조되어 그들이 지구상에 머물 수 있는 것은 자신의 삶과 상황에 대한 인간들의 완전한 무책임과 자발성의 결여에 그 원인이 있는 것입니다.

나는 내가 어둠의 세력에 대해 언급할 때, 많은 영적인 사람들이 즉시 이것을 거부하거나, 또는 최소한 그런 존재들에 대해 살펴보기를 매우 꺼려한다는 것을 아주 잘 알고 있습니다. 그리고 사실상, 사람들의 이런 무감각한 태도가 이런 어둠의 세력이 지구상에 남아있는 주요 이유들 중의 하나입니다.

여러분 자신과 전체에 대해 책임지기

여러분이 주위를 둘러본다면, 자신의 삶에 대해 기꺼이 책임지려 하지 않는 수많은 사람들을 볼 수 있습니다. 이러한 사람들은 지구를 변화시키지 못할 것입니다. 그들은 승천한 마스터들이 전쟁 같은 주요 문제들에 개입하여 전쟁을 없애는 것을 가능케 해줄 기본적인 역학을 바꿔놓지 못합니다. 누가 지구에 변화를 가져올 수 있을까요? 오직 자신들에 대한 책임감을 갖기 시작한 더 높은 의식 수준으로 올라간 사람들입니다. 불행하게도, 우리가 전해준 이런 책들의 가르침과 같은 것에 아직 열려 있지 않은 사람들이 많습니다. 그들은 개인적으로 자신에 대한 책임감은 갖기 시작했지만, 자발적으로 그들 자신과 자신의 상황 너머를 보는 데는 이르지 못했습니다. 그들은 이 세상과 이 세상에서 벌어지고 있는 일들로부터 자신들을 단절시키고 격리시켰습니다.

그리고 그들은 전쟁 문제와 같은 특정한 문제를 진정으로 살펴보기를 원하지 않습니다.

그들은 암자(庵子)나 공동체, 심지어는 그들의 집에 앉아서 긍정적인 것에 초점을 맞추고 긍정적인 진동들에만 초점을 맞추고 나서 자기들이 세상을 개선하는데 공헌하고 있다고 믿고 싶어 합니다. 나의 사랑하는 이들이여, 그들은 나름대로 기여를 하고 있습니다. 나는 이것을 반박하려는 것이 아닙니다. 하지만 만약 더 높은 책임감을 갖는 단계로 올라설 경우 그들이 이루어낼 수 있는 최상의 공헌을 하고 있는 것은 아니라고 말하고자 합니다.

여러분이 오직 자신과 자신의 의식을 높이는 데만 집중하는 것은 지구를 진정으로 변화시키지 못합니다. 이것은 자유의지의 속성과 에너지의 본질 때문입니다. 우리는 인류가 분노와 증오와 같은 두려움에 기반한 에너지를 보텍스(vortex)1)에다 공급하는 하향에너지 나선을 만들었다는 것에 관한 많은 가르침을 주었습니다. 이런 보텍스는 개개인을 압도할 만큼 아주 강력해질 수 있습니다. 그리고 이것이 바로 여러분이 자신의 의식을 변화시키는 것만으로는 세상을 변화시킬 수 없는 이유입니다.

지구상의 영적인 사람들이 단지 자신들의 의식을 높이는 것에 초점을 맞추는 것만으로는 지구상의 기본적인 역학을 변화시킬 수 없습니다. 여러분 개인 자신 너머를 보고 하나의 전체로서의 인류와 지구행성에 대해 책임감을 갖는 것이 필요합니다. 만약 여러분이 이것을 하지 않는다면, 여러분은 사랑에 기초한 진동을 생성함으로써 공헌을 계속할 수는 있지만, 이 정도 공헌으로는 지구의 미래에 큰 영향을 미치지는 못합니다. 즉 그것은 전쟁 같은 주요한 문제들에 승천한 마스터들이 개입하여 그런 문제들을 없앨 수 있게 해주는 임계수준에 도달하지 못할 것입니다.

---

1)상당한 에너지가 모여 있는 에너지 소용돌이를 말한다. 이 보텍스라는 것은 우리 개인의 에너지장 안에 형성된 것이 있고, 또한 행성차원의 지구 에너지장 안에 형성돼 있는 보다 거대한 것이 존재한다고 한다. 보텍스에 관한 매우 자세한 내용이 책 〈성모의 메시지 - 너희의 행성을 구하라〉 6장에 설명돼 있으므로 참고하기 바란다.(감수자 주)

어떻게 여러분이 전쟁을 없애거나, 없앨 수 없는가?

전쟁을 유발시키는 에너지 보텍스들은 대단히 강력해서 심지어 지구의 모든 영성인들과 종교인들이 그들 자신의 의식을 높이더라도 이러한 에너지 소용돌이들을 불태우기에는 충분하지 않을 정도입니다. 설사 지구상의 모든 사람들이 오직 긍정적인 진동만 내보내도록 바뀐다고 하더라도 전쟁의 소용돌이들을 태우는데 충분하지 않을 것입니다. 오직 승천한 대사들의 권능만이 이러한 소용돌이들을 소멸시킬 수 있습니다. 인간들은 이것을 혼자서 할 능력이 없습니다. 이런 이유로 예수가 2,000년 전에 이렇게 말했던 것입니다: "사람과 함께라면 이것이 불가능하지만, 신과 함께는 가능한데, 왜냐하면 신과 함께할 경우 모든 것이 가능하기 때문이다."

인간들만으로는 행성 지구에서 전쟁을 없앨 수 없습니다. 오직 상승한 마스터들과 함께 일함으로써만이 전쟁이 제거될 수 있습니다. 우리는 신께서 우리에게 부여하신 그 능력을 우리가 사용하도록 여러분이 우리에게 그러한 권한(허가)을 주는 것이 필요합니다. 어떻게 여러분이 우리에게 그런 권한을 줄 수 있을까요? 여러분이 자신의 상아탑 안에 앉아서 자기에게만 초점을 맞추고 자신의 의식을 높이는 것으로는 안 됩니다. 여러분은 오직 자신 너머를 보고 이 행성에서 일어나는 일들을 솔직하고 열린 마음으로 살펴봄으로써만이, 또 왜 전쟁이 일어나고 어떻게 그것이 지속되는지에 대한 역학을 이해함으로써만이 우리에게 그런 권한을 주게 됩니다. 그런 다음 여러분이 (디크리나 기원문을 통해) 적절한 요청을 하는 것이고, 그럼으로써 우리가 개입하여 전쟁과 다른 주요 문제들을 없앨 수 있도록 그런 권한과 증식될 에너지를 우리에게 주게 될 것입니다.

어둠에게 힘을 주지 않고 주시하기

영성과 신비주의, 뉴에이지 운동을 하는 이들 안에는 훌륭한 사람들이 아주 많습니다. 종교 운동들 안에도 놀라운 수많은 사람들이 있습니다. 그런데 그들이 최상의 의도들을 갖고 있기는 하지만, 어둠 또는 악의 어떤 것도 바라볼 필요가 없다고 믿게 되었습니다. 심지어 일부 사람들은 그들이 어둠을 주시하면 그것을 강화하고 그들에게 힘을 준다고 믿고 있습니다. 왜 이것이 실은 그렇지가 않은가를 이해하는 것은 중요하며, 또한 그들에게 힘을 주지 않고 어둠을 주시하는 방법을 이해하는 것이 중요합니다.

내가 말했던 것처럼, 어둠이나 악의 어떤 것도 살펴보지 않으려 하고 지구상의 어떤 문제들도 바라보지 않으면서 그들 자신의 의식을 높이는 데만 초점을 둔 영적인 많은 사람들이 있습니다. 한편 이 단계를 통과한 특정한 부류의 영적인 사람들이 있습니다. 그들은 기꺼이 어둠을 살펴보기는 하지만, 아직 그들 자신의 에고가 가진 일부 틀을 초월하지 못했습니다.

그들이 어둠을 바라볼 때, 그들은 분노의 나선 속으로 말려들어 갑니다. 그들은 그들 스스로 "의로운 분노"라고 부르는 것을 갖고는 있지만, 무집착(無執着)의 관점에서는 그것이 올바른 것이 아닙니다. 그리고 그들은 지구에서 어둠의 세력들을 제거하거나 그들을 무력화하는 것과 같은 특정한 결과를 만들어내는 것에 대단히 집착합니다. 이런 집착을 통해서 그것이 분노로 이어지고, 이때 여러분은 어둠의 세력들에게 힘을 주게 될 것입니다. 수많은 고결한 영성인들이 깨닫고 있듯이, 만약 당신들이 분노를 바탕으로 어둠에 대항하는 싸움에 참여한다면, 그때 어둠에게 힘을 주게 되리라고 우리가 말하는 것은 정말로 사실입니다. 물론, 이것은 어둠을 주시하는 유일한 방법이 아닙니다.

여러분은 분노를 초월해 있는 더 높은 방식으로 올라설 수가 있습니다. 그리고 그에 따라 여러분은 무집착으로 어둠을 주시할 수가 있습니다. 여러분은 자신이 한 인간으로서 어둠과 싸울 필요가 없다는 것을 깨달을 수가 있습니다. 여러분은 승천한 마스터들이 그 일을 하도록 허용하고, 우리가 우리의 더 높은 비전에 기초한 방식으로 그것을 하도록 허용해야 합니다. 여러분이 할 일은 특정한 상황들에 대해 어떻게 정확한 요청을 하는지를 알 수 있도록 충분한 정보를 갖는 것입니다. 따라서 여러분이 그런 요청들을 하면, 그때 여러분은 우리가 실제적인 작업을 하는 방법을 결정할 수 있게 해주는 것입니다.

천상에서는 결코 전쟁이 없었다

사랑하는 이들이여, 성경을 비롯한 일부 동양의 경전들에도 나타나 있다시피, 아마도 이 행성의 집단의식 안에는 천사들이 악마와 그의 세력들과 어떻게 싸웠는가에 대한 이미지들이 있습니다. 〈요한계시록〉에는 미카엘과 그의 천사들이 용과 싸웠고, 용이 패퇴하여 지구로 쫓겨 내려왔다는 천상에서의 전쟁에 관한 내용들이 있습니다. 그런데 이러한 이미지들은 인류의 집단의식이 오늘날보다 훨씬 낮았던 시대에 주어졌던 것입니다.

천상에서는 결코 전쟁이 없었습니다. 우리는 어둠의 세력들의 기원이 천상에서 발원한 것이 아니라 아직 상승하지 못했던 이전의 천체(天體)[2]에서 생겨난 것이라고 설명했습니다. 대천사 미카엘은 결코 여러분이 오늘날 지구상에서 보고 있고 또 인류 역사 내내 목격한 것과 같은 방식으로 악마와 싸우지 않았습니다. 우리는 악마와 어둠의 세력들과 싸울 필요가 없습니다. 우리는 오직 우리의 빛을 가져올 뿐이며, 그 빛 자체는 어둠의 세력들을 심판하고 태워버립니다. 우리는 그들의 수준에서 어둠의 세력들과 교전하지 않습니다. 즉 우리는 이원성적인 투쟁에 관계하지 않습니다. 일단 여러분이 이것을 이해하기 시작하면, 여러분 또한 중도(中道)에 머물러 있으면서 어둠에 관해 인식하게 되는 단계로 올라설 수 있습니다.

어둠을 바라보는 두려움을 극복하기

그들 자신의 의식을 높이는데 집중하고 있는 선의(善意)의 영적인 사람들이 많이 있으며, 한편 그들은 어둠에 초점을 맞춰서는 안 된다고 생각하는데, 그런 행위가 어둠에게 힘을 주기 때문이라는 것입니다. 그들은 자기들이 현재 사랑하고 있다고 생각하며, 또 사랑에 초점

---

2)우주에 존재하는 별(항성)이나 행성, 성단 등을 뜻하는 총칭.

을 맞추고 있다고 생각합니다. 그런데 만약 여러분이 어둠을 기꺼이 바라보지 않는다면, 오직 하나의 설명만이 가능할 수 있습니다. 즉 어둠을 바라보는 것을 두려워하는 것입니다. 두려움과 사랑은 양립할 수 없는 감정들입니다. 여러분의 잠재의식적 마음 안에, 여러분의 에너지장 안에, 여러분의 네 하위 체들 안에 두려움을 갖고 있을 때, 여러분은 온전히 사랑하게 될 수가 없습니다. 나는 이러한 사람들의 다수가 이 책을 읽는다면 (그럴 가능성은 별로 없습니다만), 자기들이 온전히 사랑하고 있고, 자기들이 언제나 긍정적인 것에 초점을 맞추며, 또 언제나 사랑하고 친절하다고 말하리라는 것을 압니다.

여러분 가운데 고등한 가르침에 열려있는 사람들은 아마도 인간들이 아주 독특한 능력을 갖고 있다는 것을 이해하기 시작할 겁니다. 인간들은 그들의 마음을 칸으로 나누는 능력을 가지고 있습니다. 그들은 자기들의 마음 안에다 둘 또는 그 이상의 칸들을 만들어내어 의식적으로 인지하지 못한 채로 그것들 간에 바꿔치기를 할 능력을 갖고 있습니다. 그들이 마음의 한 부분 안에 있을 때, 또는 여러분이 말하듯이 한 인격 안에 있을 때, 그들은 그 인격으로 역할을 합니다. 그런 다음 그들은 또 다른 인격으로 전환하고, 이제 그들은 둘 사이에 차이를 보거나 모순을 보지 않고 그 인격처럼 연기를 합니다. 이로 인해 사람들이 바로 잠재의식 안에 있는 두려움의 소용돌이를 인식하지 못하면서 자기들이 온전히 사랑하고 있다고 믿게 되는 것입니다.

나는 이런 상태에서 깨어나기 시작한 일부 영적인 사람들이 있다고 말했습니다. 그러나 그들은 기꺼이 어둠의 세력들을 살펴보기는 하지만, 분노의 나선 안에 사로잡혀 있습니다. 두려움은 인간을 마비시키는 감정입니다. 여러분이 두려움에 완전히 사로잡혀 있으면, 여러분은 움직일 수 없고, 아무것도 할 수가 없습니다. 두려움에 갇혀서 자신이 두려움 속에서 살아가고 있음을 아는 사람들이 있습니다. 그들은 자기들의 두려움을 의식합니다. 반면 거의 의식하지 못한 채 두려움에 사로잡힌 사람들도 있습니다. 이러한 사람들 중 일부는 자기들이 친절을 베풀고 사랑함으로써 지구상의 문제들을 개선하는데 필요한 모든 것을 행하고 있다고 생각하는 영적이고 종교적인 사람들입니다. 그러나 여러분이 자신이 가진 두려움을 주시하고 그것을 극복하지 않고는 지구상의 문제들을 진정으로 개선하지 못합니다.

어둠에 대한 분노를 극복하기

여러분이 두려움을 극복하기 시작함에 따라 분노의 일정한 양을 가진 단계를 통과할 필요가 있습니다. 그런데 두려움의 마비상태에 빠져 있을 때, 여러분을 움직이게 하는 동력으로서 종종 분노가 필요하기도 합니다. 때때로 사람들이 여전히 정지해 있을 때보다는 어떤 방향으로 움직이는 것이 차라리 더 낫습니다. 그럼에도 우리는 우리의 학생들이 분노는 영적여정에서 아주 짧은 단계가 되어야 한다는 점을 인식할 수 있기를 바랍니다. 여러분이 가능한 한 신속하게 분노에서 벗어나는 것이 절대적으로 필요합니다. 비록 여러분이 움직이고 있더라도, 여러분은 이 행성의 미래에 큰 영향력을 미치게 될 방향으로 움직이지는 않습니다. 그리고 여러분이 자신의 에너지장 안에 분노의 보텍스들을 허용하는 한은 지구상의 문제들을 개선하지 못할 것입니다.

여러분은 기꺼이 이것을 살펴보고 그러한 틀들을 극복하기 위해서 우리가 주었던 많은 도구들을 이용할 필요가 있습니다. [참조 www.transcendencetoolbox.com]. 우리는 용서에 관한 책들을 포함해서 여러분의 차크라들을 정화하는 많은 기원문들, 많은 가르침들을 주었으며, [참조www.morepublish.com] 그것들은 여러분이 분노를 극복하고 이 단계를 통과해 빠르게 움직이도록 할 것입니다. 여러분은 어떤 거창한 목표에 도달되어야 한다고 느끼는 특정한 결과에 집착하지 않고 분노 또는 증오의 느낌들에 끄달리지 않으면서 어둠을 바라보기를 시작할 수 있습니다.

과감하게 여러분 내면의 앎을 따르라

어떻게 여러분이 이 행성의 미래에 최대의 영향을 끼칠 수 있을까요? 그리고 왜 여러분은 그런 영향력을 가지기를 바랍니까? 여러분이 지구상의 곳곳에서 영적으로 성장해 갈 때 자신에게 노출돼 있는 매우 특이한 메커니즘 중의 하나를 고려해 보라고 요청해도 될까요? 왜 여러분이 영적인 사람들인가요? 많은 사람들이 자기들이 영적인 또는 종교적인 환경에서 성장했다고 말할 것입니다. 그들은 특정한 영적인 가르침들과 사상들에 노출돼 있습니다. 그렇다고 그것이 여러분이 진정으로 승천한 마스터들의 가르침들에 열려있는 영적인 사람들인 이유는 아닙니다.

여러분은 오직 자신의 내면에서 무언가를 느끼고 알기 때문에 영적인 사람이 될 수 있습니다. 여러분이 느끼고 아는 무엇인가는 아마도 자신이 성장하면서 들었던 것과 직접적으로 모순될 것이며, 외부로부터 여러분이 들었던 것을 넘어서 있습니다. 그러므로 여러분은 자신이 주입받은 외적인 프로그래밍을 따르기보다는 과감하게 여러분의 내면의 앎을 따르고 있는 것입니다.

내가 말하는 그 독특한 메커니즘이라는 것은 대부분의 사람들이 무엇이 옳고 무엇이 인생목표인가에 관한 그들의 내면적 앎 또는 그들의 직관적인 느낌에 귀를 기울이고 따르는 것을 강하게 방해하는 환경 속에서 양육돼 왔다는 것입니다.

오늘날 지구상에는 영적인 길의 일정한 수준에 도달하여 높은 지식을 갖고 육화한 영적인 사람들이 수백만 명 정도 있으며, 그들은 지구에 긍정적인 변화를 가져오기 위해 다양한 재능으로 봉사할 잠재력을 갖고 있습니다.

내가 그들이 높은 지식을 갖고 있다고 말할 때, 그것은 그들이 육화하기 전에 이런 앎을 갖고 있었다는 의미입니다. 이 말은 여러분이 지금 이런 앎을 가졌다거나 또는 여러분의 아동시절에 그것을 가졌다는 뜻이 아닙니다. 그런데 그것을 잊어버린 한 가지 이유는 여러분이 외적인 마음과 육체라는 밀도 속으로 들어올 때 대부분의 사람들에게 일어나는 특별한 건망증 때문입니다. 또 다른 중요한 이유는 여러분의 직관적인 앎을 무시하도록 조장하는 사회와 환경 속에서의 프로그래밍 때문입니다. 이 책을 읽는데 열려 있는 영적인 사람들이 되기 위해서는 여러분이 그런 프로그래밍을 중단시키고 내면의 앎에다 다시 주파수를 동조시키는 것을 배워야 합니다. 그런데 여러분이 프로그래밍을 완전히 극복하지 못할 수도 있습니다. 어쩌면 여러분은 내면의 앎을 완전히 풀지 못하거나 그것을 용기 있게 들을 수 없을지도 모릅니다. 만약 여러분이 긍정적인 것에만 초점을 맞출 필요가 있다고 믿는 사람들 중의 한 명이라면, 여러분은 세상의 프로그래밍을 아직 극복하지 못한 것입니다. 여러분이 어떤 부정적인 것이나 악에 대해 살펴보지도 않으면서 영적인 사람이 될 수 있고 세상을 바꾸는데 공헌할 수 있다는 모든 생각은 사실상 영적인 사람들이 최상의 잠재력을 발휘하는 것을 방해하려는 어둠의 세력들에 의해 만들어진 프로그래밍입니다. 여러분이 어둠의 세력들을 바라볼 때, 의로운 분노를 가질 필요가 있고 이러한 세력들과 싸우기 위해 노력해야 한다는 생각 또한 영적인 사람들이 그들의 최상의 잠재력을 발휘하지 못하게 하기 위해 어둠의 세력들에 의해 만들어진 것입니다. 어둠의 세력들은 인류와 이 행성에 대해 그들이 움켜쥐고 있는 것을 놓고 싶어 하지 않습니다. 이런 사실을 여러분은 의식적으로 인식할 필요가 있습니다.

전쟁의 무분별함에 대한 해석

인간의 역사를 잠시 되돌아보도록 요청해도 될까요? 이 지구상에서 일어났던 수많은 전쟁들을 살펴보기 바랍니다. 수천, 수만, 수백만의 사람들이 죽음을 당한 수백 아닌 수천의 전쟁들이 있었습니다. 역사에서 이것을 살펴볼 때, 여러분은 그러한 현상이 어떤 이성적이고 인간적인 종류의 이유 때문에 발생할 수 있다고 정말로 믿을 수 있나요?

나는 전쟁의 원인으로 경제적, 정치적, 사회학적인 다양한 요소들을 꼽는 역사학자들이 있음을 압니다. 여러분은 전쟁만큼 무의미한 현상이 합리적이고 이성적인 이유로 일어날 수 있다고 정말로 믿을 수 있습니까? 여러분은 진실로 이 세상에서 당신들이 목격했고 오늘날에도 보는 모든 투쟁들이 완전히 이성적이고 밖으로 나가 남자, 여자와 아이들을 닥치는 대로 살해하는 것이 어떤 이성적인 목적에 부합한다고 생각하는 사람들에 의해서 일어난다고 믿나요? 우리가 나중에 그것을 상세히 다룰 것이기에 내가 여기서 지금 여러분에게 전쟁의 원인을 숙고하라고 요청하는 것은 아닙니다. 나는 단지 전쟁이 완전히 이성적인 조건 안에서 설명될 수 있는지를 여러분 자신에게 물어보라고 요구하는 것입니다. 여러분이 오늘날 아프리카, 시리아 또는 중동의 다른 지역에서 일어나는 몇몇 일들을 살펴볼 때, 당신들은 여자와 아이들을 살해하고 성폭행하는 이러한 자들을 몰아치는 광적인 어떤 요소들이 있음을 알지 못하나요? 여러분은 정말로 그런 광신적 행위가 합리적이라고 말할 수 있습니까? 나는 여러분이 그것은 이성적일 수 없다는 점에는 동의하리라고 생각합니다. 이러한 사람들은 이성적인 마음의 틀 안에 있지 않습니다.

그러면 내가 여러분에게 어떻게 인간들이 모종의 합리적인 사고(思考)가 마비된 채 비이성적인 마음의 틀 안에 갇혀 있을 수 있는지를 숙고하라고 요청해도 될까요? 그들은 자신의 행위들의 결과를 숙고하지 않으며, 완전히 이해하지도 못하는 동기에 의해서 움직입니다. 인간은 그들의 삶을 칸들로 나눌 수 있다는 내 이전의 말들을 돌이켜 보세요. 사랑하는 이들이여, 전쟁터에 나가 사람들을 죽이고 나서 집으로 돌아와 외견상 정상적인 삶을 살았던 사람들에 관한 역사적 수많은 예들이 있음을 이해하나요?

일반적으로 광신의 예들로 인정된 것 중의 하나는 나치(Nazi)의 강제 수용소입니다. 여러분은 이러한 강제 수용소의 지도자들 중 일부가 낮에는 아이들을 포함해서 수백만의 사람들을 죽이는 것을 감독하고 밤에는 가족이 있는 집으로 가서 아이들에게 모범적인 부모가 되었다는 것을 알고 있나요? 그들은 낮에 아이들을 죽이도록 허용한 인격과 그것을 반성하지 않은 채 밤에는 아이들을 아주 좋아하는 자신의 인격 사이의 차이와 모순을 알지 못합니다. 이것을 살펴볼 때, 여러분은 물질주의적이고 과학적인, 또는 종교적인 것에 기원을 둔 이 세상의 사고체계에 의해 제시된 상식을 넘어선 설명이 여기서 있어야만 한다는 것을 인식할 수는 없을까요? 여러분이 이것을 인정할 때, 그런 일반적인 수준을 능가하는 설명을 찾을 필요가 있습니다. *그 설명은 바로 이 지구상에는 인간 개인들 및 인간 집단의 마음을 점거할 능력을 가진*

어둠의 세력이 존재하고 있다는 것입니다. 사람들로 하여금 그들의 마음 안에 둘 또는 그 이상의 모순된 인격들 내지는 행동 패턴들이 있다는 사실에 눈멀게 만드는 것은 바로 이 어둠의 세력입니다. 또한 자기들이 다른 사람들을 살해하고 있다는 사실에 대한 추호의 반성의식도 없이 쉽게 살인을 저지르는 자들의 마음을 광적인 상태로 몰아가는 것이 바로 이 세력입니다.

인간은 다른 인간들을 죽일 수 없다

우리는 인간은 또 다른 인간을 죽일 수 없다고 이전에 말했습니다. 이것은 인체가 두뇌와 신경계 안에 특정한 프로그래밍을 갖고 있기 때문입니다. 이 프로그래밍은 우리가 외적인 마음 또는 세속적인 마음으로 부를 수 있는 것을 형성합니다. 그것은 여러분이 많은 동물들에서 볼 수 있는 것처럼, 개인과 그 종족 모두의 생존을 보장하기 위해 프로그램된 것입니다. 이것은 인간들이 자신의 종인 다른 사람들을 죽이지 않도록 프로그램 되었다는 의미입니다. 이것은 이성적이거나 반성에 기초를 둔 프로그램이 아닙니다. 아무튼 다른 사람들을 죽이는 것은 옳지 않다고 여러분에게 알게 해주는 프로그래밍이 존재하며, 이 프로그래밍은 육체, 두뇌, 신경계 안에 있습니다.

이런 프로그래밍을 무효화시키고 사람들로 하여금 의식적으로 자신들이 하는 것을 인식하지 못한 채 무분별하게 다른 인간들을 죽이는 마음상태에 빠지게 하는 것은 쉽지 않습니다. 오직 개인보다 더욱 강력하며, 심지어 특정집단의 사람들보다 더욱 강력한 세력만이 죽이지 말라는 프로그래밍을 무력화할 수가 있습니다. 분명히, 왜 사람들이 어떤 다른 집단의 사람들을 죽이는 것이 정당하다고 느끼는가에 관한 많은 설명들이 있습니다. 이것에 관련해서 나중에 우리가 논할 것이지만, 만약 지금 여러분이 모르고 있다면, 나는 여러분이 보고 있고 보아왔던 광적인 살인에 대한 유일한 해석은 인간들의 자유의지를 짓밟고 죽이지 말라는 가장 깊은 프로그래밍조차 유린하는 세력 – 그것을 어둠의 세력이라 부르기로 합시다 – 이 존재한다는 것입니다.

전쟁을 제거할 권한을 마스터들에게 주기

만약 행성 지구에서 언젠가 전쟁이 없어지는 상태가 실현된다면, 그것은 오직 지구상에서 전쟁을 조장하는 어둠의 세력이 제거되었기 때문에 그렇게 될 수가 있습니다. 그런데 이 어둠의 세력을 제거하는 것은 인간들에 의해 이루어질 수가 없습니다. 여러분은 그런 힘을 갖고 있지 않습니다. 그러나 어둠의 세력을 제거하는 것은 승천한 마스터들에 의해 아주 쉽게 이루어질 수 있습니다. 우리는 분명히 그런 힘을 가지고 있습니다.

만약 과거에 우리가 인간들로부터 충분한 권한을 받았다면, 우리는 지구에서 즉시 어둠의 세력들을 제거할 수 있었을 것입니다. 여러분이 가지고 있는 것이 그 권한이며, 그 권한을 우리에게 줌으로써, 즉 우리가 증폭할 수 있는 일정한 양의 에너지를 우리에게 줌으로써 여러분과 우리는 함께 행성 지구로부터 전쟁의 세력들을 제거할 수 있습니다. 이것은 여러분이 그저 "모든 것이 좋다"고 생각하며 긍정적이 되는 것으로는 이뤄질 수가 없습니다. 여러분이 내가 이런 말을 할 때조차도 저질러지고 있는 잔학한 행위들을 바라본다면, 당신들은 이 행성에서 모든 것이 좋다고 정말로 말할 수가 없습니다.

그러므로 나는 변화가 일어날 필요가 있는 현실에 대해 여러분 스스로 깨어나라고 요청하고 있습니다. 그리고 그 변화는 여러분이 두려움 속에 머물러 있으면서 단지 현재 자신이 충분히 사랑하고 있고 자비롭다고 생각한다고 해서 생겨날 수는 없습니다. 또한 그 변화는 여러분이 어둠의 세력들을 심판해야 한다고 생각하거나, 여러분이 그들과 영적 물리적 양면에서 싸워야 한다고 생각하는 분노 상태에서는 일어날 수가 없습니다. 그리고 만약 여러분이 우리의 기원문들과 디크리들(decrees)을 분노의 상태에서 사용한다면, 필요한 효과를 얻지 못할 것입니다. 그것들은 사실상 장기적으로는 여러분이 싸우고 있다고 생각하고 있는 바로 그 어둠의 세력들에 맞설 수 있게 여러분을 열리게 할 수가 있습니다. 나는 여러분에게 더 높은 책임감의 수준으로 올라설 수 있도록 깊이 숙고해보라고 요청합니다.

집착 없는 인식

"모든 것이 좋다"고 생각하는 사람들은 자신에 대한 책임감을 갖고는 있지만, 설사 그들이 세상을 구하는데 자기들이 봉사하고 있다고 생각하고 있더라도 자신들을 넘어선 책임감은 없습니다. 또한 분노 속에 있는 사람들은 하나의 전체로서의 지구행성과 어둠의 세력들의 존재에 대한 책임감을 갖기 시작했지만, 사실상 더 높은 수준의 책임감은 갖고 있지 않습니다. 그것은 그들이 어둠의 세력들과 싸워야 한다고 생각하기 때문입니다.

내가 설명했던 역학을 깨닫는 것이 책임감의 더 높은 형태라고 말할 수 있습니다. 육화한 한 인간으로서의 여러분은 상승한 마스터들이 어둠의 세력들을 제거할 수 있도록 권한을 부여할 수가 있습니다. 그러나 여러분이 직접 나가서 이런 어둠의 세력들과 싸울 능력은 없습니다. 육화한 인간 존재가 어떤 것과 싸우기 시작할 때, 여러분은 단지 어둠의 세력들을 유지시키는 에너지를 만들어내는 데 기여할 뿐입니다. 높은 수준의 책임감은 여러분이 어둠의 세력들과 싸우거나 그들을 없애기 위한 힘 또는 책임을 갖고 있지 않음을 깨닫는 것입니다. 여러분의 책임은 어둠의 세력들이 존재한다는 것과 그들의 수법들, 그들이 어떻게 인간들을 이용하고 조종하는지에 대해 스스로 인식하는 것이며, 그런 후에 다음과 같은 두 가지 측면의 일들을 행하는 것입니다:

• 오메가 측면은 이런 사실을 적절한 무집착의 방식으로 다른 사람들과 공유하는 것입니다.
• 알파 측면은 여러분이 승천한 마스터들에게 요청하는 것이며, 또한 무집착의 방식으로, 우리가 개입할 수 있게 허용하는 것입니다.

이것이 여러분이 짊어져야 할 가장 큰 책임입니다. 그것은 집착 없는 자각이며 여러분이 지상에 육화한 이유를 달성하는 최상의 방법입니다. 여러분은 이 지구행성이 더 높은 단계로 올라서는 것을 진정으로 돕고자 하는 바람이 있었기에 이곳에 왔습니다. 여러분이 오기 전에,

여러분은 에테르계에서 더 높은 관점으로 물질계를 내려다보고 있었습니다. 그런 수준에 있을 때 여러분은 집착을 갖고 있지 않았습니다. 즉 여러분은 진정한 소망을 갖고 있었지만, 그것은 무집착 상태에서의 소망이었습니다.

두려움과 분노 초월하기

많은 사람들에게 일어난 일은 여러분이 현재 육화해 있다 보니, 또 여러분이 이 행성 지구에서 목격했거나 더욱이 개인적으로 겪었던 잔혹한 행위 때문에 집착하는 마음의 상태로 되었다는 것입니다. 여전히 변화를 만들어내려는 자신의 소망에 대한 어떤 기억과 인식을 가지고 있을 수도 있지만, 여러분은 집착하게 되었습니다. 그리고 여러분은 두려움, 분노 또는 다른 느낌들에 의해 크게 감정적으로 휩쓸리는 집착의 방식으로 이런 상태가 됩니다. 여러분이 하고 싶다면, 그것을 "의로운 분노"라고 부를 수도 있겠지만, 그것은 여전히 두려움에 기초한 감정입니다. 하지만 여러분이 그런 감정을 초월할 때까지는 최상의 잠재력과 책임을 달성하지 못할 것입니다.

여러분이 어떻게 두려움과 분노를 초월할 수 있을까요? 그것은 우리 승천한 마스터들은 지구에서 모든 어둠과 악을 제거할 확실한 능력을 갖고 있기 때문에 두려워할 것이 아무것도 없다는 것을 깨달음으로써입니다. 만약 여러분이 우리에게 그런 권한과 에너지를 준다면, 그때 우리가 개입하여 그런 작업을 실행할 것이기 때문에, 거기에는 분노할 이유가 없습니다.

분노는 종종 여러분이 두려움의 마비에서 풀려나 움직이기 시작하기 때문에 생겨나지만, 여러분은 여전히 자신이 이뤄낼 필요가 있다고 생각하는 결과를 만드는 것에 무기력하다고 느낍니다. 우선, 분노는 여러분이 만들어낼 필요가 있다고 생각하는 결과들이 가능한 최상의 결과인지 아닌지를 당신들이 고려할 때 극복됩니다. 그런 다음 여러분이 그 목표에 대한 현실적인 평가를 할 때, 여러분은 마스터들과 협력함으로써 목표를 성취하는 것이 가능하다는 것을 알 수가 있습니다. 따라서 여러분이 좌절감을 느끼거나 무기력하다고 느낄 필요가 없습니다.

여러분이 승천한 마스터들을 도울 수 있는 방법

나는 우리 승천한 대사들이 모든 어둠을 즉시 제거할 권능을 갖고 있다고 말했습니다. 이것은 우리의 능력에 대한 현실적인 판단을 여러분에게 제공해주는 것이었습니다. 물론, 그런 권능은 인간의 자유의지의 법칙이라는 맥락 내에서 발현되어야 합니다. 지구상에 있는 70억 사람들의 의식이 즉각적으로 바뀔 가능성은 결코 없을 것이며, 따라서 우리가 즉시 전쟁을 없앨 수는 없습니다.

전쟁을 없애는 것은 단순히 외형적인 결과에 관련된 문제가 아니기 때문에 그것은 일종의 과정입니다. (전쟁을 없앨 수 있는) 실제의 근원적인 원동력은 사람들의 의식 상태를 높이는 것입니다. 전쟁은 임계 수치의 사람들이 그동안 전쟁이 발생하는 것을 가능케 했던 의식을 초월할 때까지는 이 지구에서 제거될 수가 없습니다. 그리고 이것은 즉시 일어날 수 없는 과정입니다.

그것은 외부에서 사람들에게 강요될 수는 없습니다. 그것은 사람들이 의식을 높임으로써, 그리고 그들이 현재의 의식을 점차 초월하여 그들의 의식 안에서 이러한 직관적인 돌파구와 변화를 이룸으로써 점진적으로 일어나야 합니다. 여러분은 이렇게 말할 수 있습니다: "하지만 그렇다면 그 목적은 무엇입니까?" 내가 뭐라고 이야기 했나요? 여러분들이 승천한 마스터들을 위해 하기로 되어 있는 것이 무엇인가요?

나는 어둠의 세력들은 인간들의 자유의지를 존중하지 않는다고 여러분에게 말했습니다. 나중에 말하겠지만, 그들은 사람들이 자유의지를 행사하지 못하도록 인간의 마음을 압도하는 다양한 수단들을 사용합니다. 나는 사람들이 자신에 대해 책임을 지지 않기 때문에 이것이 가능하다고 말한 바가 있으며, 그리고 그런 이유로 어둠의 세력들이 이 지구 행성에 올 수 있었던 것입니다.

이것에 관해서는 나중에 더 상세히 논할 것입니다. 하지만 그 기본적인 역학은 집단적인 마음의 상태로 깨어나기 시작한 영적인 존재로서의 여러분은 어둠의 세력들의 힘을 진압하기 위해 승천한 마스터들에게 요청할 권리와 권한을 갖고 있다는 것입니다. 이러한 어둠의 세력들의 힘을 감소시킴으로써, 그들이 더 이상 사람들의 눈을 멀게 하지 못할 것입니다. 이것은 사람들이 이제 점차 어둠의 세력들에 의해 억눌려 있는 동안 볼 수 없었던 것들을 볼 수 있는 상태로 옮겨간다는 의미입니다. 사람들은 이제 비로소 그들의 자유의지를 실질적으로 자유롭게 행사할 수 있습니다. 즉 그들은 무지의 상태가 아닌 아는 상태에서 그들의 자유의지를 행사할 수 있게 되는 것이지요.

여전히 이것이 즉각적인 전환이 일어나리라는 것을 의미하지는 않습니다. 그것은 사람들이 점진적으로 그들의 의식을 높이고 자신의 의식을 전환하는 과정이 필요한 것입니다. 일단 사람들을 압도했던 에너지의 강도가 감소되면, 그들은 전혀 볼 수 없었거나 당연하다고 생각했던 지구상의 많은 상황들에 대해 자유롭게 다시 생각할 것입니다. 그것은 여러분이 우리를 돕는답시고 사람들에게 강요할 문제는 아닙니다. 우리 승천한 마스터들은 자유의지에 대해 궁극적으로 존중하는 마음을 갖고 있습니다. 그리고 그것이 또한 우리가 여러분에게 그렇게 해달라고 요청하고 있는 것입니다.

여러분은 육체로 태어나 있습니다. 그래서 우리는 물리적으로 공격할 수 있는 다른 자들에 의해 당신들이 위협받기 때문에 이것이 여러분에게 더욱 어렵다는 것을 이해합니다. 그럼에도 우리는 여전히 다른 사람들의 자유의지를 절대적으로 존중하는 방향으로 일해 달라고 여러분에게 부탁하고자 합니다. 여러분은 우리 대사(大師)들이 심지어 사람들 자신의 선(善)을 위해서도 결코 사람들에게 강요하려하지 않는다는 점을 인식합니다. 여러분은 이렇게 말할지도 모릅니다. "음, 지구에서 전쟁을 없애는 것은 확실히 모든 사람들의 선을 위한 것이야." 우리 마스터들은 그것에 동의하기는 하지만, 이것이 우리가 이 목표를 달성하기 위해 사람들의 자유의지를 무시하려한다거나 그들에게 강요한다는 의미는 아닙니다. 우리는 사람들의 의지를 자유롭게 함으로써 목표를 달성하려 하며, 그럼으로써 그들은 전쟁을 가능케 하는 의식을 초월하기 위해 자유롭게 선택을 할 수 있습니다.

여기서 여러분은 그 역학구조를 이해하기 시작했나요? 전쟁은 사람들의 기본적인 프로그래밍과 그들의 자유의지를 짓밟는 어둠의 세력이 있기 때문에 가능합니다. 사람들은 전쟁을 중단시키고 살인을 멈추게 하는 데 대한 자유로운 선택권이 없습니다. 심지어는 외관상 평화로운 나라들의 사람들조차도 그들의 나라가 전쟁에 관여해서는 안 되고 실제로 전쟁 또는 전반적인 전쟁문화와 의식, 군수산업 같은 많은 다른 행위들에 연관되지 않아야 한다고 말할 자유로운 선택권이 없습니다.

우리 대사들이 이 책을 통해 이루고자 하는 것은 임계수치의 영적인 사람들이 깨어나는 것이며, 그럼으로써 여러분은 이 행성에서 전쟁을 없애기 위해 필요한 조치들이 무엇인지에 관해 올바른 이해를 얻게 될 것입니다. 그러면 이로 인해 여러분은 전쟁을 없애는데 더욱 효과적인 기여를 할 수 있을 것입니다. 이런 기여를 할 수 있는 도구들을 여러분에게 주기 위해, 우리는 일련의 기원문들을 여러분에게 선사할 것인데, 그것은 우리가 이미 전해 주었던 많은 다른 도구들과 함께 우리가 참으로 여러분을 통해서 지구에 개입할 수 있는 힘을 우리에게 부여해 줄 것입니다. 여러분은 독자적으로 전쟁을 없앨 수가 없습니다. 그것을 독단적으로 하는 것이 여러분의 임무나 책임은 아닙니다. 여러분의 임무는 우리와 함께 일하는 것이며, 그에 따라 우리는 함께 이 지구에서 최고의 영향력을 가질 수가 있습니다. 여러분 혼자서 뭔가를 해야 하는 것이 아니라는 사실을 인정함으로써 당신들은 아주 많은 사람들이 느끼는 활동불능 상태를 극복할 수가 있습니다.

수많은 사람들이 전쟁은 불가피하다고 생각하는 사회 안에서 여러분이 성장했다는 것을 숙고해 보십시오. 지난 수백 년을 되돌아본다면, 여러분은 발전된 다수의 국가들에서 점진적인 전환이 일어났다는 것을 알 것입니다. 만약 여러분이 몇 백 년 전으로 돌아간다면, 많은 사람들이 단지 전쟁은 불가피할 뿐만 아니라 바람직한 것이라고까지 생각했다는 것을 이해할 것입니다. 군인이 되고 전쟁에 나가서 적을 무찌르는 것과 관련하여 특정한 명예가 있었습니다. 그러므로 많은 젊

세계 2차 대전시 연합군의 노르망디 상륙작전의 모습

은이들이 전쟁에 참여하기를 바라도록 양육되었고, 영웅적인 행동들을 하고 싶어 했습니다.

1차 세계대전과 2차 세계대전이 바로 그런 경우입니다. 심지어 보다 최근의 전쟁들에서도 여러분은 자기들이 대단히 중요하다고 느꼈던 뭔가를 하기 위해 자원해서 전쟁에 나간 사람들을 보았습니다. 또한 여러분은 대부분의 사람들의 의식이 바뀌어 전쟁은 명예로운 것이 아니고 바람직한 것이 아니라고 느끼기 시작한 많은 나라들을 보았습니다. 전쟁은 전형적으로 피해야 할 무엇이지만, 이러한 사람들은 어떻게 그것을 피할 수 있는지 알지 못합니다. 다시 말하지만, 인간은 자신의 마음을 여러 칸들로 나누는 사례가 있습니다.

자신들은 전쟁을 지지하지 않고, 전쟁에 참여하지 않을 것이며, 다른 인간들을 죽이지 않을 것이라고 느끼는 많은 사람들이 있습니다. 동시에, 그들은 마음 안에 또 다른 칸들을 갖고 있는데, 거기서 그들은 원래의 생각을 포기하고 전쟁은 불가피하며 지구에서 제거될 수 없다고 생각합니다. 그것은 전쟁을 피하기 위해서 노력하느냐, 멀리 떨어져서 방관하느냐의 문제입니다. 이것이 많은 영적인 사람들로 하여금 다음과 같은 생각에 빠져들도록 했습니다. "만약 내가 자신에게 집중해서 고요히 몰입한다면, 그리고 내가 사랑하고 친절하다면, 나는 행성 지구를 개선시키기 위해 내가 할 수 있는 모든 것을 다하고 있는 것이다." 이것은 우리가 거기서 여러분을 깨어나게 하려는 정신적 마비상태인 것이고, 그럼으로써 여러분은 이번 생에 실현하려 태어난 자신의 잠재력을 완수할 수 있습니다.

여러분은 이 행성에서 전쟁을 없애는데 결정적인 기여를 하고 싶다는 결심을 했습니다. 수백만의 영적인 사람들이 이번 생에 태어나기 전에 이렇게 결심했었습니다. 이것은 우리 승천한 마스터들이 가까운 미래 안에 이 행성에서 전쟁을 없앨 수 있는 실제적인 잠재력을 갖고 있다는 것을 알기 때문입니다. 지금의 우주 주기에서 이런 목표가 이루어질 수 있다는 것은 옳습니다. 그럼에도 그것은 쉽지 않을 것입니다. 즉 그것은 시간이 걸릴 것입니다. 하지만 그것은 가능하며, 현실적인 목표입니다. 만약 여러분이 이 책에 대해 열려 있다면, 당신은 자신의 가슴으로 이것을 알고 있습니다.

나는 지금 여러분에게 전쟁을 불가피한 것처럼 보이게 만드는 외적인 프로그래밍을 자신이 갖고 있음을 인정하기를 요청합니다. 결국 늘 세상에는 기꺼이 전쟁을 시작하고 여러분이 통제할 수 없는 어떤 다른 사람들이 있습니다. 여러분이 아프리카 또는 중동에서 벌어지고 있는 것을 바라볼 때, 어떻게 당신들이 무기력하다고 느끼지 않을 수 있나요? 어떻게 여러분이 이런 참상들을 멈추는 것이 불가능하다고 느끼지 않을 수 있을까요?

승천한 마스터들에게 권한 부여하기

나는 여러분에게 마스터들과 일할 때는 여러분이 무기력하지 않다는 것을 인식했으면 합니다. 어둠의 세력들에 의해 이러한 사람들이 완전히 압도돼 있기 때문에 (그들이 깨어난다면) 전쟁이 중단될 가능성이 있습니다. 만약 여러분이 사람들을 지배하는 어둠의 세력들의 힘을 제거한다면, 그들은 깨어날 것입니다. 그들은 자신의 몸과 마음 안에 있는 기본 프로그래밍에 대해서 뿐만 아니라 그들 역시도 삶에 대한 더 높은 목표와 비전을 가진 영적인 존재들이라는 사실에 대해 깨어날 것입니다. 깨어나지 못하게 될 사람은 거의 없습니다. 깨어나는 것이 아주 어렵게 될 수 있는 일부 사람들이 있지는 하지만, 우리 마스터들은 충분한 수의 다른 사람들이 일정한 의식 수준을 넘어서게 되었을 때 지구에서 그들을 제거할 권한을 갖고 있습니다.

변화되지 않거나 극복될 수 없는 것은 아무것도 없습니다. 자유의지가 최상의 법칙이므로 불가능한 것은 아무것도 없습니다. 왜 전쟁이 여전히 지구상에 만연해 있을까요? 너무나 많은 사람들이 그들의 자유의지를 사용하여 전쟁이 불가피하다거나 바람직하다고 받아들이기 때문입니다. 그러므로 *임계수치의 사람들이 그들의 자유의지를 전쟁이 바람직하다거나 불가피하게 보이도록 만드는 의식 수준을 초월하기 위해 사용할 때, 우리 대사들이 이 행성에서 전쟁을 제거할 수 있고, 또 제거할 것입니다.* 만약 여러분이 이것이 자신과 공명하는 목표라고 가슴 안에서 발견했다면, 내가 그 목표를 성취할 수 있는 방법을 여러분에게 알려줄 때, 나를 따르세요.

나는 성모 마리아이고, 나는 승천한 마스터인 성모 마리아입니다!

사람들에게 전쟁을 멈출 수 있는 잠재력을 일깨워라 (기원문)

신(神)과 예수 그리스도의 이름으로, 나는 성모 마리아와 신성한 인도자께 전쟁이 우리가 대응하기에는 너무 큰 문제라는 환영에서 깨어나게 해주시기를 요청합니다. 우리는 영적인 존재들이고 승천한 마스터들과 함께 일함으로써, 새로운 미래를 공동-창조할 수 있다는 사실을 사람들에게 일깨워주소서.

나는 특히 … 을 요청합니다. (여기에 개인적인 요청을 추가하세요)

1부

1.성모 마리아님이시여, 승천한 마스터들의 현존을 사람들에게 일깨워주소서. 마스터들이 전쟁을 제거할 능력은 가지고 있지만, 육화 중인 우리가 그렇게 하도록 반드시 권한을 부여해야만 한다는 사실과 자유의지의 법칙을 사람들에게 일깨워주소서.

오 축복받은 성모 마리아, 나의 어머니시여,
당신의 사랑보다 더 큰 사랑은 없습니다.

우리가 가슴과 마음 안에서 하나가 될 때,
나는 신성한 영단에서 내 자리를 발견합니다.

오, 성모 마리아님이시여, 지구를 더 높은
상태로 촉진시키는 노래를 가져오소서.
이제 모든 물질이 빛을 발합니다.

2.성모 마리아님이시여, 우리의 자유의지를 존중하지 않으면서 우리가
전쟁을 일으키고 지속하도록 조종하려는 세력들이 존재함을 사람들에
게 일깨워주소서.

나는 천상에서 지상으로 보내져,
육신을 입었습니다,
신성한 권한을 당신께 부여하여 요청하오니,
부디 지구를 자유롭게 하소서.

오, 성모 마리아님이시여, 지구를 더 높은
상태로 촉진시키는 노래를 가져오소서.
이제 모든 물질이 빛을 발합니다.

3.성모 마리아님이시여, 어둠의 세력이 존재한다는 것을 무시하거나
살펴보기를 꺼리는 성향으로부터 사람들을 일깨워주소서. 이런 태도
때문에 어둠의 세력이 지구에서 권력을 유지하게 된다는 것을 사람들
이 알게 하소서.

나는 이제 신(神)의 신성한 이름으로,
당신께 요청하오니,
당신의 어머니의 화염을 사용하여
두려움에서 나온 에너지를 모두 불태워버리고,
신성한 조화를 회복하소서.

오, 성모 마리아님이시여, 지구를 더 높은
상태로 촉진시키는 노래를 가져오소서.
이제 모든 물질이 빛을 발합니다.

4.성모 마리아님이시여, 전쟁을 멈추는 유일한 방법은 승천한 마스터
들이 어둠의 세력을 제거하도록 허용하는 것이라는 사실을 사람들에게
일깨워주소서. 그리고 사람들이 기꺼이 자기 자신에 대해 책임을 질
때에만 이런 전환이 이루어짐을 알게 하소서.

나는 이로써 당신의 신성한 이름을 찬양하오며,
당신은 집단의식을 끌어 올립니다.
두려움과 의심과 수치는 더 이상 있을 수 없나니,
당신의 어머니의 화염으로 그것들은 불태워 주소서.

오, 성모 마리아님이시여, 지구를 더 높은
상태로 촉진시키는 노래를 가져오소서.
이제 모든 물질이 빛을 발합니다.

5.성모 마리아님이시여, 사람들이 자신들을 격리시킨 채 전쟁을 더 깊
게 영적으로 이해하길 꺼려하는 성향으로부터 일깨워주소서. 긍정적인
것에 초점을 맞추고 선한 진동을 보내는 것만으로는 전쟁을 멈출 수
없음을 그들이 알게 하소서.

당신이 지상에서 모든 어둠을 몰아내고,
당신의 빛이 거대한 해일처럼 밀려오나니,
어떤 어둠의 힘도 이제는,
상승나선을 멈출 수 없습니다.

오, 성모 마리아님이시여, 지구를 더 높은
상태로 촉진시키는 노래를 가져오소서.

이제 모든 물질이 빛을 발합니다.

6.성모 마리아님이시여, 단지 우리 자신에게 집중하고 우리 자신의 의식을 높이는 것만으로는 진정으로 지구를 변화시킬 수 없음을 사람들에게 일깨워주소서. 우리는 우리들 자신 너머를 바라보면서 행성과 인류 전체에 대한 책임감을 가질 필요가 있습니다.

당신께서 모든 정령의 생명들을 축복하며,
인간이 만들어놓은 스트레스를 그들에게서
제거하시니,
이제 자연령들은 자유를 얻어,
신성한 디크리를 실현합니다.

오, 성모 마리아님이시여, 지구를 더 높은
상태로 촉진시키는 노래를 가져오소서.
이제 모든 물질이 빛을 발합니다.

7.성모 마리아님이시여, 전쟁을 일으키는 에너지 소용돌이(vortex)들은 너무나 강해서, 설사 지구의 모든 영적인 사람들과 종교인들이 자신의 의식을 높인다 해도 이러한 소용돌이들을 불태우기에는 충분치 않다는 사실을 사람들에게 일깨워주소서.

나는 목소리를 높이고 확고한 입장을 취하여
전쟁의 중단을 요구하노니,
다시는 전쟁이 지구에다 상처를 입히지 않을 것이며,
황금시대가 탄생할 것입니다.

오, 성모 마리아님이시여, 지구를 더 높은
상태로 촉진시키는 노래를 가져오소서.
이제 모든 물질이 빛을 발합니다.

8.성모 마리아님이시여, 오직 승천한 마스터들의 권능만이 이런 보텍스들을 태워버릴 수 있다는 사실을 사람들에게 일깨워주소서. 오직 승천한 마스터들만이 그런 권능을 갖고 있습니다.

어머니 지구가 마침내 자유를 얻을 때,
재난들은 과거의 일이 되나니,
당신의 어머니의 빛이 너무나 강렬해져서
이제 물질의 밀도는 훨씬 낮아집니다.

오, 성모 마리아님이시여, 지구를 더 높은
상태로 촉진시키는 노래를 가져오소서.
이제 모든 물질이 빛을 발합니다.

9.성모 마리아님이시여, 우리들만으로는 행성 지구에서 전쟁을 없앨 수 없다는 현실을 사람들에게 일깨워주소서. 오직 승천한 마스터들과 함께 일함으로써 전쟁이 제거될 수 있습니다.

어머니의 빛 안에서 지구는 순수해지고,
상향나선이 지속될 것이니,
이제 번영은 기본이며,
신의 비전이 구체화됩니다.

오, 성모 마리아님이시여, 지구를 더 높은
상태로 촉진시키는 노래를 가져오소서.
이제 모든 물질이 빛을 발합니다.

2부

1.신성한 인도자시여, 우리가 승천한 마스터들에게 지구에서 활동할 권한을 드려야 할 필요성에 대해 사람들을 일깨워주소서. 우리가 전쟁이 왜 일어나고 어떻게 지속되는지에 대한 역학을 이해함으로써만이 이것을 할 수가 있습니다.

신성한 인도자시여, 나는 이제 세상이
비실재임을 압니다,
이제 진실로 내 가슴은 영(Spirit)이야말로
실재하는 모든 것임을 느낍니다,

신성한 인도자시여, 빛을 보내주시어,
나의 내면의 시야를 밝혀 무지를 제거하소서.
내 비전을 자유롭고 선명하게 하시고,
당신의 인도가 이곳에서 영원히 함께 하게 하소서.

2.신성한 인도자시여, 어둠과 악을 쳐다볼 필요가 없다는 환영에서 사람들을 깨어나게 하소서. 우리가 어둠에게 힘을 주지 않으면서 어둠을 살펴볼 수 있도록 도와주소서.

신성한 인도자시여, 나는 명료하게 살기를 원하니
비전을 보여주소서.
이제 나는 나만의 독특한,
나의 신성한 계획을 바라봅니다.

신성한 인도자시여, 빛을 보내주시어,
나의 내면의 시야를 밝혀 무지를 제거하소서.
내 비전을 자유롭고 선명하게 하시고,
당신의 인도가 이곳에서 영원히 함께 하게 하소서.

3.신성한 인도자시여, 사람들이 기꺼이 어둠을 바라보지만 분노로 응하도록 속아버리는 성향에서 벗어나도록 일깨워주소서. 어둠의 세력들을 쳐부수고 싶어 하는 것은 오히려 어둠에게 힘을 부여해 준다는 사실을 알게 하소서.

신성한 인도자시여, 나의 내면의 에고 게임들을
드러내 주시고, 나를 자유롭게 해주소서.
황금시대의 개막을 도울 수 있도록.
내가 에고의 감옥을 탈출하게 도와주소서.

신성한 인도자시여, 빛을 보내주시어,
나의 내면의 시야를 밝혀 무지를 제거하소서.
내 비전을 자유롭고 선명하게 하시고,
당신의 인도가 이곳에서 영원히 함께 하게 하소서.

4.신성한 인도자시여, 사람들에게 무집착으로 어둠을 살펴보는 중도(中道)를 일깨워주소서. 당신은 승천한 마스터들에게 어둠을 제거하도록 정확한 요청을 하기 위해 어둠을 살펴봅니다.

신성한 인도자시여, 나는 당신과 함께 하며,
내 비전은 더 이상 둘이 아닌 하나입니다.
당신께서 카르마의 베일을 흩어버리시니
나는 새로운 전체 우주를 봅니다.

신성한 인도자시여, 빛을 보내주시어,
나의 내면의 시야를 밝혀 무지를 제거하소서.
내 비전을 자유롭고 선명하게 하시고,
당신의 인도가 이곳에서 영원히 함께 하게 하소서.

5.신성한 인도자시여, 사람들에게 우리가 어둠과 싸울 필요가 없다는

현실을 일깨워주소서. 우리는 승천한 마스터들이 당신들의 더 높은 비전에 기반을 둔 작업을 하도록 허용합니다.

신성한 인도자시여, 나는 향상됩니다,
지금 전광(電光)이 나의 잔을 채우고,
내 안의 오래된 그림자들을 모두 태워버리며,
나에게 명확한 비전을 줍니다.

**신성한 인도자시여, 빛을 보내주시어,
나의 내면의 시야를 밝혀 무지를 제거하소서.
내 비전을 자유롭고 선명하게 하시고,
당신의 인도가 이곳에서 영원히 함께 하게 하소서.**

6.신성한 인도자시여, 사람들이 지구의 어둠을 바라보는 두려움에서 벗어나도록 일깨워주소서. 우리가 자신의 두려움을 직시하고 극복하지 않고는 진실로 지구상의 일들을 개선하지 못할 것임을 알게 하소서.

신성한 인도자시여, 황금의 가슴이여,
나는 나의 신성한 일들을 펼쳐나갑니다,
오, 은총을 입으신 스승이시여, 나는 이제 압니다,
신성한 계획이 나를 어디로 데려가는지.

**신성한 인도자시여, 빛을 보내주시어,
나의 내면의 시야를 밝혀 무지를 제거하소서.
내 비전을 자유롭고 선명하게 하시고,
당신의 인도가 이곳에서 영원히 함께 하게 하소서.**

7.신성한 인도자시여, 사람들이 영적인 세계와 승천한 마스터들의 실재를 경험하고 왜 우리가 지구에 있는지를 깨닫도록, 그들 내면의 앎과 능력을 일깨워주소서.

신성한 인도자시여, 당신의 은총으로,
나는 장대한 계획 안에서의 내 위치를 발견합니다.
나는 신께서 나에게 부여하신 유일무이한 개성,
내 자신의 개인적 화염을 깨닫습니다.

신성한 인도자시여, 빛을 보내주시어,
나의 내면의 시야를 밝혀 무지를 제거하소서.
내 비전을 자유롭고 선명하게 하시고,
당신의 인도가 이곳에서 영원히 함께 하게 하소서.

8.신성한 인도자시여, 우리가 '무엇이 옳고, 무엇이 삶의 목표인지'에
대한 직관과 내면의 앎에 귀 기울이고 따르지 못하도록 강하게 방해하
는 환경 안에서 성장해 온 사실을 사람들에게 일깨워주소서.

신성한 인도자시여, 하나됨의 비전이여,
나는 내 신아(I AM)[3]가 신의 독특한 태양임을 압니다.
당신의 신성한 인도를 받으며,
나는 이제 내 자신의 빛을 발산합니다.

신성한 인도자시여, 빛을 보내주시어,
나의 내면의 시야를 밝혀 무지를 제거하소서.
내 비전을 자유롭고 선명하게 하시고,
당신의 인도가 이곳에서 영원히 함께 하게 하소서.

9.신성한 인도자시여, 우리가 육화할 때 일어났던 망각으로부터 사람
들을 일깨워주소서. 우리가 이 시대에 육신으로 태어난 이유를 깨닫게

---

3)영어 대문자로 "I AM"이라고 표기될 때, 이것은 "내 안에 계신 신(神)"이란 뜻으로서
〈각 영혼들을 위해 개별화된 신(하나님)의 현존체〉, 즉 신성(神性), 또한 신아(神我)라
고 할 수 있다. 이를 달리 표현해서 "I AM Presence(신적현존)"이라고도 표현하는데,
"I AM THAT I AM(자재신 - 나는 스스로 있는 자이다)" 역시 같은 의미이다. 그리고
바로 우리가 차원상승을 이룰 때, 즉 승천할 때, 우리의 영혼이 우리 안에 있는 바로
이 신성 또는 신아와 합일되는 현상이 일어난다고 한다. (감수자 주)

하소서.

신성한 인도자시여, 영(Spirit)의 들어 올림의
일부로 참여하는 이 놀라운 선물이여,
나는 인류를 어두운 밤으로부터 들어올리고,
영의 사랑어린 시선을 받습니다.

신성한 인도자시여, 빛을 보내주시어,
나의 내면의 시야를 밝혀 무지를 제거하소서.
내 비전을 자유롭고 선명하게 하시고,
당신의 인도가 이곳에서 영원히 함께 하게 하소서.

3부

1.성모 마리아님이시여, 부정성이나 악에 대한 통찰 없이도 영적인 사
람이 될 수 있고 세상을 개선시킬 수 있다는 생각은, 영적인 사람들이
최상의 잠재력을 실현하는 것을 막기 위해 어둠의 세력이 고안해 낸
프로그래밍이라는 사실을 사람들에게 일깨워주소서.

오 축복받은 성모 마리아, 나의 어머니시여,
당신의 사랑보다 더 큰 사랑은 없습니다.
우리가 가슴과 마음 안에서 하나가 될 때,
나는 신성한 영단에서 내 자리를 발견합니다.

오, 성모 마리아님이시여, 지구를 더 높은
상태로 촉진시키는 노래를 가져오소서.
이제 모든 물질이 빛을 발합니다.

2.성모 마리아님이시여, 어둠의 세력들은 인류와 이 행성 안에서 움켜
쥐고 있는 것을 잃지 않으려 한다는 사실을 사람들에게 일깨워주소서.
사람들이 이것을 의식적으로 인정하도록 도와주소서.

나는 천상에서 지상으로 보내져,
육신을 입었습니다.
신성한 권한을 당신께 부여하여 요청하오니,
부디 지구를 자유롭게 하소서.

**오, 성모 마리아님이시여, 지구를 더 높은
상태로 촉진시키는 노래를 가져오소서.
이제 모든 물질이 빛을 발합니다.**

3.성모 마리아님이시여, 전쟁과 같은 무의미한 현상은 분별 있고 합리
적인 이유로는 일어날 수 없다는 현실을 사람에게 일깨워주소서. 전쟁
은 언제나 비이성적인 광신의 요소를 포함합니다.

나는 이제 신의 신성한 이름으로 당신께 요청하오니,
어머니의 화염을 사용하여,
두려움에서 나온 에너지를 모두 불태우고,
신성한 조화를 회복하소서.

**오, 성모 마리아님이시여, 지구를 더 높은
상태로 촉진시키는 노래를 가져오소서.
이제 모든 물질이 빛을 발합니다.**

4.성모 마리아님이시여, 광신이 인간의 삶을 분할시켜서 그들이 자신
의 일상적 신앙과 다른 사람들을 죽이는 행위 간의 모순됨을 보지 못
하게 되는 현실에 대해 사람들을 일깨워주소서.

나는 이로써 당신의 신성한 이름을 찬양하며,
당신은 집단의식을 끌어올립니다.
두려움과 의심과 수치는 더 이상 있을 수 없나니,
당신의 어머니의 화염으로 그것들을 불태워주소서.

오, 성모 마리아님이시여, 지구를 더 높은
상태로 촉진시키는 노래를 가져오소서.
이제 모든 물질이 빛을 발합니다.

5.성모 마리아님이시여, 이 비이성적인 광신은 인간 개인과 집단의 마음을 점거할 수 있는 어둠의 세력에 의해서 만들어지고 이 존재들에 의해서만 설명될 수 있다는 사실을 사람들에게 일깨워주소서.

당신은 지상에서 모든 어둠을 몰아내고,
당신의 빛은 거대한 해일처럼 밀려옵니다.
어떤 어둠의 힘도 이제는
상승나선을 멈출 수 없습니다.

오, 성모 마리아님이시여, 지구를 더 높은
상태로 촉진시키는 노래를 가져오소서.
이제 모든 물질이 빛을 발합니다.

6.성모 마리아님이시여, 어둠의 세력이 존재한다는 사실만이 무의미하고도 비이성적인 전쟁을 설명할 수 있다는 사실을 사람들에게 일깨워주소서. 우리는 오직 이 세력을 직시하고 승천한 마스터들에게 그들을 다루도록 요청함으로써만이 전쟁을 없앨 수가 있습니다.

당신께서 모든 정령의 생명들을 축복하며,
인간이 만들어놓은 스트레스를 그들에게서
제거하시니,

이제 자연령(自然靈)들은 자유를 얻어
신성한 디크리를 실현합니다.

오, 성모 마리아님이시여, 지구를 더 높은
상태로 촉진시키는 노래를 가져오소서.
이제 모든 물질이 빛을 발합니다.

7.성모 마리아님이시여, 지구상에서 광신적인 살인이 일어나는 유일한
이유는 우리의 자유의지와 살인하지 말라는 가장 깊은 프로그래밍을
뒤엎는 어둠의 세력이 존재하기 때문이라는 사실을 사람들에게 일깨워
주소서.

나는 목소리를 높이고 확고한 입장을 취하여
전쟁의 중단을 요구하노니,
다시는 전쟁이 지구에다 상처를 입히지 않을 것이며,
황금시대가 탄생할 것입니다.

오, 성모 마리아님이시여, 지구를 더 높은
상태로 촉진시키는 노래를 가져오소서.
이제 모든 물질이 빛을 발합니다.

8.성모 마리아님이시여, 전쟁을 멈추는 유일한 방법은 지구에서 어둠
의 세력을 제거하는 것이라는 사실을 사람들에게 일깨워주소서. 우리
인간은 이것을 요청할 권한이 있으며, 승천한 마스터들은 그것을 실현
할 능력을 갖고 있습니다.

어머니 지구가 마침내 자유를 얻을 때,
재난들은 과거의 일이 되나니,
당신의 어머니의 빛이 너무나 강렬해져서
이제 물질의 밀도는 훨씬 낮아집니다.

오, 성모 마리아님시여, 지구를 더 높은
상태로 촉진시키는 노래를 가져오소서.
이제 모든 물질이 빛을 발합니다.

9.성모 마리아님이시여, 승천한 마스터들에게 권한을 주고 에너지를
증폭시켜 우리가 함께 지구에서 전쟁을 없앨 수 있다는 사실을 사람들
에게 일깨워주소서.

어머니의 빛 안에서 지구는 순수해지고,
상향나선이 지속될 것이니,
이제 번영은 기본이며,
신의 비전이 구체화됩니다.

오, 성모 마리아님시여, 지구를 더 높은
상태로 촉진시키는 노래를 가져오소서.
이제 모든 물질이 빛을 발합니다.

4부

1.신성한 인도자시여, 변화가 필요하다는 사실과 그 변화는 두려움
속에 있는 채로 사랑과 친절로도 충분하다고 여기는 이들에 의해서는
일어날 수 없다는 사실을 사람들에게 일깨워주소서. 또한 분노에
휩싸여 어둠의 세력들을 심판하고 그들과 싸워야 한다고 생각하는
사람들에 의해서도 변화는 일어나지 않습니다.

신성한 인도자시여, 나는 이제 세상이
비실재임을 압니다.
이제 진실로 내 가슴은 영(Spirit)이야말로

실재하는 모든 것임을 느낍니다.

신성한 인도자시여, 빛을 보내주시어,
나의 내면의 시야를 밝혀 무지를 제거하소서.
내 비전을 자유롭고 선명하게 하시고,
당신의 인도가 이곳에서 영원히 함께 하게 하소서.

2. 신성한 인도자시여, 우리에게는 어둠의 세력들과 싸울 능력이나 책임이 있지 않음을 깨닫는 더 높은 수준의 책임감을 사람들에게 일깨워주소서. 우리의 책임은 어둠의 세력들이 존재한다는 것에 대해 스스로 인식한 후, 이런 지식을 타인들과 공유하고 마스터들에게 요청하는 것입니다.

신성한 인도자시여, 나는 명료하게 살기를 원하니
비전을 보여주소서.
이제 나는 나만의 독특한,
나의 신성한 계획을 바라봅니다.

신성한 인도자시여, 빛을 보내주시어,
나의 내면의 시야를 밝혀 무지를 제거하소서.
내 비전을 자유롭고 선명하게 하시고,
당신의 인도가 이곳에서 영원히 함께 하게 하소서.

3. 신성한 인도자시여, 우리가 육화한 이유를, 그리고 이 행성이 더 높은 단계로 상승하는 것을 돕고자 하는 우리의 진실하고도 집착 없는 바람을 일깨워주소서. 우리가 두려움과 분노를 초월하도록 도와주소서.

신성한 인도자시여, 나의 내면의 에고 게임들을
드러내 주시고, 나를 자유롭게 해주소서.

황금시대의 개막을 도울 수 있도록.
내가 에고의 감옥을 탈출하게 도와주소서.

신성한 인도자시여, 빛을 보내주시어,
나의 내면의 시야를 밝혀 무지를 제거하소서.
내 비전을 자유롭고 선명하게 하시고,
당신의 인도가 이곳에서 영원히 함께 하게 하소서.

4.신성한 인도자시여, 전쟁의 중단 그 자체가 목표가 아니라는 사실을
사람들에게 일깨워주소서. 진정한 근본 역학은 사람들의 의식 상태를
높이는 것입니다. 전쟁을 가능케 하는 의식을 초월한 사람들이 임계수
치에 이르기 전까지는 지구에서 전쟁이 제거될 수 없습니다.

신성한 인도자시여, 나는 당신과 함께 하며,
내 비전은 더 이상 둘이 아닌 하나입니다.
당신께서 카르마의 베일을 흩어버리시니
나는 새로운 전체 우주를 봅니다.

신성한 인도자시여, 빛을 보내주시어,
나의 내면의 시야를 밝혀 무지를 제거하소서.
내 비전을 자유롭고 선명하게 하시고,
당신의 인도가 이곳에서 영원히 함께 하게 하소서.

5.신성한 인도자시여, 우리는 집단적인 마음의 상태에서 깨어나기 시
작한 영적인 사람들로서, 승천한 마스터들에게 어둠의 세력들의 힘을
진압해 달라고 요청할 권리와 권한이 있다는 사실을 사람들에게 일깨
워주소서.

신성한 인도자시여, 나는 향상됩니다.
지금 전광(電光)이 나의 잔을 채우고,

내 안의 오래된 그림자들을 모두 태워버리며,
나에게 명확한 비전을 줍니다.

**신성한 인도자시여, 빛을 보내주시어,
나의 내면의 시야를 밝혀 무지를 제거하소서.
내 비전을 자유롭고 선명하게 하시고,
당신의 인도가 이곳에서 영원히 함께 하게 하소서.**

6.신성한 인도자시여, 사람들이 더 이상 어둠의 세력에 의해 눈이 멀지 않아야만 전쟁의 의식을 벗어나는 선택을 한다는 사실을 일깨워주소서. 승천한 마스터들은 사람들에게 강요하지 않으며, 그들이 자유의지로 전쟁을 가능케 하는 의식을 초월하는 선택을 할 수 있게 합니다.

신성한 인도자시여, 황금의 가슴이여,
나는 나의 신성한 일들을 펼쳐나갑니다.
오, 은총을 입으신 스승이시여, 나는 이제 압니다,
신성한 계획이 나를 어디로 데려가는지.

**신성한 인도자시여, 빛을 보내주시어,
나의 내면의 시야를 밝혀 무지를 제거하소서.
내 비전을 자유롭고 선명하게 하시고,
당신의 인도가 이곳에서 영원히 함께 하게 하소서.**

7.신성한 인도자시여, 가까운 미래에 이 행성에서 전쟁이 제거될 수 있는 현실적 잠재력이 있다는 사실을 사람들에게 일깨워주소서. 이런 일이 성취될 수 있는 우주적 주기가 도래했습니다.

신성한 인도자시여, 당신의 은총으로,
나는 장대한 계획 안에서의 내 위치를 발견합니다.
나는 신께서 나에게 부여하신 유일무이한 개성,

내 자신의 개인적 화염을 깨닫습니다.

신성한 인도자시여, 빛을 보내주시어,
나의 내면의 시야를 밝혀 무지를 제거하소서.
내 비전을 자유롭고 선명하게 하시고,
당신의 인도가 이곳에서 영원히 함께 하게 하소서.

8.신성한 인도자시여, 전쟁이 불가피한 것이 아니라는 사실을 사람들에게 일깨워주소서. 승천한 마스터들과 함께 일한다고 해서 우리가 무기력한 것이 아닙니다. 어둠의 세력들이 인류를 지배하는 힘을 제거함으로써, 인류는 자신이 삶에 대해 더 높은 목표와 비전을 가진 영적인 존재란 사실을 깨닫게 됩니다.

신성한 인도자시여, 하나됨의 비전이여,
나는 내 신아(I AM)가 신의 톡특한 태양임을 압니다.
당신의 신성한 인도를 받으며,
나는 이제 내 자신의 빛을 발산합니다.

신성한 인도자시여, 빛을 보내주시어,
나의 내면의 시야를 밝혀 무지를 제거하소서.
내 비전을 자유롭고 선명하게 하시고,
당신의 인도가 이곳에서 영원히 함께 하게 하소서.

9.신성한 인도자시여, 극복하고 변화시킬 수 없는 것이란 없다는 사실을 사람들에게 일깨워주소서. 자유의지가 최상의 법칙이므로, 불가능한 것은 아무것도 없습니다. 전쟁이 바람직하다거나 불가피한 것으로 보는 의식 수준에서 벗어난 사람들이 임계수치에 도달할 때, 승천한 마스터들이 이 행성에서 전쟁을 없앨 수가 있습니다.

신성한 인도자시여, 영(Spirit)의 들어 올림의

일부로 참여하는 이 놀라운 선물이여,
나는 인류를 어두운 밤으로부터 들어올리고
영의 사랑어린 시선을 받습니다.

신성한 인도자시여, 빛을 보내주시어,
나의 내면의 시야를 밝혀 무지를 제거하소서.
내 비전을 자유롭고 선명하게 하시고,
당신의 인도가 이곳에서 영원히 함께 하게 하소서.

봉인하기

신(神)의 이름으로, 나는 대천사 미카엘과 아스트리아(Astrea)와
시바(Shiva)신께서 나와 모든 건전한 사람들 주위에 뚫을 수 없는 보
호막을 형성하시어, 우리를 4가지 세계들 안에 있는 모든 두려움의 에
너지로부터 봉인해주심을 받아들입니다. 또한 나는 신의 빛이 전쟁 배
후의 세력을 구성하는 모든 두려움에 기초한 에너지들을 불태우고 변
형시키고 있음을 받아들입니다!

전쟁의 비-물리적인 원인들

나는 승천한 마스터인 성모 마리아입니다! 나는 첫 번째 강론에서, 이른바 양다리를 걸치고 있는 사람들에게 전하고 싶다는 희망으로 더 폭넓은 청중에게 손을 뻗기 위한 시도를 했습니다. 그들이 담대하게 전쟁과 전쟁 배후 세력들에 대해 직접적인 관심을 가질지에 대해서는 잘 모르겠습니다. 나는 또한 이 행성에서 어떤 일들이 일어나고 있는 지에 관해 더 깊게 이해하고자 하는 열린 마음은 있지만 분노나 두려 움에 기초한 감정에 사로잡혀 어둠의 세력들과 싸워야 한다고 생각하 는 이들의 마음을 움직여보려는 시도 역시 했었습니다. 나는 이 강론 에서는 이 책을 기꺼이 읽으려고 하는 사람들이 이 지구상에서 성장하 며 받아온 다소 미화된 삶의 모습 대신 현실을 알기로 결정했다고 가 정하고 더 직접적인 핵심 내용을 여러분들에게 전해줄 것입니다.

물리적 사건들의 배후에 대한 더 깊은 이해

여러분은 승천한 마스터들과 우리의 점진적인 계시의 목적들 중의 하나가 만약 여러분이 지구에서 무엇이 일어나고 있는가에 관해 아직 깨닫지 못했다면, 그것에 대한 진실, 실상, 더 깊은 이해를 전해 주는 것임을 인식할 것입니다. 여러분은 삶에 대해서 오직 물리적, 물질적 인 시각만을 얻어 왔기 때문에 실제로 이 세상에서 일어나고 있는 것에 대한 아주 제한된 이해를 갖고 자라났습니다. 여러분은 단지 물리적 수준에서 진행되고 있는 것에 대해서 참으로 작은 일부만을 얻어 왔습니다.

우리 마스터들이 여러분이 이해하도록 돕고자 하는 것은, 물리적인 수준은 이 지구에서의 삶에서 가장 피상적인 측면에 불과하다는 것입니다. 만약 여러분이 오직 물리적 수준만 바라본다면, 여러분 주변에서 여러분이 보는 사건들의 더 깊은 원인들에 대해 단지 가장 피상적인 이해와 설명만을 얻게 됩니다. 대부분의 경우에서 물리적 사건들은 결코 오로지 물리적 수준에서 일어나는 것에 의해 유발되지 않습니다. 항상 세 차원계들 - 아스트랄계(감정계), 멘탈계(사고계), 그리고 아이덴티티계(자의식계) - 에 연결돼 있는 숨겨진 원인들이 있습니다. 나는 이것을 전쟁의 개념에 초점을 맞추어 여러분에게 설명하고자 합니다.

전쟁의 물리적인 참상들

물리적 수준의 전쟁터에서 자기들이 본 것을 좀 더 현실적인 용어들로 기술하고자 시도했던 몇몇의 저자들이 존재합니다. 어떤 사람들은 부패해 가는 시신들의 참상들을 묘사했습니다. 미국의 작가인 어네스트 헤밍웨이(Ernest Hemingway)는 전쟁터의 이른바 "자연적인 역사"를 기술했습니다. 다른 작가들은 또한 전쟁의 참상들을 다른 방식으로 묘사하려고 시도했는데, 심지어는 전쟁터의 아름다움을 묘사함으로써 어쩌면 풍자적인 표현으로도 그런 비극을 서술한 바 있습니다. 내가 여기서 여러분에게 알려주고자 하는 것은 전쟁터의 "영적인 역사"입니다. 나는 여러분 대부분이 현대의 어떤 TV 프로그램들을 시청해 왔다는 것을 알고 있습니다. 그 프로들에서는 부패해가는 시신(屍身)들을 보여주고 어떻게 법의학(法醫學)이 그 시신에게 일어난 것을 연구함으로써 범죄를 해결하기 위해 다양한 기법들을 이용할 수 있는지를 보여줍니다. 또한 나는 대부분의 사람들이 전쟁터에서 보게 되는 어떤 물리적인 참상들에 대해 익숙하다는 것을 알고 있습니다. 하지만 내가 여러분들에게 보장하건대, 수많은 시체들이 여러 가지 상태로 폭파된 현장 여기저기에 널려져 있는 광경을 보는 현실에 대해 준비돼 있는 사람들은 거의 극소수라는 것입니다. 참으로, 이런 모습은 누구도 보아서는 안 되는 어떤 것이지만, 이미 알려져 있다시피 여러분은 전쟁이 현실인 행성에서 살고 있는 것이며, 그것은 수많은 사람들이 역사 내내 계속해서 목격해왔던 것입니다.

나는 여러분이 물리적 수준에서 보는 추악함과 참상은 다른 수준들에서 보는 것에 비교하면 아무것도 아니라는 것을 말할 수 있습니다. 우리는 감정계의 일부에는 지구상에 더 이상 육체로 태어날 수 없는 정도의 그런 낮은 의식 상태 속으로 추락해버린 생명체들을 위해 만들어진 공간이 있다는 것을 여러분들에게 설명해 왔습니다. 우리가 과거에 설명했다시피, 이 아스트랄계 또는 아스트랄 구덩이(astral pit) 안에는 (인간영혼들과 같은) 공동-창조자들이나 천사들로서 창조되지 않은 수많은 존재들이 있습니다. 그리고 이들은 이원성 의식으로 타락한 자들에 의해서 창조된 존재들입니다.

어둠의 실재들과 악귀(惡鬼)들은 어떻게 창조되는가?

우리는 여러분이 원초적인 질료인 에너지로 모든 것을 창조하지만 의식을 통해서 에너지에다 형태를 부여하는 것이라고 설명해 왔습니다. 신과 공동-창조자인 자아의식적인 존재가 일정한 주형(鑄型)에다 오랜 동안 충분히 주의를 집중하게 될 때, 그 주형 곳곳에는 일정한 양의 적절한 에너지가 모이게 될 것입니다. 그러한 집중이 그 공동창조자의 의식(意識)을 통해서 일어나기 때문에, 결국은 그 에너지가 초보적인 형태의 의식을 갖게 될 것입니다. 이러한 행위가 에너지 존재, 실재, 영혼 또는 심지어는 이른바 악귀(Demon)를 창조하는 것이 가능하도록 만드는 것입니다.[4]

---

4)여기서 말하는 악귀, 실재, 에너지 존재라는 것은 비교학(秘敎學)이나 심령과학에서 언급해 왔던 이른바 "상념체(Thought form)" 또는 "생령(生靈)"과 같은 개념이다. 인간의 부정적인 악상념에 의해 창조된다는 이 상념체나 생령은 한번 창조되면 독자적인 의지와 생명력을 갖고 움직이며 결코 저절로 소멸되지 않는다고 한다. 이런 존재들은 인간의 강한 정신집중 내지는 증오심, 원념(怨念)에 의해 생성되는데, 인간의 마음이 이런 놀라운 능력을 갖고 있는 이유는 절대자인 신(神)이 인간영혼 누구에게나 창조력을 주

어느 한 개인이 악귀들을 창조하기에는 충분히 강력하지 않지만, 다수의 사람들이 그들의 주의를 동일한 상념의 주형(틀)에다 집중하면, 이로 인해 에너지와 의식 양쪽을 그 틀에다 공급하게 됨으로써 악귀들이 집단적으로 창조될 수 있습니다. 그리하여 이 상념틀은 의식과 의지를 가진 한 존재의 형태를 취할 수가 있습니다. 그것은 여러분이 동물들에게서 보는 것과 어느 정도 유사한 초보적인 종류의 의식을 갖고 있습니다. 동물들은 비록 자아를 인식하고 있지는 않지만 자기들이 존재한다는 것은 의식을 하고 있습니다. 그들은 생존본능과 번식하기 위한 본능을 갖고 있습니다. 이것이 바로 여러분이 아스트랄계에 존재하는 어둠의 실재들이나 악귀들에게서 볼 수 있는 상태인 것입니다.

실재들과 악귀들은 선택할 수 없다

그들은 자기들이 존재한다는 것을 알고 있습니다. 그들은 자기들이 오직 에너지를 공급받음으로써만이 존재를 지속할 수 있고, 자신들에게 공급되는 것이 육화 중인 인간들로부터 오는 에너지라는 것을 압니다. 또한 비록 그들이 자아의식적인 존재로서의 여러분이 할 수 있는 것처럼 명확한 것은 아니지만, 그들은 인간들의 마음이 특정한 방식 안에 갇혀있을 때에만 자기들에게 에너지를 계속해서 공급하게 된다는 것을 이해하고 있습니다. 실재 또는 악귀는 "나는 더 이상 이런 종류의 존재로 있고 싶지 않아!"와 같은 선택을 할 수 있는 능력을 가진 존재가 아닙니다. 말하자면 그것은 "나는 더 이상 기린으로 있고 싶지 않아. 나는 코끼리가 되고 싶어"와 같이 선택할 능력이 없는 동물과도 같습니다.

실재나 악귀는 특정한 상념틀로부터 만들어집니다. 그것은 자기 스스로는 그 틀을 바꿀 수가 없습니다. 즉 그것은 자아의식을 지닌 채로 창조되지 않았기 때문에 그런 일이 결코 가능하지 않습니다. 예를 들어, 폭력으로부터 만들어진 악귀는 오직 에너지를 공급받는 것에 의해

었기 때문이다. 그러므로 우리가 평상시에 자신의 마음이 늘 균형을 유지할 수 있도록 잘 다스리고 적절히 통제해야 할 중요성은 백번을 강조해도 지나침이 없을 것이다.
(감수자 주)

서만 자신이 계속 존속할 수 있다는 것을 알고 있습니다. 다시 말해 그것은 인간들이 폭력과 연계되는 일들을 지속할 때만이 에너지를 공급 받을 수 있는 것입니다. 그리고 그런 악귀는 그 악귀를 창조했던 상념틀에 민감한 인간들의 마음 속으로 생각들과 느낌들을 투사하는 능력을 갖고 있습니다. 그것은 집단적으로 창조되었기 때문에 개인들의 마음들을 압도할 수 있고, 그로 인해 더한 폭력에 관여하도록 사람들을 몰아갈 수 있습니다. 그리고 이런 과정이 악귀를 먹여 살리게 해서 그것들이 한층 더 강력하게 되는 것입니다.

이것은 여러분이 전쟁의 숨은 원인들을 알려면, 이해할 필요가 있는 하나의 원리입니다. 이 지구상에서 전적으로 물질적, 물리적 수준의 원인들에 의해서만 유발되는 전쟁은 결코 없었으며, 또 앞으로도 절대 없을 것입니다. 나는 사람들이 전쟁하게 되는 이유에 관해 많은 물리적인 원인들이 있다는 것을 잘 알고 있으며, 그 사실에 관해 내가 나중에 더 많은 것을 말하게 될 것이지만, 절대로 전쟁은 오직 그런 물리적인 원인들에 의해서 일어나지 않습니다. 모든 전쟁은 개인적인 사람들의 마음들을 점거했던 아스트랄계 내의 악귀들에 의해서 언제나 대부분 일어났고, 또 일어날 것입니다. 그들은 사람들이 점차 전쟁 발발에 이르도록 배후에서 조치들을 취해 왔으며 어떻게 해서든지 조종해왔던 것입니다.

아스트랄계의 참상들

일단 여러분이 그런 존재들이 있고 그들이 인간들에 의해서 오용된 에너지를 공급받기를 바란다는 것을 이해한다면, 전쟁터의 영적인 역사를 이해하기 시작할 수 있습니다. 그러므로 한 전쟁에서 전투가 있었다고 상상해 봅시다. 수많은 사람들이 어느 날 사망하고, 이제 그들의 시신들이 폭파된 차량들과 탱크들을 따라서 전쟁터 주변에 흩어져 널려 있습니다. 우리가 이 전쟁터 안으로 간다고 상상을 하고, 여러분은 이제 특수 보호안경을 착용하고 있다고 상상해봅시다.

초기 상태에서, 이 보호안경은 오직 여러분이 물리적인 눈으로 볼 수 있는 것만을 보여줍니다. 여러분은 부패되고 터져나간 시신들의 물리적인 참상들을 보고 있습니다. 여러분은 피가 모래 속으로 흘러 스며들고 있는 팔다리들이 잘려나간 사람들을 보고 있습니다. 또 여러분은 그들의 몸에서 폭발했던 무언가로 인해 상처 구멍들을 – 작은 구멍의 들어간 상처들, 큰 구멍의 나온 상처들 – 갖고 있는 사람들을 보고 있습니다. 여러분은 이런 참상을 보고 있고, 당연히 충격을 받습니다. 이제, 우리가 여러분의 보호안경의 설정을 조정하여 당신들은 물질적인 수준을 벗어나서 보게 됩니다. 여러분은 아스트랄계의 수준에서 전쟁터에서 벌어지고 있는 것을 봅니다. 만약 여러분이 전쟁터의 물리적 참상들이 추악하고 혐오감을 일으킨다고 생각한다면, 나는 그것들은 여러분이 아스트랄층에서 보고 있는 그 추악함에 견줄 만한 것이 못 된다고 장담할 수 있습니다.

나는 여러분이 다양한 생명체들을 보여주는 중세시대의 그림들을 보았을 것이라고 확신합니다. 이런 그림들을 그린 화가들 중 일부는 실제적으로 아스트랄 수준들을 보았습니다. 모든 시대에 걸쳐서 많은 사람들이 약물들이나 알코올의 영향 하에서든, 아니면 어떤 생명을 위협하는 상황들 안에서든 다양한 상황들 속에서 아스트랄계 안을 볼 수 있는 뚜렷한 시각을 갖고 있었습니다. 여러분이 거기서 발견하는 실재들과 악귀들은 매우 추악하고 아주 혐오감을 일으켜서, 그것을 거의 묘사할 수가 없습니다. 여러분은 다양한 생명체들을 그려내기 위해 컴퓨터 그래픽을 이용해 만들어진 최신 영화들을 얼마간 보아 왔을 수도 있을 것입니다. 얼마 전에, 〈반지의 제왕〉에 관한 영화들이 다양한 생명체들을 보여주었습니다. 또 다른 영화들은 우주 생명체들을 포함한 여러 다른 생명체들을 보여준 바가 있습니다. 내가 장담할 수 있지만 그런 생명체들조차 여러분이 아스트랄계에서 보는 것과 같이 추악하고 혐오감을 불러일으키는 것은 아니라고 할 수 있습니다.

실재들과 악귀들이 생명 에너지를 갈취해 먹는다

여러분이 물리적 수준을 벗어나서 볼 수 있을 때 물리적인 전쟁터에서 보는 것은 말 그대로 시신들을 게걸스럽게 먹고 있는 엄청난 수의 실재들과 악귀들입니다. 그런데 그들은 예를 들어, 여러분이 구더기와 벌레들이 시신들을 파먹는 것을 보듯이 물리적으로 그 시신들을 먹는 것은 아닙니다. 그들은 시신들의 에너지체들, 무엇보다 우선적으로 그 감정체(emotional body)를 먹고 삽니다. 그들은 그런 에너지체들로부터 생명 에너지를 빨아내어 먹고 있는 것입니다.

물론 여러분은 왜 인간들이 아스트랄계 안의 악귀들과 실재들에게 지속적으로 그들의 생명 에너지가 빨려나가는 것을 막지 못하는가라고 자문할 것입니다. 하지만 당신들이 얼마나 많은 사람들이 실제로 날마다 그런 존재들에 의해 자신의 생명 에너지들을 빼앗기게 되는지에 대해서 안다면, 충격 받을 것입니다. 그래도 이것은 대부분의 사람들에게는 물리적 전쟁터에서 일어나는 것에 비교하면 아무것도 아닙니다.

그 이유는 물질계와 아스트랄계 간에는 어떤 분리가 있기 때문입니다. 아스트랄층에 있는 실재들과 악귀들이 물리적 수준에 있는 사람들에게 간섭하는 것을 막는 어떤 보호물로서의 이른바 에너지막이 존재합니다. 물론 이 막은 다양한 요인들에 의해서 손상될 수 있습니다. 많은 요인들이 있지만, 전쟁에서의 물리적 전투보다 이 막을 손상시키는 더 강력한 요인은 없습니다. 총소리와 커다란 폭발음들이 바로 물질계와 아스트랄계 사이의 에너지 보호 장치인 에너지막을 손상시키는 역할을 합니다. 이것보다 한층 더 한 것은 전투에서 죽고, 상처입고, 그들의 전우들이 죽거나 다치는 것을 보고 있는 병사들의 격한 감정들입니다.

큰 전투에서는 아스트랄계로 나있는 소위 웜홀(wormhole)이나 블랙홀(black hole)이라고 할 수 있는 것이 말 그대로 열릴 수 있습니다. 여러분은 이것을 물질계에서 아스트랄계의 특정 수준으로 에너지를 실제로 빨아들이는 소용돌이치는 에너지나 회오리바람과 거의 비슷하게 볼 것입니다. 여러분은 또한 모든 종파의 영체들과 귀신들이 물리적 수준 또는 그 수준에 아주 가까운 곳으로 흘러들 수 있는 하나의 열린 통로(portal)로서 그것을 볼 수도 있을 것입니다. 그것들은 물리적으로 보이지는 않지만, 그들이 물리적 수준의 진동에 아주 가깝게 되면서 전쟁터에 널려 있는 시신들의 에너지체들로 훨씬 더 가까이 접근할 수 있습니다.

병사들의 에너지장들

전투 전에 그 병사의 에너지장(energy field) 상태에 따라, 그리고 전투 도중에 그 에너지장에 일어났던 일들에 따라서 이들 어둠의 실재들과 악귀들은 다양한 일들을 할 수가 있습니다. 가끔 그들은 에너지장으로 작은 갈고리를 겨우 끼워 넣을 뿐이지만, 그들은 에너지를 빨아들일 수 있게 되는데 그건 마치 송유관(送油管)이나 호스와 같습니다. 다른 경우에는, 실재들과 악귀들이 좀 더 직접적으로 닿을 수 있는 더 큰 구멍이 뚫려있는 경우도 있습니다. 그 구멍들 중의 어떤 것은 집게와 같은 송곳니들을 가졌고, 그것들은 큰 에너지 덩어리를 끌어낼 수 있습니다. 다른 것들은 코끼리의 코와 거의 유사한 흡입 호스들을 갖고 있고, 그것들이 에너지를 빨아낼 수 있습니다. 다른 것들은 그 에너지장 속으로 그들의 통로를 어떻게 해서든지 파내고, 여러분이 물리적 수준에서 보는 거의 기생동물과 벌레들처럼 그들 스스로 그곳으로 기어들어갑니다.

어떤 병사들은 전투 전에 그들의 에너지장의 보호 상태가 너무 낮아서 그들이 잔인하게 살상을 당했을 때 그들의 에너지장이 조각나서 흩어질 수 있습니다. 만약 여러분이 물리적으로 폭파되어 흩어진 시신을 본다면, 대부분의 경우에서 그 사람의 에너지장인 오라(Aura) 또한 조각나서 뿔뿔이 흩어질 것입니다. 여러분은 하이에나와 독수리가 시신을 손상시키는 것을 보는 것과 거의 유사하게, 실재들과 악귀들이 달려들어 그 에너지장의 이런 조각들을 정말로 손상시키는 것을 보게 될 것입니다.

그런 세력들이 존재한다는 것을 실감하는 충격

물론 나는 여러분에게 감당할 수 없는 충격을 주기 위해서 이런 개념들을 알려주고 있는 것은 아닙니다. 다만 나는 여러분에게 자극을 주어 아스트랄층의 실재들과 악귀들의 공격적인 현실에 대해 일깨우기 위해서 이런 개념들을 전해주고 있는 것입니다. 여러분은 물리적 수준에서 시신 위에 파리들이 꼬여들어 알을 낳는 것을 저지할 수 있는 것이 아무것도 없다는 사실을 아주 잘 알고 있습니다. 구더기가 그 시신을 파먹는 것을 막을 수 있는 방법은 아무것도 없습니다. 또 하이에나와 독수리들이 시신을 찢고 안을 파헤쳐서 먹이로 먹는 것을 저지할 수 있는 것이 아무것도 없습니다. 게다가 아스트랄계의 실재들과 악귀들이 전투가 벌어지고 사람들이 육체적으로 죽어나갈 때 모여들어 실컷 에너지를 빨아먹는 것을 막을 수 있는 물리적 수준의 힘은 아무것도 없습니다.

이 실재들과 악귀들은 여러분이 느끼는 동정심, 공감, 불쌍히 여김, 후회, 불의감, 이런 일이 일어나서는 안 된다는 의식 같은 것을 느낄 능력이 전혀 없다는 점을 이해할 필요가 있습니다. 그들은 그런 감정들을 갖고 있지 않습니다. 여러분은 그들을 설득할 수 없고 그들이 하는 것들이 잘못되었다고 그들에게 이해를 구할 수도 없습니다. 그들은 단지 물리적 수준에서 모든 동물들이 하고 있는 것 - 자라나고 스스로를 유지하는데 도움이 되는 에너지를 뽑아냄으로써 그들 자신의 생존과 성장을 보장하는 것 - 을 하고 있는 것입니다. 심지어 여러분은 그들이 창조되어 그런 행위를 하는 것에 대해서 그들을 비난할 수도 없습니다.

내가 여러분에게 이것을 설명하고 있는 이유는 여러분이 콘크리트에 머리를 부딪치는 경험 같은 진리의 순간, 깨달음의 순간에 이르도록 돕기 위한 것입니다. 내가 여기서 알려주고자 노력하는 것은 전쟁이 아무런 동정심과 공감능력도 갖고 있지 않은, 그리고 여러분들이 추론할 수도 없는 세력들에 의해서 유발된다는 인식입니다. 여러분이 아스트랄계 내에서 실재들과 악귀들이 하고 있는 행위를 멈추도록 그들을 설득시킬 수 있는 아무런 방법이 없습니다. 여러분은 이 점을 의식적으로 인정할 필요가 있습니다.

나는 이것이 많은 사람들에게 충격적인 인식이 되리라는 것을 알고 있습니다. 많은 사람들이 이런 사실을 알게 됨으로써 처음에는 거기에 압도당하고, 거의 마비된 느낌을 가질 수도 있다는 것을 압니다. 돌진하는 호랑이를 멈출 수 있는 것이 아무것도 없듯이, 당연히 이들 실재들과 악귀들을 멈출 수 있는 것이 아무것도 없다는 사실을 여러분이 깨달을 때, 이렇게 느낄 수도 있을 것입니다. "그렇다면 이것으로부터 내 자신을 보호하고 지구적인 수준에서 전쟁을 멈추기 위해 내가 할 수 있는 것이 무엇일까?" 여러분이 직접적으로 할 수 있는 것은 아무것도 없지만, 우리 승천한 마스터들은 이들 영체들과 악귀들을 다루는 능력을 갖고 있기 때문에 거기에는 여러분이 간접적으로 할 수 있는 무엇인가가 있습니다.

그 힘을 사용하기 위해서 우리에게 필요한 것은 여러분으로부터의 권한부여(authorization)입니다. 나는 이전 강론에서 자유의지 법칙의 절대적인 속성에 대해서 설명했습니다. 물리적으로 육화되어 있는 인간들은 수 천 년에 걸쳐서 아스트랄계 안에다 그런 영적실재들과 악귀들을 창조해 왔습니다. 그리고 우리 승천한 마스터들은 임계수치의 사람들이 우리에게 그렇게 하도록 권한을 줄 때까지는 그들을 제거할 수가 없습니다. 그런데 여러분이 이 책에 있는 우리의 기원문들과 우리의 다른 많은 기원문들, 디크리들(decrees)을 수련함으로써 그렇게 할 수가 있습니다. 여러분은 또한 현재 무엇이 일어나고 있는가에 관해 알게 됨으로써, 그리하여 전쟁이 이 지구상에서 지속되도록 허용하는 그런 저급한 의식을 의도적으로 초월함으로써 그것을 할 수 있는 것입니다.

아스트랄계에 대한 묘사

이제 나는 아스트랄계에서 진행되고 있는 것에 대해 계속 언급하고자 합니다. 아스트랄계는 정확하게 33단계의 많은 수준들로 나누어져 있습니다. 일부 최하위 수준들은 화산의 내부와 같기 때문에 거의 형태를 갖추고 있지 않습니다. 모든 것이 너무 뜨겁고 이 용융 도가니 속에서 녹아버리기 때문에 어느 형태도 거의 있을 수가 없습니다. 아스트랄계의 보다 높은 수준들에 대해서 말한다면, 좀 더 높은 수준들에서는 점점 더 구체적인 형태들이 있게 됩니다.

그곳에는 내가 언급했던 악귀들과 실재들이 머무르고 있는 어떤 수준들이 있습니다. 이들은 자기들이 하는 것을 단순히 행하는 존재들이고, 그들은 이미 죽은 동물들의 사체를 먹이로 삼고 있는 탐욕스러운 독수리나 하이에나들, 그리고 자칼들과 유사합니다. 확실히, 이들은 추악합니다. 그들은 공격적입니다. 또한 그들은 판단력이 결여돼 있고 공감능력이 없습니다. 말하자면, 아스트랄계의 약간 더 높은 수준들에서는 자신들이 하는 일에 대해 실제로 좀 더 의식하고 있는 악귀들을 발견하게 된다는 것입니다.

그들은 적극적으로 다른 동물들을 사냥해서 죽이는 동물들에 비교될 수도 있을 것입니다. 나는 여러분이 확실히 독수리를 추악하다고 볼 수는 있지만, 사자나 호랑이는 그렇지 않다고 볼지도 모르기 때문에 이런 이미지를 사용하는 것이 주저되기도 합니다. 내가 여러분들이 깨닫기 바라는 것은 악귀들과 실재들이 단지 사람을 식량원으로 이용하는 아스트랄계의 어떤 층이 있다는 것입니다. 또한, 적극적으로 밖으로 나가서 사람들이 물리적으로 죽도록 하거나 다른 방식들로 인간의 에너지를 탈취하기 쉬운 상황들을 만들어내는 포식성의 악귀들이 머무는 더 높은 아스트랄 수준이 존재합니다.

이들은 더 높은 의식수준을 갖고 있는 악귀들이지만, 그들은 여전히 자기인식이 없고 자각을 하지 못합니다. 그들은 인간들에게 동정심이나 공감을 전혀 느끼지 못하며, 그들은 결코 이런 것을 느낄 능력이 없습니다. 아스트랄계의 이 수준에서 여러분은 두 가지 종류의 악귀들을 발견하게 됩니다. 하나는 내가 앞에서 설명했던 창조된 악귀들입니다. 그들은 일정한 틀 속으로 에너지와 의식을 공급해주었던 자아의식을 가진 존재들(인간들)에 의해서 창조되었으며, 결국 그 틀이 일종의 생존본능을 가진 존재가 된 것입니다.

이들은 오랜 시간이 지나면서 수동적으로 사람들을 착취해 먹고 사는 악귀들보다 더 복잡한 것이 되었습니다. 따라서 그들은 사람들이 아스트랄계의 영향에 취약해지는 물리적 행위들을 저지르게끔 조종하기 위해 더 공격적인 수단을 이용하는 방법을 터득했습니다. 그런 유형의 수많은 행위들이 있습니다. 어떤 중독(中毒)이든 그것은 아스트랄계에 있는 악귀들에게 여러분의 에너지를 쉽게 빼앗기게 만듭니다. 육체적인 살인, 특히 전쟁터에서 여러분이 보는 대규모적인 살상 이상으로 그 취약성을 증대시키는 어떤 물리적인 행위는 없습니다. 이들 악귀들은 자신들의 제한된 힘으로 사람들이 살인을 하거나 전쟁을 하도록 조종하기 위해 모든 것을 할 것입니다. 하지만, 그들은 제한된 힘을 갖고 있습니다.

아스트랄계 안의 타락한 존재들

그렇지만, 아스트랄계에서 발견되는 또 다른 부류의 악귀들이 존재하며, 이들은 우리가 다른 책들에서 타락한 존재들(fallen beings)이라고 부르는 것들입니다. 우리가 설명했듯이, 4가지의 모든 하위계들 안에 타락한 존재들이 있습니다. 하지만 아스트랄계에 빠져 있는 이들 역시 내가 악귀들이라고 부르는데, 그들은 자아의식을 가진 존재로서의 그들 자신에 관한 모든 의식적인 인식을 상실했기 때문입니다.

우리가 그들이 어떤 원시적인 형태의 자아인식을 갖고 있는 것인지, 아니면 그들이 더 이상 그 자아인식을 실제적인 목적들을 위해서 보유하지 못할 정도의 그런 상태에 빠져 있는 것인지에 대해서는 토의할 수 있지만, 나는 여기서 학문적인 논의로 들어가고 싶지는 않습니다. 내가 여러분에게 지적하고 싶은 것은 아스트랄계의 좀 더 높은 수준들에서는 이전 천체에서 공동창조자들이나 천사들로 (진화여정을) 시작했던 존재들이 발견된다는 것입니다. 그러나 그들은 그때 의식면에서 타락했고, 지금은 그들 자신에 대해서는 거의 인식하지 못할 정도로까지 계속해서 의식이 하락했습니다.

그 차이점에 주목하도록 하세요. 나는 이 존재들이 의식이 없다라고 말하고 있는 것이 아닙니다. 그들 중에 다수는 지구의 4가지 하위계들 안에서 일어나는 것에 대해서 아주 복잡한 의식과 이해를 갖고 있습니다. 그들은 인간들을 속이는 상당한 능력을 갖고는 있지만, 무언가 다르게 하는 것을 선택할 만큼 충분한 자각을 갖고 있지 못합니다. 그런 악귀들을 설득하는 것은 거의 불가능합니다. 말하자면 설득할 수 없는 존재들에 대해서도 우리가 "악귀(demon)"라는 용어를 쓸 수 있다고 할 수 있습니다. 이 용어 사용에 대해 일부 사람들이 이의를 제기하리라는 것을 알지만, 현실적인 이유들 때문에 여기서는 그 용어를 사용하도록 하겠습니다.

멘탈계의 타락한 존재들

내가 이런 설명을 하는 까닭은 우리가 여러분의 보안경을 또 다른 설정으로 바꿀 때, 여러분은 감정계 수준인 아스트랄계를 벗어나서, 멘탈계(사고계)를 보기 시작한다는 것입니다. 이곳에서 여러분은 아직 어느 정도의 자각을 갖고 있기 때문에 내가 악귀들로 규정하지 않은 타락한 존재들을 발견하게 됩니다. 그들은 일정한 틀에 의해서 기계적으로 움직이지는 않았습니다. 그들은 어떤 추론능력에 의해서 움직입니다. 또한 그들은 자기들이 행하고 있는 것을 하는데 대해 정신적이고 지적인 근거를 갖고 있습니다.

내가 말한 아스트랄계 안의 악귀들은 자기들이 하고 있는 것이 무엇이고 왜 그것을 왜 하는지에 대해 실제적으로 이성적 사고를 하지 못합니다. 단지 그들은 그것이 작용되는 것을 알고 있기 때문에 단순히 그것을 하고 있는 것입니다. 그리고 그것이 그들에게 에너지를 공급해 줍니다. 그들은 절대로 그런 행위가 그들에게 인간들을 지배한다는 힘의 느낌을 주기 때문에 그걸 하는 게 아닌데, 왜냐하면 그들 대다수는 힘을 가지고 인간들을 지배하는 것을 즐길만한 충분히 높은 의식을 갖고 있지 못하기 때문입니다.

하지만, 멘탈계 수준에서는 인간들을 지배하는 힘을 자기들이 가질수 있다는 것을 알 정도의 충분한 자각으로 이것을 즐기는 많은 타락한 존재들을 발견하게 됩니다. 멘탈계 안의 그 존재들은 감정계의 존재들만큼 공격적이지는 않습니다. 그들은 사람들을 힘으로 압도하거나 강요하려고 하지 않습니다. 그들은 사람들을 설득하려고 노력합니다.

이 차이점은 몇 가지 이유들 때문에 중요합니다. 좀 더 피상적인 수준에서 볼 때, 멘탈계 내의 타락한 존재들은 대부분이 아스트랄계의 존재들만큼 추악하거나 혐오감을 일으키지 않습니다. 그들 가운데 일부는 많은 사람들에게 아주 매력적일 수도 있는 외모를 갖고 있습니다. 멘탈계에서는 여러분이 지구상에서 보는 교수, 학자 또는 철학자들로 나타나는, 특히 역사적인 인물로 나타나는 많은 타락한 존재들을 발견할 수 있습니다. 겉보기에는 인자하지만 아주 인상적이고 강력한 외모를 취한 채 그들 자신을 왕이나 황제라고 주장하는 많은 이들을 볼 수 있습니다.

멘탈계 내의 이 존재들 가운데 다수는 그들 자신을 인자하고 선의를 가진 존재인 것처럼 위장하는 법을 터득했습니다. 그들은 오직 진심으로 여러분에게 최상의 도움을 줄 것 같은 인상을 줍니다. 하지만 그들이 가슴(사랑)을 갖고 있지 않을 때 얼마나 진심으로 무엇인가를 할 수 있을까요? 그들은 모두 이지적(理知的)입니다. 그것은 모두 마음이고, 지적(知的)인 것일 뿐입니다. 그것은 모조리 상대적이고 이원성적인 추론입니다. 내가 상대적이고 이원성적인 추론을 말할 때, 그것은 항상 상반된 두 가지를 가진 척도로 작용한다는 것을 의미합니다. 그들은 항상 어떤 것은 옳고 어떤 것은 그르다는 절대적인 가치판단을 가진 그런 척도에 기초한 범주들로 사람들을 나눕니다. 그리고 "그릇된 범주에 속한 사람들"은 정당하게 살해될 수 있습니다. 이것이 여러분이 멘탈계에서 볼 수 있는 기본적인 추론 방식입니다. 그러나 왜 인간들을 죽이는 것이 정당화될 수 있을까요?

살인을 정당화하는 의식

만약 여러분이 육화한 인간들을 살펴본다면, 무차별적으로 살인을 자행하는 자들이 있다는 것을 알 것입니다. 그 가장 극한 수준에서, 여러분은 자기들이 살인하는 것을 정당화할 필요성조차 느끼지 않는 연쇄 살인자들이나 독재자들을 – 심지어는 군인들이나 범죄자들을 – 보게 됩니다. 그들은 자신이 적으로 분류한 특정 범주에 적합하다고 보이는 그 누구든지 죽입니다. 여러분은 그들을 소위 사이코패스

(psychopath)[5] 또는 여러분이 부르기 원하는 어떤 명칭으로든 부를 수 있을 것입니다. 그들은 더 이상 그들의 살인을 정당화시킬 필요성이 없는데, 왜냐하면 이것이 자신에게 필요하다고 보이는 선을 이미 넘어섰기 때문입니다.

물론, 여러분은 죽이는데 관여하는 대부분의 사람들이 일시적으로 어떤 의식 상태에 의해 눈이 멀게 된다는 것을 알 것입니다. 그들이 전쟁터나 범죄현장에서 멀리 벗어났을 때, 비로소 이런 상태에서 회복되고, 그제야 자신들이 저지른 행위를 깨달을 수도 있습니다. 이 양쪽 사례들은 사람들이 아스트랄계의 악귀들에 의해서 마음이 점령당했었다는 사실에 의해서 설명될 수가 있습니다. 그래서 그들이 그런 행위에 대해서 적어도 한 순간이라도 숙고하지도 않은 채 살인할 수가 있는 것입니다.

여러분이 특히 전쟁을 살펴 볼 때, 또한 살인에 종사할 수 있는 사람들, 심지어는 장기적인 전쟁계획이나 이른바 방어계획에 참가할 수 있는 사람들이 있다는 것을 알게 될 것입니다. 그리고 그들은 그것이 필요하고 정당화될 수 있는 행위라고 느끼기 때문에 그렇게 합니다. 이 사람들은 바로 멘탈계의 타락한 존재들에게 마음이 점거된 상태인 것입니다.

자의식계의 타락한 존재들

우리가 여러분의 보안경을 최상의 설정으로 바꾸고, 이제 여러분은 자의식계(identity octave)[6]의 하위 수준들 속을 바라보기 시작한다고 상상합시다. 여기서 여러분은 멘탈계의 그들보다 훨씬 더 인자하거나 더 인상적으로 보이는 타락한 존재들을 발견합니다. 하지만 자의식계의 타락한 존재들에 의해서 직접적으로 마음이 점거당해 온 사람들은 극소수에 불과한데, 이 존재들은 주로 멘탈계의 존재들을 통해서 활동하기 때문입니다. 이것은 전쟁에 참가하여 그것이 정당하다고 느

---

5)반사회적 또는 폭력적 경향을 지닌 정신병질자.
6)이 자의식계를 신지학이나 심령학 등에서는 보통 원인계(Causal Plane)로 지칭한다.
(감수자 주)

끼고 있는 사람들이 우선 멘탈계의 존재에 의해서 직접적으로 조종을 받는다는 것을 의미합니다. 그리고 멘탈계의 그 존재는 자의식계의 타락한 존재들에 의해서 통제를 받습니다.

멘탈계의 그 존재들은 모두 지적이고 이치적으로 추론을 하고 있습니다. 한 인간으로서 여러분이 그들과 함께 이성적인 추론 과정에 관여할 수 있지만, 당신들은 결코 당신이 옳고 그들이 틀렸다고 그들을 납득시킬 수 없습니다. 여러분은 또한 이것을 이해할 필요가 있습니다. 내가 아스트랄계의 악귀들에 대해서 말했듯이, 여러분은 그들과 싸우거나, 그들을 설득하거나, 그들이 공감하도록 만들 수 없다는 것을 이해할 필요가 있습니다. 마찬가지로, 멘탈계의 존재들은 여러분이 제시하는 어느 주장에 의해서도 설득될 수가 없습니다. 왜 그럴까요? 그것은 그들이 육화한 한 인간으로서의 여러분이 근본적으로 그들 자신보다 낮은 위치에 있다고 확고하게 믿고 있기 때문입니다. 그들은 여러분이 여태까지 제안했을 수도 있는 주장이 자기들의 주장보다 더 나을 것이라고 믿지 않습니다. 그럼에도 멘탈계 안의 많은 존재들, 더욱 정교하게 타락한 존재들은 어떤 주장이든 그것이 단지 주장이라는 것을 알고 있습니다. 만약 지구상의 모든 사람들이 어느 주장이든 단지 하나의 주장이라는 것을 깨닫는다면, 그것은 실제적으로 커다란 진전이 될 것입니다.

멘탈계의 가장 수준 높은 존재들의 일부는 이 점을 깨닫고 있습니다. 하지만 그들은 여전히 자기들의 주장이 여러분의 주장보다 월등하다고 확고하게 믿고 있는데, 왜냐하면 여러분이 근본적으로 하위(下位)에 있기 때문이며, 그렇지 않다면 여러분이 육체로 태어나 있지 않을 거라는 겁니다. 그들은 그렇게 추론합니다.

여러분은 이 존재들과 논쟁할 수 있고 그들을 설득하려고 노력할 수는 있지만, 여러분이 하는 모든 것은 단지 그들에게 여러분의 에너지를 주게 되는 것입니다. 여러분은 결코 결정적인 결과를 얻어내지 못합니다. 다시 한 번, 여러분이 이 말에 의해 주눅이 들 수도 있을 것입니다. 그러나 그렇기에 여러분이 만약 여러분의 권한을 우리에게 부여만 해준다면, 우리 승천한 마스터들이 멘탈계의 존재들을 다루는 힘을 갖고 있다는 것을 깨달을 필요가 있습니다. 그리고 여러분은 우리에게 요청을 함으로써, 또 이 존재들과 관계하지 않고 멘탈계의 타락한 존재들에게 마음이 점거당한 사람들과 논쟁하지 않겠다고 의식적으로 선택함으로써 그 권한을 우리에게 주게 됩니다.

앞서의 상황은 자의식계의 타락한 존재들에도 마찬가지입니다. 여러분이 그들과 논쟁을 시도할 수는 있지만, 그들 또한 여러분이 그들보다 열등하다고 믿고 있기 때문에 여러분은 결코 그들을 설득할 수가 없습니다. 또한 육화한 인간으로서 그런 존재들과 관계하는 것은 아무런 의미가 없습니다. 다만 여러분은 우리 승천한 마스터들이 그들을 처리할 수 있도록 요청할 필요가 있습니다.

전쟁의 숨은 원인

자의식계의 타락한 존재들은 멘탈계의 존재들보다 더 높은 의식수준을 갖고 있고, 그들은 지구상에 있는 그 어떤 것도 보이는 대로가 아니라는 것을 이해하고 있습니다. 멘탈계 내에는 인간들을 싸우게 하고 죽게 하려는 명분을 믿는 존재들이 있습니다. 그들은 그것이 올바른 주장이고 가치 있는 명분이라고 믿습니다. 하지만 자의식계의 그들은 지구상에 있는 어느 명분들도 참으로 타당하거나 어떤 실제의 중요성을 갖고 있지 않다는 점을 깨닫고 있습니다. 그것들은 확실한 중요성과 담고 있는 의미가 없습니다. 그것들은 그것이 주장하는 주된 방향이 지구로부터 악마를 추방하고 신의 왕국을 물리적으로 구현하는 것이든, 아니면 어떤 다른 유토피아를 이룩하는 것이든 간에 결말에 이르지 않습니다.

자의식계의 존재들은 이 모든 것이 단지 위장이라는 것을 알고 있습니다. 모든 서사적 드라마들과 서사적 원인들은 단지 하나의 속임수입니다. 그것들은 유일하게 한 가지 목적을 갖고 있는데, 그것은 신이 틀렸다는 것을 입증하기 위해서 타락한 존재들과 그들의 전쟁을 도우려는 목적으로 사람들을 다툼과 싸움에 몰두하게 하는 것입니다. 나는 여러분이 거기에는 지구상에서 이전에는 결코 명확히 언급되지 않았던 훨씬 더 깊은 원인이 있다는 것을 인식했으면 합니다. 여러분은 지구 상에서 발견되는 모든 철학들, 종교들 그리고 사상체계들을 살펴볼 수 있고, 거기서 규정한 그 어떤 주장이나 이유들도 실제의 이유들이 아니라는 것을 알 수 있습니다. 그것들은 모두 위장이며, 인간들로 하여금 자유의지를 오용하도록 만듦으로써 신의 오류를 증명하려는 타락한 존재들의 깊은 의도를 숨기고 있는 것입니다.

이런 가르침들에 대한 여러분의 반응

나는 대부분의 사람들이 한 번에 처리할 수 있는 것 이상으로 내가 여러분에게 가르침을 주었다는 것을 잘 알고 있습니다. 그럼에도 나는 여러분이 이런 가르침들을 듣거나 읽은 결과로서 자신의 에너지장 안에서 진행되고 있는 것에다 파장을 맞추었으면 합니다. 지금 어떤 중압감을 느끼나요? 여러분이 감당하기에는 너무나 큰, 어쩌면 생각하기에도 너무나 큰 세력들에 부닥쳐 있는 것에 대해 어떤 압도감을 느끼고 있나요? 내가 말하고 있는 것에 관한 현실을 인정하기에는 그것이 너무나 당황스럽습니까? 여러분 마음 어딘가에 단지 물러나서 도망가고 싶은 생각이 조금이라도 있나요? 아니면 내가 말하고 있는 것에 대해 그저 논쟁하고 싶은 다른 부분이 있나요?

이 모든 반응들은 이해할 만합니다. 나는 이 가르침을 읽거나 들었다고 해서 여러분이 즉시 바뀔 수 있다고 기대하지는 않습니다. 나는 단지 여러분이 이런 느낌들이나 생각들을 넘어서서 앞으로 나가려는 노력을 기꺼이 하게 될 것이라고 기대하고 있습니다. 나는 여러분이 전쟁 배후의 진정한 원인들, 전쟁 뒤의 비-물리적인 원인들에 대한 무지와 부정으로부터 자유로워지기 위해 기꺼이 자신과 다른 사람들에게 외치게 되리라고 기대하고 있습니다. 내가 이제까지 설명했듯이, 전쟁의 배후에는 두 가지 주된 원인들이 있습니다.

한 가지 원인은 전쟁이 아스트랄계와 멘탈계의 존재들이 인간들로부터 에너지를 몰래 빼앗는 것을 가능하게 한다는 것입니다. 또 다른 원인은 신이 틀렸다는 것을 입증하기 위해서, 즉 자유의지가 실수였다는 것을 입증하기 위해서 전쟁은 어떤 타락한 존재들이 시도하는 가장 극적인 결과라는 것입니다. 이 점을 인정하기 시작할 때, 여러분은 이 지구상에 평화를 가져오는데 진정으로 도움이 되는 존재로 올라서는 토대를 갖게 됩니다.

전반적인 뼈대 제공하기

여러분은 내가 좀 더 부드럽게 시작하고 점진적으로 이런 인식을 형성해야 한다고 생각할 수도 있습니다. 하지만 나는 다른 방식으로 나아가 여러분들에게 전체적인 그림을 보여 주는 것으로 시작하기로 선택했습니다. 이렇게 하게 되면, 내가 향후의 강론들에서 언급하게 될 것을 설명하는 데 훨씬 더 쉬워지게 됩니다. 가장 낮은 수준에서 시작해서 점차 더 높은 곳으로 데려가서 그에 따라 여러분에게 상황에 점차 익숙해질 기회를 주는 대신에, 나는 여러분이 다른 조각들을 올바른 위치에다 맞추는 것을 훨씬 더 쉽게 만드는 뼈대를 여러분에게 줌으로써 시작하기로 선택했습니다. 나는 이런 방식이 처음부터 여러분에게 부담감을 느끼게 만들 수도 있다는 것을 압니다. 하지만 여러분이 다음 강론으로 들어가 기원문들을 수련함에 따라 상황들이 어떻게 점차 일치하게 되는지를 느끼기 시작할거라고 생각합니다. 여러분은 사람들이 갖고 있는 끊어진 조각들이 어떻게 더 큰 맥락에 모두 들어맞는지를 보기 시작합니다. 사람들이 전쟁에 대해 제시하고자 했던 설명들을 살펴 볼 때, 여러분은 그 설명들 중의 일부가 다른 설명들과 모순되게 보인다는 것을 알 수가 있습니다. 그 설명들로부터 의미를 찾고 실제로 진행되고 있는 것을 발견해내는 것은 어려울 수 있습니다.

그 이유는 사람들이 내가 여기서 여러분에게 제공해 주려고 노력하고 있는 큰 그림을 갖고 있지 못하기 때문입니다. 그들은 이 숨은 원인들을 이해하지 못합니다. 사람들이 전쟁에 나가는 것에 관해 아마도 갖고 있는 물리적인 동기를 여러분이 살펴본다면 그 전쟁 뒤에 반드시 어떤 근본적인 이유, 어떤 합리적인 이유가 있어야만 한다고 그들은 생각합니다. 여러분이 그 전쟁 뒤에 아무런 합리적인 이유가 없다는 것을 알게 될 때, 사람들은 무엇을 할지 알지 못하며, 그 때가 그들이 최종적으로 낙담을 느끼는 때입니다.

이것이 바로 많은 사람들이 전쟁에 관해 뭔가를 조사하게 되었을 때, 압도감과 무력감을 느껴왔던 주된 이유들 중의 하나입니다. 즉 이 것이 수많은 사람들이 전쟁에 대해서 할 수 있는 것이 아무것도 없다 고 느끼는 주된 이유인 것입니다. 그들은 아돌프 히틀러와 같은 누군 가를 바라봅니다. 그리고 왜 그가 그런 행위를 자행했는지에 대한 합 리적인 이유를 발견하려고 시도합니다. 하지만 그들이 궁극적인 설명 을 찾을 수 없을 때, 그들은 그 다음 해야 할 것을 알지 못합니다.

내가 여기서 여러분에게 알려주고자 하는 것은 여러분이 이런 마비 상태로부터 옮겨갈 수 있게 하는 전체적인 뼈대입니다. 그리고 바로 그것은 물리적 수준에는 아무런 합리적인 이유가 없다는 것에 대한 깨 달음입니다. 그러나 특정 악귀들과 실재들이 단순히 사람들의 에너지 를 몰래 빼앗고 싶어 하는 아스트랄계 안에는 이유가 있습니다. 어떤 타락한 존재들이 신이 틀렸다는 것을 증명하기를 바라는 한층 더 높은 이유도 있습니다. 여러분이 이것을 이해하기 시작할 때, 당신들은 물 리적 수준에서 모든 것을 이치적으로 설명할 필요가 없다는 것을 깨닫 습니다. 더욱 중요하게도, 여러분은 또한 전쟁의 원인이 물리적 수준 에서는 발견되지 않기 때문에 전쟁을 없애는 방법 역시도 물리적 수준 에서는 찾을 수 없다는 점을 인식하게 되는 것입니다.

마스터들의 빛으로 전쟁을 없애기

여러분은 물리적 수준에서 할 수 있는 것을 넘어서서 이 지구 행성 에서 전쟁을 없애는 것에 대한 선택권이 있습니다. 비록 한 개인으로 서 여러분이 물리적 수준에서 할 수 있는 것이 아무것도 없다고 하더 라도, 여전히 감정계, 사고계, 그리고 자의식계 수준들에서는 그것에 관련해서 할 수 있는 무엇인가가 있습니다. 여러분이 우리 승천한 마 스터들에게 요청을 하고 현재 의식을 초월함으로써 당신들은 이것을 하게 됩니다. 그렇게 함으로써 우리가 개입할 권한을 얻어 물리적 수준에서 전쟁을 만들어내고 있는 세력들을 처리하기 위해 우리의 힘을 사용할 수 있게 되는 것입니다. 그리고 일단 여러분이 그런 비-물질적인 세력들을 제거하게 되면, 물리적 전쟁의 배후에 있는 대부분의 힘과 이유와 동기 또한 엷은 공기 속으로 사라질 것입니다.

여러분은 풀밭이 아침에 이슬이 맺혀 얼마나 무거워질 수 있는지 경험한 적이 있나요? 그리고 태양이 떠올라 힘을 얻었을 때, 그 이슬이 사라지는 것을 경험해 보았습니까? 나는 풀밭의 이슬이 아름답다는 것을 압니다. 그리고 내가 설명했던 아스트랄, 멘탈, 자의식계의 세력들은 내가 아는 풀밭의 아름다운 이슬과 비교하면 아름답지 못합니다. 여러분이 우리에게 지구의 4가지 층의 세계들 속으로 우리의 빛을 비추도록 권한을 부여할 때, 그런 세력들은 승천한 마스터들의 떠오르는 권능의 태양 아래서 여전히 녹아 없어질 수 있습니다. 이것이 전쟁을 없앨 수 있는 것입니다. 그리고 이 책에서 우리는 여러분에게 이런 과업의 결과를 성취하도록 도구들을 줄 것입니다. 또한 우리는 우리가 한 약속의 결말을 지을 것이니, 안심하도록 하십시오.

전쟁의 비-물리적인 원인들을 드러내기
(기원문)

신(神)과 예수 그리스도의 이름으로, 나는 성모 마리아님과 신성한 인도자, 수리야님께 감정계, 사고계, 자의식계에서 어둠의 세력의 형태로 발견되는 전쟁의 주요한 원인들을 드러내달라고 요청합니다. 우리는 영적인 존재들이고 승천한 마스터들과 함께 일함으로써 새로운 미래를 공동창조할 수 있다는 사실을 사람들에게 일깨워주소서.

나는 특히 … 을 요청합니다.(여기에 개인적인 요청을 추가하세요)

1부

1.신성한 인도자시여, 에너지 베일을 산산조각 내시어, 물리적인 사건들이 결코 물리적 수준의 이유로만 일어나는 것이 아님을 드러내소서. 거기에는 항상 감정계, 사고계, 자의식계에까지 이르는 숨겨진 원인들이 있습니다.

신성한 인도자시여, 나는 이제 세상이
비실재임을 압니다,

이제 진실로 내 가슴은 영(Spirit)이야말로
실재하는 모든 것임을 느낍니다,

.

신성한 인도자시여, 빛을 보내주시어,
나의 내면의 시야를 밝혀 무지를 제거하소서.
내 비전을 자유롭고 선명하게 하시고,
당신의 인도가 이곳에서 영원히 함께 하게 하소서.

2.신성한 인도자시여, 에너지 베일을 산산조각 내시어 아스트랄계, 아
스트랄 지옥 안의 실재들과 악귀들의 존재를 드러내소서.

신성한 인도자시여, 나는 명료하게 살기를 원하니
비전을 보여주소서.
이제 나는 나만의 독특한,
나의 신성한 계획을 바라봅니다.

신성한 인도자시여, 빛을 보내주시어,
나의 내면의 시야를 밝혀 무지를 제거하소서.
내 비전을 자유롭고 선명하게 하시고,
당신의 인도가 이곳에서 영원히 함께 하게 하소서.

3.신성한 인도자시여, 에너지 베일을 산산조각 내시어, 육화한 인간들
로부터 감정적 에너지를 훔쳐야만 계속 생존할 수 있는 그런 존재들을
드러내소서.

신성한 인도자시여, 나의 내면의 에고 게임들을
드러내 주시고, 나를 자유롭게 해주소서.
황금시대의 개막을 도울 수 있도록.
내가 에고의 감옥을 탈출하게 도와주소서.

신성한 인도자시여, 빛을 보내주시어,
나의 내면의 시야를 밝혀 무지를 제거하소서.
내 비전을 자유롭고 선명하게 하시고,
당신의 인도가 이곳에서 영원히 함께 하게 하소서.

4.신성한 인도자시여, 에너지 베일을 산산조각 내시어, 오직 폭력을
행사하는 인간들로부터 에너지를 훔쳐야만 계속 생존할 수 있는 폭력
으로부터 생겨난 악귀를 드러내소서.

신성한 인도자시여, 나는 당신과 함께 하며,
내 비전은 더 이상 둘이 아닌 하나입니다.
당신께서 카르마의 베일을 흩어버리시니
나는 새로운 전체 우주를 봅니다.

신성한 인도자시여, 빛을 보내주시어,
나의 내면의 시야를 밝혀 무지를 제거하소서.
내 비전을 자유롭고 선명하게 하시고,
당신의 인도가 이곳에서 영원히 함께 하게 하소서.

5.신성한 인도자시여, 에너지 베일을 산산조각 내시어, 악귀를 창조해
낸 사념틀의 영향에 민감한 인간들의 마음속으로 감정과 사념들을 투
사할 능력을 가진 악귀를 드러내소서.

신성한 인도자시여, 나는 향상됩니다.
지금 전광(電光)이 나의 잔을 채우고,
내 안의 오래된 그림자들을 모두 태워버리며,
나에게 명확한 비전을 줍니다.

신성한 인도자시여, 빛을 보내주시어,
나의 내면의 시야를 밝혀 무지를 제거하소서.

내 비전을 자유롭고 선명하게 하시고,
당신의 인도가 이곳에서 영원히 함께 하게 하소서.

6.신성한 인도자시여, 에너지 베일을 산산조각 내시어, 악귀는 집단적
으로 창조되었기에 개인들의 마음을 압도하여 더 큰 폭력에 관여하도
록 몰아갈 수 있으며, 이 폭력은 악귀를 먹여 살리면서 더욱 강하게
만든다는 것을 드러내소서.

신성한 인도자시여, 황금의 가슴이여,
나는 나의 신성한 일들을 펼쳐나갑니다.
오, 은총을 입으신 스승이시여, 나는 이제 압니다.
신성한 계획이 나를 어디로 데려가는지.

신성한 인도자시여, 빛을 보내주시어,
나의 내면의 시야를 밝혀 무지를 제거하소서.
내 비전을 자유롭고 선명하게 하시고,
당신의 인도가 이곳에서 영원히 함께 하게 하소서.

7.신성한 인도자시여, 에너지 베일을 산산조각 내시어, 결코 전쟁은
단순히 물질적, 물리적 이유로만 일어나지 않음을 드러내소서. 전쟁은
대부분 개인들의 마음을 지배하는 아스트랄계의 악귀들에 의해서 유발
됩니다.

신성한 인도자시여, 당신의 은총으로,
나는 장대한 계획 안에서의 내 위치를 발견합니다.
나는 신께서 나에게 부여하신 유일무이한 개성,
내 자신의 개인적 화염을 깨닫습니다.

신성한 인도자시여, 빛을 보내주시어,
나의 내면의 시야를 밝혀 무지를 제거하소서.

내 비전을 자유롭고 선명하게 하시고,
당신의 인도가 이곳에서 영원히 함께 하게 하소서.

8.신성한 인도자시여, 에너지 베일을 산산조각 내시어, 어떻게 악귀들이 인간에게 전혀 공감하지 않는가와 사람들의 에너지를 자기들이 더 쉽게 빼앗게 만들기 위해서 전쟁을 일으킨다는 사실을 드러내소서.

신성한 인도자시여, 하나됨의 비전이여,
나는 내 신아(I AM)가 신의 독특한 태양임을 압니다.
당신의 너무나 신묘한 인도로
나는 이제 내 자신의 빛을 발산합니다.

신성한 인도자시여, 빛을 보내주시어,
나의 내면의 시야를 밝혀 무지를 제거하소서.
내 비전을 자유롭고 선명하게 하시고,
당신의 인도가 이곳에서 영원히 함께 하게 하소서.

9.신성한 인도자시여, 에너지 베일을 산산조각 내시어, 악귀들이 사람들의 에너지를 훔치기 위해 물질계와 아스트랄계 간의 분리장벽을 부수려고 한다는 것을 드러내소서. 그들이 이런 목적을 이루는 데는 전쟁터에서 수많은 사람들이 죽게 되는 물리적인 전쟁이 가장 효과적입니다.

신성한 인도자시여, 영(Spirit)의 들어 올림의
일부로 참여하는, 이 놀라운 선물이여,
나는 인류를 어두운 밤으로부터 들어올리고
영의 사랑어린 시선을 받습니다.

신성한 인도자시여, 빛을 보내주시어,
나의 내면의 시야를 밝혀 무지를 제거하소서.

내 비전을 자유롭고 선명하게 하시고,
당신의 인도가 이곳에서 영원히 함께 하게 하소서.

2부

1.사랑하는 수리야님이시여, 에너지 베일을 산산조각 내시어, 아스트
랄계의 실재들과 악귀들이 가진 공격성에 대한 실상을 드러내소서.

　수리야님이시여, 찬란한 우주적 존재시여,
　당신의 균형은 내 순수한 기쁨입니다.
　나는 신의 별 주위의 궤도를 돌며,
　우리는 당신과 완전한 하나입니다.

　수리야님이시여, 모든 극단을 몰아내소서.
　수리야님이시여, 어둠의 세력의 책략을 산산조각내소서.
　수리야님이시여, 나에게 균형을 가져다주소서.
　수리야님이시여, 내 가슴이 노래하게 하소서.

2.사랑하는 수리야님이시여, 에너지 베일을 산산조각 내시어, 인간에
대한 연민이 없고 이성적 설득이 불가능한 아스트랄계 안의 존재들을
드러내소서.

　수리야님이시여, 삶에는 인간의 갈등과 전쟁과 투쟁을
　초월하는 그 이상의 것이 있습니다.
　당신의 균형은 나에게 내면의 평화를 주며,
　이제 모든 외적인 갈등이 그칩니다.

　수리야님이시여, 모든 극단을 몰아내소서.

　수리야님이시여, 어둠의 세력의 책략을 산산조각내소서.
　수리야님이시여, 나에게 균형을 가져다주소서.
　수리야님이시여, 내 가슴이 노래하게하소서.

3.사랑하는 수리야님이시여, 에너지 베일을 산산조각 내시어, 연민도
공감도 없고 이성으로 설득할 수도 없는 세력들에 의해 전쟁이 일어나
는 현실을 드러내소서. 아스트랄계 안의 악귀들과 실재들이 하고 있는
일을 멈추도록 그들을 설득하는 것은 불가능합니다.

　수리야님이시여, 참으로 경이로운 광경이여,
　당신은 시리우스로부터 빛을 보내십니다.
　이제 한 마음으로 당신을 부르며 요청컨대,
　내가 당신의 도제(徒弟)가 되게 해주소서.

　수리야님이시여, 모든 극단을 몰아내소서.
　수리야님이시여, 어둠의 세력의 책략을 산산조각내소서.
　수리야님이시여, 나에게 균형을 가져다주소서.

수리야님이시여, 내 가슴이 노래하게하소서.

4.사랑하는 수리야님이시여, 에너지 베일을 산산조각 내시어, 우리 인간들은 아스트랄계의 세력들을 다룰 수 없지만 승천한 마스터들은 이 행성에서 그들 모두를 제거할 능력을 갖고 있다는 사실을 드러내소서.

수리야님이시여, 당신의 빛을 방사하소서.
당신께서 모든 것을 균형 잡아 바르게 하고,
에너지의 불순물을 태워버리시니,
내려놓음은 나에게 손실이 아닙니다.

수리야님이시여, 모든 극단을 몰아내소서.
수리야님이시여, 어둠의 세력의 책략을 산산조각내소서.
수리야님이시여, 나에게 균형을 가져다주소서.
수리야님이시여, 내 가슴이 노래하게하소서.

5.사랑하는 수리야님이시여, 에너지 베일을 산산조각 내시어, 승천한 마스터들이 아스트랄계의 모든 악귀들과 실재들, 오염된 에너지들을 제거하기 위해서는 오직 육화해있는 우리의 권한부여가 필요함을 드러내소서.

수리야님이시여, 당신의 빛은 충만하고,
나는 내면의 균형을 추구합니다.
이제 연금술이 시작되었고,
내 가슴은 태양으로 변형됩니다.

수리야님이시여, 모든 극단을 몰아내소서.
수리야님이시여, 어둠의 세력의 책략을 산산조각내소서.
수리야님이시여, 나에게 균형을 가져다주소서.
수리야님이시여, 내 가슴이 노래하게하소서.

6.사랑하는 수리야님이시여, 에너지 베일을 산산조각 내시어, 아스트랄계의 어떤 수준에는 단지 사람들의 에너지를 먹고 사는 악귀들과 실재들이 있음을 드러내소서.

수리야님이시여, 오셔서 나를 밝혀 주소서.
내가 이원성을 보도록 도와주소서.
극단들은 나를 끌어당길 수 없고,
나는 중도를 걸으며 항상 승리합니다.

수리야님이시여, 모든 극단을 몰아내소서.
수리야님이시여, 어둠의 세력의 책략을 산산조각내소서.
수리야님이시여, 나에게 균형을 가져다주소서.
수리야님이시여, 내 가슴이 노래하게하소서.

7.사랑하는 수리야님이시여, 에너지 베일을 산산조각 내시어, 아스트랄계의 좀 더 상위층에 존재하는 포식성 악귀들을 드러내소서. 그들은 적극적으로 외부로 나가서 사람들이 육체적으로 살해되거나 에너지를 갈취당하기 쉬운 상황을 만들어내고 있습니다.

수리야님이시여, 당신의 우주 천체 안에서,
나는 쿠스코(Cuzco)와 함께 당신의 빛에 경배합니다.
너무나 원대한 당신의 조망을 통해,
나는 드디어 생명이 무엇인지 깨닫습니다.

수리야님이시여, 모든 극단을 몰아내소서.
수리야님이시여, 어둠의 세력의 책략을 산산조각내소서.
수리야님이시여, 나에게 균형을 가져다주소서.
수리야님이시여, 내 가슴이 노래하게하소서.

8.사랑하는 수리야님이시여, 에너지 베일을 산산조각 내시어, 이러한

악귀들이 더 공격적인 수단으로 사람들을 조종하면서 아스트랄계의 악영향에 취약한 상태로 만들고 있음을 드러내소서.

수리야님이시여, 신의 계획을 제게 보여 주소서.
나는 신께서 완전히 자비(慈悲)이심을 압니다.
당신께서 내 감정체의 폭풍을 고요하게 하시니,
나는 모든 형상을 초월해 계신 신을 깨닫습니다.

수리야님이시여, 모든 극단을 몰아내소서.
수리야님이시여, 어둠의 세력의 책략을 산산조각내소서.
수리야님이시여, 나에게 균형을 가져다주소서.
수리야님이시여, 내 가슴이 노래하게하소서.

9.사랑하는 수리야님이시여, 에너지 베일을 산산조각 내시어, 전쟁터에서 일어나는 대규모 살인이야말로 악귀들의 침해에 가장 취약한 상태로 되는 물리적 행동임을 드러내소서. 이러한 악귀들은 그들의 힘이 닿는 모든 수단을 통해서 사람들이 서로 죽이게 하거나 전쟁터로 가도록 조종합니다.

수리야님이시여, 나는 아득히 멀리서 왔습니다.
그리고 당신께서 내 고향별을 보여주시니,
나는 이제 내 안에서 빛을 봅니다.
나는 내 자신의 권리 안에서 나는 하나의 별입니다.

수리야님이시여, 모든 극단을 몰아내소서.
수리야님이시여, 어둠의 세력의 책략을 산산조각내소서.
수리야님이시여, 나에게 균형을 가져다주소서.
수리야님이시여, 내 가슴이 노래하게하소서.

3부

1.신성한 인도자시여, 에너지 베일을 산산조각 내시어, 이전의 천체에서 공동창조자나 천사로서 시작했던 아스트랄계의 타락한 존재들의 실재를 드러내소서.

신성한 인도자시여, 나는 이제 세상이
비실재임을 압니다.
이제 진실로 내 가슴은 영(Spirit)이야말로
실재하는 모든 것임을 느낍니다.

신성한 인도자시여, 빛을 보내주시어,
나의 내면의 시야를 밝혀 무지를 제거하소서.
내 비전을 자유롭고 선명하게 하시고,
당신의 인도가 이곳에서 영원히 함께 하게 하소서.

2.신성한 인도자시여, 에너지 베일을 산산조각 내시어, 이 타락한 존재들이 세련된 의식을 가지고 인간을 조종할 수 있는 것처럼 보이지만 그들은 충분한 자각능력이 없는 탓에 무언가 다른 행동을 선택할 수 없음을 드러내소서.

신성한 인도자시여, 나는 명료하게 살기를 원하니,
비전을 보여주소서.
이제 나는 나만의 독특한,
나의 신성한 계획을 바라봅니다.

신성한 인도자시여, 빛을 보내주시어,
나의 내면의 시야를 밝혀 무지를 제거하소서.
내 비전을 자유롭고 선명하게 하시고,
당신의 인도가 이곳에서 영원히 함께 하게 하소서.

3.신성한 인도자시여, 에너지 베일을 산산조각 내시어, 여전히 약간의 자각이 있는 멘탈층의 타락한 존재들을 드러내소서. 그들은 우리를 조종하기 위해 정신적이고 지적인 주장을 할 수 있습니다.

신성한 인도자시여, 나의 내면의 에고 게임들을
드러내 주시고, 나를 자유롭게 해주소서.
황금시대의 개막을 도울 수 있도록,
내가 에고의 감옥을 탈출하게 도와주소서.

**신성한 인도자시여, 빛을 보내주시어,
나의 내면의 시야를 밝혀 무지를 제거하소서.
내 비전을 자유롭고 선명하게 하시고,
당신의 인도가 이곳에서 영원히 함께 하게 하소서.**

4.신성한 인도자시여, 에너지 베일을 산산조각 내시어, 멘탈층의 타락한 존재들이 인간들을 조종할 수 있는 자신들의 힘을 충분히 의식하면서 이를 즐기고 있음을 드러내소서.

신성한 인도자시여, 나는 당신과 함께 하며,
내 비전은 더 이상 둘이 아닌 하나입니다.
당신께서 카르마의 장막을 흩어버리시니
나는 새로운 전체 우주를 봅니다.

**신성한 인도자시여, 빛을 보내주시어,
나의 내면의 시야를 밝혀 무지를 제거하소서.
내 비전을 자유롭고 선명하게 하시고,
당신의 인도가 이곳에서 영원히 함께 하게 하소서.**

5.신성한 인도자시여, 에너지 베일을 산산조각 내시어, 멘탈계의 존재들은 감정계의 존재들처럼 공격적이지 않음을 드러내소서. 그들은 사

람들을 힘으로 압도하거나 강요하려고 하는 대신 설득하려고 합니다.

신성한 인도자시여, 나는 향상됩니다.
지금 전광(電光)이 나의 잔을 채우고,
내 안의 오래된 그림자들을 모두 태워버리며,
나에게 명확한 비전을 줍니다.

신성한 인도자시여, 빛을 보내주시어,
나의 내면의 시야를 밝혀 무지를 제거하소서.
내 비전을 자유롭고 선명하게 하시고,
당신의 인도가 이곳에서 영원히 함께 하게 하소서.

6. 신성한 인도자시여, 에너지 베일을 산산조각 내시어, 교수들, 학식 있는 자들 또는 철학자로 가장한 멘탈계의 타락한 존재들을 드러내소서. 어떤 자들은 자신들을 왕이나 황제라고 주장하며, 겉으로는 온화하지만 매우 인상적이고 강력한 모습을 하고 있습니다.

신성한 인도자시여, 황금의 가슴이여,
나는 나의 신성한 일들을 펼쳐나갑니다.
오, 은총을 입으신 스승이시여, 나는 이제 압니다,
신성한 계획이 나를 어디로 데려가는지.

신성한 인도자시여, 빛을 보내주시어,
나의 내면의 시야를 밝혀 무지를 제거하소서.
내 비전을 자유롭고 선명하게 하시고,
당신의 인도가 이곳에서 영원히 함께 하게 하소서.

7. 신성한 인도자시여, 에너지 베일을 산산조각 내시어, 사람들이 서로 죽이고 전쟁을 하는 이유를 정당화하기 위해 멘탈계의 존재들이 어떻게 그럴듯한 논리를 만들어왔는지를 드러내소서.

신성한 인도자시여, 당신의 은총으로,
나는 장대한 계획 안에서의 내 위치를 발견합니다.
나는 신께서 나에게 부여하신 유일무이한 개성,
내 자신의 개인적 화염을 깨닫습니다.

신성한 인도자시여, 빛을 보내주시어,
나의 내면의 시야를 밝혀 무지를 제거하소서.
내 비전을 자유롭고 선명하게 하시고,
당신의 인도가 이곳에서 영원히 함께 하게 하소서.

8.신성한 인도자시여, 에너지 베일을 산산조각 내시어, 멘탈계의 그 존재들이 많은 인간들의 마음을 지배해왔음을 드러내소서. 그리고 이 것은 왜 사람들이 서로 죽이고 전쟁과 방어를 계획하는 행동에 장기간 관여하게 되는가와 왜 그것이 정당하고 필요한 행위라고 느끼게 되는 가를 설명해줍니다.

신성한 인도자시여, 하나됨의 비전이여,
나는 내 신아(I AM)가 신의 독특한 태양임을 압니다.
당신의 너무나 신묘한 인도로
나는 이제 내 자신의 빛을 발산합니다.

신성한 인도자시여, 빛을 보내주시어,
나의 내면의 시야를 밝혀 무지를 제거하소서.
내 비전을 자유롭고 선명하게 하시고,
당신의 인도가 이곳에서 영원히 함께 하게 하소서.

9.신성한 인도자시여, 에너지 베일을 산산조각 내시어, 사람들의 마음 이 아스트랄계와 멘탈계의 악귀들에 의해 장악될 때, 사람들은 살인과 전쟁을 필수적이고 불가피한 것으로, 혹은 정당한 것으로 느끼게 됨을 드러내소서.

전쟁과 세계경제조작 배후의 영적인 원인 및 그 해법

신성한 인도자시여, 영(Spirit)의 들어올림의
일부로 참여하는, 이 놀라운 선물이여,
나는 인류를 어두운 밤으로부터 들어올리고
영의 사랑 어린 시선을 받습니다.

신성한 인도자시여, 빛을 보내주시어,
나의 내면의 시야를 밝혀 무지를 제거하소서.
내 비전을 자유롭고 선명하게 하시고,
당신의 인도가 이곳에서 영원히 함께 하게 하소서.

4부

1.사랑하는 수리야님이시여, 에너지 베일을 산산조각 내시어, 자의식
계의 타락한 존재들은 멘탈계의 존재들보다 더 온화하고 더 인상적인
외모를 하고 있음을 드러내소서. 이들은 대개 멘탈층이나 아스트랄층
의 존재들을 통해서 사람들을 지배합니다.

수리야님이시여, 찬란한 우주적 존재시여,
당신의 균형은 내 순수한 기쁨입니다.
나는 신의 별 주위의 궤도를 돌며,
우리는 당신과 완전한 하나입니다.

수리야님이시여, 모든 극단을 몰아내소서.
수리야님이시여, 어둠의 세력의 책략을 산산조각내소서.
수리야님이시여, 나에게 균형을 가져다주소서.
수리야님이시여, 내 가슴이 노래하게하소서.

2.사랑하는 수리야님이시여, 에너지 베일을 산산조각 내시어, 어떤 사

람이 전쟁에 관여하면서 그것이 정당하다고 느낀다면, 그는 멘탈계의 존재에 의해 직접적으로 조종당하고 있는 것임을 드러내소서. 멘탈계의 그 존재는 그때 자의식계의 타락한 존재들에 의해서 조종을 받습니다.

수리야님이시여, 삶에는 인간의 갈등과 전쟁과 투쟁을
초월하는 그 이상의 것이 있습니다.
당신의 균형은 나에게 내면의 평화를 주며,
이제 모든 외적인 갈등이 그칩니다.

수리야님이시여, 모든 극단을 몰아내소서.
수리야님이시여, 어둠의 세력의 책략을 산산조각내소서.
수리야님이시여, 나에게 균형을 가져다주소서.
수리야님이시여, 내 가슴이 노래하게하소서.

3.사랑하는 수리야님이시여, 에너지 베일을 산산조각 내시어, 멘탈계와 자의식계의 존재들은 인간이 제시할 수 있는 어떤 논거(論據)로도 설득할 수 없음을 드러내소서. 그들은 우리를 그들 자신보다 근본적으로 열등한 존재로 봅니다.

수리야님이시여, 참으로 경이로운 광경이여,
당신은 시리우스로부터 빛을 보내십니다.
이제 한 마음으로 당신을 부르며 요청컨대,
제가 당신의 도제가 되게 해주소서.

수리야님이시여, 모든 극단을 몰아내소서.
수리야님이시여, 어둠의 세력의 책략을 산산조각내소서.
수리야님이시여, 나에게 균형을 가져다주소서.
수리야님이시여, 내 가슴이 노래하게하소서.

4.사랑하는 수리야님이시여, 에너지 베일을 산산조각 내시어, 멘탈계와 자의식계의 타락한 존재들은 어떤 논쟁도 단지 논쟁일 뿐이며 절대적 진리가 아니란 것을 알고 있음을 드러내소서. 그들은 대개 논쟁을 우리가 서로 전쟁을 하도록 만드는데 이용합니다.

수리야님이시여, 당신의 빛을 방사하소서.
당신께서 모든 것을 균형 잡아 바르게 하고
에너지의 불순물을 태워버리시니,
내려놓음은 나에게 손실이 아닙니다.

수리야님이시여, 모든 극단을 몰아내소서.
수리야님이시여, 어둠의 세력의 책략을 산산조각내소서.
수리야님이시여, 나에게 균형을 가져다주소서.
수리야님이시여, 내 가슴이 노래하게하소서.

5.사랑하는 수리야님이시여, 에너지 베일을 산산조각 내시어, 지구상의 전쟁에 대한 어떤 이유도 정당성이나 진정한 의미가 없음을 알고 있는 자의식계 안의 타락한 존재들을 드러내소서. 그들이 표방하는 목표는 모두 위장이기 때문에 그들은 그 목적을 향해 가지 않습니다.

수리야님이시여, 당신의 빛은 충만하고,
나는 내면의 균형을 추구합니다.
이제 연금술이 시작되었고,
내 가슴은 태양으로 변형됩니다.

수리야님이시여, 모든 극단을 몰아내소서.
수리야님이시여, 어둠의 세력의 책략을 산산조각내소서.
수리야님이시여, 나에게 균형을 가져다주소서.
수리야님이시여, 내 가슴이 노래하게하소서.

6.사랑하는 수리야님이시여, 에너지 베일을 산산조각 내시어, 모든 서사적 드라마들의 목적은 오직 한가지임을 알고 있는 자의식계의 타락한 존재들을 드러내소서. 그 목적은 신의 오류를 입증하기 위한 자기들의 전쟁에다 사람들을 몰아넣고 타락한 자신들을 지원하게 만들기 위한 것입니다.

수리야님이시여, 오셔서 나를 밝혀주소서.
내가 이원성을 꿰뚫어보도록 도와주소서.
극단들은 나를 끌어당길 수 없고,
나는 항상 중도를 걸으며 승리합니다.

수리야님이시여, 모든 극단을 몰아내소서.
수리야님이시여, 어둠의 세력의 책략을 산산조각내소서.
수리야님이시여, 나에게 균형을 가져다주소서.
수리야님이시여, 내 가슴이 노래하게하소서.

7.사랑하는 수리야님이시여, 에너지 베일을 산산조각 내시어, 지구상의 모든 철학과 종교와 사상체계들이 인위적인 사유에 기초하고 있음을 드러내소서. 그것들은 모두 위장이며, 인간들로 하여금 자유의지를 오용케 함으로써 신의 오류를 증명하려는 타락한 존재들의 깊은 의도를 숨기고 있는 것입니다.

수리야님이시여, 당신의 우주 천체 안에서,
나는 쿠스코(Cuzco)와 함께 당신의 빛에 경배합니다,
너무나 원대한 당신의 조망을 통해,
나는 드디어 생명이 무엇인지 깨닫습니다.

수리야님이시여, 모든 극단을 몰아내소서.
수리야님이시여, 어둠의 세력의 책략을 산산조각내소서.
수리야님이시여, 나에게 균형을 가져다주소서.

수리야님이시여, 내 가슴이 노래하게하소서.

8.사랑하는 수리야님이시여, 에너지 베일을 산산조각 내시어, 물질적 차원에서 전쟁은 아무런 합리적인 이유도 없음을 드러내소서. 물질적 차원에서는 전쟁의 원인이 발견될 수 없기에 전쟁을 제거할 방법 또한 물질적 차원에서는 찾을 수가 없습니다.

수리야님이시여, 신의 계획을 제게 보여 주소서,
나는 신께서 완전히 자비(慈悲)이심을 압니다.
당신께서 내 감정체의 폭풍을 고요하게 하시니,
나는 모든 형상을 초월해 계신 신을 깨닫습니다.

수리야님이시여, 모든 극단을 몰아내소서.
수리야님이시여, 어둠의 세력의 책략을 산산조각내소서.
수리야님이시여, 나에게 균형을 가져다주소서.
수리야님이시여, 내 가슴이 노래하게하소서.

9.사랑하는 수리야님이시여, 에너지 베일을 산산조각 내시어, 이 행성에서 전쟁을 없애기 위해 우리 인류가 할 수 있는 일이 있음을 드러내소서. 우리는 승천한 마스터들이 물질적 차원에서 전쟁을 일으키고 있는 세력들을 제거할 권한을 가질 수 있도록 그들에게 요청을 하고 전쟁의 의식을 초월하려는 노력을 할 수가 있습니다.

수리야님이시여, 나는 아득히 멀리서 왔습니다.
그리고 당신께서 내 고향별을 보여주시니,
나는 이제 내 안에서 빛을 봅니다.
나는 내 자신의 권리 안에서 나는 하나의 별입니다.

수리야님이시여, 모든 극단을 몰아내소서.
수리야님이시여, 어둠의 세력의 책략을 산산조각내소서.

수리야님이시여, 나에게 균형을 가져다주소서.
수리야님이시여, 내 가슴이 노래하게하소서.

봉인하기

신(神)의 이름으로, 나는 대천사 미카엘과 아스트리아와 시바신께서
나와 모든 건전한 사람들 주위에 뚫을 수 없는 보호막을 형성하시어,
우리를 4가지 하위계 안에 있는 모든 두려움의 에너지로부터 봉인해주
심을 받아들입니다. 또한 나는 신의 빛이 전쟁 배후의 세력을 구성하
는 모든 두려움에 기초한 에너지들을 불태우고 변형시키고 있음을 받
아들입니다!

어떻게 전쟁이 실제로 제거될 수 있는가?

나는 승천한 마스터, 성모 마리아입니다! 나는 나의 첫 두 강론들이 아마도 감내할 정도를 훨씬 넘어서 매우 충격적이었다는 것을 알고 있습니다. 내가 이 책과 이런 이야기를 모든 사람들에게 전해주려는 것이 아닙니다. 내 목적은 전쟁의 문제에 대해서 적극적으로 뭔가를 하려하고, 또 행동할 잠재력을 가진 사람들에게 전해주려는 것입니다.

이전 생애들의 효과

왜 여러분이 이런 잠재력을 갖고 있을까요? 대단하게 무엇인가가 일어난 것일까요? 아니요, 그렇지 않습니다. 그것은 여러분이 거쳐 온 과정의 결과입니다. 여러분 대부분은 이번 생(生)에서 이런 과정을 겪지 않았습니다. 여러분은 그것을 이전 생들에서 겪었던 것입니다. 아마도 여러분이 이 행성에서 전쟁을 없애는 선구자가 될 잠재력을 가지는 그 수준에 도달하는 데는 많은 생애들이 걸렸을 것입니다.

여러분이 영혼의 환생(還生)을 이해하고 받아들이지 않고서는 삶과 이 행성에서 일어나고 있는 것을 완전히 이해할 수가 없습니다. 그렇지 않다면, 여러분은 자신의 심리상태 안에서 무슨 일이 일어나는지 이해할 수 없을 뿐만 아니라 역사 자체가 왜 그렇게 자주 반복되는지도 이해할 수 없게 될 것입니다. 여러분은 수많은 시대에 걸쳐 얼마나 전쟁에 또 전쟁이 거듭되어 왔는지를 목격해서 알고 있을지도 모릅니다. 또한 여러분은 동일한 낡은 주장들이 다른 사람들을 죽이는 것을 정당화하는데 계속 반복해서 이용되어 왔다는 것을 인식하고 있을 수도 있습니다. 왜 이러한 주장들이 이용되는지, 여러분 자신에게 한 번 물어보지 않으시렵니까? 그리고 더 나아가서 왜 이러한 주장들이 왜 지속적으로 사람들의 마음에 먹혀들 수 있는지를 자기 자신에게 물어보지 않나요? 간단히 설명하자면, 단지 생애만 다를 뿐 그런 주장에 마음이 끌리는 사람은 동일하다는 것입니다.

이번 생에서 사람들은 그들의 지난 여러 번의 과거 생들에서 믿어왔던 것을 믿을 것입니다. 그리고 이것은 그런 주장들이 전혀 진실일 수 없다고 보기 시작하는 전환점에 도달할 때까지 계속될 것입니다. 그것들은 이치에 맞을 수가 없습니다. 그것들은 합리적일 수 없습니다. 사람들은 여러 생에 걸쳐 그런 주장을 하는 자들이 자신들이 주장하는 그런 결말에 이르지 못한다는 것을 경험합니다. 여러분은 다른 사람들을 죽이는 것이 평화를 가져오지 못하는 것을 경험하는 단계에 이르게됩니다. 그때 여러분은 살인을 정당화하는 외적인 핑계들이 현실이 될 수 없고, 진실이 될 수 없다는 것을 깨닫습니다.

전쟁의 사고방식에서 깨어나기

나는 이전의 강론에서 아스트랄, 멘탈 그리고 자의식계 안에는 여러분이 설득할 수 없는 세력들이 있다고 말했습니다. 또한 나는 그 세력들이 개별적인 인간들의 마음들을 압도할 수 있다고 언급한 바가 있습니다. 만약 육화 중인 어떤 인간들의 마음이 세 가지 다른 영역들 안의 세력들에 의해 지배되어 왔다면, 여러분은 육화한 이런 사람들을 설득할 수가 없습니다. 세상의 모든 인간들이 이러한 비-물질적인 세력들에 의해 지배되는 마음을 갖고 있지는 않지만, 그런 존재들에 의해서 여러 번의 생들 동안 지배당한 마음을 가진 사람들이 있습니다. 이들의 경우, 그들이 마침내 깨어나기 시작하는 그런 극단적인 일들이 벌어지는 것은 문제가 될 수 있습니다.

어떤 이들은 몇 번이고 계속해서 전쟁하러 갔었고, 그런 극단적인 수준의 전쟁을 했으며, 그들은 마침내 깨어나서 이것은 계속될 수 없고 이런 방식으로는 - 죽거나 죽이게 되는 이 방식으로는 - 계속 살아갈 수 없다는 것을 깨달았습니다. 물론, 살인에 대한 정당화가 옳은 것이 아니라는 것을 항상 알아 왔던 다른 사람들이 존재합니다. 그리고 그들은 스스로 전쟁터로 가지 않았습니다. 하지만 이런 사람들은 종종 전쟁의 희생자들이 되었으며, 이것은 또한 여러분을 상위영역들 안의 특정한 실재들에게 마음을 열도록 야기할 수 있는데, 이러한 실재들은 여러분이 평화를 위해 싸워야 하고, 선한 이유를 위해 싸워야 한다고 믿게 만드는데 매우 영리합니다. (특히 멘탈계와 자의식계들 안에 있는 일부가 그렇습니다.)

이것은 여러분이 다른 사람들을 죽이는 물리적인 싸움을 의미하지 않을 수 있지만, 어떤 공격적인 조치를 취할 수 있다는 의미입니다. 여기에 많은 사람들이 속아왔는데, 말하자면, 그들은 가치 있어 보이는 명분들을 위해 싸우지만, 그들이 사용했던 것은 가치 있는 수단들이 아니었다는 뜻입니다. 여러분은 아마도 1960년대로 돌아가서 전쟁 종식을 위해 시위를 하고 적극적으로 활동했던 젊은이들의 큰 운동이 있었다는 것을 알 것입니다. 예컨대, 이것은 베트남에서 미국이 싸우는 전쟁 동안에 일어났으며, 많은 사람들이 이 전쟁에 반대해 세계적 시위를 계속했습니다.

병사들은 전쟁의 주요 원인이 아니다

소위 이 평화운동의 어느 정도 상징이 되었던 노래가 있었으며, 그 노래 안의 한 구절은 이렇습니다. "그는 평범한 병사이고, 그는 정말 비난 받아야 한다." 그 생각은 전쟁 배후의 추진력이 되었던 것이 바로 전쟁에서 싸웠던 병사들이었다는 것이고, 만약 그 병사들이 싸우는 것을 거부하게 만들 수 있었다면, 지도자들이었던 사람들은 자신들을 위해 싸울 병력을 갖지 못했을 거라는 것입니다.

전쟁을 일으켜왔던 육화한 대부분의 인간들이 나가서 그들 스스로 싸우지 않는다는 의미에서 이것은 반드시 틀린 것은 아닙니다. 그들은 전쟁에 나가서 실제로 싸우며 기꺼이 총알받이가 될 사람들을 거느리고 있는가에 의존해 있었습니다. 그럼에도 불구하고, 여러분은 그 병사들이 전쟁의 원인이라고 생각해서는 안 됩니다. 또 여러분은 병사들을 비난하고 병사들에 대항해 시위를 시작하는 것이 세상에 평화를 가져오는데 성공할 수 있는 방식이라고 생각해서는 안 됩니다.

여기에서 내가 여러분에게 보여주고자 하는 것은 전쟁에 나가서 자기들이 선한 명분을 위해 싸운다고 생각하는 군인들과 그 군인들에 반대해 시위를 하는 사람들 양쪽 다 3가지 상위 수준들 안의 악귀들과 실재들, 타락한 존재들의 의식에 의해 눈이 멀어 있다는 것입니다. 자의식계 안의 타락한 존재들은 다른 사람들에게 적대하여 취하는 행동을 그럴듯하게 정당화하는 논법을 생각해내는데 아주, 아주 지능적입니다. 그들은 언제나 우리-대(對)-그들이라는 사고방식을 이용한다는 것이 특징입니다. 그들은 인류를 쉽게 규정지은 몇몇 부류로 나눕니다. 예를 들어, 군인들과 군인들에 대항해 시위를 하는 사람들, 이렇게 말입니다.

전쟁의 기반을 이루고 있는 이원성 의식

시위를 하던 사람들은 그들이 전쟁터로 가지 않고 시위할 때 폭력을 사용하지 않기 때문에 자신들이 평화적인 사람들이라고 생각합니다. 그들은 단순히 공공장소로 나가서 자리에 앉아 체포되기를 기다리고 있습니다. 하지만 인식하지 못한 상태에서 이러한 사람들 또한 자의식계 안의 타락한 존재들에 의해 영향을 받아왔습니다. 소위 평화운동 전체가 이러한 타락한 존재들에 의해, 그리고 군인들처럼 전쟁 때문에 비난을 받아야 하는 다른 사람들이 있다는 사고방식에 의해 영향을 받아왔습니다. 여러분이 우리-대-그들이라는 이분법적 사고방식을 가질 때, 당신들은 이 행성에서 전쟁을 적극적으로 없애려는 봉사를 하는 것이 아닙니다.

이것은 충격적으로 보일 수 있지만, 그것이 사실입니다. 왜 그것이 사실일까요? 전쟁이 무엇입니까? 전쟁이 진정으로 무엇인지 깊이 생각해 보세요. 그것은 어떤 의식상태의 극단적인 결과입니다. 전쟁 배후의 의식 상태가 무엇일까요? 나는 그것을 우리-대-그들이라는 사고방식으로 말했지만, 우리가 있고 그들이 있다는 그 신념의 이면에는 무엇이 있습니까? 그것의 뒤에 있는 것은 현실을 분리된 칸들로 나누는 의식(意識)의 상태입니다. 이런 의식상태가 인류를 바라봅니다. 이때 그것은 한 집단의 사람들을 또 다른 집단의 사람들로부터 분리하는 어떤 특성들을 찾습니다. 그리고 그것은 이러한 특성들을 두 집단 간의 분열을 규정하기 위해 이용합니다. 그것은 가치판단을 적용하고, 한 집단이 하는 것은 뭔가 잘못돼 있다고 말합니다. 이렇게 되면 다른 집단은 지금 무엇인가 옳은 것을 하고 있거나, 아니면 그 첫 번째 집단이 잘못하고 있는 것을 보상하거나 멈추게 하기 위해 뭔가 옳은 것을 해야만 합니다.

이것이 우리가 이원성 의식으로 불렀던 것이며, 이것은 언제나 선과 악, 옳은 것과 그른 것, 신과 악마와 같이 2개의 반대 극성(極性)들을 가집니다. 그리고 그것은 이런 양극성을 서사적 투쟁과 어떤 사람들이 그 투쟁의 잘못된 쪽에 있다는 개념을 창조하는데다 이용합니다. 그리하여 옳은 쪽은 이러한 다른 사람들이 하고 있는 것을 중단시키도록 강요하기 위해 다양한 수단들을 사용해야만 합니다.

나의 사랑하는 이들이여, 이제 과학은 우주에는 분리된 칸들과 같은 그런 곳이 없다는 것을 증명했습니다. 이것은 가장 최신의 과학 측정 장비들을 통해서 입증된 것입니다. 분리된 어떤 곳, 즉, 우주가 분리된 칸들로 나눠질 수 있다는 생각은 인간의 마음에 의해, 특히 몸을 움직이는 외적인 감각들과 마음에 의해 창조된 환영(幻影)입니다. 그것은 물질계의 네 수준들을 통해 일관되게 드리워져 있는 하나의 환영입니다. 대부분의 사람들에게 그런 생각은 그들의 정체감의 일부가 되었습니다.

일단 여러분이 이런 이원성 의식에 빠지게 되면, 여러분은 자신을 분리된 존재로 봅니다. 여러분은 신으로부터, 여러분의 근원으로부터 분리돼 있습니다. 여러분은 살고 있는 자연으로부터도 분리돼 있습니다. 여러분은 아마도 여러분이 자신과 동일시하는 집단에 속한 사람들과 어떤 서사적인 감각면에서 옳다고 생각하는 사람들을 제외하고는 다른 사람들로부터 분리돼 있습니다. 그리고 이런 의식의 상태가 바로 전쟁의 토대를 이루고 있는 것입니다.

그 자체의 극단적인 형태에서, 그런 의식은 여러분이 자신에게 별다른 영향 없이 다른 인간을 죽일 수 있다고 믿게 만듭니다. 여러분은 더욱이 스스로 자신에게 긍정적인 영향을 준다거나 어떤 더 큰 명분에 영향을 미치고 있다고 믿을 수도 있습니다. 심지어 다른 인간들을 죽이는 것이 신의 섭리를 위해 일하고 있다거나 그것을 촉진한다고 믿을 수조차도 있습니다. 천국이 있고 지옥이 있다는 이러한 개념은 이원성 의식의 소산입니다. 실제로는 오직 하나의 진동들의 연속체가 있을 뿐입니다. 이런 에너지 연속체 안에 특정한 구역들, 층들 또는 영역들이 있지만, 통과할 수 없는 장벽에 의해 분리되어 있는 것은 아닙니다.

인간들이 돌아서기 위한 잠재력

사랑하는 이들이여, 분리의 환영을 지지하는 사람들이 당연시하는 아주 많은 개념들이 있으며, 내가 그것들 모두를 언급할 수는 없을 것입니다. 내가 여러분에게 보장할 수 있는 것은, 만약 승천한 세계에서 내가 보는 것을 여러분이 본다면, 여러분은 모든 인간들이 동일한 근원에서 왔다는 사실을 알게 될 거라는 것입니다. 모든 이들이 원래는 순수하고 무결한 존재로 창조되었습니다. 그들 모두에게 자유의지가 주어졌고, 그들은 깨끗하고 순수한 바탕에서 삶을 시작했습니다. 이것은 그들의 현재 처해 있는 상황이 다름 아닌 그들 자신이 했던 선택의 결과라는 의미입니다. 이것은 또한 만약 그들이 자신의 이전 선택들을 되돌리는 다른 선택을 한다면, 그들의 현재 조건이 무효로 될 수 있다는 것을 뜻합니다. 지구상에 태어나 있는 존재 가운데 이런 잠재력을 갖고 있지 않은 이는 전혀 없습니다.

나는 이전의 강론에서 말하기를, 아스트랄계 안에는 원래 (영혼의 여정을) 자아의식적인 존재들로서 시작했지만 저급한 의식 상태로 추락한 어떤 존재들이 있다고 했습니다. 하지만 이런 의식 상태에서 그들은 실질적인 모종의 목적 때문에 자기들의 이전 선택을 되돌리기 위해 필요한 그런 자기인식 능력을 상실해 버렸던 것이지요. 자아의식적인 존재로서 출발한 어떤 존재든 자각하는 면에서 더 나은 상태에 이르는 선택을 할 잠재력이 깨어날 수 있습니다. 아스트랄계 안에 있는 일부 존재들에게 그것이 극단적인 수단이 될 것이지만, 우리 승천한 마스터들은 그러한 조치들을 충분히 취할 수가 있습니다. 이것은 아스트랄 구덩이의 가장 낮은 수준 안에 있는 가장 어두운 악귀들에게조차 깨어나서 무결하고 순수한 상태로 돌아가게 될 선택의 기회를 줄 것입니다.

또한 아스트랄계 안에는 자아의식적인 존재로서 창조되지 않은 실재들과 악귀들이 있다고 내가 언급했던 것에 유의하세요. 그러므로 그들은 선택할 수 있는 잠재력을 갖고 있지 못합니다. 그러한 존재들은 단지 소멸되어야 하며, 다시 말하지만 우리 승천한 마스터들은 이것을 해낼 완전한 능력이 있습니다. 그럼에도 우리는 이런 무지한 존재들을 창조한 자아-의식적인 존재들이 그들의 그런 의식 상태를 포기하거나 다른 기준에 도달할 때까지는 이렇게 하는 것을 허락받지 못했습니다.

왜 지구상에 육화한 모든 인간들은 다시 돌아설 잠재력을 갖고 있는데, 왜 아스트랄계 안에 있는 어떤 존재들은 그들 자신의 이 잠재력을 잃어버렸을까요? 그것은 단지 만약 여러분이 하향나선에서 자신을 끌어올릴 수 없는 제한선 아래로까지 떨어졌을 경우에는 지구상에 태어나는 것이 허용되지 않는다고 자유의지의 법칙이 규정해 놓았기 때문입니다. 이럴 때는 여러분이 물리적인 육화를 하는 것이 허용되지 않습니다. 아스트랄계 안에는 아주 아주 오랫동안 지구나 어떤 다른 물리적인 행성에도 육화를 하지 않은 존재들이 있습니다.

이러한 존재들의 일부가 지구상에 육화해서 삶을 시작했고 그들은 더 이상 물리적인 육화를 할 수 없는 아주 낮은 의식으로 떨어졌습니다. 다른 존재들은 다른 행성계들에서 시작했고, 그들의 일부는 다른 책(악의 우주론[Cosmology of Evil] 참조)[7]에서 설명했던 것처럼 (지구로

---

7)이 책은 향후 도서출판 은하문명에서 출판될 예정이다.

옮겨오기) 이전의 천체들에서 시작했습니다. 지구에는 육화한 사람들이 아직 일정한 의식 수준을 넘어서지 못했기 때문에, 그들은 지구와 연관된 아스트랄계 안에서 존속하도록 허용되었습니다.

물리적으로 육화한 사람들의 의식 수준이 지구의 감정계(아스트랄계), 사고계(멘탈계), 자의식계(아이덴티티계) 내의 어디에 존재하도록 허용 받을지를 결정합니다. 만약 물리적으로 육화한 임계수치의 사람들이 그들의 의식을 높은 쪽으로 전환한다면, 그것은 우리 승천한 마스터들이 이제 아스트랄계로, 멘탈계로, 자의식계로 들어가서, 그곳의 일부 악귀들과 그런 의식 수준 이하의 존재들을 깨끗이 정화할 권한을 얻는다는 것을 의미합니다.

나는 다른 영역들 안에는 여러분이 설득할 수 없는 특정한 존재들이 있다고 아주 명확하게 말했습니다. 나는 이제 또한 여러분이 설득할 수 없는 특정한 인간들이 있다는 것을 말합니다. 이것은 육화한 한 인간으로서 여러분이 그들의 마음을 자발적으로 변화시키기 위해 할 수 있는 것이 아무것도 없음을 뜻합니다. 우리 승천한 마스터들은 우리 자신을 이러한 존재들의 앞에 나타내거나 그들의 마음을 자발적으로 바꾸게 할 수가 없습니다.

이것은 그리스도가 이원성 의식에 의해 완전히 눈이 멀었던 육화한 일부 인간들의 앞에 섰던 것으로 증명되었습니다. 심지어 그는 그리스도 의식의 완전한 빛으로 거기에 서있었지만, 그들은 그런 그를 인식하지 못했습니다. 그들은 이원성에 의해 너무 눈이 멀어 있어서 그의 빛을 보지 못했으며, 따라서 그들은 그를 죽이라고 비난했고 두 번 생각하지 않고 처형했습니다.

모든 시대에 걸쳐, 위험스러워 보이는 누구든 간에 기꺼이 그들을 십자가에다 처형했던 자들로 이루어진 특정한 파워 엘리트 집단이 늘 있었습니다. 이것은 그들이 평균적인 인간들보다 더 큰 빛을 가졌던 다른 존재들에게 했던 것처럼 똑같이 예수에게 자행했던 짓입니다. 그들은 육화한 그리스도라는 존재를 그리스도로 인식할 수 없었지만, 무의식적으로 그가 커다란 빛을 가졌고 이것으로 자기들이 위협받는다고 느꼈습니다. 그리고 그때 그들은 전체 주민이 고통 받아야 하는 것보다는 한 사람이 죽는 것이 낫다는 논리를 내세웠습니다.

여러분이 실질적으로 할 수 있는 것에 대한 한계

여러분이 승천한 마스터들의 가르침들에 열려 있는 영적인 사람으로서 자신을 살펴볼 때, 여러분 자신에게 이렇게 말해야 합니다. "설득될 수 없는 사람들이 있을 때, 그리고 다른 3가지 층들 안에 설득될 수 없는 세력들이 있을 때, 내가 이 행성에서 전쟁을 없애기 위해 진정으로 할 수 있는 것은 무엇인가? 만약 사무실 안에 앉아서 전쟁에 관해 결정하는 사람들이 내가 이치에 맞는다고 생각하는 어떤 주장을 받아들이지 않는다면, 내가 거리에 나가서 시위를 하는 것이 무슨 소용이 있을까? 빛을 증가시키는 것에 반응하지 않을 3가지 다른 세계들 안의 존재들과 육화한 인간들이 있을 때, 내가 여기에 앉아서 빛을 기원하기 위해 승천한 마스터들에 의해 주어진 기원문들을 수련하는 것이 무슨 도움이 될까?"

이것은 타당한 질문이며, 이 강론에서 내가 답할 것입니다. 그 간단한 답은 여러분이 영적인 빛을 불러옴으로써 할 수 있는 것에는 한계가 있다는 것입니다. 이것은 그렇다고 해서 영적인 빛을 기원하는 것이 효과가 없다는 의미는 아닙니다. 단지 여러분이 할 수 있는 것에는 한계가 있다는 것을 의미합니다. 나는 여러분에게 모든 일들은 자유의지의 원리에 기초해 있다고 설명했습니다.

지구상에는 세 다른 영역들 안의 존재들에 의해 눈이 완전히 멀지 않은 다수의 사람들이 태어나 있습니다. 아스트랄계 안의 실재들과 악귀들에게, 또는 멘탈계 안의 교활한 존재들에게, 또는 심지어 더욱 교활한 자의식계 안의 존재들에게 마음이 완전히 점거되지 않은 다수의 인간들이 있습니다. 그들은 충분한 자각을 갖고 있고 물러서서 무엇이 옳고 그른지를 살펴보는 것이 가능합니다. 이러한 존재들의 대다수는 살인하는 것이 옳지 않다는 것을 알고 있습니다. 이러한 사람들의 대다수는 평화로운 삶을 살기는 하지만, 만약 그들이 다른 이들의 침략에 의해 어쩔 수 없는 상황이라고 생각한다면, 그들은 전쟁을 지지하도록 조종당할 수 있습니다.

예를 들어, 미국 안에서 테러리스트의 공격들을 볼 수 있는데, 여러분은 서구의 대부분의 사람들이 이것에 의해 충격을 받았고 이런 사건들이 일어나지 않는 것을 더욱 선호하리라는 점을 잘 알 것입니다. 그들은 이라크와 아프가니스탄의 전쟁을 피하는 것을 더욱 선호할 것입니다. 그럼에도 그들은 여전히 전쟁을 지지하도록 조종당하고 있는데, 만약 그들이 아무것도 하지 않는다면, 세계무역센터를 공격했던 자들이 간단히 세계 도처에서 유사한 잔혹행위들을 계속해서 저질렀을 것이라고 두려워하기 때문입니다. 사람들은 무고한 이들로 보이는 사람들을 지속적으로 공격하는 이들 테러리스트를 멈추기 위해 무엇인가를 했어야만 한다고 느낍니다.

이 많은 인간들, 다수의 인간들은 (비록 광범위한 것이 아니지만), 전쟁을 피하는 것을 선호하는 인식의 수준에 이미 도달했습니다. 이것은 일종의 전환이며, 중요한 전환이라는 것이 반드시 인정되어야 합니다. 만약 여러분이 몇 백 년 전으로 돌아간다면, 세상의 대부분의 지역들에서 젊은이들이 전쟁에 나가는 것을 명예롭게 여기도록 양육되었다는 것을 알 것입니다. 젊은이들이 남자다움을 증명하고 존경심을 얻기 위해 어떤 형태로든 전쟁에 나가는 것이 고려되었던 문화들이 있었습니다. 그리고 어떤 유형의 전사(戰士)들이 되기 위해 젊은이들이 교육받았던 것에 전적으로 토대를 두고 있던 문화들이 있었습니다. 전쟁에 나가서 자신들을 증명하기를 열망하는 사람들이 있었으며, 그들은 전쟁터에 나가 전투에서 자신의 용맹함을 증명하는 것이 명예와 위신의 문제라고 생각했습니다.

이것은 여전히 세상의 일부 지역들에서 그렇습니다. 하지만 분명히 세상의 아주 넓은 지역들에서는 전투에서 명예롭게 승리하려는 이런 바람이 더 이상 없거나, 더 이상 중요하거나 지배적이지 않은 전환점을 통과했습니다. 내가 이런 언급을 하는 것은 여러분이 집단의식면에서 진전이 있었다는 것을 알았으면 하기 때문입니다. 무엇이 이런 진전을 가져왔을까요? 그것은 유효한 빛이 물질계뿐만 아니라 지구의 세상위층들 안에서도 그 강도와 양의 측면에서 증가했기 때문입니다.

전쟁에 대한 대안 선택을 위해 빛을 기원하기

여러분이 어두운 방 안에 있다고 상상해보십시오. 방 안은 미로(迷路)이며, 많은 장애물들이 있고, 볼 수 없는 많은 굽은 곳들이 있습니다. 사람들이 이 어두운 방 안의 이곳저곳을 걸으며 벽을 따라서 더듬거릴 것이고 미로에서 나가는 길을 찾으려 노력합니다. 이제 아주 서서히 빛의 밝기를 증가시킨다고 상상하세요. 갑자기, 사람들은 방 안에 무엇이 있는지 보기 시작할 수 있으며, 이제 그들이 제대로 걸어다니기가 훨씬 쉬워집니다. 만약 여러분이 빛을 훨씬 더 밝게 하면, 사람들은 방에서 출구를 볼 수 있습니다. 미로를 통과하는 일정한 길을 따라감으로써, 이제 여러분은 출구에 도달할 수 있습니다.

이것은 방 안의 모든 사람들이 즉시 출구를 향해 이동하는 것을 선택한다는 의미는 아닙니다. 어디엔가 숨겨진 모종의 보물들이 있을 거라고 생각하기 때문에 여전히 (방안을) 탐험하기를 바라는 일부 사람들이 있을 수도 있습니다. 그것은 이제 출구를 볼 수 있는 모든 사람들이 이전에 갖지 못했던 선택권을 가진다는 의미입니다. 그들은 선택권, 진정한 선택권을 갖고 있습니다. 왜 그렇게도 많은 지구상의 사람들이 전쟁을 명예를 얻는 방법으로 보는 문화를 초월하려고 선택했을까요? 그 이유는 지구의 4가지 세계들 안에서 영적인 빛이 증가했고 더 많은 사람들이 단지 몇 생 이전에 그들이 갖고 있었던 전쟁의식보다 더 높은 의식 상태가 있다는 것을 알기 시작했기 때문입니다.

여기서 내가 여러분이 파악했으면 하는 원리는 모든 것들이 자유의지를 중심으로 이루어지지만, 사람들의 의지는 그들이 볼 수 있는 것 이상으로 자유롭지 않다는 것입니다. 여러분은 자신이 볼 수 없는 것, 파악할 수 없는 것, 마음 속에 그릴 수 없는 것, 이해할 수 없는 것, 받아들일 수 없는 것을 선택할 수 없습니다. 여러분의 비전은 여러분이 볼 수 있는 선택권들을 결정하며, 선택권을 파악할 수 없는 한, 설사 그것이 이론적으로 여러분을 위한 것이라고 해도 여러분은 그것을 진실로 선택할 수 없습니다. 방이 완전히 어두울 때도 출구는 여전히 거기에 있었습니다. 그리고 어쩌면 몇몇 사람들이 우연히 그곳으로 나가는 길을 더듬어 찾을지도 모릅니다. 사람들이 문을 찾았을 때 그것이 무엇이었는지 알지조차 못했는데, 왜냐하면 그들은 그 방 바깥에 무엇인가가 있고 자기들이 어둠 속을 벗어날 수 있다는 것을 이해할만한 시력이 없었기 때문입니다.

사람들이 방의 외부에 어떤 것이 있는지, 그리고 그들이 어둠을 탈출할 수 있는지에 대한 충분한 시력과 이해를 갖고 있지 않았기에, 사람들은 그들이 문을 찾았을 때도 그것이 무엇인지 알지 못했습니다. 우리의 디크리들과 기원문들을 통해 영적인 빛을 기원함으로써 전쟁을 없애도록 돕는 방법이 있습니다. 지구의 네 세계들 안의 빛을 증가시킴으로써, 여러분은 사람들이 전쟁을 일으키는 의식에 대해서 대안을 더욱 보기 쉽도록 만들고 있습니다.

시간에 따른 인류의 진화

이것은 대단히 중요합니다. 이것은 일반적으로 인류가 진화하는 방법입니다. 기록된 모든 역사 동안 일어났고 또 지금도 이 지구상에서 진행 중인 발전이 있습니다. 여러분은 과학에 의거해 인류의 역사가 유인원(類人猿)에서 갓 벗어난 것으로 보이는 동굴주거인 단계에서 살던 때인 불과 몇 천 년 전에 시작되었다고 회상할 것입니다. 이것은 역사에 관한 아주 제한된 관점인데, 왜냐하면 우리가 다른 책들에 설명했듯이, 지구상에서의 지적인 생명의 역사는 아주, 아주 오래되었기 때문입니다.

보다 깊은 진실은 이전의 시대에 여러분이 오늘날 지구상에서 보는 것보다 훨씬 더 고도의 문명이 있었으며 그들은 훨씬 더 고성능의 무기들을 개발했었다는 것입니다. 이러한 무기들은 너무 강력해서 사용하게 되면, 그런 문명들을 초토화시키고 광범위한 지구 변화들을 일으킬 수 있었습니다. 그리고 이것은 인류가 아주 낮은 수준의 발전단계부터 또 다시 시작하도록 만들었습니다.

여러분이 과학적인 발전으로 알고 있는 것이 인류 최초는 아니지만, 여러분의 현재는 상향나선의 시작입니다. 여러분의 문명은 지구상에 나타났던 가장 높은 문명은 아니지만, 혈거인으로 시작된 상향주기 안에서 나타난 최상의 것입니다.

상향 운동의 원인

여러분은 소수의 선택들의 결과로 상향나선이 창조되었고 오랜 시간 동안 지금까지 유지되어 왔다는 것을 깨달을 필요가 있습니다. 이것은 순조로운 과정이 아니었고, 기복이 있었습니다. 여러분이 바로 지금 보는 것보다 어둠의 소수 엘리트에 의해 더 많이 통제되고 더한 잔악 행위와 더 많은 전쟁이 있어 왔던 기간이 분명히 있었습니다. 일반적인 경향은 상향 운동입니다.

상향운동의 원인은 아주 단순합니다. 지구의 4가지 세계들(물질, 아스트랄, 멘탈, 자의식계) 속으로 영적인 빛을 가져오기 위해 소수의 사람들이 도구들이 되고, 그들이 열린 문들이 되었습니다. 이것은 다른 사람들이 그들의 현재 의식수준에 대안이 있다는 것을 볼 수 있는 더 높은 의식의 상태를 선택함으로써 반응하도록 만들었습니다. 이것은 지구에서 현재 진행 중인 진전입니다.

여러분은 이제 이 진행 중인 진전에 특정한 주기(週期)들이 있다는 것을 이해할 필요가 있습니다. 여러분은 영적인 시대들의 개념에 대해 대부분 알고 있을 것입니다. 의심할 바 없이 여러분은 지난 2,000년 간의 물고기자리 시대에 대해서 들어왔고, 지구가 이제 이동하려는 주기인 물병자리 시대에 대해서 들었습니다. 여러분은 이제 한 주기에서 다른 주기로 바뀌는 데는 중간단계가 있음을 이해할 필요가 있습니다. 2,000년 전에, 예수가 물리적으로 육화해서 나타났을 때, 그는 이렇게 말했습니다. "심판을 위해 내가 왔다." 그는 또한 다음과 같이 외견상 모순되는 말을 했습니다. "나는 누구도 심판하지 않지만, 만약 내가 심판을 한다면 내 판단이 옳은데, 이유는 그 판단은 내가 아니라, 내 안에 계신 아버지가 하시기 때문이다." 그렇다면 여러분은 이 두 표현들 간의 모순을 어떻게 균형 잡아야 할까요?

그리스도의 심판과 이원성적인 심판

보다 깊은 진실은 육화한 그리스도는 이원성 의식, 분리의식에 기초해서 심판하지 않는다는 것이며, 그런 의식은 인류를 분리된 집단들로 나누고 그들에게 가치판단을 적용하는 것입니다. 확실히, 여러분은 다른 사람들을 심판하는 인간들을 알며, 그들에게 예수는 말로써 이렇게 경고했습니다. "너희들이 다른 사람들에 대해 무엇으로 심판하든, 그것이 또한 너희들을 심판하게 될 것이다." 여러분은 자신이 가진 의식 상태를 통해 심판 받기 때문에 다른 사람들을 심판함으로써 여러분도 심판 받게 될 것입니다. 여러분은 여러분이 타인들을 심판한 대로 심판받게 될 것인데, 왜냐하면 여러분 자신의 의식 상태를 통해 심판 받기 때문입니다.

그리스도 의식은 하나됨의 의식이기에 그리스도의 심판은 다릅니다. 이원성에 대한 대안(代案)은 모든 사람에게 열려있으며, 이 말은 예수가 바로 모든 사람들이 그리스도 의식 성취를 위해 노력함으로써 도달할 수 있는 본보기였다는 의미입니다. 그리스도 의식은 모든 생명이 하나임을 여러분이 알 때의 의식 상태입니다. 인간들은 칸막이들로 나눠질 수 없습니다. 여러분은 어떤 것은 선이고 어떤 것은 악이라고 말하면서, 그렇기에 악은 선에 의해 죽어야 마땅하다는 가치판단을 적용할 수 없습니다.

심판의 더 높은 형태는 모든 생명이 하나라는 인식에 기초해서 판단하는 것입니다. 이것은 이 책에 열려 있는 사람들을 위한 핵심적인 인식이며 통찰입니다. 만약 여러분이 전쟁을 없애는 것을 돕는데 효과적이 되려면, 이원성적인 심판과 하나됨의 심판 간의 차이를 숙고해야만 합니다. 그 차이가 무엇일까요? 명백히 다른 한 가지는 이원성 의식으로 판단할 때, 여러분은 그 다른 사람들이 나쁜 사람들이며, 여러분으로부터 완전히 분리돼 있다고 생각한다는 것입니다. 따라서 만약 그들이 소멸되거나 죽으면, 여러분에게 아무 영향도 주지 않을 것입니다.

하지만 그리스도 의식의 실체는 지구에서 모든 사람들이 신(神)의 한 몸의 일부라는 것입니다. 그러므로 일부 인간들에게 영향을 주는 것은 전체에 영향을 주며, 따라서 여러분에게도 마찬가지로 영향을 줄 것입니다. 이원성 의식 안에서의 또 다른 영향은 여러분이 악으로 분류해놓은 것을 그들이 할 수 없도록 그 분리된 사람들이 파멸되기를 바라거나, 또는 여러분이 나쁘다고 판단한 것을 행한 데 대해 그들이 처벌되기를 바란다는 것입니다. 그러나 그리스도 의식 안에서는 생명의 어떤 일부도 파괴하려는 욕망이 없습니다. 오직 모든 생명을 높이려는 소망만이 있습니다. 여러분이 다른 사람들을 처벌하면, 그것은 곧 여러분 자신을 처벌하는 것이기 때문에, 또한 다른 형태의 생명을 처벌하려는 아무런 욕구도 없습니다.

물고기자리(Piscean) 주기의 의식을 초월하기

내가 여기에서 여러분이 알기를 바라는 것은 지구가 바로 지금 물고기자리와 물병자리 시대의 중간 기간을 통과하고 있다는 것입니다. 이때에는 낡은 의식 상태를 초월하고 새로운 것을 받아들이기 위한 특별한 기회가 있습니다. 매 2,000년의 기간마다, 인류가 초월하도록 되어 있는 특정한 의식 상태가 있습니다. 이것은 전쟁을 일으키는 의식의 일부입니다. 인류가 물고기자리의 시대에서 초월할 잠재력을 가졌던 것은 전쟁을 일으키고 목적이 수단을 정당화한다는 신념과 추상적인 신념에 의해 정의된 어떤 추상적인 목표를 달성하기 위해 다른 사람들을 죽이는 것이 정당화된다는 바로 그 의식입니다.

여러분은 빌라도(Pontius Pilate)에 의해 예수를 죽이도록 사용된 정당화가 추상적인 신념이었다는 것을 알고 있나요? 추상적인 신념이 물리적인 인간을 죽이는 것을 정당화하는데 이용된 것입니다. 이런 의식은 인류가 물병자리 시대로 전환할 수 있기 전에 초월할 필요가 있습니다.

내가 그것이 초월될 필요가 있다고 말할 때, 여러분은 무엇인가 유연한 과정이 일어난다는 것을 이해할 필요가 있습니다. 한편으로는, 여러분이 우리가 물고기자리에서 물병자리 시대로 이동했다고 말할 시점 - 우리는 그 지점을 통과했다 - 이 오게 됩니다. 성 저메인(Saint

Germain) 대사가 이것을 공표했습니다. 이 변화가 일어나기는 했지만, 수많은 인간들이 물고기자리 의식에서 물병자리 의식으로 옮겨가지 못했습니다.

어떤 사람들은 그들이 초월하기로 되어 있는 물고기자리 시대와 그 의식을 놓아버리기를 아주 꺼려합니다. 이것이 지난 수백 년 간 전쟁의 격렬함이 증가하고 인류가 그렇게 많은 전쟁들을 보아왔던 이유를 설명해줍니다. 인류는 일찌감치 물고기자리의 의식을 초월하기로 되어 있었습니다. 사람들이 그 의식을 초월했었다면, 여러분이 과거 수백 년 간 보아온 아주 심각한 전쟁들은 필요하지 않았을 것입니다. 사람들이 일정한 의식 수준을 넘어서지 못하면, 그들은 점점 더 극단적인 형태로 그 의식을 연출하기 시작합니다. 동시에, 그 의식에 도전하거나 그 의식을 노출시키려는 빛도 증가합니다.

목적은 아주 단순합니다. 즉 그 의식이 잘 보이도록 해서 사람들이 낡은 의식의 부정적인 효과에 대안이 있다는 것을 봄으로써 그것을 초월할 더 나은 기회를 가지게 하기 위해서입니다. 이것이 많은 사람들을 위해 작용했지만, 모두에게 효과적인 것은 아닙니다. 그것은 물병자리 의식으로의 전환을 이뤄내기 위해 전체로서의 인류에게 필요한 임계질량에 아직 이르지 못했습니다.

전환기 동안 심판 요청하기

두 시대들 간의 이 전환기의 중요성은 일반적으로 적용되지 않는 어떤 수단들을 작동할 수 있는 기간이라는 것입니다. 일반적으로 근원적인 상향 운동이 있습니다. 과거 2000년 동안, 여러분이 다른 사람들에 대해 심판을 하는 것은 정당한 것이 아니었으며, 세 다른 영역들 안의 비-물질적 세력들의 심판을 하는 것도 합법적이 아니었습니다. 이것은 한 특정한 주기에서 대부분 합법적이 아니었습니다. 그러나 우리가 전환기로 옮겨갈 때 - 지구상에 새로운 의식 상태로의 전환을 이룰 사람이 충분하지 않을 때 - 육화중인 사람들이 육화한 인간들뿐만 아니라 특히 3가지 다른 영역들 안의 비-물질적 세력들에 대한 심판을 적극적으로 요청하는 것도 합법적이 됩니다.

내가 이곳과 이 책의 나머지에서 여러분에게 알려 주고자하는 도구는 여러분이 어둠의 세력들과 특정 인간들에 대해 적극적으로 그리스도의 심판을 요청하는 것이 가능하고 적법하다는 것입니다. 그럼으로써 그들이 선택할 특별한 기회를 가지게 됩니다. 내가 말하는 것에 유의하세요. 모든 것은 자유의지의 법칙 안에서 일어납니다. 만약 여러분이 다른 사람들의 자유의지를 침해하면, 여러분은 그렇게 하는 데 대해 카르마(業)를 지을 것입니다. 여러분은 내가 영적인 존재로서, 영적인 한 스승으로서 여기서 우려하는 것을 이해하나요?

이러한 도구들이 오용될 잠재성

우리는 영적인 빛을 기원하는 많은 디크리들(Decrees)[8]과 기원문들을 여러분에게 주었습니다. 이러한 도구들을 오용하기는 매우 어렵습니다. 영적인 빛을 기원함으로써 카르마를 만들기는 매우 어렵습니다. 그러나 만약 여러분이 지속적으로 빛을 오염시키고, 그런 다음 우리의 기원문들을 자신의 의식의 변화 없이 단지 나중에 여러분 자신을 정화하는 데만 사용하는 식으로 오용한다면, 카르마를 지을 수가 있습니다. 여러분이 장기간 동안 이렇게 한다면, 결국 카르마를 만들기 시작할 것이지만, 영적인 빛을 기원함으로써 다른 사람들에게 폭력을 가하는 것은 어렵습니다.

그렇지만 이 책에서 우리가 여러분에게 주어 여러분이 적극적으로 심판을 기원하게 될 도구들은 잘못 이용될 수 있습니다. 여러분은 다른 인간들에 대한 부정적인 감정이나 두려움에 기초한 감정으로, 즉 이원성적인 심판의 상태로 이런 기원들과 디크리들을 행할 수가 있으며, 이것은 여러분 자신의 카르마를 만들 것입니다. 그것이 내가 이 책을 여러분에게 깨달음을 전해주려는 목적으로 시작한 이유입니다.

---

8) 일종의 만트라적인 기원문, 명령문을 말한다. 이것은 소리의 과학, 즉 진동을 이용해 빛의 힘을 실제로 불러일으키기 위한 것인데, 때로는 치유효과가 나타난다고도 한다. 그리고 디크리는 고대 레무리아 시대부터 사제들이 이용했던 방법으로 20세기에 들어와 영단의 마스터들이 다시 복원하여 가르쳐 준 것이다. (감수자 주)

또한 그것이 내가 이 강론에서 여러분에게 주의를 주는 이유입니다. 이것은 내가 여러분이 그런 도구들을 사용하지 못하도록 겁을 주려는 것은 아니지만, 가능한 한 중립적인 마음의 상태로 이러한 도구들을 사용할 필요가 있다는 점을 깨닫게 하고자 하는 것입니다.

사람들을 선택에 직면하게 하기

내가 말했던 것에 주목하세요. 그리스도 의식은 하나됨의 의식입니다. 그것은 다른 인간들을 벌하기를 바라지 않으며, 파괴하기를 바라지 않습니다. 그리스도는 오직 모두를 높이고자 합니다. 자유의지를 가진 다른 존재들을 어떻게 위로 끌어올릴 수 있을까요? 그들이 더 쉽게 어둠을 넘어 빛을 선택하게 만듦으로써 입니다. 어떻게 여러분이 이것을 그들을 위해 더 쉽게 만들까요? 그들에게 빛을 보여줌으로써 입니다!

공간 속에서 빛을 증가시키는 것은 전적으로 가능하며, 거기에는 여전히 어둠에 초점을 맞추고 빛을 보기를 거절하는 일부가 있습니다. 이것은 2,000년간의 대부분 행성 주기 동안 충분히 있을 수 있는 일이었습니다. 하지만 여러분이 이런 전환기를 맞이하게 되면, 인류는 하나의 전체로서 더 높은 의식 상태로 전환해야할 필요가 있고, 그 다음에는 빛을 무시하는 사람들을 더 이상 수용할 수 없는 시점이 옵니다.

대다수의 사람들은 빛을 인지하기 시작했습니다. 자유의지의 법칙에서 벗어나 있는 소수만이 다음 영적인 주기로 옮겨가는 것에 버티고 서 있습니다. 이것은 이 소수가 새로운 주기 속으로 진입할 수밖에 없다는 의미가 아니라, 새로운 것과 낡은 것 사이에서 선택을 해야 하는 시점이 온다는 뜻입니다. 그들이 새로운 주기로 들어갈까요? 그들이 빛 속으로 들어갈까요? 그들이 낡은 것을 놓아버릴까요? 아니면 낡은 것에 계속 매달릴까요?

이것은 여러분이 육화한 인간으로서 할 수 있는 뭔가가 아니지만, 우리 승천한 마스터들은 사람들이 선택할 필요성과 마주하게 할 권한이 있습니다. 육체로 태어난 사람들에게, 이 선택은 그들이 지구상에 다시 육화하는 것을 허락받게 될지, 아니면 이번 생이 이 지구 행성에서의 그들의 마지막 육화가 될지 간의 갈림길을 의미할 수가 있습니다.

다른 세계들 내의 존재들과 마주하기

현재 감정계 안에 있는 과거에 물리적으로 육화했던 일부 존재들은 더 이상 지상에 육화할 수 없습니다. 그들이 육화하는 것이 더 이상 허용되지 않는 이유는 지금 그리스도의 심판에 직면해 있기 때문입니다. 그들은 빛에 우선하여 어둠을 선택했고, 그 선택을 바꾸지 않았습니다. 지구 행성이 그들이 놓지 않을 의식으로부터 이미 이동했기 때문에 그 존재들이 육화하는 것은 허용되지 않습니다.

아스트랄계 안의 존재들에게 있어, 그 상황은 육화해 있는 사람들과는 어느 정도 다릅니다. 그들 또한 선택을 해야만 하는 그리스도의 심판에 직면하게 될 수 있습니다. 그들이 일체성(一體性)의 상태로 돌아갈 수 있는 상향나선을 시작할까요, 아니면 또 다른 분리로 단계로 내려갈까요? 그 중 일부 존재에게 그것은 아스트랄계의 더 낮은 수준으로 내려간다는 의미가 될 것입니다. 그것이 또 다른 존재들에게는 그들이 지구상의 아스트랄계 안에서 더 이상 내려갈 수 없을 정도의 아주 낮은 곳으로 가리라는 것을 의미할 것입니다. 이러한 생명흐름들(life streams)[9]의 일부는 지구보다 수준이 더 낮지만 물리적인 우주 안에 얼마 남지 않은 다른 행성들로 갈 수도 있습니다. 다른 존재들은 2차 죽음으로 불리는 것을 직면하게 될 수도 있습니다. 이것은 그 생명흐름들이 상향나선을 선택하거나, 아니면 우리가 신성한 불의 호수(the Lake of Sacred Fire)로 부르는 것 안에서 용해되어야 하는 최종 심판입니다. 그때 이런 생명체들이 아주 오랜 기간에 걸쳐 축적한

---

9)"생명흐름(lifestream)"이란 표현은 일반적으로 영(Spirit)의 세계에서 하위계나 물질계로 내려와 진화하고 있는 개별적인 영혼들(souls)을 지칭하는 용어이다. 영혼은 본래 영의 세계에서 하나의 근원인 신의 현존체(I AM Presence)로부터 생겨난 것이다.
(감수자 주)

모든 부정적인 힘들은 즉각 해체될 것입니다.

　물론, 동일한 과정이 멘탈계(사고계)와 자의식계 안의 자아-의식적인 존재들에게도 적용됩니다. 자의식계 안에 있는 그들은 상향을 선택하지 않으면 멘탈층으로 내려가게 됩니다. 멘탈층 안의 존재들은 아스트랄층으로 내려갈 수 있습니다. 각 세계들 내에는 마지막 기회에까지 와 있어서 그 영혼이 해체될 수도 있는 최종적인 심판에 직면하게 될지도 모를 일부 존재들이 있습니다.

심판이 시작되는 이유

　여러분은 왜 이 과정이 시작되는지 이해하나요? 그것은 두 가지 요인들 때문에 시작되었습니다. 하나는 모든 생명은 하나이고, 서로 연결되어 있다는 사실입니다. 다른 하나는 자유의지입니다. 자유의지는 앞을 향한 전진, 선택, 전체에 반대해서 움직이는 한 개체에 의해 극단적인 형태를 취할 수 있습니다. 어떤 균형이 있어야만 하는데, 이것은 그 과정이 규정된 간단한 방식입니다. 이 과정은 지구를 위해 특별히 만들어졌거나 고안된 것이 아닙니다. 이것은 다른 행성들에서 시작되었습니다. 그리고 그것은 물리적인 우주 안에서 많은 다른 행성들과 이전의 천체들에서 몇 번이고 되풀이하여 자체적으로 증명되었습니다. 그것은 효과적인 과정입니다. 그것은 아주 느린 과정이며, 매우 점진적인 과정입니다.

　나는 많은 사람들이 조급함을 느끼고 이렇게 말하리라는 것을 충분히 이해합니다. "왜 생명이 거듭 반복해서 자기-파괴적인 나선을 선택하고 다른 사람을 파멸시키기로 선택한 자들에게 그런 인내심을 가져야 합니까?" 다시 말하지만, 모든 생명은 하나이기 때문입니다. 그리스도 마음과 일체상태에 도달한 우리는 언제나 모든 생명을 끌어올리고자하며, 우리는 계속해서 기회를 주려고 합니다. 여러분은 내가 설명해 왔던 아스트랄계와 어둠의 세력을 살펴보고 나서 다음과 같이 말할지도 모릅니다. "이것이 계속되도록 허용한 목적이 무엇인가요? 왜 승천한 마스터들은 모두를 위해 단번에 이것을 쓸어버리고 그곳을 정화하지 않습니까?"

낮게 내려가거나 높게 오르려는 선택

그 이유는 어떤 경험은 일정한 수의 생명흐름들(영혼들)에게 마지막 경험이 될 가능성이 있기 때문입니다. 그들은 이렇게 말하는 지점에 이르게 됩니다. "나는 갈 데까지 갔고, 추락할 만큼 추락했다. 나는 더 이상 이런 하향나선의 흐름을 계속 탈 수는 없다. 나는 조금이라도 더 나아지고 싶고, 이제는 방향전환을 하고 싶다."

우리는 영혼들이 얼마만큼 낮게 내려가도록 허용할 것인지를 규정하지 않습니다. 그들 스스로 그것을 정하고 있습니다. 신이 지옥을 만들었다는 개념이 떠돌아다니지만, 신은 결코 지옥을 창조하지 않았습니다. 자유의지를 가진 개별적인 영혼들이 그들 자신의 지옥을 창조했습니다. 그들은 지옥을 충분히 경험하고 돌아서기 전까지 자기들이 그것을 어느 정도로 더 지옥같이 만들지를 결정하고 있습니다.

우리 마스터들이 이것을 허용하지만, 정해진 행성에서 그것이 그 행성의 대다수 의식(意識)에 비해 너무 멀리 나갈 때는 허용하지 않습니다. 그런 이유로 다음과 같이 말하는 심판의 개념이 있는 것입니다. "대부분이 현재 더 높은 의식 상태로 이동했다. 여러분은 이제까지 이런 움직임을 오랫동안 무시해 왔지만, 지구의 진화 주기에서 더 이상 이것을 무시할 시간이 없으며, 선택해야만 한다. 당신들은 대다수를 따라 상향나선으로 진입할 것인가? 아니면 그 상향나선을 거부할 것인가?"

만약 그 영혼이 거부하는 선택을 한다면, 물리적인 육화 상태로 있거나 다른 세계들 중의 하나 안에 머무르는 것이 더 이상 허용되지 않습니다. 만약 영혼이 이것을 너무 많이 거부했다면, 지구에 머무르는 것이 허용되지 않을 수 있으며, 또는 존속하는 것이 허용되지 않을 수 있습니다. 나는 한 영혼이 얼마나 많이 상향으로의 선택을 거부할 수 있는지에 대한 수치를 제시하지는 않을 것인데, 이것은 영혼들에 따라 다양하기 때문입니다. 그것은 매우 복잡한 일련의 요소들에 의해 달라지므로 여기서 그런 주제로 들어가고 싶지는 않습니다.

지구는 현재 전환기 속에 있기 때문에 내가 여러분에게 알려주고 싶은 것은 여러분은 심판을 요청할 권한이 있다는 것입니다. 나는 여러분이 여기서 이해하기 바라건대, 예수가 어떤 언급을 하긴 했지만, 그말이 기독교인들에 의해 예수가 당시 세상의 종말이 오고 있다고 생각했다는 의미로 잘못 해석되어 왔다는 사실입니다.

예수가 "마지막 시간"에 대해서 말하기는 했습니다. 그러나 마지막 시간은 세상의 종말과 동일한 것이 아닙니다.

사랑하는 이들이여, 세상의 종말이 오지는 않을 것입니다. 끝나는 것은 사람들이 빛을 무시할 수 있는 특정한 주기이고, 특정한 시기입니다. 마지막 시기가 왔을 때, 심판의 날이 오게 되면, 그때는 그들이 더 이상 빛과 어둠 간의 선택을 거부할 수 없는 때입니다. 그들은 빛 속에서 위로 상승하든지, 아니면 어둠 속에서 아래로 내려가든지 반드시 선택해야 하며, 따라서 지구에 남아있지 않습니다.

이것이 행성이 진화하는 방식입니다. 진화는 다음과 같은 두 가지 방식으로 이루어집니다. 우선은 사람들이 빛을 향해 그들 자신을 여는 것을 선택하고, 그리하여 더 많은 빛을 지구 행성에 가져옴으로써 입니다. 두 번째는 빛에 대해 그들 자신을 열지 않을 자들을 심판함으로써 그들이 제거되고, 그들의 어둠은 더 이상 육화한 인간들을 끌어당기는 자력(磁力)을 형성하거나 행성을 짓누를 수 없습니다.

건설적으로 그리스도의 심판을 사용하기

내가 말하는 그리스도의 심판은 이원성 의식의 심판과 동일한 것이 아닙니다. 어떤 식으로든 우리는 여러분이 우리-대-그들 사고방식에 기초해서 타인들을 나누고 바라보기 시작하라고 장려하는 게 아닙니다. 이런 사고방식은 이런 다른 사람들은 나쁘고 마스터들에 의해 심판 받는 것이 마땅하다고 말합니다. 우리는 여러분이 이런 이원성적인 의식 상태를 초월하고, 만약 할 수 있다면, 그리스도 의식으로 들어가라고 촉구하고 있습니다. 우리는 여러분의 일부가 아직 그리스도 의식으로 들어갈 준비가 전혀 돼있지 않다는 것을 압니다. 그래서 내가 여러분에게 가능한 한 타인들에 대해 중립적인 의식으로 들어가라고 요청하고 있는 것입니다.

나는 이 책에서 여러분에게 제공해주고 있는 기원문들이 전쟁을 수행하고 전쟁을 지속하는 특정한 사람들이나 특정 집단들을 심판하는데 사용될 수 있다는 것을 아주 잘 압니다. 나는 여러분이 이런 목적으로 기원문들을 사용해서는 안 된다고 말하는 게 아닙니다. 다만 나는 여러분이 이러한 기원문들 안에 언급된 사람들에 대해 부정적인 감정이나, 분노, 증오를 느끼지 않기를 강력히 권고합니다. 여러분 자신이 이러한 사람들을 파멸되거나 그들이 처벌받는 것을 보고 싶다는 욕구를 느끼게끔 허용해서는 안 됩니다. 만약 여러분이 이렇게 한다면, 여러분은 자신에 대해 카르마를 지을 것인데, 그것은 여러분에 대해 내가 바라는 것이 아닙니다.

그렇다면 우리가 이 기원문들을 발표하지 않았어야 한다고 당신들이 말할 수도 있습니다. 하지만 우리는 충분한 수의 사람들이 건설적으로 기원문들을 사용할 준비가 돼있다고 - 그리스도 심판에 근거해서 - 판단했습니다. 그것들은 물고기자리 의식 상태에서 물병자리 의식 상태로의 전환을 가속화하는 중요한 긍정적인 효과가 있습니다. 내가 말했던 것처럼, 인류가 물고기자리 시대에서 극복하도록 예정돼있던 것은 추상적인 신념 때문에 육체적인 존재를 기꺼이 죽이는 의식 상태였고, 이것이 어떤 면에서는 지금과 같은 전쟁을 야기하는 주요 원인이었습니다. 내가 이미 말했던 바와 같이, 자의식계 안에는 신이 틀렸다는 것을 증명하려는 세력들과 존재들이 있습니다. 신이 틀렸다는 것을 입증하려는 것은 추상적인 신념입니다. 이러한 존재들은 자기들의 추상적인 신념 때문에 기꺼이 육체적인 인간들을 죽이고, 그 인간들이 육화해 있는 기회를 빼앗습니다.

우리가 여기서 해야 하는 것은 이런 의식에 많은 이들이 기만당해서 관념적인 이상의 앞선 결말은 살인이라는 수단을 정당화할 수 있다고 믿는 그런 수준을 초월하는 것입니다. 우리는 인류의 대다수가 추상적인 관념 때문에 인간을 살해하는 것은 결코 정당화될 수 없다고 인식하는 단계에 이를 필요가 있습니다. 그 이유는 육체적인 삶은 성장을 위한 소중한 기회이기 때문입니다.

사랑하는 이들이여, 나는 다시 여러분에게 중요한 이야기들을 전했습니다. 내가 어쩌면 여러분이 감당할 수 있는 것보다 더 많은 내용들을 전했을지도 모르겠습니다. 나는 휴식할 것입니다. 아니 정확히 말하면, 이제 여러분이 좀 쉬도록 하십시오. 사실 나는 휴식이 필요 없습니다. 그리고 나는 적당한 때에 돌아올 것이고 이런 주제들에 대해 더 많은 가르침들을 줄 것입니다.

내가 여러분에게 다시 한 번 더 강조하지만, 여러분이 할 수 있는 무엇인가가 있습니다. 그렇다고 이 말이 여러분이 행위자라는 의미는 아닙니다. 그러나 여러분을 통해서, 그리고 여러분이 하는 요청(기도)들을 통해서 우리 승천한 마스터들이 행위자가 됨으로써 여러분은 열린 문이 됩니다. 이 장을 끝내면서 나는 여러분을 나의 가장 깊은 사랑 안에 봉인합니다. 나는 성모 마리아입니다!

심판의 필요성을 사람들에게 일깨우기
(기원문)

신(神)과 예수 그리스도의 이름으로, 나는 성모 마리아님과 수리야 님, 그리고 알파님께 요청합니다. 우리가 전쟁을 일으키는 악귀들과 타락한 존재들에 대한 심판을 요청할 필요가 있음을 일깨워주소서. 우리는 영적인 존재들이고 승천한 마스터들과 함께 일함으로써, 새로운 미래를 공동-창조할 수 있다는 사실을 사람들에게 일깨워주소서.

나는 특히 … 을 요청합니다.(여기에다 개인적인 요청을 추가하세요)

1부

1.사랑하는 수리야님이시여, 세 상위층의 타락한 존재들과 악귀들과 실재들에 의해 만들어진 '우리-대-그들' 사고방식의 환영에서 사람들을 깨어나게 하소서. 인류를 손쉽게 규정한 범주들로 나누면서 상대편에 대한 적대적 행위를 정당화하려는 논리를 단절하시어, 사람들을 자유롭게 해주소서.

수리야님시여, 찬란한 우주적 존재시여,

당신의 균형은 내 순수한 기쁨입니다.
나는 신의 별 주위의 궤도를 돌며,
우리는 당신과 완전한 하나입니다.

수리야님이시여, 모든 극단을 몰아내소서.
수리야님이시여, 뱀의 책략을 산산조각내소서.
수리야님이시여, 나에게 균형을 가져다주소서.
수리야님이시여, 내 가슴이 노래하게하소서.

2.사랑하는 수리야님이시여, 우리가 '우리-대-그들' 사고방식을 가진다면, 우리는 실제로 이 행성에서 전쟁을 없애기 위해 봉사하는 것이 아니란 사실을 사람들에게 일깨워주소서.

수리야님이시여, 삶에는 인간의 갈등과 전쟁과 투쟁을
초월하는 그 이상의 것이 있습니다.
당신의 균형은 나에게 내면의 평화를 주며,
이제 모든 외적인 갈등이 그칩니다.

수리야님이시여, 모든 극단을 몰아내소서.
수리야님이시여, 뱀의 책략을 산산조각내소서.
수리야님이시여, 나에게 균형을 가져다주소서.
수리야님이시여, 내 가슴이 노래하게하소서.

3.사랑하는 수리야님이시여, 전쟁은 실재를 분리된 칸으로 나누는 의식 상태의 극단적인 결과라는 사실을 사람들에게 일깨워주소서. 그것은 인간 집단들 사이를 분열시키고 가치판단을 하면서 한 집단이 잘못을 행하면 다른 집단이 이것을 저지해야 한다고 말합니다.

수리야님이시여, 참으로 경이로운 존재시여,
당신은 시리우스로부터 빛을 보내십니다.

이제 한 마음으로 당신을 부르며 요청컨대,
내가 당신의 도제가 되게 해주소서.

수리야님이시여, 모든 극단을 몰아내소서.
수리야님이시여, 뱀의 책략을 산산조각내소서.
수리야님이시여, 나에게 균형을 가져다주소서.
수리야님이시여, 내 가슴이 노래하게하소서.

4.사랑하는 수리야님이시여, 이원성 의식은 언제나 양쪽의 반대 극성들을 가지고 있고, 이것을 이용하여 어느 한쪽의 사람들은 잘못이라는 서사적 투쟁의 이념을 만들어낸다는 사실을 사람들에게 일깨워주소서. 그런 이념을 가진 자들은 옳은 쪽에 서 있는 사람들이 더 큰 선(善)을 위해서 다른 사람들을 힘으로 제압해야 한다고 주장합니다.

수리야님이시여, 당신의 빛을 방사 하소서.
당신께서 모든 것을 균형 잡아 바르게 하고,
에너지의 불순물을 태워버리시니,
내려놓음은 나에게 손실이 아닙니다.

수리야님이시여, 모든 극단을 몰아내소서.
수리야님이시여, 뱀의 책략을 산산조각내소서.
수리야님이시여, 나에게 균형을 가져다주소서.
수리야님이시여, 내 가슴이 노래하게하소서.

5.사랑하는 수리야님이시여, 우리가 다른 사람을 죽여도 자신에게는 영향을 주지 않는다는 환영, 심지어는 신성한 목적을 위해 다른 사람들을 죽여도 된다는 환영에서 사람들을 깨어나게 하소서.

수리야님이시여, 당신의 빛은 충만하고,
나는 내면의 균형을 추구합니다.

이제 연금술이 시작되었고,
내 가슴은 태양으로 변형됩니다.

수리야님이시여, 모든 극단을 몰아내소서.
수리야님이시여, 뱀의 책략을 산산조각내소서.
수리야님이시여, 나에게 균형을 가져다주소서.
수리야님이시여, 내 가슴이 노래하게하소서.

6.사랑하는 수리야님이시여, 모든 인간들이 동일한 근원으로부터 생겨났다는 사실을 사람들에게 일깨워주소서. 모두가 원래 순수하고 무결한 존재로 창조되었습니다. 우리 모두에게 자유의지가 주어졌으므로, 만약 우리가 이전의 선택들을 무효화하는 선택을 한다면, 우리는 현 상태를 원래대로 되돌릴 수가 있습니다.

수리야님이시여, 오셔서 나를 밝혀주소서.
내가 이원성을 보도록 도와주소서.
극단들은 나를 끌어당길 수 없고,
나는 중도를 걸으며 항상 승리합니다.

수리야님이시여, 모든 극단을 몰아내소서.
수리야님이시여, 뱀의 책략을 산산조각내소서.
수리야님이시여, 나에게 균형을 가져다주소서.
수리야님이시여, 내 가슴이 노래하게하소서.

7.사랑하는 수리야님이시여, 아스트랄계의 악귀들과 실재들은 자기를 인식하는 존재로 창조되지 않았으며, 그들에게는 선택할 수 있는 잠재력이 없다는 사실을 사람들에게 일깨워주소서. 그러한 존재들은 소멸되어야만 하며, 우리가 승천한 마스터들에게 권한을 부여할 때 그들은 이것을 완전히 해낼 수가 있습니다.

수리야님이시여, 당신의 우주적 천체 안에서,
나는 쿠스코(Cuzco)와 함께 당신의 빛에 경배합니다.
너무나 원대한 당신의 조망을 통해,
나는 드디어 생명이 무엇인지 깨닫습니다.

수리야님이시여, 모든 극단을 몰아내소서.
수리야님이시여, 뱀의 책략을 산산조각내소서.
수리야님이시여, 나에게 균형을 가져다주소서.
수리야님이시여, 내 가슴이 노래하게하소서.

8.사랑하는 수리야님이시여, 육화 중인 사람들의 의식 수준이 지구의 감정계, 사고계, 자의식계들 안에 무엇이 존재하게 할지를 결정한다는 사실을 사람들에게 일깨워주소서. 육화한 임계수치의 사람들이 자신들의 의식을 더 높인다면, 승천한 마스터들은 그런 의식 수준 아래에 있는 악귀들을 깨끗이 소탕할 권한을 가지게 됩니다.

수리야님이시여, 신의 계획을 제게 보여주소서.
나는 신께서 완전히 자비(慈悲)이심을 압니다.
당신께서 내 감정체의 폭풍을 고요하게 하시니,
나는 모든 형상을 초월해 계신 신을 깨닫습니다.

수리야님이시여, 모든 극단을 몰아내소서.
수리야님이시여, 뱀의 책략을 산산조각내소서.
수리야님이시여, 나에게 균형을 가져다주소서.
수리야님이시여, 내 가슴이 노래하게하소서.

9.사랑하는 수리야님이시여, 우리가 영적인 빛을 기원함으로써 할 수 있는 것에는 한계가 있다는 사실을 사람들에게 일깨워주소서. 세 상위 층 안의 타락한 존재들과 악귀들, 실재들은 빛에 반응하지 않을 수도 있으며, 따라서 우리는 적극적으로 그들에 대한 심판을 요청할 권한이

있습니다.

수리야님이시여, 나는 아득히 멀리서 왔습니다.
그리고 당신께서 내 고향별을 보여주시니,
나는 이제 내 안에서 빛을 봅니다.
나는 내 자신의 권리 안에서 하나의 별입니다.

수리야님이시여, 모든 극단을 몰아내소서.
수리야님이시여, 뱀의 책략을 산산조각내소서.
수리야님이시여, 나에게 균형을 가져다주소서.
수리야님이시여, 내 가슴이 노래하게하소서.

2부

1.사랑하는 알파님이시여, 집단의식 안에서 전환이 일어나, 대부분의
사람들이 더는 참전을 명예롭게 여기거나 사람을 죽이는 것으로 명성
을 얻을 수 없다는 사실을 사람들에게 일깨워주소서.

사랑하는 알파님이시여, 신의 원대한 계획이,
중심 태양 안에서 시작되었습니다.
참으로 경이로운 세계에 관한 비전에 따라,
우주 천체들이 펼쳐졌습니다.

사랑하는 알파님이시여, 당신의 빛 안에서,
나는 이제 내면의 눈으로 신을 봅니다.
나는 더 이상 인간으로 살지 않겠으며,
내 삶을 온전히 신께 바치나이다.

2.사랑하는 알파님이시여, 영적인 주기가 실재함을 사람들에게 일깨워

주소서. 우리는 이제 새로운 주기로 들어가고 있으며, 이것은 우리가 의식의 전환을 거부하는 존재들에 대해 그리스도의 심판을 요청할 수 있다는 의미임을 그들이 알게 하소서.

사랑하는 알파님이시여, "모두에게 봉사하라",
이는 창조주의 영원한 요청입니다,
창조주의 완전한 전체에서 생명흐름들이
신성한 목적을 갖고 흘러나왔습니다.

사랑하는 알파님이시여, 당신의 빛 안에서,
나는 이제 내면의 눈으로 신을 봅니다.
나는 더 이상 인간으로 살지 않겠으며,
내 삶을 온전히 신께 바치나이다.

3.사랑하는 알파님이시여, 그리스도의 심판은 하나됨의 의식에 기초해 있다는 사실을 사람들에게 일깨워주소서. 그리스도 의식은 모든 생명이 하나이고 인류가 격리된 칸막이로 나눠질 수 없음을 알고 있습니다. 따라서 우리는 어떤 사람들이 악하므로 선한 사람들에 의해서 죽어야 마땅하다는 가치판단을 할 수가 없습니다.

사랑하는 알파님이시여, 모든 존재는 하나였습니다.
우리는 중심 태양에서 나왔으니,
때가 되면 당신께 돌아갈 것입니다.
우리는 우주적 합일을 열망합니다.

사랑하는 알파님이시여, 당신의 빛 안에서,
나는 이제 내면의 눈으로 신을 봅니다.
나는 더 이상 인간으로 살지 않겠으며,
내 삶을 온전히 신께 바치나이다.

4.사랑하는 알파님이시여, 그리스도 의식에게 모든 사람은 지구상에 존재하는 신의 몸의 일부라는 사실을 사람들에게 일깨워주소서. 일부 사람들에 영향을 미치는 것이 전체에 영향을 주고, 따라서 우리에게도 역시 영향을 미칠 것입니다.

사랑하는 알파님이시여, 나는 이제 압니다.
당신과 오메가는 열쇠를 이루고,
당신의 극성(極性)으로부터
나는 정체성을 부여받았습니다.

**사랑하는 알파님이시여, 당신의 빛 안에서,
나는 이제 내면의 눈으로 신을 봅니다.
나는 더 이상 인간으로 살지 않겠으며,
내 삶을 온전히 신께 바치나이다.**

5.사랑하는 알파님이시여, 그리스도 의식 속에는 다른 사람들을 파괴할 마음이 전혀 없다는 사실을 사람들에게 일깨워주소서. 또한 다른 사람들을 처벌하려는 마음도 없는데, 우리가 다른 사람을 처벌하는 것은 바로 우리 자신을 처벌하는 것이기 때문입니다.

사랑하는 알파님이시여, 당신의 8자 형상의 연결은,
우주의 문입니다.
나는 찬란히 빛나는 우주의 큐브에서 나왔고,
가슴에 있는 빛의 섬광입니다.

**사랑하는 알파님이시여, 당신의 빛 안에서,
나는 이제 내면의 눈으로 신을 봅니다.
나는 더 이상 인간으로 살지 않겠으며,
내 삶을 온전히 신께 바치나이다.**

6.사랑하는 알파님이시여, 지구는 물고기자리에서 물병자리로 넘어가는 중간기간을 통과하고 있다는 사실을 사람들에게 일깨워주소서. 인류는 전쟁을 일으키는 의식, 목적이 수단을 정당화할 수 있다는 생각을 초월하기로 되어 있었으며, 그것은 추상적인 이념으로 정의된 추상적인 목적을 위해 살인이 정당화될 수 있다는 생각입니다.

사랑하는 알파님이시여, 나는 당신의 모태에서
물질이란 무덤으로 내려왔습니다.
그러나 나는 더 이상 묻혀있지 않을 것이니,
내 내면의 비전을 복원해주소서.

사랑하는 알파님이시여, 당신의 빛 안에서,
나는 이제 내면의 눈으로 신을 봅니다.
나는 더 이상 인간으로 살지 않겠으며,
내 삶을 온전히 신께 바치나이다.

7.사랑하는 알파님이시여, 추상적인 이념이 몸을 가진 인간을 죽이는 것을 정당화할 수 있다는 환영에서 사람들을 깨어나게 하소서. 우리가 이런 의식을 초월하지 않는다면, 결국 우리가 깨어날 때까지 전쟁은 더 심각하게 지속될 뿐임을 사람들이 알게 도와주소서.

사랑하는 알파님이시여, 나는 이제 당신이
내게 주었던 사랑을 압니다.
공동창조자로서 나는 그 빛을 가져와,
모든 물질이 노래하게 만들겠습니다.

사랑하는 알파님이시여, 당신의 빛 안에서,
나는 이제 내면의 눈으로 신을 봅니다.
나는 더 이상 인간으로 살지 않겠으며,
내 삶을 온전히 신께 바치나이다.

8.사랑하는 알파님이시여, 한 행성이 전환단계로 들어갈 때, 육화해 있는 사람에게는 세 상위 영역의 비물질적 세력들과 육화한 인간들에 대해 심판을 요청하는 일이 합법적이란 사실을 사람들에게 일깨워주소서.

사랑하는 알파님이시여, 이 지구에서
우리는 새로운 시대를 탄생시킵니다.
천상에서 당신께서 보내는 사랑을,
우리가 이곳으로 가져오기 때문입니다.

사랑하는 알파님이시여, 당신의 빛 안에서,
나는 이제 내면의 눈으로 신을 봅니다.
나는 더 이상 인간으로 살지 않겠으며,
내 삶을 온전히 신께 바치나이다.

9.사랑하는 알파님이시여, 특정 세력들과 인간들에 대한 그리스도의 심판을 요청함으로써 그들은 빛과 어둠 사이에서 선택할 특별한 기회를 얻게 된다는 사실을 사람들에게 일깨워주소서.

사랑하는 알파님이시여, 당신과 나,
우리는 진정한 양극성을 이룹니다.
천상에서와 같이 이곳 지상에서도,
나는 생명의 강과 함께 흘러갑니다.

사랑하는 알파님이시여, 당신의 빛 안에서,
나는 이제 내면의 눈으로 신을 봅니다.
나는 더 이상 인간으로 살지 않겠으며,
내 삶을 온전히 신께 바치나이다.

3부

1.사랑하는 수리야님이시여, 영적인 사람들에게 그리스도의 심판을 요청할 기회가 있고 그것은 전적으로 중립적인 마음상태에서 행해져야 함을 일깨워주소서.

수리야님시여, 찬란한 우주적 존재시여,
당신의 균형은 내 순수한 기쁨입니다.
나는 신의 별 주위의 궤도를 돌며,
우리는 당신과 완전한 하나입니다.

수리야님이시여, 모든 극단을 몰아내소서.
수리야님이시여, 어둠의 세력의 책략을 산산조각내소서.
수리야님이시여, 나에게 균형을 가져다주소서.
수리야님이시여, 내 가슴이 노래하게하소서.

2.사랑하는 수리야님이시여, 그리스도 의식은 모든 생명을 끌어올리기를 바란다는 것을 영적인 사람들을 일깨워주소서. 우리는 다른 존재들이 어둠을 넘어서 빛을 선택하는 것을 더 쉽게 만들어줌으로써 그들을 자유의지로 끌어올립니다. 우리는 그들에게 빛을 보여줍니다!

수리야님이시여, 삶에는 인간의 갈등과 전쟁과 투쟁을
초월하는 그 이상의 것이 있습니다.
당신의 균형은 나에게 내면의 평화를 주며,
이제 모든 외적인 갈등이 그칩니다.

수리야님이시여, 모든 극단을 몰아내소서.
수리야님이시여, 어둠의 세력의 책략을 산산조각내소서.
수리야님이시여, 나에게 균형을 가져다주소서.
수리야님이시여, 내 가슴이 노래하게하소서.

3.사랑하는 수리야님이시여, 대다수 사람들이 빛을 인식하기 시작했기 때문에, 소수가 다음 영적주기로의 전환을 방해하는 것은 더 이상 자유의지의 법칙에 속하지 않는다는 사실을 영적인 사람들이 깨닫게 하소서. 새로운 것과 낡은 것 중에서 선택해야 하는 시점이 왔습니다.

수리야님이시여, 참으로 경이로운 존재시여,
당신은 시리우스로부터 빛을 보내십니다.
이제 한 마음으로 당신을 부르며 요청컨대,
내가 당신의 도제가 되게 해주소서.

수리야님이시여, 모든 극단을 몰아내소서.
수리야님이시여, 어둠의 세력의 책략을 산산조각내소서.
수리야님이시여, 나에게 균형을 가져다주소서.
수리야님이시여, 내 가슴이 노래하게하소서.

4.사랑하는 수리야님이시여, 승천한 마스터들은 존재들이 선택할 필요성과 마주하게 할 권한이 있음을 영적인 사람들이 깨닫게 해주소서. 우리가 할 수 있는 것은, 육화 중인 사람들과 세 상위계의 존재들에 대해 그리스도의 심판을 실행해달라고 승천한 마스터들에게 요청하는 것입니다.

수리야님이시여, 당신의 빛을 방사 하소서.
당신께서 모든 것을 균형 잡아 바르게 하고,
에너지의 불순물을 태워버리시니,
내려놓음은 나에게 손실이 아닙니다.

수리야님이시여, 모든 극단을 몰아내소서.
수리야님이시여, 어둠의 세력의 책략을 산산조각내소서.
수리야님이시여, 나에게 균형을 가져다주소서.
수리야님이시여, 내 가슴이 노래하게하소서.

5.사랑하는 수리야님이시여, 인간들이 계속해서 전쟁을 벌이도록 조종하고자 하는 아스트랄층의 존재들에 대해 그리스도의 심판을 요청할 필요가 분명히 있음을 영적인 사람들에게 일깨워주소서.

수리야님이시여, 당신의 빛은 충만하고,
나는 내면의 균형을 추구합니다.
이제 연금술이 시작되었고,
내 가슴은 태양으로 변형됩니다.

수리야님이시여, 모든 극단을 몰아내소서.
수리야님이시여, 어둠의 세력의 책략을 산산조각내소서.
수리야님이시여, 나에게 균형을 가져다주소서.
수리야님이시여, 내 가슴이 노래하게하소서.

6.사랑하는 수리야님이시여, 감정계와 사고계, 자의식계의 어떤 존재들에게는 향후의 필연적인 단계가 최후의 심판이고 그 이후에는 영혼의 부정적인 힘들이 모두 용해되는 2차 죽음으로 이어짐을 영적인 사람들이 깨닫게 하소서.

수리야님이시여, 오셔서 나를 밝혀 주소서,
내가 이원성을 보도록 도와주소서.
극단들은 나를 끌어당길 수 없고,
나는 중도를 걸으며 항상 승리합니다.

수리야님이시여, 모든 극단을 몰아내소서.
수리야님이시여, 어둠의 세력의 책략을 산산조각내소서.
수리야님이시여, 나에게 균형을 가져다주소서.
수리야님이시여, 내 가슴이 노래하게하소서.

7.사랑하는 수리야님이시여, 앞을 향한 진보와 전체의 선택에 역행하

는 한 개인의 자유의지가 극단으로 치달을 수 있음을 영적인 사람들이 깨닫게 하소서. 여기에는 일정한 균형이 있어야 합니다. 그리고 승천한 마스터들에 의해 규정된 그 과정은 다른 많은 행성들에서 입증되었습니다.

수리야님이시여, 당신의 우주 천체 안에서,
나는 쿠스코(Cuzco)와 함께 당신의 빛에 경배합니다.
너무나 원대한 당신의 조망을 통해,
나는 드디어 생명이 무엇인지 깨닫습니다.

수리야님이시여, 모든 극단을 몰아내소서.
수리야님이시여, 어둠의 세력의 책략을 산산조각내소서.
수리야님이시여, 나에게 균형을 가져다주소서.
수리야님이시여, 내 가슴이 노래하게하소서.

8.사랑하는 수리야님이시여, 신은 결코 지옥을 창조하지 않았다는 사실을 영적인 사람들에게 일깨워주소서. 자유의지를 가진 개별적인 영혼들이 자신의 지옥을 창조했습니다. 지옥을 충분히 경험하고 돌아서기 전까지 그들 스스로 그것을 어느 정도로 더 지옥같이 만들지를 결정하고 있습니다.

수리야님이시여, 신의 계획을 제게 보여 주소서,
나는 신께서 완전히 자비(慈悲)이심을 압니다.
당신께서 내 감정체의 폭풍을 고요하게 하시니,
나는 모든 형상을 초월해 계신 신을 깨닫습니다.

수리야님이시여, 모든 극단을 몰아내소서.
수리야님이시여, 어둠의 세력의 책략을 산산조각내소서.
수리야님이시여, 나에게 균형을 가져다주소서.
수리야님이시여, 내 가슴이 노래하게하소서.

9.사랑하는 수리야님이시여, 비록 영혼들이 자신의 지옥을 창조하도록 허용되었을지라도 주어진 행성에서 그렇게 하는 것에는 제한이 있음을 영적인 사람들이 깨닫게 하소서. 지금은 우리가 더 이상 지구에서 전쟁의 지옥을 허용하지 말아야 한다고 결정할 시간입니다.

수리야님이시여, 나는 아득히 멀리서 왔습니다.
그리고 당신께서 내 고향 별을 보여주시니,
나는 이제 내 안에서 빛을 봅니다.
나는 당연히 하나의 별입니다.

수리야님이시여, 모든 극단을 몰아내소서.
수리야님이시여, 어둠의 세력의 책략을 산산조각내소서.
수리야님이시여, 나에게 균형을 가져다주소서.
수리야님이시여, 내 가슴이 노래하게하소서.

4부

1.사랑하는 알파님이시여, 나는 어떤 추상적인 이념을 조장하거나 방어하기 위해 살인이 정당화될 수 있다고 믿으면서 행동으로 옮기고 있는 육화한 모든 인간들에 대해 그리스도의 심판을 요청합니다.

사랑하는 알파님이시여, 신의 원대한 계획이,
중심 태양 안에서 시작되었습니다.
참으로 경이로운 세계에 관한 비전에 따라,
우주 천체들이 펼쳐졌습니다.

사랑하는 알파님이시여, 당신의 빛 안에서,
나는 이제 내면의 눈으로 신을 봅니다.
나는 더 이상 인간으로 살지 않겠으며,

내 삶을 온전히 신께 바치나이다.

2. 사랑하는 알파님이시여, 나는 인간들의 마음을 통제하면서 추상적인 이념의 조장과 방어를 위해 다른 사람들을 죽이도록 조종하고 있는 감정계의 모든 악귀들과 실재들, 타락한 존재들에 대해, 그리스도의 심판을 요청합니다.

사랑하는 알파님이시여, "모두에게 봉사하라",
이는 창조주의 영원한 요청입니다.
창조주의 완전한 전체에서 생명흐름들이,
신성한 목적을 갖고 흘러나왔습니다.

사랑하는 알파님이시여, 당신의 빛 안에서,
나는 이제 내면의 눈으로 신을 봅니다.
나는 더 이상 인간으로 살지 않겠으며,
내 삶을 온전히 신께 바치나이다.

3. 사랑하는 알파님이시여, 나는 인간들의 마음을 통제하면서 추상적인 이념의 조장과 방어를 위해 다른 사람들을 죽이도록 조종하고 있는 사고계 안의 모든 악귀들과 실재들, 타락한 존재들에 대해, 그리스도의 심판을 요청합니다.

사랑하는 알파님이시여, 모든 존재는 하나였습니다.
우리는 중심 태양에서 나왔으니,
때가 되면 당신께 돌아갈 것입니다.
우리는 우주적 합일을 열망합니다.

사랑하는 알파님이시여, 당신의 빛 안에서,
나는 이제 내면의 눈으로 신을 봅니다.
나는 더 이상 인간으로 살지 않겠으며,

내 삶을 온전히 신께 바치나이다.

4.사랑하는 알파님이시여, 나는 인간들의 마음을 통제하면서 추상적인 이념의 조장과 방어를 위해 다른 사람들을 죽이도록 조종하고 있는 자 의식계 안의 모든 악귀들과 실재들, 타락한 존재들에 대해, 그리스도 의 심판을 요청합니다.

사랑하는 알파님이시여, 나는 이제 압니다.
당신과 오메가는 열쇠를 이루고,
당신의 극성(極性)으로부터
나는 정체성을 부여받았습니다.

사랑하는 알파님이시여, 당신의 빛 안에서,
나는 이제 내면의 눈으로 신을 봅니다.
나는 더 이상 인간으로 살지 않겠으며,
내 삶을 온전히 신께 바치나이다.

5.사랑하는 알파님이시여, 나는 이런 이념을 놓지 않으려 하는 육화했 거나 하지 않은 모든 존재들에 대해, 그리스도의 심판을 요청합니다. 나는 더 이상 그들의 어둠이 지구행성을 짓누르지 못하고 육화한 인간 들을 자기적으로 끌어당길 수 없도록 그들이 행성 지구의 4가지 세계 들에서 제거되기를 요청합니다.

사랑하는 알파님이시여, 당신의 8자 형상의
연결은 우주의 문입니다.
나는 찬란히 빛나는 우주의 큐브에서 나왔고,
가슴에 있는 빛의 섬광입니다.

사랑하는 알파님이시여, 당신의 빛 안에서,
나는 이제 내면의 눈으로 신을 봅니다.

나는 더 이상 인간으로 살지 않겠으며,
내 삶을 온전히 신께 바치나이다.

6.사랑하는 알파님이시여, 나는 신이 틀렸음을 증명하려고 노력하는
자의식계의 모든 존재들에 대해 그리스도의 심판을 요청합니다.

 사랑하는 알파님이시여, 나는 당신의 모태에서,
 물질이란 무덤으로 내려왔습니다.
 그러나 나는 더 이상 묻혀있지 않을 것이니,
 내 내면의 비전을 복원해주소서.

 사랑하는 알파님이시여, 당신의 빛 안에서,
 나는 이제 내면의 눈으로 신을 봅니다.
 나는 더 이상 인간으로 살지 않겠으며,
 내 삶을 온전히 신께 바치나이다.

7.사랑하는 알파님이시여, 나는 자신들의 추상적인 이념 때문에 육체
인간들을 죽이려 하고, 그럼으로써 육화해 있는 기회를 빼앗는 자의식
계의 모든 존재들에 대해 그리스도의 심판을 요청합니다.

 사랑하는 알파님이시여, 나는 이제 당신이
 내게 주었던 사랑을 압니다.
 공동창조자로서 나는 그 빛을 가져와,
 모든 물질이 노래하게 만들겠습니다.

 사랑하는 알파님이시여, 당신의 빛 안에서,
 나는 이제 내면의 눈으로 신을 봅니다.
 나는 더 이상 인간으로 살지 않겠으며,
 내 삶을 온전히 신께 바치나이다.

8.사랑하는 알파님이시여, 모든 사람들이 '우리-대-그들' 사고방식에 근거하여 인류를 나누는 의식을 넘어서도록 도와주소서. 모든 사람들이 이원성적인 극단을 극복하고 모든 생명이 하나임을 아는 그리스도 의식의 균형을 찾도록 도와주소서.

사랑하는 알파님이시여, 이 지구에서
우리는 새로운 시대를 탄생시킵니다.
천상에서 당신께서 보내는 사랑을,
우리가 이곳으로 가져오기 때문입니다.

사랑하는 알파님이시여, 당신의 빛 안에서,
나는 이제 내면의 눈으로 신을 봅니다.
나는 더 이상 인간으로 살지 않겠으며,
내 삶을 온전히 신께 바치나이다.

9.사랑하는 알파님이시여, 이념의 목적이 결코 물리적 살인의 수단을 정당화할 수 없다는 균형 잡힌 자각상태로 모든 사람이 올라서도록 도와주소서. 추상적인 이념 때문에 육신을 가진 사람을 죽이는 것이 결코 정당화되지 않음을 사람들이 알게 하소서.

사랑하는 알파님이시여, 당신과 나,
우리는 진정한 양극성을 이룹니다.
천상에서와 같이 이곳 지상에서도,
나는 생명의 강과 함께 흘러갑니다.

사랑하는 알파님이시여, 당신의 빛 안에서,
나는 이제 내면의 눈으로 신을 봅니다.
나는 더 이상 인간으로 살지 않겠으며,
내 삶을 온전히 신께 바치나이다.

봉인하기

신(神)의 이름으로, 나는 대천사 미카엘과 아스트리아와 시바신께서 나와 모든 건전한 사람들 주위에 뚫을 수 없는 보호막을 형성하시여, 우리를 4가지 세계들 안에 있는 모든 두려움의 에너지로부터 봉인해주심을 받아들입니다. 또한 나는 신의 빛이 전쟁 배후의 세력을 구성하는 모든 두려움에 기초한 에너지들을 불태우고 변형시키고 있음을 받아들입니다!

전쟁의 원인으로서의 두려움

나는 승천한 마스터 성모 마리아입니다! 나는 내가 육화한 사람들이 인식하고 상기하기를 바라는 전쟁의 원인들 가운데 하나에 관해 말하려고 왔습니다. 그 얘기로 들어가기 전에, 이전의 강론에서 내가 말했던 것을 간략히 요약하려고 합니다.

마스터들은 모든 생명들을 끌어올리기를 원한다

나는 여러분이 육화해 있을 때, 이원성적인 의식에 의해 영향을 받지 않는 것이 거의 불가능함을 알고 있습니다. 이런 의식은 이 행성 주위에 무거운 구름처럼, 거의 뚫을 수 없는 베일처럼, 안개처럼 걸려있습니다. 그것은 물리적으로 육화한 거의 모든 사람의 마음에 영향을 미치며, 사람들이 하나됨이라는 더 깊은 실체를 보지 못하게 합니다.

이 이원성적인 의식은 여러분이 내 이전의 강론을 살펴보고 우리 승천한 마스터들이 모든 생명들을 끌어올리려고 한다는 것이 정말로 사실인지를 의심하게 만들 수도 있습니다. 우리가 아스트랄계의 지옥 같은 가장 낮은 수준에 있는 악귀들과 타락한 존재들까지도 끌어올리려 하는 것이 진짜로 사실일까요? 다른 사람들, 또는 심지어 자신의 편에 있는 사람들까지도 집단적으로 살해한 히틀러, 스탈린, 모택동 같은 영혼들을 상승시키려는 것이 정말로 사실일까요? 그리고 우리가 정말로 모든 생명들을 끌어올리거나 구원하려고 할까요?

그 답은 "예"입니다. 우리는 이원성 의식 속에 있지 않으므로 우리는 모든 생명이 일체(一體)임을 압니다. 우리는 모든 생명들이 일정한 행성에서, 더 나아가 하나의 전체로서의 우주에서 어떻게 서로 연결되어 있고 각 생명흐름들(lifestream)이 어떻게 해서 신의 몸의 일부를 이루고 있는지 압니다. 우리는 한 생명이 2차 죽음을 맞이하면, 그 전체에도 손실이 있다는 것을 인식하고 있습니다. (한 생명이 이렇게 되면) 그 생명이 자신의 상승에 도달하는 잠재력은 실현되지 않을 것입니다.

또한 우리는 대부분의 사람들이 도움을 줄 수 없는 상태라고 생각하는 생명흐름들, 혹은 악마라고 생각하는 생명조차도 단지 이원성 의식 때문에 눈이 멀어 속고 있음을 압니다. 물론 우리는 그런 판단에 사로잡혀 있지 않으며, 사람들이 다른 사람들을 악으로 판단하는 것 역시 이원성 의식에 의해서 눈이 멀었기 때문이라는 것도 압니다. 그렇습니다. 우리는 어떤 생명흐름이든 그것을 끌어올리기 위해 우리가 할 수 있는 모든 것을 할 것입니다.

투쟁은 여러분의 마음 안에 있다

어떤 경우, 한 생명흐름이 '자기-강화'의 하향나선으로 들어가는 때가 있습니다. 여러분이 그런 나선 안에 있을 때, 여러분은 뭔가에 대해 투쟁합니다. 여러분은 맞서 싸워야 한다고 생각하는 이 뭔가가 자신의 외부에 있는 것이라고 인식합니다. 그러나 우리는 그 투쟁이 사실은 여러분의 마음 안에 있다는 점을 압니다. 여러분이 실제로 맞서 싸우고 있는 것은 자신 밖에 있는 현실이 아니라 현실에 대한 인식입니다. 이것은 신중한 이해가 필요합니다.

두 나라가 전쟁을 할 때 그들 사이에 투쟁이 있습니다. 여러분은 단순히 그들에게는 적이 없다고 말할 수 없으며, 그들은 오직 그들 마음 안에서 적을 만들었습니다. 물론, 외부의 적이 있으며 그들을 공격하거나 그들에게 저항하지만, 이것은 양쪽이 이원성 의식에 사로잡혀 있기 때문입니다. 그렇습니다, 외부의 적은 있지만, 그들이 싸우고 있는 것은 실제로는 외부의 적이 아닙니다. 양쪽은 서로 상대편에 대한 정신적 이미지, 견해와 싸우고 있는 것입니다. 이것은 양쪽이 신의 한 몸의 일부라는 사실을 완전히 덮어 버리는 이원성적인 인식입니다. 이것은 어떤 것을 이해하기 위해 필요한 방식인데, 즉 여러분은 견해와 싸우고 있는 것입니다.

여러분이 이점을 이해하기 시작할 때, 여러분은 전쟁을 멈추기 위한 유일한 실질적인 방법이 사람들을 이원성적인 인식에서 자유롭게 하는 것임을 깨닫습니다. 만약 한 생명흐름이 하향나선, 즉 '자기-강화'의 나선으로 들어가면, 그 생명은 영적인 스승을 만나지 못합니다. 말하자면 우리가 단순히 그런 생명 앞에 나타나서, 갑자기 '자기-강화'의 방향을 바꾸고 그 방식의 오류를 알게 하는 영적인 가르침을 줄 수는 없습니다.

하향나선 안의 전환점

여러분이 자기-강화의 하향나선으로 들어갔다면, 그 나선은 투쟁과 싸움으로 가득 찬 어떤 극단적인 곳까지 여러분을 몰고 갑니다. 그런데 여러분이 대안의 가능성에 마음을 열어둘 경우, 여러분은 외부 적들에 대항해 투쟁하는 대신 대안을 보기 시작할 수 있으며, 자신과 자신의 마음, 자신의 인식을 살펴보게 됩니다. 여러분은 다른 형제의 눈 안에 있는 티끌 대신에 자신의 눈 안에 있는 들보를 살펴보기 시작합니다. 삶이 바뀌려면 자신이 변화되어야 한다는 것을 여러분은 깨닫기 시작합니다. 여러분의 마음이 변화되어야 합니다.

의문은 이것입니다, "과연 그 생명흐름이 이 전환점에 도달하기에 앞서 의식이 얼마나 아래로 내려가야 하는가?" 모든 생명은 극적인 경험을 하는 것이 필요하기 때문에 어떤 경우 우리는 힘들이 그들을 압도하는 것을 허용합니다. 사람들이 전환점에 도달하자마자 즉시 그들은 어떤 유형의 더 높은 가르침에 마음을 열게 되며, 그러면 우리 마스터들은 그들의 현재 의식 수준에서 그들의 마음을 끌 수 있는 가르침을 준비합니다. 그렇다고 해서 우리가 모든 생명들에게 높은 수준의 영적 가르침을 줄 수 있다는 의미는 아닙니다. 우리는 하향나선 속으로 아주 멀리 나갔다가 방금 돌아선 생명흐름에게 비이원성에 대해 얘기할 수는 없습니다. 그런 생명은 이 책에서 내가 여러분에게 주는 개념에 대해 숙고해볼 준비는 되지 않았지만, 무엇인가를 숙고할 준비는 되었습니다.

전쟁의 원인으로서의 원초적 두려움

이것을 바탕으로, 나는 이제 이 강론을 통해 논의하기를 원했던 전쟁의 원인에 대해 얘기할 것입니다. 전쟁의 원인은 "원초적 두려움"이라고 부를 수 있는 것을 중심에 두고 있습니다. 내가 여기서 얘기하려는 첫 번째 두려움은 여러분이 다른 사람들로부터 물리적으로 공격받는다는 두려움입니다. 이것은 일종의 느낌이지만, 매우 가능성이 있고 실제로도 물리적인 위협과 연관되어 있습니다.

여러분은 전쟁이 일상적으로 일어나는 행성에 살고 있습니다. 한 집단의 사람들이 물리적으로 무장한 채로 그들을 위협하던 적과 마주했던 상황들이 역사적으로 많이 있었습니다. 실제로 많은 경우 물리적인 위협이 있었으며 그 위협이 두려움을 낳았습니다. 그 위협은 때로는 아주 강렬해서 적(敵)이 분명히 자기들을 공격할 것이라고 확신한 나머지 그들이 먼저 공격을 할 정도로 사람들의 마음을 지배하곤 했습니다.

또한 한쪽이 다른 쪽을 두려워해서 공격을 피하려고 무장을 강하게 하는 경우도 있습니다. 그리고 다른 쪽은 상대방이 그들을 공격할 것이 두려워서 자기들의 무장을 더 강하게 하는 구실로 이것을 이용했습니다. 여러분은 두 집단의 사람들이 서로 상대방에게 공격을 받게 될 것이라는 인식을 바탕으로 실제의 전쟁이 일어난 상황을 보아왔습니다. 여러분이 두려움의 나선으로 들어가게 되면, 단지 두려움을 입증할 수 있는 뭔가를 자신의 외부에서 찾습니다.

사랑하는 이들이여, 내가 방금 말한 것을 이해했습니까? 만약 여러분이 내가 묘사했던 상황에 처한다면, 당신들은 두 집단의 사람들이 상대의 공격을 두려워했다는 것을 알 것이며, 모든 경우, 그들은 자기들의 두려움이 외적 위협인 다른 사람의 행위들에 기초한 두려움이라고 말할 것입니다. 즉 그들은 먼저 물리적인 상황이 펼쳐졌고, 그에 따라 두려움이 생겼다고 말할 것입니다.

그것은 실제 상황에서 이렇게 보일 수도 있지만, 여러분이 환생에 관해 알고, 생명이 이 지구행성에서 매우 오랫동안 발생해 왔다는 것을 이해한다면, 물리적인 조건들이 결코 3가지 상위 세계들 안에서 무엇인가가 일어나기에 앞서 생겨날 수 없다는 것을 알 것입니다. 두려움은 결코 물리적인 조건에서 실제로 생겨날 수 없습니다. 두려움은 물질적인 조건보다 더 높은 수준의 원인에서 일어납니다.

물질적 조건에 앞서서 생겨나는 영적인 에너지들

물질우주를 유지하는 에너지의 흐름은 영적인 세계에서 오는데, 처음에는 개성체(자의식계)로 흐르고, 다음에는 사고체(멘탈계)로, 그 다음에는 감정체(아스트랄계)로, 그리고 마지막으로 육체(물질계)로 흐릅니다. 에너지가 개성체 단계로 흐를 때, 그 에너지에는 특정한 틀, 특정한 형태가 부여됩니다. 이후 사고체로 흐르지만, 사고체에서는 개성체라는 상위 수준에서 설정된 틀을 바꿀 수는 없습니다. 감정체와 육체에서도 마찬가지입니다. 비록 여러분을 위협하는 것처럼 보이는 실제의 물리적인 적이 있을 수 있지만, 여러분의 두려움은 적이 나타나기 전 또는 적이 생기기도 전에 와 있습니다. 그렇지 않다면, 아마도 여러분이 다른 집단의 사람들을 적으로 보지 않았을 것입니다. 모든 상황에서 내가 얘기하려는 것은 한 집단의 사람들이 여러 생애들에 걸쳐서 그들의 감정체 안에 두려움을 쌓아왔다는 것입니다. 외적인 적을 실질적으로 촉발시킨 것은 바로 이 두려움입니다. 물론, 일단 사람들이 이런 두려움에 사로잡혀 있으면 이것을 알 수가 없습니다. 그래서 누군가 그들에게 그것을 설명하면 그들은 그것을 부인할 것입니다.

여러분은 오늘날 중동(中東)에 갈 수 있으며, 유대인들과 아랍인들 사이에는 커다란 두려움이 있다는 것을 알 수 있습니다. 그들은 각자 서로 상대 집단이 두려움을 조성했다고 말할 것입니다. 각 집단은 다른 집단에 앞서 와있던, 그들 자신의 두려움을 부정할 것입니다. 그들은 이렇게 말할 것입니다: "하지만 다른 사람들이 언제나 거기 있었습니다." 아닙니다. 그들은 언제나 거기에 있지 않았습니다. 그들은 오직 여러분이 기억할 수 있는 동안만 거기에 있었으며, 여러분은 두려움 안에 갇혀있지 않았을 때의 시간을 기억하지 못합니다.

이원성 안에서 자신의 참된 정체를 망각하다

일단 여러분이 이원성 의식 때문에 눈이 멀게 되면, 여러분은 자신이 이원성으로 인해 눈이 멀지 않았던 때가 있었는지를 더 이상 기억할 수 없습니다. 이것이 바로 여러분이 이원성에 한번 빠지면 이원성으로부터 탈출하는 것이 아주 어려운 이유 중의 하나입니다. 그것은 장막이며, 에너지 장막인데, 장막 그 자체는 여러분의 눈을 멀게 합니다. 전쟁을 촉발시키는 가장 낮은 유형의 두려움은 물리적인 적에 의해 공격받는다는 두려움입니다. 물론 엄청난 물리적인 두려움에는 감정적으로 필적하는 것이 있습니다. 이것은 있지도 않은 외부의 적을 두려워하는 사람들한테서 볼 수 있는 소위 과대망상증이라고 불리는 것입니다.

여러분은 이런 망상증에 완전히 사로잡혀서 정상적인 생활을 할 수 없는 사람들을 전 세계의 정신병원에서 볼 수 있습니다. 그들은 뭔가가 매우 두려워서 정상적인 삶을 유지할 수가 없습니다. 어떤 사람은 하늘이 무너지는 것을 두려워합니다. 또 어떤 사람들은 그들이 가진 것을 누군가가 훔치거나 혹은 누군가가 그들을 죽이려 한다고 두려워합니다. 다시 말하지만, 그런 두려움은 (여러 생에 걸쳐) 그 외적인 조건을 실제로 촉진시킬 수 있습니다.

왜 여러분이 자신의 세 상위체들 안에 쌓이도록 허용한 결과 때문에 물리적인 조건을 촉진시킬 필요가 있습니까? 여러분은 영적인 존재입니다. 물질계 안에서의 여러분의 과업 중 하나는 자신이 물질세계에서 경험하는 것에 의해 덫에 걸리거나 영원히 변질되지도 않는 영적인 존재임을 깨닫고 인정하는 것입니다.

여러분은 상위 세계로부터 왔습니다. 여러분의 신적자아(I AM Presence)는 물질계와 거기에 연계된 4가지 세계들 너머에 있으며, 물질세상에서 여러분에게 일어나는 것에 영향을 받을 수 없습니다. 우리는 의식을 지닌 여러분은 영적인 존재이고 물질계에서 여러분이 하거나 경험하는 것에 의해 변할 수 없다고 설명했습니다. 여러분의 임무는 이곳에 존재하면서 공동-창조자가 되어 자신이 공동-창조자이고 그 무엇도 여러분을 변질시킬 수 없다는 것을 인정하는 것입니다.

여러분이 이원성 속으로 빠져들 때, 여러분은 이것을 잊어버립니다. 여러분은 자신이 누구인지 망각하고, 자기가 영적인 존재라는 것을 잊어버립니다. 이후 여러분은 어떤 조건을 두려워하는 심한 망상의 상태로 들어갑니다. 지금의 문제는 여러분이 어떻게 그 두려움에서 자유롭게 될 수 있을까 하는 것입니다. 그리고 그 해답은 오직 여러분이 두려워하는 조건들을 경험함으로써만이 두려움에서 자유롭게 될 수 있다는 것입니다. 그러면, 여러분은 그 조건들이 자신이 두려워했던 것만큼 심각하지 않다는 것을 깨닫게 됩니다.

두려움으로부터 자유롭게 되기

여러분이 오직 그 상황을 경험함으로써만이 자유롭게 될 수 있다고 내가 말했을 때, 물론 여러분은 자신의 두려움은 환영이었고 단지 인식작용의 산물이었다는 것을 깨달음으로써 자유롭게 되는 것이 가능합니다. 이런 깨달음은 자신이 두려워하는 물리적인 상황을 경험하기 전까지는 대다수 사람들에게 일어나지 않을 것입니다. 일단 그들이 그런 물리적인 조건을 충분한 횟수로 경험하면, 그들은 그것이 자기들이 두려워했던 것만큼 나쁘지 않다는 것을 깨닫게 됩니다.

이제 그들은 현실이 결코 그들이 가진 내면의 느낌이나 기대만큼 나쁘지 않다는 것을 보기 시작합니다. 그때 그들은 다음 단계를 밟을 수 있고, 정신 속에서 일어난 것이 물리적인 수준에서 일어난 것보다 분명히 자기들의 삶의 경험에 더욱 중요하기 때문이라는 것을 실감하기 시작합니다. 그들은 자신들이 실제로 정신적인 존재들이라는 것을 깨닫기 시작할 수 있습니다.

그들이 정신적인 존재들이라면, 그것은 곧 그들이 물리적인 존재들이 아니라는 것을 의미합니다. 그리고 만약 이러한 물리적인 조건들이 실제로는 그들을 건드릴 수 없다면, 왜 그들이 물리적인 조건에 대해 극단적인 두려움을 가져야 합니까? 이런 것을 깨닫게 될 때, 그들은 점차 자기 자신에 대해 책임을 지고 감정적 수준의 심한 공포 상태에서 벗어날 수 있는 지점으로 올라설 수가 있습니다.

세계 역사에는 어떤 적의 공격이 두려워 자신의 나라 전체를 전쟁으로 몰아넣은 극단적인 공포증을 갖고 있었던 독재자들의 예가 있습니다. 또한 그들이 과대망상증 내지는 완전히 비이성적인 두려움으로 인해 다른 집단의 사람들을 뿌리 뽑는 군사행동을 시작했던 경우도 있습니다. 나는 여러분 스스로 이에 관한 여러 사례들을 찾아볼 수 있을 것이라고 믿습니다.

멘탈 수준에서의 원초적 두려움의 결과

우리가 멘탈 수준으로 올라가게 되면, 우리는 복수를 위한 욕망, 다른 사람들을 처벌하려는 욕망이 원초적 두려움의 극단적인 결과라는 것을 알게 됩니다. 이것은 여러분이 가진 하나의 생각의 단계이며, 종종 아주 복잡한 관념이 될 수도 있습니다. 그것은 정치적인 이념이나 심지어 종교적인 가르침에 기초해 있을 수도 있습니다. 심지어 기독교의 가르침은 복수와 처벌을 정당화하기위해 왜곡되었습니다. 예수가 여러분에게 다른 뺨을 돌려대고 악에 저항하지 말며 일흔 번을 일곱 차례나 용서하라고 말했음에도 그의 가르침을 악용하고 곡해하는 사람들이 있는데, 그들은 자기들의 기독교 버전이 다른 사람이나 집단에게 복수하고자 하는 자신들이 옳다고 용인해준다고까지 느낄 정도입니다.

누군가가 처벌받는 것이 마땅하다는 생각은 진행 중인 전쟁의 서사적 개념에다 늘 토대를 두고 있습니다. 지구상에서 실현되어야 하지만, 실현되지 않은 이상적인 상황이 있습니다. 그것이 실현되지 않은 이유는 이런 이상적인 상황에 반대하는 사람들이 있기 때문입니다. 여러분이 이상적인 상황으로 보는 것을 그들이 반대하므로 이러한 사람들이 처벌받는 것이 정당화될 수 있습니다 이것은 여러분이 자기가 다른 한 개인에 의해 부당한 취급을 받았다고 느끼는 바로 그 개인적인 수준에서 그렇게 될 수가 있습니다. 여러분은 그 사람에 대해 복수하려하거나 또는 그 사람을 처벌하고자 합니다. 또한 그것은 더 큰 규모의 형태가 될 수도 있습니다. 예를 들면, 자기들의 종교를 따르지 않는 사람들은 모두 지옥에 가서 영원히 고통 받을 거라고 믿는 사람들이 있습니다. 무엇인가 잘못을 행한 이런 집단의 사람들이 처벌받아야 마땅하다고 믿었던 다른 사람들이 늘 존재합니다.

역설적인 것은, 심지어 자신들이 다른 집단의 사람들에 의해 부당하게 취급받았다고 믿는 종교인들조차 볼 수 있다는 것입니다. 그들은 다른 집단의 사람들에게 복수하고 싶은 욕망을 갖고 있지만, "살인하지 말라"고 그들에게 말하는 종교적 가르침도 갖고 있습니다. 그래서 그들은 명분을 추론해내고 이런 사람들이 신과 세상에 대한 신의 계획에 해를 끼쳤다는 견해를 구축하기 위해 그 종교적 가르침의 다른 측면을 이용했습니다. 그러므로 (신의 계획에 해를 끼친) 사람들이 처벌되어야 마땅한 것입니다. (그들은 추측하기를) 확실히, 신이 그들을 지옥으로 보내 처벌할 것이지만, 그들이 아직 여기 지구에 있는 동안은 신이 이런 사람들을 처벌하는 것을 도와줄 누군가가 필요할 거라고 생각합니다. 그때 사람들은 신이 단순히 다른 사람들에 대해 복수하고 싶은 자기들의 욕망이 옳음을 용인하셨다고 느꼈던 것입니다.

충분한 투쟁을 경험하는 것

인간의 에고는 삶이 도전하는 것이라거나 어려움에 맞서는 것이라는 견해를 참으로 좋아하지 않습니다. 에고는 통제를 위한 자신의 계획들이 산산조각 나는 것을 보고 싶어 하지 않습니다. 사람들이 자기-강화하는 하향나선으로 들어가게 되면, 이 나선은 사람들이 충분한 고투를 경험하는 어떤 극단적인 상태가 될 필요가 있습니다. 무엇이 그 나선을 극단적인 상태가 되게 만들까요? 두 집단의 사람들이 서로에 대해 투쟁하는 것입니다. 그들은 서로를 적으로 봅니다.

우리 승천한 마스터들은 서로 맞서서 투쟁하는 두 집단의 사람들을 어떻게 볼까요? 우리는 그들을 서로를 위한 대체 교사들로 봅니다. 우리는 각 집단에게 고차원의 영적인 가르침을 주고 싶지만, 그들이 우리에 대해 눈이 멀었기 때문에 그렇게 할 수가 없습니다. 따라서 우리는 그들에게 가능한 한 빨리 그들의 자기-강화하는 나선 바닥에까지 닿아서 돌아설 수 있기를 바랍니다.

물론 우리는 그들과 싸우지 않고 그들에게 거짓 가르침을 주지 않기 때문에 이것을 할 수가 없습니다. 우리는 단지 그들에게 서로에 대항해 싸우는 것을 허용합니다. 이로써 그들은 서로에 대해 대체 교사들이 됩니다. 여러분의 적은 정말로 여러분에게 (교사로서의) 은혜를 베풀고 있습니다. 그런데 왜 여러분은 복수하려 합니까? 왜 여러분은 적을 벌하려고 합니까?

왜 여러분은 적을 그 적에게 빠져있는 의식을 초월할 수 있도록 여러분 자신을 성찰하기 위한 동기로 이용하지 않습니까? 만약 여러분이 그 의식을 초월하지 않는다면, 여러분은 이번 생에, 또는 다음 생에서 또 다른 적을 끌어당길 것입니다. 나는 이원성에 의해서 눈이 먼 사람들은 이런 이해의 끈을 잡지 못하지만, 여러분은 이해한다는 것을 알고 있습니다. 그러므로 여러분은 이러한 하향 나선들을 촉발시킨 악귀들과 실재들, 타락한 존재들을 소멸시켜버리기 위한 요청들을 할 수가 있습니다.

자의식계 수준에서의 원초적인 두려움의 결과

여러분이 자의식계 수준으로 간다면, 두려움의 결과로 여러분이 무엇을 볼 것 같습니까? 여러분은 실제로 다른 사람들에 대한 심한 증오에 사로잡힌 나머지 그들을 죽일 수 있는 기회를 잡자마자 즉시 죽일 준비가 되어 있는 자들이 있음을 보게 됩니다. 증오는 두려움에 기초해 있는 감정의 한 측면입니다.

물론, 완전히 감정적인 증오의 한 형태가 있습니다. 그것은 이유가 없습니다. 정당화도 없습니다. 그것은 단지 증오할 뿐입니다. 아주 오랜 시간 동안 이 지구행성에서 표출되었던 증오로 창조된 악귀들과 실재들이 있습니다. 여러분은 이러한 존재들을 설득할 수 없습니다. 그들은 이성적으로 추론하는 능력이 없습니다. 그들은 단순히 인간들을 증오합니다. 그들의 일부는 심지어 생명 자체를 증오합니다. 그들은 변화하는 것은 무엇이든, 긍정적인 방향으로 성장하는 것은 무엇이든 증오하며, 그것을 파괴하도록 프로그램 돼 있습니다.

또한 상위 세계들 안에 있는 존재들에 의해, 심지어는 자의식계 안에 있는 존재들에 의해 심하게 눈이 멀게 되어 거의 완전히 증오로 움직이는 인간들이 있습니다. 그들의 관심사는 온통 또 다른 집단의 사람들이나 혹은 오직 한 개인을 증오하는 방향으로 조정돼 있습니다. 즉 그들의 마음은 다른 사람들이나 다른 집단이 어떻게 잘못했는지에만 완전히 집중되어 있는 것이지요. 그들은 심각한 일들을 하고 있는 이런 적들을 어떻게 파괴할 수 있는지에 완전히 초점을 맞추어져 있을 수도 있습니다.

이것은 사람들이 소위 사랑하는 관계에 있는 개인적인 수준에서도 일어날 수가 있습니다. 그 관계가 끝장나고 한쪽 혹은 양쪽 파트너가 상대를 증오하는 상태로 들어가는데, 예전의 파트너가 매우 잘못된 행동을 하고 있음을 드러내야 한다는 외견상 유순한 동기로 그 증오의 상태를 위장하면서 말입니다. 그것은 또한 유대인들 같은 다른 인종이 여러분의 나라나 문명까지 위협한다고 규정하는 식으로 더 거대한 규모가 될 수도 있습니다. 그러므로 (그런 논리대로라면) 그들은 마땅히 처형되어야만 하는 것입니다. 여러분은 역사 전체에 걸쳐 계속해서 이러한 대량학살의 예들을 찾아볼 수 있습니다. 그리고 비록 이런 학살에 대한 이유들이 있더라도 여러분은 거기에 순전한 증오의 요소가 있었다는 것을 발견할 것입니다.

전쟁 배후의 원동력으로서의 증오

사람들이 진실로 증오하는 것이 무엇입니까? 그들은 다른 집단의 사람들을 증오할까요? 아닙니다, 사랑하는 이들이여, 그들은 자신 안에 있는, 그들 심리상태 안의 어떤 것을 증오합니다. 그들은 기꺼이 자신의 내부 심리상태를 살펴보지 않기 때문에 주의력을 완전히 자신의 외부에다 집중시키고 있습니다. 그러므로 그들이 우연히 옆으로 빗나간 것이 아니라, 그들은 자신의 주의를 계속 외부에다 집중하기 위해서 다른 사람들이 너무나 끔찍한 일을 자행했으니 몰살되거나 처벌받아야 한다고 추정합니다. 그들의 모든 관심은 다른 집단 사람들을 파괴하는 것에 쏠려 있어서 자신을 살펴보고 어떤 비판적 질문을 할 여지가 없습니다.

여러분은 2차 세계대전 중에 독일의 사례를 통해 이 사실을 알 수 있습니다. 나치(Nazi)라는 일종의 전쟁기계가 만들어낸 인식 여과기(perception filter)에 사로잡혀 있던 사람들은 너무나 눈이 멀어있었기에 그들은 다음과 같은 비판적인 질문을 하지 못했습니다. "왜 우리가 유대인들을 죽일 필요가 있는가? 그렇게 하는 것이 과연 선의(善意)인가? 그것이 독일에 어떤 긍정적인 영향을 줄 것인가?"그들은 그런 질문들을 할 필요가 없다고 확신했었고, 그것이 옳은지 그른지에 관해서는 자기들이 신앙하는 종교에 따라 혼자 묻게 방치했습니다.

사람들은 이런 증오에 의해 눈이 멀 수 있고 아무런 반성의식도 없이 잔학한 일들을 자행할 수가 있습니다. 갑자기 거품이 터질 때, 사람들은 그런 질문을 (자신에게) 할 기회를 가집니다. 누군가는 질문을 했고, 누군가는 하지 않았습니다. 그러나 한 국가로서 독일은 최소한 기꺼이 자신의 과거를 돌아다보았고 어떤 비판적인 질문들을 한 바가 있습니다.

국가들이 그들의 과거에 대해 질문할 필요성

스탈린의 러시아 역시 증오에 의해 움직였습니다. 여러분이 스탈린을 살펴본다면, 극단적인 편집증을 가지고 누군가를 의심하며 그 의혹만으로 누군가를 기꺼이 죽이려는 한 인간을 보게 됩니다. 또한 여러분은 스탈린의 편집증 이면에 있는 인간들에 대한 증오도 볼 수 있습니다. 여러분이 오늘날 보는 것은 국가로서의 러시아가 자신의 과거에 대해 자발적으로 질문을 해오지 않았다는 것입니다. 러시아는 스탈린 시대와 소련 시대의 의식(意識)을 진정으로 뛰어넘는 것을 시작조차도 하지 못했습니다. 여러분은 이와 똑같은 것을 여전히 모택동을 "위대한 모택동 주석"이라 부르는 중국에서도 볼 수 있는데, 모택동 역시 인간들에 대한 증오에 의해 충동적으로 움직였습니다. 이런 증오는 심지어 그가 히틀러와 스탈린을 합친 것보다 더 많은 사람을 죽인 원인이었습니다. 중국은 여태껏 진정으로 있는 그대로 이 공포시대에 대한 질문을 시작하지도 않았습니다.

여러분은 국가들이 기꺼이 그들의 과거에 의문을 갖도록 요청할 필요성을 알게 되는데, 그것이 과거의 사건들을 초래했던 의식 상태와 그 과거에서 벗어나기 시작하는 유일한 방법이기 때문입니다. 만약 그것을 넘어서지 못한다면 미래에는 분명히 더 나쁜 사건들을 불러오게 될 것입니다.

여러분이 히틀러, 스탈린, 모택동 그리고 다른 이들을 살펴볼 때, 비록 그들이 자행했던 것에 대해 소위 외적으로는 그럴듯한 이유가 있었지만 거기에는 불합리한 요소가 있었다는 것을 볼 수는 없나요? 국민들을 죽일 수 있는 합리적인 이유는 정말로 없습니다. 만약 여러분이 절대적인 권력을 가졌던 한 국가의 독재자이고 세계의 다른 곳으로 권력을 확장할 욕망이 있다면, 여러분은 자신을 위해 싸워줄 사람들이 필요합니다. 그러므로 잠재적으로 자신을 위해서 싸워줄 수 있는 사람들을 죽이려는 것은 궁극적으로 합리적인 이유가 아닙니다.

이런 독재자들이 이렇게 하도록 만드는 것은 무엇일까요? 그것은 그들의 마음이 감정계와 사고계, 그리고 자의식계에 있는 악귀들, 실재들, 타락한 존재들에게 완전히 점거되었기 때문입니다. 여러분은 내가 여기에서 여러분에게 말하는 것이 여러분이 성장하면서 배웠던 모든 것과 모순된다고 생각할 수도 있습니다. 여러분은 내가 말하는 것이 비이성적이고, 비현실적이며 세상이 실제로 작동하는 방식에 대해서는 아무것도 설명할 수 없다고 생각할지도 모릅니다. 여러분은 전쟁 배후에 물리적이고, 물질적인 원인이 있으며 내가 이것들을 언급해야만 한다고 생각할 수 있습니다. 나의 사랑하는 이들이여, 히틀러, 스탈린, 모택동과 다른 독재자들을 순수하게 살펴보세요. 그리고 나서 자신에게 이렇게 질문해 보십시오. "수백만의 국민들을 학살하는 데 있을 수 있는 물질적인 이유가 무엇일까? 그 같은 규모의 사람을 죽이는 데 대해 어떤 물질적인 설명을 할 수 있을까?"

사랑하는 이들이여, 여러분은 여기서 두 가지 선택권이 있습니다. 하나는 독일의 더 큰 이익을 위해 독일을 위협하는 유대인들이 처형되어야만 한다는 히틀러의 추론에 동의하는 것입니다. 또는 여러분이 유대인들, 또는 많은 소련 시민들이나 중국 시민들을 죽이는 합리적인 이유가 없다는 내 의견에 동의하는 다른 선택을 할 수 있습니다. 만약 합리적이고 온당한 이유가 없다면, 물질적인 이유도 있을 수가 없습니다. 여기에는 얻는 것이 없습니다.

이들 세 독재자들이 그렇게 많은 수백만의 사람을 죽여서 얻는 것이 무엇일까요? 그들은 뭔가를 얻었다고 생각했지만, 과연 물리적으로 그들이 얻은 것이 무엇일까요? 그것은 단지 그들의 광범위한 검시(檢屍)를 위해 이용할 수 있었던 자원들(시신들)을 차지했다는 것뿐입니다. 여러분이 거기에 물리적이고 물질적인 이유가 있을 수 없고 합리적인 이유가 있을 수 없다는 것을 인정하기 시작했다면, 그때 여러분은 다른 이유들을 찾아야 합니다. 여러분은 추리소설 작가 셜록 홈즈(Sherlock Holmes)가 서술했던 접근법을 취해야 합니다. 즉 여러분이 불가능한 것을 배제했다면, 남아 있는 것이 무엇이든 그것이 얼마나 여러분에게 있을법하지 않게 보이는가와는 관계없이 진실임이 틀림없다는 것입니다.

그런 규모의 살인에 대한 합리적이거나 물질적인 설명을 찾는 것은 불가능합니다. 남아 있는 것은 내가 설명한 세 상위 세계들 안의 비-물질적인 원인들, 비-물질적인 존재들입니다. 그것이 여러분에게 있을법하지 않게 보일 수 있지만, 만약 여러분이 과학적인 원리를 적용한다면 여러분은 자신의 관점을 바꿀 수 있습니다. 과학의 원리는 비록 어떤 설명이 있을법하지 않게 보이더라도, 그것이 다른 설명들이 해명할 수 없는 무언가를 설명할 수 있는지를 반드시 검토해야 합니다. 만약 여러분이 대량학살에 대한 물질적이고 합리적인 설명을 찾을 수 없다면, 여러분은 내가 설명한 것이 그 여러 가설들에 추가될 수 있음을 깊이 고려해야 합니다. 물론, 나는 계속될 강론들에서 더 많은 가르침을 줄 것이지만, 이 강론에서 나는 여러분이 수백만의 사람들에 대한 대량학살은 그것과 더불어 인간들에 대한 증오, 생명 그 자체에 대한 증오의 요소를 수반한다는 것을 숙고하기 바랍니다.

극단적인 증오의 배후에 대한 설명

어디에서 그런 증오가 생겨나는 것일까요? 어떤 생명흐름, 어떤 유형의 마음, 어떤 종류의 의식이 생명에 대해서, 특히 인간들에 대해서 그런 극단적인 증오를 가질 수 있을까요? 여러분은 히틀러가 (유대인 대량학살에 대한) 근본적인 이유를 갖고 있었다고 생각할지도 모릅니다. 여러분은 그가 이상적인 사회를 건설하는 목적을 가졌으며 유대인들을 처형하는 것이 그 계획의 한 부분이었다고 생각할 수도 있습니다. 여러분은 그가 이론적인 근거를 가지고 그런 짓을 자행했다고 말할 수 있지만, 그 근거가 합리적이지는 않습니다. 여러분이 살인으로 권력을 얻지 못합니다. 여러분은 사람들을 계속해서 살아있게 하고 힘에 의해서든, 심지어 더 나은 속임수에 의해서든 그들을 여러분의 의지에 복종시킴으로써 권력을 얻습니다.

여러분이 대규모적인 살인에 돌입할 때, 여러분은 이성을 잃습니다. 그리고 이것은 오직 여러분의 마음이 물질계 너머의 존재들에 의해서 점거 당했을 때만이 일어날 수 있습니다. 여러분은 어쩌면 이런 비물질적 존재들이 (살인에 대한) 이론적 근거를 갖고 있는지 아닌지를 자신에게 물을지도 모릅니다. 그리고 그 존재들은 그 근거를 갖고 있다고 말할 것입니다. 그들의 일부는 신(God)의 우주에 관한 설계와 특히 인간에게 자유의지를 준 것에 오류가 있음을 증명하는 것이 자신들의 임무라고 믿습니다. 또 그들 중에 어떤 존재들은 이런 이유가 거의 사라져버리고 하향나선 속으로 너무 멀리 가버렸습니다. 그것은 단지 배후 속에 남아 있을 뿐이며, 이제 실제로 그들을 움직이는 것은 오직 순수한 증오입니다.

육화한 인간들을 보면서 순수한 증오를 이해하는 것은 거의 불가능할지도 모르지만, 여러분은 내가 언급했던 독재자들뿐만 아니라 사이코패스, 대량 살인자들이라고 불리는 개별 존재들의 예도 찾아볼 수 있습니다. 내가 설명한 것처럼, 모든 것은 의식 안에서 일어납니다. 여러분은 의식적인 존재입니다. 그리고 여러분은 이원성 안에 완전히 빠져 있어서 추론할 능력을 거의 잃어버린 상태에 이를 수가 있습니다. 여러분의 마음이 오로지 증오에 의해 지배되어 있기 때문에 거기에는 추론 능력이 남아있지 않습니다. 여러분은 왜 자신이 살인하는지에 대해 생각조차도 하지 못합니다. 이때 여러분은 죽일 기회만 있으면 그렇게 합니다. 여러분은 히틀러나 스탈린과 같은 존재의 마음속으로 들어가서 왜 그들이 그렇게 많은 사람들을 죽이는 것에 열광했는지에 대한 논리적인 이유를 찾을 수가 없습니다.

어떻게 증오에 찬 존재들이 육화상태에서 제거되는가?

평범한 인간은 그들이 행하는 것이 무엇이든 자기들이 하고 있는 것을 더는 할 수 없는 단계가 올 것입니다. 여러분은 전쟁터나 강제수용소에서도 병사들이 더 이상 움직일 수 없는 쇠약상태에 이를 수 있다는 것을 봅니다. 그들은 명령에 따를 수조차 없습니다. 모두가 이것을 겪지는 않지만, 일부는 확실히 그러했습니다. 히틀러, 스탈린 또는 모택동 같은 존재들이 무너져버리고 그들이 자행하던 것을 더 이상 계속할 수 없는 단계가 와야 합니다. 여러분은 히틀러가 이런 단계에 이르렀지만, 스탈린과 모택동은 결코 그렇지 않다고 논쟁할지도 모릅니다.

여기에서 내가 여러분에게 주고자하는 보다 폭넓은 관점은 사람들이 증오에 의해 그들이 이성적으로 판단할 수 없는 단계로 빨려들 수 있다는 것입니다. 왜 우리 승천한 마스터들이 그런 사람들을 육체로 머무르도록 허용할까요? 우리가 스탈린을 보고 그가 사람들을 얼마나 많이 죽였는지, 또 그가 살아있는 한 이것을 계속 할 가능성이 있다는 것을 아는 단계에 이르지 않았을까요? 왜 우리가 그리스도의 심판을 활성화하고 그런 존재를 육화상태에서 데려갈 수 있는 상황에 이르지 못할까요?

사랑하는 이들이여, 냉정한 현실은 육화한 임계수치의 사람들이 히틀러, 스탈린 또는 모택동을 초래했던 의식을 초월하지 않는 한, 그런 상황이 어렵다는 것입니다. 내가 말했듯이, 일단 한 집단의 사람들이 자기-강화하는 하향나선으로 들어가면, 그 나선은 대부분의 경우 그들이 깨어나기 시작하기 전에 어떤 극단적인 형태를 취하게 됩니다. 나는 두 집단의 사람들이 서로 적대해 싸우는 것은 대체 교사들이 될 수 있다고 말했습니다. 히틀러, 스탈린 그리고 모택동은 인류 속의 특정 집단을 위한 일종의 대체 교사들이었습니다.

미래에 또 나쁘거나 더 나쁜 또 다른 독재자가 나타나는 것을 막을 수 있는 방법은 무엇일까요? 임계수치의 사람들이 다음과 같은 두 가지를 하지 않는 한, 방법이 없습니다. 먼저 그들은 그런 의식에서 그들 스스로 깨어나서 그 의식을 초월해야 합니다. 그런 다음 그들은 그런 의식이 지구에서 제거되도록, 그리고 그 의식을 구체화하고 있는 물질계, 감정계, 사고계, 자의식계 안의 그런 존재들이 또한 지구에서 제거되도록 요청을 해야만 합니다. (임계수치의 사람들이) "이제 그만" 이라고 의식적인 자유의지의 행위로 말할 때까지는, (신의) 법칙은 우리가 독재자와 같은 그런 생명흐름들을 제거하도록 허용하지 않습니다. 나는 이것이 매우 가혹한 가르침이 될 수 있다는 것을 압니다. 하지만 여러분이 이 행성에서 수천 년 동안 일어났던 전쟁의 잔혹함을 바라볼 때, 말로 주어진 어떤 가르침이 너무 가혹하다고 말할 수 있겠습니까?

전쟁을 인식하되, 거기에 머무르지 않기

나의 사랑하는 이들이여, 나는 여러분에게 다시 많은 가르침을 전해 주었습니다. 여러분은 아마도 이 책이 즐거운 경험은 아니라는 것을 깨닫기 시작할 겁니다. 우리가 준 요청과 기원문들을 여러분이 실행하기 시작할 때, 나는 여러분이 이 책을 읽으면서 유쾌하지 않은 측면을 넘어설 수 있게 될 거라고 생각합니다. 여러분이 (기원문을 통해) 충분한 힘을 형성한다면, 여러분은 이런 문제의 무거운 짐으로부터 자신을 자유롭게만 하는 것이 아닙니다. 여러분은 또한 전쟁 이면에 놓인 의식의 짐에서 이 행성을 자유롭게 하는 매우 귀중한 봉사를 시작하는 것입니다.

나는 여기서 전쟁의 잔혹함에 대해 깊이 생각하라고 여러분에게 촉구하는 것이 아니라, 여러분이 이 행성의 모든 것이 좋지 않다는 점을 인정하기를 바라는 것입니다. 인간들이 다른 인간들에게 대적함으로써 촉발된 전쟁의 결과로서의 그 무자비함과 잔인성은 거의 이해할 수가 없습니다. 승천한 존재인 나조차도 지상에서 과거 일어났고 또 여전히 세계 곳곳에서 날마다 벌어지고 있는 잔혹한 행위들에는 주의를 두지 않습니다. 다만 나는 사람들이 그들의 의식을 높이도록 돕는 일에다 초점을 맞추고 있습니다.

그럼에도 불구하고 나는 지상에서 일어나고 있는 것과 일어났던 일들을 알고 있고, 나와 마찬가지로 여러분도 그것들을 인식했으면 합니다. 나는 그것들에 대해 곰곰이 생각하라고 여러분에게 요청하는 것은 아니지만, 전쟁의 뒤에는 믿을 수 없는 증오가 도사리고 있다는 것을 여러분이 깨닫기 바랍니다. 지금은 누군가가 이런 (증오의) 의식과 그 것을 구체화하고 있는 존재들에게 도전할 때입니다. 만약 거기에 맞서지 않는다면, 과연 누가 마음이 점거당해 계속해서 잔혹한 행위들 − 인터넷의 사진과 동영상에서는 카메라 앞에서 사람들의 목을 베거나 몇십 년 전에는 상상도 할 수 없었던 잔혹행위들을 볼 수 있습니다 − 을 저지를 자들을 멈추게 할 수 있겠습니까?

전쟁의 의식에 대한 종식을 요구하라

여러분은 현재 강화되고 있는 증오가 있다는 것을 인식할 수는 없나요? 이것은 내가 설명한 것처럼, 한 주기의 마지막에는 사람들이 최종적으로 모든 것들을 볼 수 있도록 그것들이 더욱 극단적이 되도록 허용되어야 하기 때문입니다. 나는 여러분이 전쟁에 의해 압도당하는 마음이나 부담스러운 의식으로 전쟁의 잔혹함을 보라고 요구하는 것이 아닙니다. 나는 여러분에게 각자가 단호한 태도를 취함으로써 지구에서 이런 전쟁의식과 그 전쟁발발에 대한 종식 요구를 결정하게 된다는 의식으로 전쟁의 잔혹함을 보라고 요청하고 있습니다.

사랑하는 이들이여. 나는 결정을 했습니다, 나는 오래 전에 그 결정을 했습니다. 그것이 바로 오늘날 내가 승천한 존재이고 지구보다 훨씬 더 높은 수준의 진화단계에 있는 다른 행성들로 이동하는 대신에 내가 여전히 지구에서 일하는 한 가지 이유입니다. 나는 더 이상 전쟁이 가능하지 않은 행성들로 쉽게 옮겨갈 수 있었습니다. 하지만, 나는 여전히 지구에 묶여있는 여러분과 다른 사람들에 대한 사랑 때문에 그렇게 하지 않기로 결정했습니다. 나는 아직도 이 행성 자체와 그것의 원래의 형태로 지구행성을 창조한 모형(母型)의 아름다움에 대한 사랑을 갖고 있습니다.

지구행성을 정화하기 위해 긍정적인 변화를 만들어내기

나는 '지구의 신성한 어머니'라는 나의 영적인 역할(직책)의 결과로서 순수한 생각을 유지하고 있습니다. 나는 이원성 의식을 초월하고 더 높이 올라서게 될 지구상의 모든 사람들을 위해 순수한 관념을 유지하고 있습니다. 나는 여러분이 깨어나서 이번에 육화하기 전에 자신이 선택해서 달성하고자 했던 것을 성취하여 결실을 맺게 될 여러분을 위해 순수한 관념을 유지하고 있습니다. 나는 여기서 여러분이 받아들일 준비가 돼있지 않은 것을 받아들이라고 요청하는 것이 아닙니다. 나는 여러분이 지상에 태어나기 전에 이미 알고 있었고 받아들였던 것을 상기하라고 요청하고 있는 것입니다. 나는 어떻게 여러분이 긍정적인 변화를 만들어내기 위해 이번 생에, 이 특별한 시기에 이 지구행성에 태어나기를 원했는지에 관해 그때 여러분이 했던 결정들과 가졌던 비전을 기억하기를 부탁합니다.

여러분은 어떤 의식 상태를 더 이상 받아들일 수 없다는 결정을 함으로써 긍정적인 변화를 만듭니다. 그때 여러분은 승천한 마스터들과 대천사들, 천사들이 개입해서 (불순한) 에너지들을 불태우고 심판과 마주한 후 빛을 선택하지 않은 존재들을 제거할 권한을 주는 요청을 하게 됩니다. 그것이 우리가 지구행성을 정화하는 방법입니다. 이것이 지구를 정화하는 유일한 합리적 방법입니다. 사랑하는 이들이여, 나는 그것이 과학적인 세상인 오늘날의 많은 사람들에게는 불합리한 것처럼 보인다는 사실을 알고 있습니다. 하지만, 사랑하는 이들이여, 내가 그것에 대해 뭐라고 말할 수 있을까요?

합리성이라는 것은 추론하여 판단을 내리는 존재의 의식에게 현실입니다. 나는 여러분의 의식, 여러분의 비전을 높이라고 요청하며, 그러면 육화하기 전에 여러분이 하고자 했던 직분이나 역할을 할 수 있게 해주는 더 높은 합리성을 파악할 수 있습니다.

지구에 대한 순수한 비전

나는 이 행성에 관한 웅대하고 아름다운 그런 미래상을 봅니다. 나는 이 행성을 완전히 파괴하려는 욕망과 인간에 대한 증오로 치를 떨며 증오에 의해서 움직이는 어둠의 존재들과 전쟁의 먹구름으로부터 지구가 정화되는 것을 봅니다. 나는 그들이 천사들에 의해 결박된 채, 훨씬 더 강렬한 고투(苦鬪)를 적극적으로 경험할 기회를 얻게 될 다른 세계로 옮겨져 자신들의 깨어날 잠재력에 더 가까워지게 되는 것을 봅니다. 나는 결코 자기-인식 능력을 가져본 적이 없었던 악귀들과 실재들이 천사들과 대천사들에 의해 소멸되는 것을 봅니다. 나는 수십억의 천사들이 감정계, 사고계, 자의식계에서 이 지구를 정화하기 위해 개입하려고 오직 여러분의 요청과 명령, 권한부여가 내려지길 기다리며 대기하고 있는 것을 봅니다.

지상에 있는 여러분은 지구를 정화할 수 없습니다. 그러나 천상에 있는 우리는 지구를 정화할 수 있습니다. 지구를 정화할 수 있는 것은 지구가 여기 지상에서 천상처럼 될 수 있도록 이곳 지상의 여러분이 이미 천상에 있는 모든 것처럼 되는 것입니다. 이것을 위해, 나는 봉사를 합니다. 여러분 또한 봉사하시렵니까? 나는 성모 마리아입니다! 여러분이 "나는(I AM)"이라고 말할 때, 무엇을 생각합니까? 여러분은 자신을 어떻게 정의합니까? 여러분이 받아온 양육에 기초하여 규정합니까, 아니면 여러분이 이미 천상에 있는 누구라는 그 실체에 기초해서 규정합니까?

두려움의 환영을 산산조각내기 (기원문)

신(神)과 예수 그리스도의 이름으로, 나는 성모 마리아와 대천사 미카엘과 시바신께 이 행성에서 수많은 전쟁을 일으킨 두려움에 기초한 환영들을 분쇄해달라고 요청합니다. 우리는 영적인 존재들이고 승천한 마스터들과 함께 일함으로써 새로운 미래를 공동-창조할 수 있다는 사실을 사람들에게 일깨워주소서.

나는 특히 … 을 요청합니다. (여기에다 개인적인 요청을 추가하세요)

1부

1.대천사 미카엘이시여, 당신의 현존을 아스트랄계 안에 나타내시어, 물리적으로 공격당하는 것에 대한 두려움을 이용해서 사람들을 통제하려는 악귀들을 불태우소서.

대천사 미카엘이시여, 찬란한 푸른빛이시여,
내 가슴은 오직 당신을 위해 열려 있습니다.
내 마음은 이제 둘이 아닌 하나가 되었고,
나에 대한 당신의 사랑은 언제나 진실합니다.

대천사 미카엘이시여, 당신은 여기에 함께 하시고,
당신의 빛은 모든 의심과 두려움을 불태웁니다.
당신의 현존은 영원히 내 가까이 있으며,
당신은 나에게 너무나 소중합니다.

2. 대천사 미카엘이시여, 당신의 현존을 아스트랄계 안에 나타내시어,
자신들이 공격당하는 것이 두려워 사람들의 집단으로 하여금 다른 그
룹을 공격하게 만들려는 악귀들을 불태우소서.

대천사 미카엘이여, 나는 당신의 실체와
온전히 하나가 되겠습니다.
내게 보이는 어떤 두려움도 나를 막지 못하며,
이 세상은 나를 지배할 힘이 없습니다.

대천사 미카엘이시여, 당신은 여기에 함께 하시고,
당신의 빛은 모든 의심과 두려움을 불태웁니다.
당신의 현존은 영원히 내 가까이 있으며,
당신은 나에게 너무나 소중합니다.

3. 대천사 미카엘이시여, 당신의 현존을 아스트랄계 안에 나타내시어,
상대편에 의해 공격당하는 것이 두려워 양쪽 집단의 사람들을 모두 무
장하게 만드는 악귀들을 불태우소서.

대천사 미카엘이시여, 나를 굳게 잡아주시고,
이제 가장 어두운 밤을 산산조각내소서.
당신의 빛으로 내 차크라들을 정화하고,
나의 내면의 시각을 복원해주소서.

대천사 미카엘이시여, 당신은 여기에 함께 하시고,
당신의 빛은 모든 의심과 두려움을 불태웁니다.

당신의 현존은 영원히 내 가까이 있으며,
당신은 나에게 너무나 소중합니다.

4.대천사 미가엘이시여, 당신의 현존을 아스트랄계 안에 나타내시어,
다른 편으로부터 공격받을 것이라는 사람들의 인식을 토대로 그들을
전쟁으로 몰아가는 악귀들을 불태우소서.

대천사 미카엘이시여, 나는 이제 일어나서,
당신과 함께 빛을 지휘합니다.
내가 가장 높은 진리를 이해할 때까지,
나는 영원히 내 가슴을 확장해나가겠습니다.

대천사 미카엘이시여, 당신은 여기에 함께 하시고,
당신의 빛은 모든 의심과 두려움을 불태웁니다.
당신의 현존은 영원히 내 가까이 있으며,
당신은 나에게 너무나 소중합니다.

5.대천사 미카엘이시여, 당신의 현존을 아스트랄계 안에 나타내시어,
다른 집단의 사람들을 두려워하는 극단적인 피해망상 때문에 대량학살
이나 전쟁을 도발하도록 독재자들을 이용하려는 악귀들을 불태우소서.

대천사 미카엘이시여, 내 가슴 안에 계신 존재시여,
당신은 결코 나를 떠나지 않습니다.
나는 신성한 영단의 한 부분이며,
이제 나는 신선한 새 출발을 받아들입니다.

대천사 미카엘이시여, 당신은 여기에 함께 하시고,
당신의 빛은 모든 의심과 두려움을 불태웁니다.
당신의 현존은 영원히 내 가까이 있으며,
당신은 나에게 너무나 소중합니다.

6.대천사 미카엘이시여, 사람들을 자유롭게 하시어, 그들이 일단 두려움의 나선으로 들어가면 자신의 외부에서 그 두려움을 확인할 수 있는 어떤 것을 발견하게 됨을 알게 하소서. 여러분의 인식은 실제로 외부의 그런 위협을 끌어오거나 실제로 현실화시킵니다.

대천사 미카엘이시여, 당신의 푸른 검(劍)은
모든 어둠을 베어버립니다.
나는 이제 나의 그리스도 신성을 추구하며,
무엇이 진실인지를 분별합니다.

대천사 미카엘이시여, 당신은 여기에 함께 하시고,
당신의 빛은 모든 의심과 두려움을 불태웁니다.
당신의 현존은 영원히 내 가까이 있으며,
당신은 나에게 너무나 소중합니다.

7.대천사 미카엘이시여, 사람들을 자유롭게 하시어, 물질적인 조건들은 세 상위 세계들에서 먼저 발생하기 전에는 결코 생겨나지 않음을 알게 하소서. 두려움은 결코 물질적 조건에서 생겨난 것이 아니라 마음 안에 존재하는 것입니다.

대천사 미카엘이시여, 당신의 날개 안에서,
나는 이제 저급한 것들을 내려놓습니다.
내 가슴속에서 귀향하라는 신의 부름이 울리면,
당신과 함께 내 가슴은 영원히 노래합니다.

대천사 미카엘이시여, 당신은 여기에 함께 하시고,
당신의 빛은 모든 의심과 두려움을 불태웁니다.
당신의 현존은 영원히 내 가까이 있으며,
당신은 나에게 너무나 소중합니다.

8.대천사 미카엘이시여, 사람들을 자유롭게 하시어, 우리가 두려움의 하향나선 안에 빠지게 되면 오직 그 두려워하는 것을 경험해야만 풀려날 수 있음을 알게 하소서. 오직 물질적 조건이 우리를 변화시킬 수 없음을 경험해야만 우리는 실제가 아닌 것을 두려워하는 과대망상에서 벗어날 수가 있습니다.

대천사 미카엘이시여, 나를 고향으로 데려가소서.
나는 더 높은 천체에서 거닐고 싶습니다.
나는 우주의 거품에서 다시 태어나고,
내 삶은 이제 신성한 시(詩)가 됩니다.

대천사 미카엘이시여, 당신은 여기에 함께 하시고,
당신의 빛은 모든 의심과 두려움을 불태웁니다.
당신의 현존은 영원히 내 가까이 있으며,
당신은 나에게 너무나 소중합니다.

9.대천사 미카엘이시여, 사람들을 자유롭게 하시어, 그들의 두려움은 인식의 산물이고 환영임을 알게 하소서. 사람은 심리적인 존재이며 삶의 경험은 물리적 조건보다는 그들의 마음 안에서 일어나는 일에 더 많이 좌우됨을 알게 하소서.

대천사 미카엘이시여, 빛이신 당신은
푸른 별처럼 찬란하게 빛나고 있습니다.
당신은 우주의 아바타(Avatar)이며,
나는 당신과 함께 아주 멀리 갈 것입니다.

대천사 미카엘이시여, 당신은 여기에 함께 하시고,
당신의 빛은 모든 의심과 두려움을 불태웁니다.
당신의 현존은 영원히 내 가까이 있으며,
당신은 나에게 너무나 소중합니다.

2부

1.사랑하는 시바(Shiva)신이시여, 당신의 현존을 멘탈계 안에 나타내시어, 다른 사람을 처벌하거나 복수하려는 욕망을 통해 사람들을 지배하려는 악귀들과 타락한 존재들을 불태우소서.

오 시바신이시여, 신성한 불의 신이시여,
과거를 끝낼 시간입니다.
나는 낡은 것을 초월해서 올라가고자 하며,
황금빛 미래가 펼쳐집니다.

오 시바신이시여, 에너지를 정화하소서.
오 시바신이시여, 동반 상승을 가져오소서.
오 시바신이시여, 모든 악귀들을 불태워 흩어버리소서.
오 시바신이시여, 저에게 다시 평화가 깃들게 하소서.

2.사랑하는 시바신이시여, 당신의 현존을 멘탈계 안에 나타내시어, 복수와 처벌을 정당화하기 위해 정치적 이념과 종교적 가르침을 이용하려는 악귀들과 타락한 존재들을 불태우소서.

오 시바신이시여, 내게 임하시여 나를 제한하는
세력들로부터 나를 자유롭게 해주소서.
저급한 모든 것을 불태우는 화염으로
나의 성공을 위한 길을 닦아주소서.

오 시바신이시여, 에너지를 정화하소서.
오 시바신이시여, 동반 상승을 가져오소서.
오 시바신이시여, 모든 악귀들을 불태워 흩어버리소서.
오 시바신이시여, 저에게 다시 평화가 깃들게 하소서.

3.사랑하는 시바신이시여, 당신의 현존을 멘탈계 안에 나타내시어, 사람들을 선과 악의 서사적 투쟁이란 관념을 바탕으로 전쟁을 하도록 몰아가는 악귀들과 타락한 존재들을 불태우소서. 이런 서사적 사고방식을 이용하여 살인하지 말라는 계명을 뒤엎는 세력들을 불태우소서.

오 시바신이시여, 마야의 베일을 흩어버리시고,
나의 사적인 영역을 정화해주소서.
죽음의 의식(意識)을 몰아내고,
당신의 신성한 숨결로 그것을 불태우소서.

오 시바신이시여, 에너지를 정화하소서.
오 시바신이시여, 동반 상승을 가져오소서.
오 시바신이시여, 모든 악귀들을 불태워 흩어버리소서.
오 시바신이시여, 저에게 다시 평화가 깃들게 하소서.

4.사랑하는 시바신이시여, 당신의 현존을 멘탈계 안에 나타내시어, 서사적 의식구조를 이용하여 인간 집단으로 하여금 신에 의해 그들 자신의 복수의 욕망이 정당화되고 신께서 그들이 상대 집단을 처벌하기를 원한다고 믿게 만드는 악귀들과 타락한 존재들을 소멸시켜주소서.

오 시바신이시여, 이에 나는 이곳 지상의
모든 집착들을 놓아버립니다.
중독성의 실재들은 소멸되며,
나는 다시 위로 향한 길을 갑니다.

오 시바신이시여, 에너지를 정화하소서.
오 시바신이시여, 동반 상승을 가져오소서.
오 시바신이시여, 모든 악귀들을 불태워 흩어버리소서.
오 시바신이시여, 저에게 다시 평화가 깃들게 하소서.

5.사랑하는 시바신이시여, 사람들을 자유롭게 하시어, 외부의 적(敵)은 그들 자신의 의식상태가 구체화된 것이며, 그 적은 일종의 대체 교사임을 뜻한다는 것을 알게 해주소서. 그들은 승천한 마스터들의 말을 기꺼이 들으려 하지 않았기 때문에 단지 이런 교사를 필요로 하는 것입니다.

오 시바신이시여, 내가 당신의 이름을 낭송하오니,
오셔서 두려움과 의심과 수치심을 소멸해주소서.
에고가 마음속에 감추고 싶어 하는 것을,
당신의 불꽃으로 드러내소서.

오 시바신이시여, 에너지를 정화하소서.
오 시바신이시여, 동반 상승을 가져오소서.
오 시바신이시여, 모든 악귀들을 불태워 흩어버리소서.
오 시바신이시여, 저에게 다시 평화가 깃들게 하소서.

6.사랑하는 시바신이시여, 사람들을 자유롭게 하시어, 그들이 어떤 적을 계기로 삼아 자기 내면을 성찰하고 적을 유발하는 의식을 초월할 수 있게 해주소서. 만약 그들이 그런 의식을 초월하지 않는다면, 또 다른 적을 끌어당기게 될 것입니다.

오 시바신이여, 모든 두려움은 사라지고,
이제 내 카르마의 빚이 청산되니,
과거는 더 이상 내 선택권을 제한하지 못하며,
나는 시바신의 숨결 안에서 기쁨을 누립니다.

오 시바신이시여, 에너지를 정화하소서.
오 시바신이시여, 동반 상승을 가져오소서.
오 시바신이시여, 모든 악귀들을 불태워 흩어버리소서,
오 시바신이시여, 저에게 다시 평화가 깃들게 하소서.

7.사랑하는 시바신이시여, 당신의 현존을 아스트랄계 안에 나타내시어, 다른 집단에 대한 원초적 증오의 감정을 이용해서 사람들을 지배하려는 악귀들과 타락한 존재들을 소멸시키소서.

 오 시바신이시여, 저들의 올가미 안에 나를 가두고 있는
 쌍쌍의 영체들을 내게 보여주소서.
 나는 당신이 확고히 결박하는 그 영체들을
 내 마음 속에서 직시하기를 원합니다.

 오 시바신이시여, 에너지를 정화하소서.
 오 시바신이시여, 동반 상승을 가져오소서.
 오 시바신이시여, 모든 악귀들을 불태워 흩어버리소서.
 오 시바신이시여, 저에게 다시 평화가 깃들게 하소서.

8.사랑하는 시바신이시여, 당신의 현존을 아스트랄계 안에 나타내시어, 증오로부터 창조된 악귀들과 실재들을 소멸시키소서. 그들은 인간을 증오하고 생명을 증오하며 긍정적인 어떤 것이든 파괴하도록 프로그램 되어 있습니다.

 오 시바신이시여, 이제 모든 것을 비우고 일어서니,
 내 마음은 자유롭게 확장됩니다.
 내면의 모든 허상들을 놓아버리니,
 내맡김은 평화로 가는 열쇠입니다.

 오 시바신이시여, 에너지를 정화하소서.
 오 시바신이시여, 동반 상승을 가져오소서.
 오 시바신이시여, 모든 악귀들을 불태워 흩어버리소서.
 오 시바신이시여, 저에게 다시 평화가 깃들게 하소서.

9.사랑하는 시바신이시여, 다른 사람을 향한 증오로 움직이는 사람들

을 자유롭게 해주소서. 그들은 실제로는 자신 안에 있는 어떤 것을 증
오하는 것이고 오직 그들 자신의 마음을 치유해야만 자유로워질 수 있
음을 알게 하소서.

오 시바신이시여, 모든 것을 태워버리는 화염이시여,
파르바티(Parvati)와 함께 나를 더 높이 끌어올려주소서.
내가 당신의 빛을 높이 들어 올려 보일 때,
모든 사람들이 나에게 이끌려올 것입니다.

오 시바신이시여, 에너지를 정화하소서.
오 시바신이시여, 동반 상승을 가져오소서.
오 시바신이시여, 모든 악귀들을 불태워 흩어버리소서.
오 시바신이시여, 저에게 다시 평화가 깃들게 하소서.

3부

1.대천사 미카엘이시여, 유대인들 및 자기들과 다른 인종들을 증오하
는 나치의 배후에 있었던 4가지 세계들 안의 모든 타락한 존재들과 악
귀들을 불태워주소서.

대천사 미카엘이시여, 찬란한 푸른빛이시여,
내 가슴은 오직 당신을 위해 열려 있습니다.
내 마음은 이제 둘이 아닌 하나가 되었고,
나에 대한 당신의 사랑은 언제나 진실합니다.

대천사 미카엘이시여, 당신은 여기에 함께 하시고,
당신의 빛은 모든 의심과 두려움을 불태웁니다.
당신의 현존은 영원히 내 가까이 있으며,
당신은 나에게 너무나 소중합니다.

2. 대천사 미카엘이시여, 스탈린이 통치한 소련과 러시아의 편집증 배후에 있었던 4가지 세계들 안의 모든 타락한 존재들과 악귀들을 불태워주소서.

대천사 미카엘이시여, 나는 당신의 실체와
온전히 하나가 되겠습니다.
내게 보이는 어떤 두려움도 나를 막지 못하며,
이 세상은 나를 지배할 힘이 없습니다.

대천사 미카엘이시여, 당신은 여기에 함께 하시고,
당신의 빛은 모든 의심과 두려움을 불태웁니다.
당신의 현존은 영원히 내 가까이 있으며,
당신은 나에게 너무나 소중합니다.

3. 대천사 미카엘이시여, 모택동이 지배한 중국의 편집증 배후에 있었던 4가지 세계들 안의 모든 타락한 존재들과 악귀들을 불태워주소서.

대천사 미카엘이시여, 나를 굳게 잡아주시고,
이제 가장 어두운 밤을 산산조각내소서.
당신의 빛으로 내 차크라들을 정화하고,
나의 내면의 시각을 복원해주소서.

대천사 미카엘이시여, 당신은 여기에 함께 하시고,
당신의 빛은 모든 의심과 두려움을 불태웁니다.
당신의 현존은 영원히 내 가까이 있으며,
당신은 나에게 너무나 소중합니다.

4. 대천사 미카엘이시여, 오늘날 세상의 모든 편집증적인 독재정치의 배후에 있는 4가지 세계들 안의 모든 타락한 존재들과 악귀들을 불태워주소서.

대천사 미카엘이시여, 나는 이제 일어나서,
당신과 함께 빛을 지휘합니다.
내가 가장 높은 진리를 이해할 때까지,
나는 영원히 내 가슴을 확장해나가겠습니다.

대천사 미카엘이시여, 당신은 여기에 함께 하시고,
당신의 빛은 모든 의심과 두려움을 불태웁니다.
당신의 현존은 영원히 내 가까이 있으며,
당신은 나에게 너무나 소중합니다.

5.대천사 미카엘이시여, 과거에 대해 의문을 제기하지 못하게 막고 있
는 모든 국가들, 특히 러시아와 중국에서 그것을 못하도록 방해하고
있는 4가지 세계들 안의 모든 타락한 존재들과 악귀들을 불태워주소
서.

대천사 미카엘이시여, 내 가슴 안에 계신 존재시여,
당신은 결코 나를 떠나지 않습니다.
나는 신성한 영단의 한 부분이며,
이제 나는 신선한 새 출발을 받아들입니다.

대천사 미카엘이시여, 당신은 여기에 함께 하시고,
당신의 빛은 모든 의심과 두려움을 불태웁니다.
당신의 현존은 영원히 내 가까이 있으며,
당신은 나에게 너무나 소중합니다.

6.대천사 미카엘이시여, 독재자들의 마음을 장악하고 완전히 비이성적
인 충동을 유발시켜 그들에게 반대할 잠재성이 있는 사람들을 모두 죽
이도록 유도하는 4가지 세계들 안의 타락한 존재들과 악귀들을 불태워
주소서.

대천사 미카엘이시여, 당신의 푸른 검(劍)은
모든 어둠을 베어버립니다.
나는 이제 나의 그리스도 신성을 추구하며,
무엇이 진실인지를 분별합니다.

대천사 미카엘이시여, 당신은 여기에 함께 하시고,
당신의 빛은 모든 의심과 두려움을 불태웁니다.
당신의 현존은 영원히 내 가까이 있으며,
당신은 나에게 너무나 소중합니다.

7.대천사 미카엘이시여, 과거, 현재와 미래의 모든 포악한 독재자들과
히틀러, 스탈린, 모택동을 조종했던 4가지 세계들 안의 타락한 존재들
과 악귀들을 불태워주소서.

대천사 미카엘이시여, 당신의 날개 안에서,
나는 이제 저급한 것들을 내려놓습니다.
내 가슴속에서 귀향하라는 신의 부름이 울리면,
당신과 함께 내 가슴은 영원히 노래합니다.

대천사 미카엘이시여, 당신은 여기에 함께 하시고,
당신의 빛은 모든 의심과 두려움을 불태웁니다.
당신의 현존은 영원히 내 가까이 있으며,
당신은 나에게 너무나 소중합니다.

8.대천사 미카엘이시여, 사람들의 빛을 약탈하거나 신의 오류를 증명
하고 싶어 하는 까닭에 대량학살을 촉발시키려는 4가지 세계들 안의
타락한 존재들과 악귀들을 불태우소서.

대천사 미카엘이시여, 나를 고향으로 데려가소서.
나는 더 높은 천체에서 거닐고 싶습니다.

나는 우주의 거품에서 다시 태어나고,
내 삶은 이제 신성한 시(詩)가 됩니다.

대천사 미카엘이시여, 당신은 여기에 함께 하시고,
당신의 빛은 모든 의심과 두려움을 불태웁니다.
당신의 현존은 영원히 내 가까이 있으며,
당신은 나에게 너무나 소중합니다.

9.대천사 미카엘이시여, 사람들을 자유롭게 하시어, 대량학살에는 합
리적인 이유나 물질적인 이유가 없다는 것을 알게 해주소서. 세 상위
층의 악귀들, 타락한 존재들, 육화한 타락한 존재들이야말로 대량살상
의 원인을 논리적으로 설명할 수 있는 유일한 근거입니다.

대천사 미카엘이시여, 빛이신 당신은
푸른 별처럼 찬란하게 빛나고 있습니다.
당신은 우주의 아바타이며,
나는 당신과 함께 아주 멀리 갈 것입니다.

대천사 미카엘이시여, 당신은 여기에 함께 하시고,
당신의 빛은 모든 의심과 두려움을 불태웁니다.
당신의 현존은 영원히 내 가까이 있으며,
당신은 나에게 너무나 소중합니다.

4부

1.사랑하는 시바신이시여, 생명 자체에 대한 증오 때문에 수백만의 사
람들을 죽이도록 유도하고자 하는 4가지 세계들 안의 타락한 존재들과
악귀들을 불태워주소서.

오 시바신이시여, 신성한 불의 신이시여,
과거를 끝낼 시간입니다.
나는 낡은 것을 초월해서 올라가고자 하며,
황금빛 미래가 펼쳐집니다.

오 시바신이시여, 에너지를 정화하소서.
오 시바신이시여, 동반 상승을 가져오소서.
오 시바신이시여, 모든 악귀들을 불태워 흩어버리소서.
오 시바신이시여, 저에게 다시 평화가 깃들게 하소서.

2.사랑하는 시바신이시여, 우주를 설계하고 특히 인간에게 자유의지를
주신 신의 오류를 증명하는 것이 자신들의 과업라고 믿는 4가지 세계
들 안의 타락한 존재들과 악귀들을 불태워주소서.

오 시바신이시여, 내게 임하시여 나를 제한하는
세력들로부터 나를 자유롭게 해주소서.
저급한 모든 것을 불태우는 화염으로
나의 성공을 위한 길을 닦아주소서.

오 시바신이시여, 에너지를 정화하소서.
오 시바신이시여, 동반 상승을 가져오소서.
오 시바신이시여, 모든 악귀들을 불태워 흩어버리소서.
오 시바신이시여, 저에게 다시 평화가 깃들게 하소서.

3.사랑하는 시바신이시여, 나는 독재자들과 폭력성향의 정신병질자들,
또는 대량 살인자들에 대해 그리스도의 심판을 요청합니다. 그들은 이
성을 완전히 잃고 증오 때문이거나 멈출 수 없기 때문에 살인을 자행
합니다. 나는 그러한 사람들이 육화상태로부터 제거되기를 요구합니
다.

오 시바신이시여, 마야의 베일을 흩어버리시고,
나의 사적인 영역을 정화해주소서.
죽음의 의식(意識)을 몰아내고,
당신의 신성한 숨결로 그것을 불태우소서.

오 시바신이시여, 에너지를 정화하소서.
오 시바신이시여, 동반 상승을 가져오소서.
오 시바신이시여, 모든 악귀들을 불태워 흩어버리소서.
오 시바신이시여, 저에게 다시 평화가 깃들게 하소서.

4.사랑하는 시바신이시여, 영적인 사람들을 자유롭게 하시어, 우리가 이러한 독재자들과 대량 살인자들을 생겨나게 한 그 의식 상태를 초월해야만 그들이 육화상태에서 제거될 수 있음을 알게 해주소서.

오 시바신이시여, 이에 나는 이곳 지상의
모든 집착들을 놓아버립니다.
중독성의 실재들은 소멸되며,
나는 다시 위로 향한 길을 갑니다.

오 시바신이시여, 에너지를 정화하소서.
오 시바신이시여, 동반 상승을 가져오소서.
오 시바신이시여, 모든 악귀들을 불태워 흩어버리소서.
오 시바신이시여, 저에게 다시 평화가 깃들게 하소서.

5.사랑하는 시바신이시여, 나는 이로써 대량살육으로 이어지는 편집증과 극단적인 증오의 의식이 지구에서 제거되기를 요청합니다. 나는 이런 의식을 구현시킨 물질계, 감정계, 사고계, 자의식계의 존재들 역시 지구에서 제거되기를 요청합니다.

오 시바신이시여, 내가 당신의 이름을 낭송하오니,

오셔서 두려움과 의심과 수치심을 소멸해주소서.
에고가 마음 속에 감추고 싶어하는 것을,
당신의 불꽃으로 드러내소서.

오 시바신이시여, 에너지를 정화하소서.
오 시바신이시여, 동반 상승을 가져오소서.
오 시바신이시여, 모든 악귀들을 불태워 흩어버리소서.
오 시바신이시여, 저에게 다시 평화가 깃들게 하소서.

6.사랑하는 시바신이시여, 나는 이로써 의식적으로 자유의지를 행사하며 다음과 같이 선언합니다. "이제 그만!" 나는 자유의지의 법칙이 활성화될 것과 승천한 마스터들이 그러한 생명흐름들과 그들이 구현해낸 의식을 제거할 것을 요구합니다.

오 시바신이여, 모든 두려움은 사라지고,
이제 내 카르마의 빚이 청산되니,
과거는 더 이상 내 선택권을 제한하지 못하며,
나는 시바신의 숨결 안에서 기쁨을 누립니다.

오 시바신이시여, 에너지를 정화하소서.
오 시바신이시여, 동반 상승을 가져오소서.
오 시바신이시여, 모든 악귀들을 불태워 흩어버리소서.
오 시바신이시여, 저에게 다시 평화가 깃들게 하소서.

7.사랑하는 시바신이시여, 영적인 사람들을 자유롭게 하시어, 전쟁의 잔학성을 길게 논하지 않아도 전쟁의 영적인 원인을 인정할 수 있게 하소서. 만일 우리가 전쟁을 촉발하는 의식에 도전하지 않는다면 그 어느 것도 전쟁을 멈추게 할 수 없음을 알게 하소서.

오 시바신이시여, 저들의 올가미 안에 나를 가두고 있는

쌍쌍의 영체들을 내게 보여주소서.
나는 당신이 확고히 결박하는 그 영체들을
내 마음 속에서 직시하기를 원합니다.

오 시바신이시여, 에너지를 정화하소서.
오 시바신이시여, 동반 상승을 가져오소서.
오 시바신이시여, 모든 악귀들을 불태워 흩어버리소서.
오 시바신이시여, 저에게 다시 평화가 깃들게 하소서.

8.사랑하는 시바신이시여, 나는 이로써 내 입장에 대해 결단을 내리며, 과대망상 의식과 그것이 지상에 구현되는 현상이 종식되기를 요구합니다.

오 시바신이시여, 이제 모든 것을 비우고 일어서니,
내 마음은 자유롭게 확장됩니다.
내면의 모든 허상들을 놓아버리니,
내맡김은 평화로 가는 열쇠입니다.

오 시바신이시여, 에너지를 정화하소서.
오 시바신이시여, 동반 상승을 가져오소서.
오 시바신이시여, 모든 악귀들을 불태워 흩어버리소서.
오 시바신이시여, 저에게 다시 평화가 깃들게 하소서.

9.사랑하는 시바신이시여, 나는 이로써 그런 과대망상 의식과 증오의 마음자세를 더 이상 용인할 수 없다고 결단합니다. 이에 나는 내 자유의지를 사용하여, 승천한 마스터들께 전쟁의 의식과 그것을 구현한 모든 존재들을 지구의 4가지 세계들에서 제거할 권한을 드립니다.

오 시바신이시여, 모든 것을 태워버리는 화염이시여,
파르바티(Parvati)와 함께 나를 더 높이 끌어올려주소서.

내가 당신의 빛을 높이 들어 올려 보일 때,
모든 사람들이 나에게 이끌려올 것입니다.

오 시바신이시여, 에너지를 정화하소서.
오 시바신이시여, 동반 상승을 가져오소서.
오 시바신이시여, 모든 악귀들을 불태워 흩어버리소서.
오 시바신이시여, 저에게 다시 평화가 깃들게 하소서

봉인하기

신(神)의 이름으로, 나는 대천사 미카엘과 아스트리아와 시바신께서 나와 모든 건전한 사람들 주위에 뚫을 수 없는 보호막을 형성하시어, 우리를 4가지 세계들 안에 있는 모든 두려움의 에너지로부터 봉인해주심을 받아들입니다. 또한 나는 신의 빛이 전쟁 배후의 세력을 구성하는 모든 두려움에 기초한 에너지들을 불태우고 변형시키고 있음을 받아들입니다!

전사(戰士) 사고방식

나는 승천한 마스터 성모 마리아입니다. 나는 전쟁의 숨겨진 원인의 다른 측면을 이야기하려고 왔습니다. 이것은 세계역사와 세계적 사건들에 관심을 기울여온 사람들에게는 그다지 숨겨진 것이 아닐 수도 있습니다.

전쟁을 통해 명예를 얻고자 하는 사고방식

역사의 뒤안길로 돌아가면, 여러분은 아주 오랫동안 전쟁을 바람직한 것으로, 명예를 얻을 수 있는 어떤 것으로 보는 사고방식 및 문화가 있어 왔음을 알 것입니다. 일본의 사무라이와 같은 전사문화(戰士文化)를 세계의 많은 지역에서 볼 수 있습니다. 그런 많은 다른 문화가 존재해 왔고, 여전히 오늘날에도 존재하고 있습니다. 젊은 사람들이 자신의 용맹함을 증명하기 위해서 전쟁을 일으키는 것이 바람직하다고 여기는 사람들도 많이 있습니다. 또 어떤 이들은 전쟁에서 다른 인간을 죽이는 능력을 증명함으로써 자부심을 얻고자 했습니다.

어떻게 다른 인간을 죽임으로써, 또 죽이는 것을 잘하는 것으로써 자부심을 얻을 수 있을까요? 사랑하는 이들이여, 여러분이 다른 인간들과 연결돼 있다는 것을 알고 있다면 여러분은 그렇게 할 수가 없습니다, 과연 그럴 수 있나요? 하지만 여러분 자신이 분리와 이원성의 의식에 사로잡혀 있을 때는 이것이 바람직하게 보일 수 있습니다. 이게 바로 여러분이 이 행성에서 아주 오랫동안 지배적 사고방식이었던 "우리 대 그들" 사고방식에 사로잡혔을 때입니다.

사랑하는 이들이여, "우리" 대 "그들", 이 사고방식에 대해서 깊이 생각해 보세요. 이것이 이원성의 핵심입니다. 이런 상태는 "우리"와 "그들" 사이에 분리를 가져올 뿐만 아니라, 또한 "그들"에게 대항하는 싸움에서 벗어나지 못하며, 전투나 전쟁에서 "그들"을 물리적으로 패배시킴으로써 우수함을 입증해야 하고 "우리"가 "그들"보다 낫다는 가치판단을 갖게 합니다.

전쟁을 통해 자부심이나 사회적 지위, 명예를 얻는 이런 개념이 각각의 문화와 다른 시대 속에서 인간의 사고방식에다 어떤 역할을 했는지 생각해 보세요. 이 전사문화는 어디에서 왔을까요? 그것은 "인류"라고 불리는 존재로부터 생겨나지 않았습니다. 나는 모든 인간은 영적인 존재들이라고 말해왔지만, 내가 인간들에 대해 이야기 할 때 나는 특별히 지구를 위해 창조된 존재를 말하고 있습니다.

전사문화의 시작

물질우주에서 이제까지 창조된 각 행성에는 그 행성의 본래 거주자들이었던 특정 집단의 생명흐름들이 있습니다. 이 생명흐름들은 우주가 상승할 준비가 되었을 때, 우주의 나머지와 함께 상승할 수 있는 수준까지 자기들의 행성을 공동 창조함으로써 자각 속에서 성장하도록 되어있습니다. 하지만 자유의지로 인해 일정한 행성의 거주자들은 그 행성을 계획된 상승나선 대신에 하향나선으로 몰고 갈 가능성이 항상 있습니다.

이것 역시 일종의 경험이 될 수 있기 때문에 반드시 잘못이거나 큰 죄가 되는 것은 아닙니다. 사람들이 하향나선으로 들어가는 것을 충분히 경험할 때, 다른 경험을 가지고 상향나선을 창조하기 위해 돌아올 수 있습니다. 즉 그들은 이원성이라는 것은 진실하게 작용하지 않는다는 내적인 앎을 통해 되돌아 올 수 있는 것입니다.

영적인 스승이 이원성을 경험하지 않은 생명흐름에게 왜 이원성이 효과적이지 않는지를 설명하는 것은 매우 어려울 수가 있습니다. 순수한 생명흐름들은 단지 이원성으로 들어가는 것을 다른 경험처럼 바라보는 경향이 있습니다. 어떤 의미에서 그것은 단지 다른 경험입니다. 그런데 다만, 그것으로부터 여러분 스스로 벗어나기가 매우 어려운 자기강화 나선이 쉽게 될 수 있기 때문에 그것이 그냥 다른 경험일 뿐은 아닙니다.

내가 말하고자 하는 요점은 지구의 본래 거주자들은 전사문화를 만들지 않았다는 것입니다. 전사문화는 타락한 존재들이 만든 것입니다. 이것은 네 번째 천체에서 발생했으며 [참조: 악의 우주론], 그 천체가 거의 차원상승 시점에 가까이 이르렀을 때, 특정 집단의 타락한 존재들이 그 천체의 나머지 존재들과 함께 상승하기를 거부하였습니다. 그 타락한 존재들은 신이 틀렸다는 것을 증명하고 싶다는 아이디어를 생각해냈고, 이것으로부터 다른 생명흐름들로 하여금 그들의 자유의지를 오용케 하고자 하는 욕망이 잇달아 생겨났습니다. 사람들이 자유의지를 오용하도록 하는 가장 단순한 방법은 이원성 의식으로 사람들을 기만하여 "우리 대 그들" 사고방식을 만드는 것입니다. 이것이 결국 "우리"와 "그들" 간에는 죽음에 이르는 물리적 투쟁이 있어야만 한다는 개념이 되었습니다.

전사문화와 거대한 투쟁

이것이 전사문화의 본질입니다. 전사는 그 시대와 그 사회에서 사용할 수 있는 어떤 무기와 방법이든 그것을 활용하여 전투에서 다른 사람을 죽이는 능력을 개발하는 데 - 모든 관심, 모든 시간, 모든 체력을 쏟아 부어 - 전 생애를 보냅니다. 전사는 항상 새로운 무기의 발전에 적응하며, 다른 사람을 죽이는데 있어 가장 최신이며, 가장 치명적이고, 가장 효과적인 것들을 가지고자 합니다. 전사는 이것을 위대한 투쟁의 일환으로 여깁니다. 역사 내내 계속해서 이 투쟁을 정당화시키기 위해 다양한 많은 철학이 이용되어 왔지만, 그 개념은 항상 "우리"를 위해 "그들"을 죽이는 것을 정당화하는 것이었습니다.

심지어 "우리"를 위해 "그들"을 죽이는 것이 바람직하게 보이도록 만드는 개념조차 있습니다. 전사문화, 전사적 사고방식은 때때로 반대되는 두 극성, 예를 들면 신과 악마 간에 대규모의 투쟁이 있다는 개념을 정당화했습니다. 우리는 신의 편이고, 저기 있는 다른 사람들은 악마의 편이라고 합니다. 그리하여, 우리를 위해 그들을 죽이는 것이 정당화되고 필요한 것이 됩니다. 그러나 여러분은 또한 몇몇 서사적 사고방식에 의해 투쟁을 정당화할 이유가 없다는 오메가 극성을 보았습니다. 전사적 사고방식은 단순히 우리가 적을 패배시킬 수 있다는 사실이 우리에게 그렇게 할 권한을 준다고 말합니다. 말하자면 다음과 같은 논리입니다. "우리는 전사들이다. 우리는 전쟁에 참여한다. 우리는 적과 싸운다. 우리는 적을 패배시킨다. 그리하여 우리는 명예, 자부심, 자존감을 얻는다."

여러분이 모든 생명이 하나라는 사실을 알게 되었을 때, 또한 자기 자신을 여러분 자신의 외부의 실체에 연결된 것으로 이해할 때, 그때 여러분은 여러분 자신을 공동 창조적인 존재로 봅니다. 여러분은 자신이 이런 더 큰 실체와 함께 공동 창조한다는 것을 알고 있습니다. 여러분이 자신을 연결된 존재로 바라볼 때, 여러분은 무엇인가를 공동 창조함으로써 명예, 자존감을 얻습니다.

사랑하는 이들이여, 이 본질적인 차이가 보이십니까? 연결된 존재는 자신의 모든 관심을 새로운 것, 더 좋은 것, 모두에게 유익한 것을 공동 창조하는 방향으로 쏟습니다. 그에 비해 전사는 그의 모든 관심을 다른 인간을 죽이는데 집중합니다. 연결된 존재는 전사의 사고방식으로 생각할 수 없다는 것을 이해하나요? 즉 분리의식 속에서 살아가는 사람들만이 그렇게 생각할 수가 있습니다.

사람들에게 전사적 사고방식을 주입하는 문제점

전사적 사고방식의 기원은 타락한 존재들입니다. 그러나 타락한 존재 전부가 전사적 사고방식이었던 것은 아닙니다. 자의식계 안에 있는 타락한 존재들은 전사적 사고방식에 빠져있지 않습니다. 그들은 단지 육화한 인간들이 서로 싸우게 하기 위해 전사적 사고방식을 이용할 뿐입니다. 그들은 전사에 대해 신경 쓰지 않습니다. 살인에는 명예가 없다는 것을 그들은 알고 있습니다. 그들은 단지 그것을 목적에 이르기 위한 수단으로 볼 뿐인데, 왜냐하면 자의식계 안에 있는 타락한 존재들은 무엇이 실제이고, 무엇이 비실제인지, 무엇이 진실이고, 무엇이 거짓인지에 관심이 없기 때문입니다. 그들의 유일한 관심은 다음과 같습니다. "어떻게 하면 육화한 인간들을 서로 싸우게 하여 파괴하게 할 것인가? 무엇으로 그들의 마음을 사로잡을 것인가?"

타락한 존재들은 매우 일찍이 전사적 사고방식이 이원성 의식에 충분히 빠져있는 사람들에게 호소력이 있다는 것을 알아챘습니다. 일단 전사적 사고방식을 만들었으면, 사람들이 싸움을 잘할 수 있는 방향으로 그들의 관심과 신체적 노력을 기울이게 할 수가 있습니다.

단순히 이 세상의 거의 어떤 문화든 살펴보고, 어떻게 이런 전투능력이나 싸움에서의 능숙함이 존재해왔는지와 그것이 여전히 문화의 중요한 일부라는 것을 이해하도록 하세요. 얼마 전까지만 해도 남자가 칼을 차고 그 칼을 사용할 수 있다는 것이 세상의 많은 곳에서 자연스러운 것으로 여겨졌습니다. 사람을 서로 죽일 수 있는 곳에서는 명예를 위해서 사소한 모욕에도 죽음에 이르는 결투를 할 수가 있었습니다. 더 큰 규모로는 남자 아이들이 아주 어릴 때부터 무기를 능숙하게 다루도록 양육되었습니다. 그들은 흔히 전쟁놀이를 했으며, 호전적인 장난감을 갖고 놀았지요. 오늘날 성인이 된 여러분 중 얼마나 많은 사람들이 아이였을 때 다양한 형태의 전쟁 장난감을 가지고 놀이를 시작했습니까?

전사적 사고방식의 폐쇄회로

오늘날, 서구 사회에서는 이런 전쟁놀이를 하는 아이들이 그렇게 보편적인 것이 아니지만, 세상의 다른 곳에서는 이런 것이 매우 일반적입니다. 여러분은 얼마 전까지만 해도 세상의 많은 곳에서는 생존을 위해서는 싸울 수밖에 없었다고 말할지도 모릅니다. 여러분이 어떤 세상에서는 이것이 여전히 필요하다고 말할 수 있습니다만, 그 전사적 사고방식이 일종의 폐쇄회로(닫힌회로)가 된다는 것을 보지 못합니까?

정의(定義)에 의하면, 전사는 적을 가지고 있어야 하고 혹은 자신의 숙련된 전투능력을 개발하는데 변명이 없어야 합니다. 분명히 여러분은 연습실에서 권투 장갑을 끼고 샌드백을 한동안 칠 수 있습니다. 권투장갑을 끼려는 생각은 여러분이 상대방을 치려고 하는 것과 마찬가지로 권투장에는 여러분의 코를 가격하려는 상대가 있다는 것입니다. 상대가 없는 전사적 사고방식은 매우 빠르게 힘을 잃습니다.

현대 사회에서 젊은 소년들이 전사가 되기 위해, 싸우기 위해 전쟁이 뭔가 바람직하거나 필요하다고 보도록 양육되는 것이 정말로 필요할까요? 나는 서구사회에는 그들 스스로 싸울 능력을 개발하지 않고 다른 사람과 물리적으로 싸울 의사도 없는 많은 남성들이 있음을 알고 있습니다. 그럼에도 그들은 자기들의 나라가 대규모 군대, 훈련된 군인들, 우수한 군사무기를 보유하는 것이 좋다고 생각하기 때문에 여전히 전사적 사고방식을 일부 받아들였습니다. 부디 이른바 발전된 세계라는 서구에서 얼마나 많은 국가들이 여전히 모든 군인이 전사 사고방식을 갖는 것에 직업적으로 몰두해 있는 이런 대규모 군대를 보유하고 있는지를 보십시오. 또한 세상의 얼마나 많은 사람들이 자신의 나라가 군사력을 가지는 것에 대해 자부심을 느끼는지를 보세요. 성 저메인 대사가 발견했고 매우 사랑하는 미국을 보십시오.[10] 얼마나 전사적 사고방식이 이 사회의 모든 측면, 모든 계층에 스며들어 있는지 보세요. 소위 길거리의 밑바닥 사람에서부터 정부의 최고위층 사람에 이르기까지 여러분은 미국이 세계에서 가장 위대한 나라라는 생각을 갖고 있음을 봅니다. 그러한 결과로서, 미국은 자유와 민주주의를 위해서 싸울 수 있고 어떤 위협도 물리칠 수 있도록 가장 위대한 군대를 반드시 가져야만 한다는 것입니다.

---

10) 성 저메인 대사는 전생(前生)에 미국대륙을 최초로 발견했던 컬럼버스(Columbus)였다. (감수자 주)

군(軍) 혹은 위협, 어느 것이 먼저인가?

사랑하는 이들이여, 닭과 계란, 위협과 군대, 어느 것이 먼저일까요? 여러분은 자신의 주의를 어떤 상대와 싸우려는 데다 집중하는 수백만 명의 국민이 있을 때 그 사람들이 이런 (사념의) 틀 속으로 감정적, 정신적 그리고 본성적 에너지를 공급해준다는 것을 알지 못하나요? 여러분은 그들이 우주거울로 보내지고 있는 에너지 충격파를 창조하는 것이 보이지 않습니까? 거울이 과연 내보낸 것을 어느 시점에 다시 반사하는 것 외에 무엇을 할 수 있을까요? 여러분은 적이 있기 때문에 전사입니까? 아니면 여러분이 전사적 사고방식에 빠져 있고 적을 원한다고 외부로 투사하고 있기 때문에 적이 있는 것입니까?

나는 우주 주기에 대해 이야기해왔습니다. 나는 물고기자리 시대에서 물병자리 시대로의 전환에 대해 언급한 바 있습니다. 여러분이 지난 수백 년을 돌아본다면 군사적 큰 충돌이 발생했다는 것을 알 수 있을 겁니다. 그리고 단지 인류가 전사적 사고방식을 초월하지 못했기 때문에 그러한 충돌이 발생했던 것입니다. 만약 여러분이 여러분 시대의 주요 영적 스승에 의해 주어진 가르침에 기초해서 그런 정신 상태를 스스로 넘어서지 않는다면, 여러분은 그것의 무용함을 인식할 때까지 더욱 더 극단적인 상태로 그 사고방식을 오랫동안 유지해야 합니다. 미국 같은 나라가 전사적 사고방식이 더 이상 불필요하고 그래서 본연의 자연스러운 삶을 살 필요가 있음을 알아채기 전까지 얼마나 멀리 가야만 하나요?

전사적 사고방식에 대한 중독을 극복하기

전사적 정신구조에는 감정계에 상당히 묶여 있는 측면이 있습니다. 그리고 그것은 전쟁중독, 싸움중독, 아드레날린(adrenaline)[11] 분출중독, 흥분중독, 감각중독이 되어 여러분이 삶과 죽음의 문제가 있는 상황에 놓일 수 있습니다. 이것은 심지어 어떤 사람에게는 어떤 중요한

---

11)인간이 흥분, 분노, 공포를 느낄 때 생체 내에서 분비되는 호르몬이다.(편집자 주)

의미를 부여할 수가 있습니다. 여러분은 자신의 삶에 싫증을 느끼고 자란 군인들을 볼 수 있습니다. 그 때, 그들은 전쟁하러 나가고 이제 그들은 거기에 항상 적이 있기 때문에 삶에 대한 의미와 흥분을 갖게 됩니다. 그러나 그들이 전쟁터에서 집으로 돌아올 때 그들은 더 이상 그들 스스로 무엇을 해야 할지 알지 못합니다. 그들은 아드레날린이 분출되는 것을 그리워합니다. 그들은 삶이 공허하고, 의미가 없으며, 심리적으로 추락하기 시작합니다. 나는 그들이 전쟁에 가기 전에는 사실상 심리적으로 통합된 상태에 있지 못했다고 말하고자 합니다.

세상은 매우 오랫동안 자유롭고 기회가 아주 많은 사회이지만, 인생을 따분하게 여긴다면 어떻게 여러분이 가장 자유로운 사회 속에서 성장할 수 있을까요? 원하는 것은 무엇이든 거의 할 수 있는 자유가 있을 때, 어떻게 여러분이 삶의 의미를 찾지 못할 수 있을까요? 그러나 여러분이 이원성 의식에 빠져있을 때는 의미를 찾는 데 실패할 수 있으며, 거기에는 진정한 의미가 없습니다.

이것은 여러분이 진보된 생명흐름이 아니기 때문이 아닙니다. 오늘날의 세계, 특히 서구사회에는 내적 수준에서 이원성으로부터 벗어나 연결된 존재로 나아갈 준비가 된 사람들이 수백만 명 있습니다. 그들은 이것에 관한 외적인 가르침을 접해보지 못했기 때문에 이런 전환을 의식적으로 어떻게 이루어야 할지 모르며, 그 점이 바로 그들이 삶을 공허하게 느끼는 이유이기도 합니다. 그들은 세상과 그 세상이 물질적으로 권고하는 것을 바라봅니다. 그리고 이들은 물질적 이득이나 다른 물질적 목표를 추구하는데서 아무런 의미를 찾지 못합니다.

그 이유는 그들이 전체 또는 타인들에 봉사하는 단계로 올라설 필요가 있는 진화의 한 지점에 있기 때문입니다. 그들이 그것을 할 수 없을 때, 그들의 삶은 공허합니다. 그들은 그들 스스로 무엇을 해야 할지 모르며, 개인적인 여러 가지 하향나선 속으로 떨어집니다. 이것은 마약, 알코올, 물질주의, 자살, 혹은 삶이 허무하다는 느낌이 될 수 있는데, 적의 공격에 대해 계속적으로 경계하지 않을 수 없는 외적 상황이 더 이상 없기 때문입니다.

물리적인 전투 속에 있거나 아드레날린 분출에 중독되어 있는 사람들이 있습니다. 또한 물리적 전투 상황에 있지는 않지만, 전사적 사고 방식의 한 측면에 여전히 중독되어 자기들이 최고의 전사라는 느낌을 가진 사람들이 있습니다. 이런 사람들에게 전쟁은 거의 스포츠 게임처럼 경연대회의 형태가 되었습니다. 여러분이 이것을 국가적 자부심으로 치부할 때, 여러분은 자기의 나라가 다른 어떤 나라보다 군사적으로 우수하며, 자국의 병사들이 다른 병사들보다 우수하다는 생각을 갖게 됩니다.

얼마 전까지만 해도 대영제국에서는 영국 병사 한 명이 열 명 혹은 이십 명의 외국 병사보다 더 뛰어나다고 생각했다는 것에 눈을 돌려보세요. 한 병사가 얼마나 우수한지와 관계없이 이십 명의 다른 병사들과 싸우는 것이 어떻게 현실적일까요? 어떻게 나치주의 정권 동안에 그들이 독일군대가 어떤 다른 군대보다 뛰어나다고 느꼈는지 살펴보십시오. 러시아인, 프랑스인, 그리고 지금은 미국인이 어떻게 느꼈는지 혹은 같은 방식으로 느끼고 있는지 살펴보기 바랍니다.

국가적 자부심은 아무것도 아니다

살인할 수 있는 능력에 바탕을 둔 이런 국가적 자부심은 어디에서 왔나요? 다시 한 번 더 이야기하자면, 그것은 타락한 존재로부터 왔습니다. 그것은 또 어디에서 올 수 있을까요? 여러분은 국수주의(國粹主義)가 국가들 간의 전쟁경쟁을 조성하기 위해서 타락한 존재들에 의해 이용돼 왔다는 것을 알지 못합니까? 그들은 이렇게 말합니다. "우리 국민은 다른 국민에 비해 매우 우수합니다. 우리는 그들에 비해 뛰어납니다. 우리는 우리가 다른 군대를 이길 수 있다고 느끼도록 군사장비 및 교육에 수십억 달러를 (또는 통화가 무엇이든지) 기꺼이 투자합니다."

이것이 어떻게 국민적 자부심의 원천이 될 수 있겠습니까? 어느 누군가 이것에 대해 이의를 제기한 적이 있었나요? 물론, 아주 소수의 사람들이 그것에 대해 의문을 제기했지만, 그것이 효과를 갖기에는 사람들이 충분하지 못했습니다. 이것은 바뀔 필요가 있습니다. 이런 이

안데르센

유로 나는 황제의 새 옷에 대한 한스 크리스티안 안데르센(Hans Christian Anderson)[12]의 옛 동화처럼, 그 환상이 산산조각 날 수 있도록 이 사고방식을 결판낼 것을 요청하기 위해 영적으로 깨어난 이들인 여러분이 필요합니다. 모든 사람들은 어린 소년이 갑자기 "그런데 임금님은 아무것도 입지 않았어!"라고 말하면서 환상을 깨뜨릴 때까지 존재하지도 않는 옷을 보고 있습니다.[13] 마찬가지로 누군가가 다음과 같이 말할 필요가 있습니다. "전쟁의 제왕은 아무것도 아니다. 국민적 자부심은 아무것도 아니다."

호전적인 전사 사고방식 분쇄하기

올림픽 경기란 무엇이며, 무엇이 그것을 나쁘게 만들었습니까? 올림픽 게임의 원래 이상은 함께 함으로써 국가와 사람들을 하나로 통합하는 것이었습니다. 물론 이것이 아직 개인적인 수준에서는 어느 정도 작용하고 있습니다. 그러나 그것이 어떻게 어느 나라가 메달을 가장 많이 획득하는지를 놓고 벌인 국가적 자존심을 위한 경쟁이 되어 왔는지를 살펴보세요. 이것은 단지 죽이지 않는 형태의 전쟁 게임이 아닌가요? 이것이 정말로 필요할까요? 몇 개의 나라가 그들의 우수성을 다시 한 번 입증하기 위해 4년마다 전 세계가 모이는 것이 정말로 필요한가요? 나는 인류가 올림픽 게임을 하지 말아야 한다고 하는 것이 아니라, 그 사고방식을 바꿀 수 있어야 말하고 있는 것입니다.

만약 이런 호전적인 사고방식이 산산이 부서진다면 어떻게 될지 깊이 생각해 보세요. 사랑하는 이들이여, 어떤 일이 일어날지 숙고해 보

---

12)덴마크의 세계적 동화작가(1805~1875). 《인어 공주》 《미운 오리 새끼》 《벌거벗은 임금님》 등 아동문학의 최고봉으로 꼽히는 수많은 걸작 동화를 남겼다.
13)안데르센이 1837년 발표한 작품인 〈벌거벗은 임금님〉에 나오는 내용으로서 권력 앞에서 진실을 이야기하지 못하는 어리석고 위선적인 어른들의 모습을 비꼬아 표현하고 있다. (이상 편집자 주)

십시오. 만약 어떤 국가들이 군대의 전투능력이 그 나라의 우수성을 입증하는 것이 아니라는 점을 깨닫기 시작한다면 어떻게 될까요? 반대로, 현대적이고 민주적인 문명 작업을 하는 것이 최대의 가치가 될 때, 군대 장비와 군사력을 더 많이 가지면 가질수록 여러분은 더욱 더 열등함을 입증하는 것이 됩니다. 만약 사고방식이 전환됨으로써 물리적인 전투에서 누군가를 패퇴시킬 수 있는 사람들이 우수한 국민으로 보이지 않고 열등한 국민으로 보인다면 어떨까요?

만약에 인간의 사고방식이 전환되어 사람들이 분리와 이원성이 세상 갈등의 원인이란 것을 깨닫기 시작한다면 어떻게 될까요? 만약에 사람들이 모든 생명의 일체성이라는 근본적인 실체를 기반으로 새로운 가치들을 개발할 필요성을 깨닫기 시작한다면 어찌 될까요? 이런 경우에는 적과 싸울 수 있는 사람은 원시적이고 퇴보적이며 시대에 뒤떨어진 것으로 보게 됩니다. 함께 일하고, 협의하고, 모든 당파들에게 이익을 주는 해결책을 제시할 수 있는 사람들은 반드시 우수한 사람들일 필요는 없지만, 확실히 하나됨의 가치의 관점에서는 더 진보된 사람들입니다. 하나됨이라는 가치, 그 아이디어를 숙고해 보세요.

전사 사고방식, 싸우는 문화의 결과는 무엇일까요? 오늘날 군대가 그 자체의 목적이 된 많은 나라들을 여러분이 보고 있지 않나요? 만약 여러분이 러시아, 영국, 프랑스, 미국의 의회에 가서 군대를 포기하라고 제안을 한다면 어떤 반응이 있겠습니까? 그 첫 번째 반응은 이럴 것입니다. "오, 그렇지만 다른 나라들이 큰 규모의 군대를 유지하는 한, 그렇게 하는 것은 불가능합니다. 우리가 적에 대항해서 우리 자신을 방어할 능력을 갖지 않는다면, 그들이 이 세상을 차지할 것입니다." 양쪽 모두 이렇게 말한다면, 즉 닭과 계란, 어느 것이 먼저일까요? 우리의 군대가 먼저인가요? 혹은 적의 군대가 먼저인가요? 여러분은 군대가 그 자체의 목적이 되어버린 것을 보지 못합니까?

군대를 무한정 영속화하기

양쪽 군대는 자신들의 존재를 정당화시키기 위해 단순히 서로를 이용하고 있습니다. 실제로 전쟁에는 나가고 싶어 하지 않는 어떤 군대 사고방식이 있습니다. 확실히, 군 뒤에서 군을 이용하기를 원하기는 하지만, 전쟁에 나가기를 원하지 않는 군 자체 내의 사고방식이 있습니다. 그것은 단지 영속적으로 군을 유지하기를 원합니다. 그것은 국가들이 군사비 지출을 유지하기를 바랍니다. 그것은 단지 수백만 명의 병사들과 다른 요원들에 대한 훈련을 지속함으로써 군사력을 영속화시키기를 원합니다.

많은 군사 집단에는 실제로 전쟁이 벌어지는 것에 대한 어떤 두려움이 있는데, 그 이유는 그들이 전쟁에서 시험 받거나 입증되지 않은 능력을 바탕으로 발전시킨 우월감이 틀렸음이 증명될 수도 있기 때문입니다. 물론, 자신들의 능력을 검증 받기 위해 전쟁하기를 원하는 사고방식이 있지만, 내가 여기서 지적하고자 하는 것은 군을 그 자체 목적으로 보고 단순히 무한정 군의 존재를 영속화하기를 원하는 더 은밀하고 드러나지 않은 사고방식이 있다는 것입니다.

언제쯤에나 임계수치의 사람들이 군을 무한정으로 유지하고 영속화하는 것에 대해 문제 제기를 시작할 것입니까? 서구세계와 공산주의 세력이 여러 번 이 세상을 파괴하고 전 세계인을 죽일 수 있을 정도의 많은 핵미사일을 만들었던, 냉전이 최고조이던 기간이 있었습니다. 이때 "(핵무기에 의한) 과잉살육"이란 용어가 사용되었습니다. 언제 한쪽이 충분한 무기를 가지는 순간은 올까요? 내가 이야기하고 있는 전사 사고방식에 의하면, 그런 상황은 결코 오지 않습니다. 여러분은 그것이 왜 그런지 이해가 되나요? 그것이 왜 그런지 정말로 이해가 됩니까?

이원성을 통한 불균형적인 창조

이원성 의식의 바로 그 역학(力學)은 항상 적이 있다는 것입니다. 어떻게 여러분이 두 가지 상반되는 극성의 상황을 만들어낼까요? 나는 예전의 책과 강론[참조, 성모 마리아의 책, 풍요에 이르는 과정(A Course in Abundance)]에서 전 우주의 모든 것들이 어떻게 두 힘(팽창하는 힘과 수축하는 힘, 남성성과 여성성)에서 창조되었는지를 설명했습니다. 이러한 두 힘이 균형을 이룰 때, 그 둘은 반대되는 극성이 아닙니다. 그 둘은 서로 대립하지 않습니다. 그것들은 함께 작용합니다. 그들은 서로를 보완하여 지속 가능한 창조를 할 수 있습니다. 여러분이 이원성에 빠질 때, 역시 여전히 창조의 기본적인 두 힘을 사용하기는 합니다. 하지만 이제 여러분은 그것들을 상반된 것으로 이용하는 것 외에는 별다른 도리가 없습니다. 이것은 여러분이 불균형을 창조한다는 의미입니다. 이원성은 결코 멈추지 않으며 결코 균형 잡히지 않는 근본적인 불균형에 기반을 두고 있습니다. 여러분은 이원성을 초월할 수 있고 다시 공동창조를 시작할 수 있지만, 여러분이 이원성에 있는 한 결코 균형 상태를 창조할 수가 없습니다.

군사무기 측면에서 여러분이 어떤 종류의 무기를 개발할 수 있습니다만, 거기에는 항상 대응수단이 있을 것입니다. 여러분이 전에 가졌던 어떤 탱크보다도 더 두꺼운 철갑으로 된 탱크를 개발할 수 있습니다. 하지만 어떤 사람은 그 철갑을 관통할 수 있는 대포, 로켓 혹은 다른 무기를 개발할 것입니다. 그렇다면 여러분은 어떻게 해야 합니까? 더 두껍고 더 강한 철갑을 개발해야 하고, 그리고 그런 다음 누군가는 더 강한 대포나 미사일을 개발해야만 합니다. 이런 식으로 궁극적인 조건을 개발해보아야 이원성 안에서는 결코 끝이 오지 않는다는 것을 알고 있나요? 그것이 무기든, 어떤 다른 무엇이든지, 거기에는 항상 불균형이 존재할 것이기 때문에 결코 궁극의 조건이 될 수 없습니다. 이것은 여러분이 개발한 어떤 것에 대해서도 그것을 파괴할 수 있는 적이 있다는 것을 의미합니다.

궁극적 무기의 오류

여러분은 여기서 그 역학을 이해합니까? 여러분이 연결돼 있을 때, 여러분이 남성성과 여성성의 힘을 균형 안에서 사용할 때, 그것들은 서로 보완을 합니다. 거기에는 상반된 것이 없습니다. 그것들은 서로 보강되며 두 힘을 결합함으로써 더 창조적이 됩니다. 그러나 이원성이 될 때 두 힘은 반대가 되며, 어떤 힘도 궁극적 힘이 될 수 없습니다. 어떤 힘도 결정적이 되지 못합니다. 어떤 힘도 절대적이 되지 못합니다. 이것을 이해하나요?

여러분이 균형 상태일 때조차 어떤 힘도 절대적이지 못합니다. 남성적인 힘, 즉 팽창하는 힘이 아버지의 힘이며, 그래서 그것이 더 강해야 한다고 말할지도 모르지만, 그렇지가 않습니다. 여러분이 연결되었을 때, 여러분은 궁극적인 어떤 것을 추구하지 않기 때문에 한쪽 힘이 가장 강하지 않은 것은 문제가 되지 않습니다. 여러분은 늘 이전 상태를 넘어서고자 합니다. 그리고 그것은 어떤 힘도 궁극적이지 않고 초월의 가능성은 늘 있기에 이치에 맞는 것입니다. 그리스도 마음에게 있어서, 이 초월의 가능성은 성장의 핵심입니다. 또한 이원성의 마음에게 있어서 이 초월의 가능성은 최고의 위협입니다.

타락한 존재들은 신의 계획에 대항하여 반란을 일으켰던 날부터 물질계에서 신이 중단시키거나 파괴할 수 없는 어떤 궁극적인 상태를 창조하려고 노력해왔습니다. 그들은 - 자신들의 환상과 자만심에서 - 언젠가 자신들이 신이나 천사들에 의해 파괴될 수 없는 어떤 궁극적인 것을 찾아내리라고 믿고 있습니다. 그들은 신과 천사들이 타락한 존재들의 창조물을 파괴할 필요가 없다는 것을 인정하지 않습니다. 이원성으로 들어가자마자 여러분은 자신이 창조한 것을 파괴할 적을 만들고 있는 것입니다. 타락한 존재들의 창조물을 파괴할 필요가 있는 것은 신과 천사들이 아닙니다. 단지 그들 스스로가 그것을 하고 있는 것입니다.

문제는 얼마나 많은 파괴와 얼마나 많은 고통이 그 과정에서 야기되었냐는 것입니다. 문제는 이런 고통 전체가 실제로 사람들이 성장하는 데 필요한지, 또는 그냥 고통을 바라보며 다음과 같이 말하는 순간이 오느냐는 것입니다. "더 이상은 안 돼! 우리는 더 이상 이런 것을 원치 않는다. 우리는 고통을 겪을 만큼 겪었다. 타락한 존재들이 고의적으로 우리를 오도함으로써 우리의 삶은 무수한 파괴를 겪었다. 우리는 지난 수백 년 이상 동안 이 세상에서 과열된 군비확장 경쟁을 충분히 해왔다."

어떤 사람은 항상 더 큰 폭탄을 만들어 낼 수 있습니다. 여러분이 어떠한 군사력을 증대시키더라도 거기에는 대응 수단이 있습니다. 항상 있어 왔고, 또 항상 있을 것입니다. 그렇습니다. 여러분은 현대 기술을 살펴볼 수 있습니다. 인간들이 몇 백 년 전에 가졌던 대포와 기병대를 볼 수 있으며, 오늘날 만든 무기가 얼마나 더 정교하게 만들어졌는지도 알 수 있습니다. 그리고 여러분은 오늘날의 기술이 훨씬 더 발달되었기 때문에 궁극의 무기를 만들어낼 수 있으리라는 환상을 믿을 수 있는 것입니다.

고도의 문명은 전쟁에 의존하지 않는다

사랑하는 이들이여, 행성 지구에는 전쟁으로 인해 자멸되었던 이전 문명들이 있습니다. 이런 과거의 문명들은 기술적인 면에서 오늘날 여러분이 보고 있는 것보다 훨씬 더 진보했었습니다. 또한 그들은 궁극의 무기를 만들려고 시도했습니다만, 항상 이에 대한 대항수단이 있었기에 성공하지 못했습니다. 전쟁이 발생하여 양쪽에서 그들이 갖고 있는 모든 것을 사용했을 때, 그 결과는 지구에 너무나 파괴적이어서 그 문명의 어떤 흔적조차 찾을 수 없을 정도로 그 문명들을 모두 휩쓸어버렸습니다.

확실히, 여러분은 다른 문명이 이전에 이루지 못했던 어떤 것을 계속하려고 할 수는 있습니다. 여러분은 이전의 어떤 사람도 가지 못했던 곳에 가려고 대담한 시도를 할 수도 있습니다. 그러나 여러분이 어디를 가든, 이전의 어떤 사람도 거기에 갔었고 그게 안 되는 일이라는 것을 입증했습니다. 태양 아래 새로운 것은 아무 것도 없습니다. 이원성 의식에서 새로운 것은 아무 것도 없습니다. 예전에 다 해보았던 것들입니다.

사람들의 삶을 이런 궁극의 무기, 궁극의 군사력을 위한 불가능한 탐구에다 써버리는 것이 얼마나 무의미한 일인가요? 국가의 재정을 이런 데다 탕진하는 것이 얼마나 무의미한가요? 군대에다 사용한 돈의 총액을 상상해보세요. 그런 다음, 이런 자금이 다른 목적을 위해 사용된다면 어떤 일이 일어날지 생각해보세요.

　매일 굶어서 죽는 어린이들이 있습니다. 깨끗한 식수가 없는 사람이 수십억 명은 아니라도 수백만 명이 있습니다. 세계 인구의 ⅔로 추정되는, 빈곤 수준 이하로 살아가고 있는 수십억 명의 인구가 있습니다. 그럼에도 불구하고 이 세상에서 자기들 스스로 가장 수준이 높다고 자처하는 나라들이 다른 인간을 죽이는 능력을 개발하는데 엄청난 돈을 계속해서 쓰고 있습니다.

　이것이 문명화된 것인가요? 이것이 수준이 높은 것입니까? 나는 그렇게 생각하지 않습니다. 여러분은 어떻습니까? 만약 여러분이 나처럼 이것은 높은 수준을 나타내는 표시가 아니라고 생각한다면, 나는 여러분이 천사들이 개입하여 내가 이 강론에서 언급했던 전사 사고방식, 다른 사념체들, 개념들을 놓아버리는 것을 바라지 않는 물질계의 4가지 층에 있는 존재들을 제거할 수 있게 요청해 주기를 권고합니다.

　이것은 아주 오랫동안 이 행성 위를 먹구름처럼 덮고 있던 사고방식입니다. 그것은 바로 지구에 처음으로 타락한 존재들이 육화한 이후부터 덮여 있었습니다. 지금은 일부 사람들이 나가서 "하지만 군벌(軍閥)들은 아무것도 걸치고 있지 않잖아!"라고 말함으로써 그 구름을 결판낼 시간, 바로 그 시기입니다.

여러분은 전쟁을 충분히 겪었는가?

　사랑하는 이들이여, 나는 이 강론을 듣고 있거나 읽고 있는 여러분의 관심에 감사합니다. 나는 또한 여러분이 기꺼이 기원문을 낭독하여 천사들이 개입해서 어둠의 에너지와 세력을 제거할 수 있게 해주는 작업을 하리라는 것을 신뢰합니다. 그럼으로써 그리 멀지 않은 미래의 어느 날, 더욱 더 많은 사람들이 깨어나기 시작해서 갑자기 전에는 결코 보지 못했던 것을 보고, 또 전에는 결코 의문시하지 않았던 것에 대해 감히 의문을 제기하리라고 믿습니다.

　사람들은 주위를 둘러보고 다음과 같이 말할 것입니다: "그런데 우리가 어떻게 이런 전쟁 놀음을 계속할 수 있을까? 우리는 더 이상 이것을 하고 싶지 않다. 이것은 옳지 않다. 이것은 본래의 우리가 아니다. 우리는 전체주의 사고방식을 초월하기를 원한다. 우리는 전사들을 보고 이렇게 말할 것이다. 〈당신은 더 이상 이 행성에서 있을 곳이 없습니다. 이 행성에 전사적 사고방식은 더 이상 있을 곳이 없습니다. 당신은 자신의 전쟁 게임으로 인해 파괴되거나 지속적인 두려움 속에 살고 싶어 하지 않기에 그것을 버리거나 어딘가 다른 행성을 찾아야만 합니다. 전쟁 게임도 충분히 했고 전쟁도 할 만큼 했습니다. 전사 노릇도 이것으로 충분합니다.〉"

사랑하는 이들이여, 여러분의 관심에 감사합니다. 나는 상승한 마스터 성모 마리아이고, 나는 이 행성에 있는 모든 인류를 사랑합니다. 나는 이 지구 행성을 사랑합니다. 그리고 나는 은하계의 왕관 속의 아름다운 보석이 될 잠재력을 가진 이 행성이 그렇게 되는 것을 보고 싶습니다. 여러분도 역시 그것을 보고 싶지 않으십니까?

전사적 사고방식을 산산조각 내기
(기원문)

신(神)과 예수 그리스도의 이름으로, 나는 성모 마리아와 대천사 미카엘과 시바신께 이 행성에서 전사적(戰士的) 사고방식을 제거해달라고 요청합니다. 우리는 영적인 존재들이고 승천한 마스터들과 함께 일함으로써 새로운 미래를 공동-창조할 수 있다는 사실을 사람들에게 일깨워주소서.

나는 특히 … 을 요청합니다.(여기에다 개인적인 요청을 추가하세요)

1부

1.사랑하는 시바신이시여, 당신의 현존을 모든 4가지 세계들 안에 나타내시어, 위장하고 있는 모든 형태의 전사적 사고방식을 산산조각내고 불태우소서.

오, 시바신이시여, 신성한 불의 신이시여,
과거를 끝낼 시간입니다.
나는 낡은 것을 초월해서 올라가고자 하며,

황금빛 미래가 펼쳐집니다.

오, 시바신이시여, 에너지를 정화하소서.
오, 시바신이시여, 동반 상승을 가져오소서.
오, 시바신이시여, 모든 악귀들을 불태워 흩어버리소서.
오, 시바신이시여, 저에게 다시 평화가 깃들게 하소서.

2.사랑하는 시바신이시여, 당신의 현존을 모든 4가지 세계들 안에 나
타내시어, 전쟁이 바람직한 것이며 전쟁에서 명예를 얻을 수 있다는
사고방식을 산산조각내소서.

오, 시바신이시여, 내게 임하시여 나를 제한하는
세력들로부터 나를 자유롭게 해주소서.
저급한 모든 것을 불태우는 화염으로
나의 성공을 위한 길을 닦아주소서.

오, 시바신이시여, 에너지를 정화하소서.
오, 시바신이시여, 동반 상승을 가져오소서.
오, 시바신이시여, 모든 악귀들을 불태워 흩어버리소서.
오, 시바신이시여, 저에게 다시 평화가 깃들게 하소서.

3.사랑하는 시바신이시여, 당신의 현존을 모든 4가지 세계들 안에 나
타내시어, 용맹을 입증하기 위해 젊은이들이 전쟁터로 가야 한다거나
다른 인간들을 죽이는 능력을 증명하여 자기가치를 높여야 한다는 의
식구조를 산산조각 내소서.

오, 시바신이시여, 마야의 베일을 흩어버리시고,
나의 사적인 영역을 정화해주소서.
죽음의 의식(意識)을 몰아내고,
당신의 신성한 숨결로 그것을 불태우소서.

오, 시바신이시여, 에너지를 정화하소서.
오, 시바신이시여, 동반 상승을 가져오소서.
오, 시바신이시여, 모든 악귀들을 불태워 흩어버리소서.
오, 시바신이시여, 저에게 다시 평화가 깃들게 하소서.

4.사랑하는 시바신이시여, 당신의 현존을 모든 4가지 세계들 안에 나타내시어, 위장하고 있는 모든 형태의 "우리 대 그들" 사고방식을 산산조각내고 불태우소서.

오, 시바신이시여, 이에 나는 이곳 지상의
모든 집착들을 놓아버립니다.
중독성의 실재들은 소멸되며,
나는 다시 위로 향한 길을 갑니다.

오, 시바신이시여, 에너지를 정화하소서.
오, 시바신이시여, 동반 상승을 가져오소서.
오, 시바신이시여, 모든 악귀들을 불태워 흩어버리소서.
오, 시바신이시여, 저에게 다시 평화가 깃들게 하소서.

5.사랑하는 시바신이시여, 나는 전사문화를 고안하여 지구로 가져온 모든 타락한 존재들에 대해 그리스도의 심판을 요청합니다. 당신의 현존을 모든 4가지 세계들 안에 나타내시어, 그 타락한 존재들과 전사문화를 포기하지 않는 모두를 제거하소서.

오, 시바신이시여, 내가 당신의 이름을 낭송하오니,
오셔서 두려움과 의심과 수치심을 소멸해주소서.
에고가 마음 속에 감추고 싶어하는 것을,
당신의 불꽃으로 드러내소서.

오, 시바신이시여, 에너지를 정화하소서.

오, 시바신이시여, 동반 상승을 가져오소서.
오, 시바신이시여, 모든 악귀들을 불태워 흩어버리소서.
오, 시바신이시여, 저에게 다시 평화가 깃들게 하소서.

6.사랑하는 시바신이시여, 당신의 현존을 모든 4가지 세계들 안에 나타내시어, 전투에서 다른 사람을 죽이는 능력을 개발하기 위해 온 생애를 낭비하게 만드는 전사문화에서 모든 사람을 자유롭게 해주소서.

오, 시바신이여, 모든 두려움은 사라지고,
이제 내 카르마의 빚이 청산되니,
과거는 더 이상 내 선택권을 제한하지 못하며,
나는 시바신의 숨결 안에서 기쁨을 누립니다.

오, 시바신이시여, 에너지를 정화하소서.
오, 시바신이시여, 동반 상승을 가져오소서.
오, 시바신이시여, 모든 악귀들을 불태워 흩어버리소서.
오, 시바신이시여, 저에게 다시 평화가 깃들게 하소서.

7.사랑하는 시바신이시여, 당신의 현존을 모든 4가지 세계들 안에 나타내시어, "우리"가 "그들"을 죽이는 것을 바람직한 것으로 정당화하는 서사적 투쟁이념을 조장하는 악귀들과 타락한 존재들을 결박하고 불태우소서.

오, 시바신이시여, 저들의 올가미 안에 나를 가두고 있는
쌍쌍의 영체들을 내게 보여주소서.
나는 당신이 확고히 결박하는 그 영체들을
내 마음 속에서 직시하기를 원합니다.

오, 시바신이시여, 에너지를 정화하소서.
오, 시바신이시여, 동반 상승을 가져오소서.

오, 시바신이시여, 모든 악귀들을 불태워 흩어버리소서.
오, 시바신이시여, 저에게 다시 평화가 깃들게 하소서.

8.사랑하는 시바신이시여, 당신의 현존을 모든 4가지 세계들 안에 나타내시어, 전사들은 자존심과 명예를 위해 전쟁에 나가서 적을 정복할 권리가 있다는 사고방식을 조장하는 악귀들과 타락한 존재들을 결박하고 불태우소서.

오, 시바신이시여, 이제 모든 것을 비우고 일어서니,
내 마음은 자유롭게 확장됩니다.
내면의 모든 허상들을 놓아버리니,
내맡김은 평화로 가는 열쇠입니다.

오, 시바신이시여, 에너지를 정화하소서.
오, 시바신이시여, 동반 상승을 가져오소서.
오, 시바신이시여, 모든 악귀들을 불태워 흩어버리소서.
오, 시바신이시여, 저에게 다시 평화가 깃들게 하소서.

9.사랑하는 시바신이시여, 당신의 현존을 자의식계 안에 나타내시어, 육화한 인간들을 서로 싸우도록 만들기 위해 전사적 사고방식을 이용하는 타락한 존재들을 결박하고 태워주소서.

오, 시바신이시여, 모든 것을 태워버리는 화염이시여,
파르바티(Parvati)와 함께 나를 더 높이 끌어올려주소서.
내가 당신의 빛을 높이 들어 올려 보일 때,
모든 사람들이 나에게 이끌려올 것입니다.

오, 시바신이시여, 에너지를 정화하소서.
오, 시바신이시여, 동반 상승을 가져오소서.
오, 시바신이시여, 모든 악귀들을 불태워 흩어버리소서.

오, 시바신이시여, 저에게 다시 평화가 깃들게 하소서.

2부

1.대천사 미카엘이시여, 당신의 현존을 모든 4가지 세계들 안에 나타내시어, 아이들이 전쟁게임을 하게 만들거나 호전적인 장난감을 갖고 노는 문화를 조장하는 악귀들과 타락한 존재들을 결박하고 불태우소서.

대천사 미카엘이시여, 찬란한 푸른빛이시여,
내 가슴은 오직 당신을 위해 열려 있습니다.
내 마음은 이제 둘이 아닌 하나가 되었고,
나에 대한 당신의 사랑은 언제나 진실합니다.

대천사 미카엘이시여, 당신은 여기에 함께 하시고,
당신의 빛은 모든 의심과 두려움을 불태웁니다.
당신의 현존은 영원히 내 가까이 있으며,
당신은 나에게 너무나 소중합니다.

2.대천사 미카엘이시여, 당신의 현존을 모든 4가지 세계들 안에 나타내시어, 싸워야 할 적을 가져야만 자기 존재를 정당화할 수 있는 전사적 사고방식은 출구 없는 악순환임을 사람들이 깨닫게 하소서.

대천사 미카엘이여, 나는 당신의 실체와
온전히 하나가 되겠습니다.
내게 보이는 어떤 두려움도 나를 막지 못하며,
이 세상은 나를 지배할 힘이 없습니다.

대천사 미카엘이시여, 당신은 여기에 함께 하시고,

당신의 빛은 모든 의심과 두려움을 불태웁니다.
당신의 현존은 영원히 내 가까이 있으며,
당신은 나에게 너무나 소중합니다.

3.대천사 미카엘이시여, 당신의 현존을 모든 4가지 세계들 안에 나타
내시어, 자신의 나라에 전사적 사고방식의 전문 인력으로 채워진 대규
모의 군대가 필요하다는 사고방식을 불태우소서.

대천사 미카엘이시여, 나를 굳게 잡아주시고,
이제 가장 어두운 밤을 산산조각내소서.
당신의 빛으로 내 차크라들을 정화하고,
나의 내면의 시각을 복원해주소서.

대천사 미카엘이시여, 당신은 여기에 함께 하시고,
당신의 빛은 모든 의심과 두려움을 불태웁니다.
당신의 현존은 영원히 내 가까이 있으며,
당신은 나에게 너무나 소중합니다.

4.대천사 미카엘이시여, 당신의 현존을 모든 4가지 세계들 안에 나타
내시어, 전사적 사고방식과 무장의 필요성을 조장하는 악귀들과 타락
한 존재들을 결박하고 불태우소서.

대천사 미카엘이시여, 나는 이제 일어나서,
당신과 함께 빛을 지휘합니다.
내가 가장 높은 진리를 이해할 때까지,
나는 영원히 내 가슴을 확장해나가겠습니다.

대천사 미카엘이시여, 당신은 여기에 함께 하시고,
당신의 빛은 모든 의심과 두려움을 불태웁니다.
당신의 현존은 영원히 내 가까이 있으며,

당신은 나에게 너무나 소중합니다.

5.대천사 미카엘이시여, 수백만 명의 사람들의 주의력이 어떤 상대와
의 싸움으로 향할 때 그들의 감정적, 정신적, 본성적 에너지는 적을
끌어당기는 틀 속으로 공급된다는 것을 사람들이 깨닫게 하소서.

대천사 미카엘이시여, 내 가슴 안에 계신 존재시여,
당신은 결코 나를 떠나지 않습니다.
나는 신성한 영단의 한 부분이며,
이제 나는 신선한 새 출발을 받아들입니다.

대천사 미카엘이시여, 당신은 여기에 함께 하시고,
당신의 빛은 모든 의심과 두려움을 불태웁니다.
당신의 현존은 영원히 내 가까이 있으며,
당신은 나에게 너무나 소중합니다.

6.대천사 미카엘이시여, 당신의 현존을 모든 4가지 세계들 안에 나타
내시어, 지난 세기의 수많은 대규모 군사 분쟁들 배후의 원인인 전사
적 사고방식을 산산조각 내소서.

대천사 미카엘이시여, 당신의 푸른 검(劍)은
모든 어둠을 베어버립니다.
나는 이제 나의 그리스도 신성을 추구하며,
무엇이 진실인지를 분별합니다.

대천사 미카엘이시여, 당신은 여기에 함께 하시고,
당신의 빛은 모든 의심과 두려움을 불태웁니다.
당신의 현존은 영원히 내 가까이 있으며,
당신은 나에게 너무나 소중합니다.

7.대천사 미카엘이시여, 사람들이 전사적 사고방식의 헛됨을 알고 전사 같은 행위들을 멈추어야만 외부의 적들도 사라진다는 것을 깨닫게 하소서.

대천사 미카엘이시여, 당신의 날개 안에서,
나는 이제 저급한 것들을 내려놓습니다.
내 가슴속에서 귀향하라는 신의 부름이 울리면,
당신과 함께 내 가슴은 영원히 노래합니다.

대천사 미카엘이시여, 당신은 여기에 함께 하시고,
당신의 빛은 모든 의심과 두려움을 불태웁니다.
당신의 현존은 영원히 내 가까이 있으며,
당신은 나에게 너무나 소중합니다.

8.대천사 미카엘이시여, 감정계 안에 당신의 현존을 나타내시어, 전쟁과 싸움과 아드레날린 분출 행위의 중독에다 사람들을 계속 가두어놓는 악귀들과 타락한 존재들을 결박하고 불태우소서.

대천사 미카엘이시여, 나를 고향으로 데려가소서.
나는 더 높은 천체에서 거닐고 싶습니다.
나는 우주의 거품에서 다시 태어나고,
내 삶은 이제 신성한 시(詩)가 됩니다.

대천사 미카엘이시여, 당신은 여기에 함께 하시고,
당신의 빛은 모든 의심과 두려움을 불태웁니다.
당신의 현존은 영원히 내 가까이 있으며,
당신은 나에게 너무나 소중합니다.

9.대천사 미카엘이여, 전쟁에 나갈 때 자신의 삶이 의미를 갖게 된다는 의식에서 사람들을 자유롭게 해주소서. 전쟁이 없는 삶은 공허하다

는 느낌에서 그들을 자유롭게 해주소서.

대천사 미카엘이시여, 빛이신 당신은
푸른 별처럼 찬란하게 빛나고 있습니다.
당신은 우주의 아바타이며,
나는 당신과 함께 아주 멀리 갈 것입니다.

대천사 미카엘이시여, 당신은 여기에 함께 하시고,
당신의 빛은 모든 의심과 두려움을 불태웁니다.
당신의 현존은 영원히 내 가까이 있으며,
당신은 나에게 너무나 소중합니다.

3부

1.사랑하는 시바신이시여, 이원성에서 기꺼이 나갈 준비가 되었지만
삶이 공허하다고 느끼는 사람들을 자유롭게 해주소서. 그들을 자유롭
게 하셔서 영적인 길을 찾고 전체에 봉사하는 의미와 목적을 발견하게
해주소서.

오 시바신이시여, 신성한 불의 신이시여,
과거를 끝낼 시간입니다.
나는 낡은 것을 초월해서 올라가고자 하며,
황금빛 미래가 펼쳐집니다.

오 시바신이시여, 에너지를 정화하소서.
오 시바신이시여, 동반 상승을 가져오소서.
오 시바신이시여, 모든 악귀들을 불태워 흩어버리소서
오 시바신이시여, 저에게 다시 평화가 깃들게 하소서.

2.사랑하는 시바신이시여, 당신의 현존을 모든 4가지 세계들 안에 나타내시어, 사람들에게 중독을 조장함으로써 전쟁을 경연이나 스포츠 게임처럼 느끼게 하고 자신이 최고의 전사라고 느끼게 만드는 악귀들과 타락한 존재들을 결박하고 불태우소서.

오 시바신이시여, 내게 임하시여 나를 제한하는
세력들로부터 나를 자유롭게 해주소서.
저급한 모든 것을 불태우는 화염으로
나의 성공을 위한 길을 닦아주소서.

오 시바신이시여, 에너지를 정화하소서.
오 시바신이시여, 동반 상승을 가져오소서.
오 시바신이시여, 모든 악귀들을 불태워 흩어버리소서.
오 시바신이시여, 저에게 다시 평화가 깃들게 하소서.

3.사랑하는 시바신이시여, 당신의 현존을 모든 4가지 세계들 안에 나타내시어, 어느 한 나라가 최강의 군사들을 보유하고 있고 어떤 적국도 섬멸할 수 있다는 사고방식을 조장하는 악귀들과 타락한 존재들을 결박하고 불태우소서.

오 시바신이시여, 마야의 베일을 흩어버리시고,
나의 사적인 영역을 정화해주소서.
죽음의 의식(意識)을 몰아내고,
당신의 신성한 숨결로 그것을 불태우소서.

오 시바신이시여, 에너지를 정화하소서.
오 시바신이시여, 동반 상승을 가져오소서.
오 시바신이시여, 모든 악귀들을 불태워 흩어버리소서.
오 시바신이시여, 저에게 다시 평화가 깃들게 하소서.

4.사랑하는 시바신이시여, 당신의 현존을 모든 4가지 세계들 안에 나타내시어, 살상능력에 근거한 국가적 자부심과 국가들 간에 전쟁 경기라는 관념을 조장하는 악귀들과 타락한 존재들을 결박하고 불태우소서.

  오 시바신이시여, 이에 나는 이곳 지상의
  모든 집착들을 놓아버립니다.
  중독성의 실재들은 소멸되며,
  나는 다시 위로 향한 길을 갑니다.

  오 시바신이시여, 에너지를 정화하소서.
  오 시바신이시여, 동반 상승을 가져오소서.
  오 시바신이시여, 모든 악귀들을 불태워 흩어버리소서.
  오 시바신이시여, 저에게 다시 평화가 깃들게 하소서.

5.사랑하는 시바신이시여, 당신의 현존을 모든 4가지 세계들 안에 나타내시어, 국가 간의 스포츠 시합들을 통해 치명적이지 않은 형태의 호전적인 경기들을 조장하는 악귀들과 타락한 존재들을 결박하고 불태우소서.

  오 시바신이시여, 내가 당신의 이름을 낭송하오니,
  오셔서 두려움과 의심과 수치심을 소멸해주소서.
  에고가 마음속에 감추고 싶어 하는 것을,
  당신의 불꽃으로 드러내소서.

  오 시바신이시여, 에너지를 정화하소서.
  오 시바신이시여, 동반 상승을 가져오소서.
  오 시바신이시여, 모든 악귀들을 불태워 흩어버리소서.
  오 시바신이시여, 저에게 다시 평화가 깃들게 하소서.

6.사랑하는 시바신이시여, 사람들을 자유롭게 하시어, 전투 능력이 국가의 우월성을 증명해주지 않음을 알게 하소서. 근대적이고 민주적인 문명의 가치체계에서 볼 때, 더 많은 군사력과 무기를 보유하고 있을수록 더 열등한 나라임을 증명하는 것입니다.

오 시바신이여, 모든 두려움은 사라지고,
이제 내 카르마의 빚이 청산되니,
과거는 더 이상 내 선택권을 제한하지 못하며,
나는 시바신의 숨결 안에서 기쁨을 누립니다.

오 시바신이시여, 에너지를 정화하소서.
오 시바신이시여, 동반 상승을 가져오소서.
오 시바신이시여, 모든 악귀들을 불태워 흩어버리소서.
오 시바신이시여, 저에게 다시 평화가 깃들게 하소서.

7.사랑하는 시바신이시여, 분리와 이원성은 세상의 분쟁들의 원인이며, 모든 생명이 하나라는 근본적인 현실에 기반을 둔 새로운 가치체계가 확립되어야 함을 사람들이 깨닫게 하소서.

오! 시바신이시여, 저들의 올가미 안에 나를 가두고 있는
쌍쌍의 영체들을 내게 보여주소서.
나는 당신이 확고히 결박하는 그 영체들을
내 마음 속에서 직시하기를 원합니다.

오 시바신이시여, 에너지를 정화하소서.
오 시바신이시여, 동반 상승을 가져오소서.
오 시바신이시여, 모든 악귀들을 불태워 흩어버리소서.
오 시바신이시여, 저에게 다시 평화가 깃들게 하소서.

8.사랑하는 시바신이시여, 하나됨의 가치에 기반을 두고 모든 정당에

이익이 되는 해법을 찾으면서 같이 일하는 능력을 극대화하는 나라가
가장 잘 발달된 국가임을 사람들이 깨닫게 하소서.

오 시바신이시여, 이제 모든 것을 비우고 일어서니,
내 마음은 자유롭게 확장됩니다.
내면의 모든 허상들을 놓아버리니,
내맡김은 평화로 가는 열쇠입니다.

오 시바신이시여, 에너지를 정화하소서.
오 시바신이시여, 동반 상승을 가져오소서.
오 시바신이시여, 모든 악귀들을 불태워 흩어버리소서.
오 시바신이시여, 저에게 다시 평화가 깃들게 하소서.

9.사랑하는 시바신이시여, 당신의 현존을 모든 4가지 세계들 안에 나
타내시어, 한 쪽이 군사력을 포기하면 다른 쪽이 세상을 장악할 것이
라는 망상을 근거로 군사력 그 자체를 목적으로 삼는 사고방식을 조장
하는 악귀들과 타락한 존재들을 결박하고 불태우소서.

오 시바신이시여, 모든 것을 태워버리는 화염이시여,
파르바티(Parvati)와 함께 나를 더 높이 끌어올려주소서.
내가 당신의 빛을 높이 들어 올려 보일 때,
모든 사람들이 나에게 이끌려올 것입니다.

오 시바신이시여, 에너지를 정화하소서.
오 시바신이시여, 동반 상승을 가져오소서.
오 시바신이시여, 모든 악귀들을 불태워 흩어버리소서.
오 시바신이시여, 저에게 다시 평화가 깃들게 하소서.

4부

1.대천사 미카엘이시여, 당신의 현존을 아스트랄계 안에 나타내시어, 군대의 존재를 정당화하는 사고방식을 조장하고 지속적으로 증가되는 무기 소비를 통해 그것을 무기한 영속시키고자 하는 악귀들과 타락한 존재들을 결박하고 불태우소서.

대천사 미카엘이시여, 찬란한 푸른빛이시여,
내 가슴은 오직 당신을 위해 열려 있습니다.
내 마음은 이제 둘이 아닌 하나가 되었고,
나에 대한 당신의 사랑은 언제나 진실합니다.

대천사 미카엘이시여, 당신은 여기에 함께 하시고,
당신의 빛은 모든 의심과 두려움을 불태웁니다.
당신의 현존은 영원히 내 가까이 있으며,
당신은 나에게 너무나 소중합니다.

2.대천사 미카엘이시여, 당신의 현존을 4가지 모든 세계들 안에 나타 내시어, 아무도 대적할 수 없는 최첨단 무기를 우리가 만들어낼 수 있다는 망상을 조장하는 악귀들과 타락한 존재들을 결박하고 불태우소서.

대천사 미카엘이시여, 나는 당신의 실체와
온전히 하나가 되겠습니다.
내게 보이는 어떤 두려움도 나를 막지 못하며,
이 세상은 나를 지배할 힘이 없습니다.

대천사 미카엘이시여, 당신은 여기에 함께 하시고,
당신의 빛은 모든 의심과 두려움을 불태웁니다.
당신의 현존은 영원히 내 가까이 있으며,

당신은 나에게 너무나 소중합니다.

3.대천사 미카엘이시여, 사람들을 자유롭게 하시어, 이원성 안으로 들
어가면 우리의 모든 행위는 정반대의 것을 창조하게 된다는 것을 깨닫
게 하소서. 따라서 지금까지 어떤 무기를 개발할 수 있었든 이에 대응
하는 무기가 뒤따라 나왔으며, 이런 식으로 군비 지출이 무한정으로
연속됩니다.

대천사 미카엘이시여, 나를 굳게 잡아주시고,
이제 가장 어두운 밤을 산산조각내소서.
당신의 빛으로 내 차크라들을 정화하고,
나의 내면의 시각을 복원해주소서.

대천사 미카엘이시여, 당신은 여기에 함께 하시고,
당신의 빛은 모든 의심과 두려움을 불태웁니다.
당신의 현존은 영원히 내 가까이 있으며,
당신은 나에게 너무나 소중합니다.

4.대천사 미카엘이시여, 당신의 현존을 4가지 모든 세계들 안에 나타
내시어, 물질세계 안에다 신께서 뒤엎거나 허물어버릴 수 없는 어떤
궁극적 상태를 구축하려는 악귀들과 타락한 존재들을 결박하고 불태우
소서.

대천사 미카엘이시여, 나는 이제 일어나서,
당신과 함께 빛을 지휘합니다.
내가 가장 높은 진리를 이해할 때까지,
나는 영원히 내 가슴을 확장해나가겠습니다.

대천사 미카엘이시여, 당신은 여기에 함께 하시고,
당신의 빛은 모든 의심과 두려움을 불태웁니다.

당신의 현존은 영원히 내 가까이 있으며,
당신은 나에게 너무나 소중합니다.

5.대천사 미카엘이시여, 사람들을 자유롭게 하시어, 타락한 천사들이 추구하던 것의 무익함과 오류를 알게 하소서. 그리하면 그들은 지구상에 분쟁과 고통을 가져오는 이런 일을 더 이상 허용해선 안 된다는 것을 깨달을 것입니다.

대천사 미카엘이시여, 내 가슴 안에 계신 존재시여,
당신은 결코 나를 떠나지 않습니다.
나는 신성한 영단의 한 부분이며,
이제 나는 신선한 새 출발을 받아들입니다.

대천사 미카엘이시여, 당신은 여기에 함께 하시고,
당신의 빛은 모든 의심과 두려움을 불태웁니다.
당신의 현존은 영원히 내 가까이 있으며,
당신은 나에게 너무나 소중합니다.

6.대천사 미카엘이시여, 사람들을 자유롭게 하시어 그들이 고통을 성찰하며 이렇게 말할 수 있게 하소서. "더 이상은 안 된다! 우리는 더이상 이런 것을 원치 않는다. 우리는 고통을 겪을 만큼 겪었다. 타락한 존재들에 의해 잘못 인도된 추구로 인해 우리의 삶은 무수한 파괴를 겪었다. 지난 백년 이상 동안 극에 달했던 군비 확장경쟁도 이것으로 충분하다."

대천사 미카엘이시여, 당신의 푸른 검(劍)은
모든 어둠을 베어버립니다.
나는 이제 나의 그리스도 신성을 추구하며,
무엇이 진실인지를 분별합니다.

대천사 미카엘이시여, 당신은 여기에 함께 하시고,
당신의 빛은 모든 의심과 두려움을 불태웁니다.
당신의 현존은 영원히 내 가까이 있으며,
당신은 나에게 너무나 소중합니다.

7. 대천사 미카엘이시여, 최첨단 무기와 최강의 군사력을 위한 불가능한 탐구에 삶을 허비하는 것이 무의미함을 사람들이 깨닫게 하소서. 국가의 재정이 이런 일에 허비되는 것은 무의미합니다.

대천사 미카엘이시여, 당신의 날개 안에서,
나는 이제 저급한 것들을 내려놓습니다.
내 가슴속에서 귀향하라는 신의 부름이 울리면,
당신과 함께 내 가슴은 영원히 노래합니다.

대천사 미카엘이시여, 당신은 여기에 함께 하시고,
당신의 빛은 모든 의심과 두려움을 불태웁니다.
당신의 현존은 영원히 내 가까이 있으며,
당신은 나에게 너무나 소중합니다.

8. 대천사 미카엘이시여, 당신의 현존을 4가지 모든 세계들 안에 나타내소서. 그리하여 수백만의 사람들이 굶고 있고 세상의 70% 인구가 빈곤에 허덕이고 있는데도 군비증강에 막대한 돈을 써야 한다는 환영을 조장하고 있는 악귀들과 타락한 존재들을 결박하고 불태우소서.

대천사 미카엘이시여, 나를 고향으로 데려가소서,
나는 더 높은 천체에서 거닐고 싶습니다.
나는 우주의 거품에서 다시 태어나고,
내 삶은 이제 신성한 시(詩)가 됩니다.

대천사 미카엘이시여, 당신은 여기에 함께 하시고,

당신의 빛은 모든 의심과 두려움을 불태웁니다.
당신의 현존은 영원히 내 가까이 있으며,
당신은 나에게 너무나 소중합니다.

9. 대천사 미카엘이시여, 이로써 나는 전사적 사고방식에 빠져 있는 존재들을 보면서 내 안의 그리스도의 권한으로 이렇게 말합니다. "이 행성에 당신들의 자리는 더 이상 없습니다. 이 행성에 전사적 사고방식은 더 이상 있을 곳이 없습니다. 나는 당신들의 전쟁 게임으로 인해 이 행성이 파괴되거나 계속되는 두려움 속에서 사는 것을 더 이상 허용하지 않겠으며, 그러므로 당신들은 전사적 사고방식을 버리거나, 다른 행성을 찾아야 합니다. 전쟁 게임도 할 만큼 했습니다. 전쟁도 할 만큼 했습니다. 전사 노릇도 이것으로 충분합니다."

대천사 미카엘이시여, 빛이신 당신은 $\frac{2}{3}$
푸른 별처럼 찬란하게 빛나고 있습니다.
당신은 우주의 아바타이며,
나는 당신과 함께 아주 멀리 갈 것입니다.

대천사 미카엘이시여, 당신은 여기에 함께 하시고,
당신의 빛은 모든 의심과 두려움을 불태웁니다.
당신의 현존은 영원히 내 가까이 있으며,
당신은 나에게 너무나 소중합니다.

봉인하기

신(神)의 이름으로, 나는 대천사 미카엘과 아스트리아와 시바신께서 나와 모든 건전한 사람들 주위에 뚫을 수 없는 보호막을 형성하시어, 우리를 4가지 세계들 안에 있는 모든 두려움의 에너지로부터 봉인해주심을 받아들입니다. 또한 나는 신의 빛이 전쟁 배후의 세력을 구성하는 모든 두려움에 기초한 에너지들을 불태우고 변형시키고 있음을 받아들입니다!

전쟁을 통한 물질적인 돈벌이

　나는 승천한 마스터, 성모 마리아입니다. 나는 여러분에게 또 다른 전쟁의 원인에 대해 이야기하러 왔으며, 그것은 물질적인 이득을 위한 욕망에 의해 야기되는 전쟁입니다. 이것은 복잡한 문제입니다. 여기에는 단지 하나가 아니라 많은 숨은 흐름들이 있습니다. 가장 단순한 한 가지를 들자면, 여러분은 역사 내내 계속해서 최소한 거대한 규모의 공격이나 전쟁들이 물리적인 약탈을 위한 욕망에 의해 유발되었다는 사실을 알 수 있습니다. 여러분은 바이킹이나, 훈족, 해적들처럼, 돈을 받고 전쟁을 하거나 더 큰 부(富)를 가졌던 사람들을 물리적으로 약탈하기 위해 공격적인 행위들을 자행한 수많은 인간 집단들을 보았습니다.

　이것은 어느 정도 전사문화에 의해 조장되었거나 파생된 것입니다. 좋은 전사들이 되도록 젊은이들을 교육시키는 이런 문화가 있었습니다. 국가들 간에 전쟁을 할 수 있는 나라들이 없었을 때 그들의 기술로 무엇을 했을까요? 그 전사들은 때때로 나가서 물질적인 이득을 위해 그들의 기술을 사용하고는 했습니다. 이것이 물질적인 부를 둘러싸고 벌어지는 전쟁의 가장 단순한 원인입니다. 전쟁과 약탈행위 사이에는 직접적이고 가시적인 연결고리가 있습니다.

　그런데 현대 세상에서, 문제는 더욱 더 복잡해집니다. 전쟁 행위와 물질적인 부를 얻는 것 사이에는 더 이상 늘 직접적이고, 물리적인 연결고리 - 최소한 가시적인 연결고리 - 가 있는 것이 아닙니다.

전쟁 산업 폭로하기

더욱 복잡하지만 여전히 어느 정도 가시적인 수준에서, 우리는 군산복합체(軍産複合體)라 불리는 것에 대해 말할 수 있습니다. 전쟁을 위해 사용되는 기술을 개발해서 돈을 버는 거대 기업들이 세상 곳곳에 있다는 것은 아주 명백합니다. 소위 방위산업이라 불리는 그것은 어마어마합니다. 그것은 많은 나라들에서 엄청난 정치적인 권력을 갖고 있습니다. 그것은 사람들에게 일자리들을 제공하는 직접적이거나 다소 간접적인 수단들을 통해서 엄청난 권력을 소유합니다. 그것은 또한 로비 행위나 뇌물, 또는 뭔가를 통해서 세력가를 매수한다는 점에서 숨겨진 엄청난 힘을 행사합니다.

이것은 드러날 필요가 있습니다. 또한 중단될 필요가 있습니다. 방위산업이 성행할 때 산업 그 자체는 주주(株主)의 이익과 직원들의 일자리가 전쟁 물자들을 만드는데 의존하며, 그래서 그 산업은 전쟁 물자의 생산이 지속되기를 바라게 됩니다. 그뿐만이 아니라 더 많은 전쟁 물자들, 더욱 정교하고 더욱 비싼 무기들을 생산함으로써 이익을 증대시키기를 원합니다. 이것은 이미 내가 말했던 것과 관련되는데, 즉 모든 것은 반격 수단이 있기 때문에 궁극적인 무기라는 것은 절대로 개발될 수가 없는 것입니다.

군산복합체가 어떻게 새로운 무기체계를 한 나라나 한쪽의 정치인들에만 제시하는지에 대한 많은 예들이 있습니다. 그들은 의도적으로 이런 무기체계를 보여주지만, 그들은 무기체계를 개발한 초기부터 이미 그 무기에 대한 반격 수단이 있게 되리라는 것을 알고 있습니다. 그들은 또한 그 대응무기에 대한 계획들을 가지고 있지만, 오직 한 무기체계만 제시합니다. 그들은 이것이 기존의 무기체계들에 비해서 어떤 궁극적인 성능이 있다고 보여줍니다. 그리하여 그들은 정치인들이 그 무기를 사게 만드는데, 왜냐하면 정치인들은 그 무기가 군사적 우위를 점하게 하여 어쩌면 전쟁을 방지할 수 있는 효력이 있을 거라고 생각하기 때문이지요.

얼마 후, 그 산업은 아마도 외견상 관계가 없는 다른 기업들을 통해서 반격 수단을 개발하기 시작합니다. 처음의 약속은 무기경쟁의 종식이었지만, 여러분은 이제 서로 무기 경쟁을 합니다. 이것은 모두의 이익이라는 이름으로, 또 다시 반복됩니다. 내가 장담하는데, 이것은 쉽게 알 수 있습니다. 기업들은 전쟁 물자들과 전쟁에 사용된 다른 형태의 기술로 돈을 벌면서 군대를 맡고 있는 정부들에게 그 물자나 기술들을 팝니다.

이것은 많은 가지들이 있는 하나의 거대 산업입니다. 무기와 같은 전쟁 물자들을 생산하고 파는 데 직접적으로 연관돼 있지는 않더라도 군대에서 병사들에게 음식을 제공하거나, 군사 기지의 화장실을 청소하거나, 다수의 다른 일들을 함으로써 돈을 버는 기업들이 있습니다. 여러분은 이 산업이 얼마나 거대한지 압니다. 내가 확신하지만, 여러분은 또한 우리가 이 행성에서 전쟁을 끝내는 목표에 도달할 때 – 사랑하는 이들이여, 우리가 그 목표에 도달할 것입니다 – 이런 군수산업 전체가 사라지게 되리라는 것을 알고 있습니다.

오늘날의 세상에는 직접적으로 군수산업에 연관된 사람들뿐만 아니라 자신의 유권자들의 직업이 그런 군수산업에 의존해 있음을 아는 정치인들 등등의 많은 사람들이 있는데, 이들은 그런 군수산업이 없는 세상을 상상조차 할 수 없습니다. 그들은 이렇게 말합니다. "일자리들이 어디에서 왔는가? 심지어 이 산업이 없으면 우리가 어떻게 생존할 수 있는가?" 그러므로, 나는 여러분에게 어떻게 생존할 것인지를 말해 줄 것입니다.

증대되어 돌아오는 법칙을 통한 번영

나는 우주 거울에 대해서 얘기했습니다. 여러분이 뭔가를 외부로 투사하면, 우주 거울은 증식된 것을 여러분에게 반사해 돌려줍니다. 이 원리의 가장 단순한 실례(實例)는 여러분이 하나의 밀알을 땅에 심는 것입니다. 그것이 성장하여 나무가 되고 하나를 심은 것에서 20배 또는 더 많은 밀알이 되어 돌아옵니다. 이것은 재능을 받은 종들에 대한 예수의 비유에서 묘사된 원리입니다. 그들 가운데 둘은 그것을 증식했습니다. 그들 중 하나는 그것을 땅 속에 묻어버렸고 아무것도 하지 못했습니다. 이것은 육화한 영적인 존재가 어떻게 물질계인 어머니 세계와 상호작용 하는가에 대한 영원한 원리입니다.

여러분은 공동-창조자들입니다. 여러분이 전체를 높이려는 목적으로 행동을 할 때, 물질영역은 여러분의 행위를 증식시키는 법칙으로써 작동합니다. 여러분이 전체에 이익을 주지 않는 목적으로 행동을 할 때도, 역시 물질영역은 여러분의 행위를 증식시킬 것입니다. 나는 이것이 이해하기 어려울 수 있다는 것을 알지만, 여러분은 단순히 자신의 의식을 바꿀 필요가 있습니다. 여러분이 내보내는 무엇이든, 그것이 증식되어 돌아오게 될 것입니다.

만약 여러분이 모두를 위해 더 나은 것으로 기여하는 목적으로 뭔가를 내보내면, 여러분은 모든 이들에게 더 많은 것을 주는 선물을 돌려받게 됩니다. 만약 여러분이 소수에게는 이익이 되고 다수에게는 손해가 되는 목적으로 충격파를 내보내면, 실제로 전체로부터 빼앗는 행위를 돌려받게 됩니다. 여러분이 땅에 밀을 심는 것처럼 긍정적인 행위를 할 때, 물질계는 여러분이 땅에 심은 것보다 훨씬 더 많은 밀알들을 생산합니다. 즉 지상에서 가용할 수 있는 더 많은 밀알들을 수확하게 될 것입니다. 그러나 여러분이 증식하지 않거나 전체에 이익이 되지 않는 행위들을 할 때, 지구상에서 가용할 수 있는 것의 총량은 낮아지게 됩니다.

전쟁을 통한 부(富)의 총량 감소

만약 여러분이 군수물자가 아닌 물품들을 생산하는 긍정적인 목적의 산업을 가동한다면, 그 산업은 물질우주로부터 지구에서 쓸 수 있는 부의 총량을 증대시키는 보답을 받게 될 것입니다. 만약 여러분이 군수물자들을 생산하는 목적의 산업을 갖고 있다면, 그 산업은 물질영역으로부터 긍정적인 보답을 가져오지 못할 것입니다. 정반대로, 전체

자원들의 총량을 대폭 감소시키는 보답을 받게 될 것입니다. 여러분은 아주 옛 말에 사람들이 전쟁을 겪어본 후에야 그만해야겠다는 것을 깨닫고서 무기를 버리고 평화로운 일에 종사한다는 말을 들어본 적이 있을 겁니다. 여러분이 쟁기를 만들고 그것을 사용할 때, 여러분은 부의 총량을 증가시킵니다. 반대로 여러분이 검을 만들고 사람을 죽이는데 사용한다면, 여러분은 부의 총량을 감소시키게 됩니다.

미합중국의 모든 주(州)들과 나라 전체가 군산복합체[14]와 군수산업에 의존해 있다고 믿는 정치인들이 나라 곳곳에 있습니다. 그들은 이렇게 말합니다. "만약 우리가 거대한 방위산업을 가지지 않는다면, 어떻게 우리 경제가 생존할 수 있습니까?" 그러나 방위산업은 지구상에서 부의 총량을 증가시키는 뭔가를 만들어내지 못한다는 것이 현실입니다. 방위산업은 오히려 지구상에서 부의 총량을 감소시키는 뭔가를 하고 있습니다. 전쟁산업이 그 자원들과 재능을 전체에게 도움이 되는 뭔가를 생산하는데 투자한다면, 국가나 주(州)의 경제는 실질적으로 성장할 것입니다. 여러분이 군산복합체를 버릴 때 더 많은 일자리들과 더 많은 부가 생산됩니다.

나는 이것을 알고 받아들이기가 어렵다는 것을 알고 있습니다. 나는 어떤 혼란처럼 보이는 과도기가 있게 될 거라는 것을 압니다. 문제의 실상은 군산복합체는 단지 임시로 일자리들을 만든다는 것입니다. 그것은 보다 나은 일자리 추세를 만들어내지 못하고 있습니다. 만약 여러분이 오늘날의 세상을 살펴본다면, 500년 전의 세상에 있던 것보다 더욱 많은 부(富)가 세상에 있다는 것을 볼 수 있습니다. 이 증가된 부를 무엇으로 설명할 수 있을까요?

지식과 이해의 증가를 통해서 사람들은 이제 그들이 500년 전에 할 수 있었던 것보다 훨씬 나은 삶과 생활지원 활동을 영위할 수 있는 것이 사실입니다. 부를 증가시킨 그 자체는 인간이 만들어낸 산물이 아닙니다. 즉 그것은 우주로부터 흐름이 돌아온 것입니다. 신과 함께 하지 않는 인간으로는 이것이 불가능하지만, 신과 함께 하는 경우에는

---

14)이 군산복합체의 실상에 관해서는 은하문명에서 출간한 〈UFO와 신과학 - 그 은폐된 비밀과 충격적 진실들〉 5장에서 상세히 소개하고 있다. (감수자 주)

모든 것이 가능합니다. 여러분이 하나의 낱알을 땅에 심는다면, 20배가 되어 돌아옵니다. 여러분이 전체에 이익을 주는 목적으로 단순히 행동을 할 때, 여러분의 행위보다 더 큰 것이 되돌아옵니다. 이것은 단순한 자연의 법칙입니다. 그것을 거스를 수는 없으며, 피해가지 못합니다. 여러분이 그것을 피해가는 환상을 창조할 수는 있지만, 이것은 단지 일시적인 것일 뿐입니다.

전쟁과 돈 사이의 관계

이제부터는 전쟁과 물질적인 이득, 더 정확히 말하면 전쟁과 금전적인 돈벌이 간의 보다 미묘한 관계에 관한 주제 중에 하나로 들어가게 됩니다. 여러분의 다수는 전쟁과 돈 사이에 관계가 있다는 것을 감지하고 있겠지만, 이 행성에서 이 관계를 이해하는 사람들은 매우 적습니다. 이런 이유는 단순합니다. 일반적으로 경제를 이해하는 사람들은 높은 수준의 영적 이해력을 갖고 있지 않고, 일반적으로 영적인 이해력을 가진 사람들은 돈에 대한 복잡한 이해력이 없기 때문입니다.

여러분은 영적인 자각이 없이는 돈을 완전히 이해할 수 없습니다. 만약 여러분이 이성적으로 사고하지 않으면서도 다른 방식의 동기와 사고방식을 가진 타락한 존재들이 있다는 것을 고려하지 않는다면, 돈과 돈의 역할, 특히 전쟁과 돈 사이의 관계를 이해할 수 없습니다.

돈은 언제나 이익에 연결되어 있습니다. 대부분의 경제학자들은 사람들이 돈과 관련된 문제에서는 이성적으로 행동하고 있다고 생각하는 경향이 있습니다. 그들이 돈을 쓴다면, 그것은 그 사람들이 이익을 창출해내고자 하기 때문입니다. 만약 이익을 내지 못하면, 그들은 더 이상 계속 돈을 쓰지 않을 것이고, 또 경제학자들도 그렇게 판단합니다. 하지만 이것은 타락한 존재들에게는 해당되는 예가 아닌데, 왜냐하면 그들은 직접적으로 수익을 만들어 내기 위해 돈을 쓸 필요가 없기 때문입니다. 그들은 종종 이성적인 사고의 관점에서는 쉽게 이해될 수 없는 어떤 다른 목표를 위해 돈을 소비합니다.

음모이론과 돈

　여러분의 다수는 금융제도, 비밀 은행가들, 통화 엘리트와 어떻게 그들이 세상의 돈의 시스템들을 조작했는지에 대해 말하는 다양한 음모이론들이 있다는 것을 인식하고 있습니다. 여기에서 내가 여러분에게 주고자 하는 것은 전통적인 관점의 음모 이론이 아닙니다. 음모 이론들을 넘어서는 것입니다.

　문제의 실상은 세상을 지배하는 의식적인 음모는 없다는 것입니다. 무의식적인 음모가 있지만, 그것이 실제의 음모는 아닙니다. 즉 그것은 단지 육화했거나 하지 않은 많은 수의 타락한 존재들이 그들 자신이 파멸로 이끌려가고 있는 것을 알 수조차 없는 하향나선에 심각하게 빠져있다는 것입니다.

　돈의 문제는 참으로 매우 복잡합니다. 왜 그렇게 복잡하게 되었을까요? 왜냐하면 타락한 존재들이 의도적이면서도 무의식적으로, 그것을 아주 복잡하게 만들었기 때문입니다. 그들은 돈의 문제를 복잡하게 만듦으로써 일반 시민들에게 실제로 일어나는 일을 감출 수가 있습니다. 나는 여러분에게 밖으로 나가서 모든 음모 이론들에 대해서 공부하라고 권고하는 게 아닙니다. 이렇게 말하는 이유는 그것이 무엇이 밤낮이고, 위아래인지 알지 못하도록 여러분을 간단히 압도한다는 것입니다.

　이것은 부분적으로는 다수의 음모 이론들이 타락한 존재들 또는 어느 정도 가치 있는 음모 이론들을 불신케 하거나 아니면 물을 흐리게 하기 위해 (가짜) 음모 이론들을 조작해내도록 그들이 고용한 자들에 의해 의도적으로 만들어졌기 때문입니다. 음모 이론들이 결코 세상에 나오지 않거나 절대로 보도매체들 ― 음모 이론들은 인터넷과 같은 것을 통해 세상으로 전파될 수 있었다 ― 을 찾을 수 없는 것을 선호했던 일부 타락한 존재들이 있습니다. 그들이 이것을 멈출게 할 수 없었을 때, 그들은 사람들을 혼란시키고 지배하기 위해, 그리고 다소 진실을 담고 있는 음모 이론들을 사람들이 믿지 못하게 하기 위해 가짜 음모 이론들을 만들어 내는 다른 조처들을 취했습니다.

돈에 관한 황금시대의 관점

　나는 여러분에게 돈에 대한 매우 단순한 설명을 주고자 합니다. 돈이 일종의 교환의 매개체라는 것은 자주 언급돼 왔습니다. 이것은 얼마나 돈이 있느냐가 아니라, 그것이 어떤 돈이 되어야 하느냐의 문제입니다. 돈은 교환의 매개체가 되어야만 합니다.

　오늘날, 그것은 훨씬 더 그러하며, 이것이 실제로 돈에 관계된 중심적이고도 유일하다고 할 수도 있는 문제입니다. 우리는 영적이면서도 자연스러운 황금시대 경제에서 돈은 오직 한 가지 기능에 봉사해야 한다고 말할 것입니다. 그것은 교환의 매개체입니다. 이 의미는 매우 단순한데, 거기에는 사람들 간에 교환될 필요가 있는 상품이나 서비스들과 같이, 돈과 어떤 실질적인 가치 사이에 직접적인 연결이 있다는 것입니다. 돈은 오직 한 가지 이유를 위해 존재합니다. 즉 그것은 사람들이 상품들과 서비스들을 교환하는 것을 더 쉽게 만들기 위한 것입니다. 돈이 상품들이나 서비스들을 교환하는 방식으로서만 보이는 한, 돈은 악이 아니며 악의 근원이 아닙니다. 여러분은 돈이 악의 근원이라는 말을 들었을 것입니다. 이것은 옳지 않습니다. 올바른 이해는 돈이 교환의 매개체 이상이 될 때 그것은 모든 악의 근원이라는 것입니다. 이것은 물론 비유적 표현이며, 돈보다는 확실히 악의 다른 원인들이 있습니다. 여러분이 돈에서 어떤 실제 가치를 분리시키고 그것을 교환의 매개체 이상으로 만들 때 많은 악들이 있게 됩니다.

　이상적인 경제에서, 돈은 지속적으로 만들어지고 파괴됩니다. 돈은 오직 임시적으로 가치를 저장하는데 사용될 수 있습니다. 돈은 오직 실제 가치, 본래의 고유한 가치를 가진 어떤 것에 직접적으로 연관되어 사용될 수 있습니다. 이상적인 경제에서 여러분은 결코 돈 자체가 고유한 가치를 가지도록 허용하지 않습니다. 여러분이 돈 그 자체가 가치를 가지도록 허용하는 한, 그것은 실제 상품들과 서비스들로부터 단절되고, 돈은 그 자체적인 생명을 띠기 시작할 것입니다. 그리고 머지않아 돈이 당신을 소유할 것입니다.

　세상이 그런 이상적인 경제에 있었던 적이 있을까요? 예, 보다 원시적인 사회들이라고 부르는 것에서는 그랬습니다. 대부분의 모든 더욱 복잡한 문명들에서, 돈은 빠르게 자체의 가치를 띠게 됩니다. 그리고 이렇게 돈이 자체의 가치를 띠게 되자마자 돈으로 돈을 버는 잠재력을 아는 자들, 즉 육화한 타락한 존재들이 대중들의 소수 엘리트가 된 것입니다.

내가 이상적인 경제라고 부르는 것 안에서, 여러분은 돈으로 수익을 만들어내지 못합니다. 여러분은 상품들과 서비스들과 같이 전체에게 이로운 뭔가를 생산하는 것으로 수익을 얻습니다. 이것은 이전에 말했던 것으로서 물리적으로 땅에 밀알 하나를 심는 것에 해당되는 것이며, 이로써 그 20배가 산출됩니다. 여러분이 가치를 창조할 목적으로 뭔가를 할 때, 자신이 창조하는 것을 증식하는 자연의 법칙을 활성화합니다. 이로써, 여러분은 전체를 끌어올립니다. 즉 여러분은 세상에 있는 부의 총량을 증대시킵니다. 그러나 여러분이 돈으로 수익을 만들어낼 때, 그것은 오직 일시적으로 그렇게 할 수 있으며, 그렇게 되면 여러분은 전체를 높이는 법칙 안에 있는 것이 아닙니다. 대신에, 여러분은 세상에 있는 부의 총량을 오히려 감소시키게 됩니다.

전체로부터 빼앗음으로써 부유하게 되기

나는 극소수의 사람들이 아주 부유하게 되어서 그들이 밖에 나가 대부분의 사람들이 쓴다고 상상할 수 있는 것보다 더 많은 돈을 쓸 수 있기 때문에 이것이 모순되게 보일 수 있다는 것을 압니다. 어떻게 내가 이것이 전체의 총량을 감소시킨다고 말할 수 있을까요? 그것은 사람들에게서 돈을 빼앗을 뿐만 아니라, 전체로서의 경제로부터도 돈을 빼앗기 때문에 그렇습니다.

여러분은 지난 500년 동안 부가 증가된 것을 볼 수 있습니다. 500년 전에 비해서 오늘날 아주 많이 부유하게 된 세상을 볼 수 있습니다. 그러면, 여러분은 세상에 있는 많은 갑부들을 보고 이렇게 말할 수도 있습니다. "만약 그들이 전체로부터 빼앗고 있었다면, 어떻게 이러한 사람들이 그렇게 많은 돈을 모을 수 있었을까요?" 세상에는 이전보다도 더 많은 갑부들이 있지만, 여러분의 눈을 뜨고 소위 3세계라 불리는 곳을 살펴보세요. 그 어느 때보다도 더 많은 굶주림에 빠져있는 아이들이 있습니다. 과거 어느 때보다도 기아(飢餓) 수준 이하에서 살고 있는 더 많은 사람들이 존재합니다. 그런데 어떻게 여러분은 부의 총량이 그 최대 잠재력으로 증가되었다고 말할 수 있습니까?

사실상 문제는 타락한 존재들이 소수 엘리트의 손아귀 안에다 부를 집중시킬 수 있게 하는 완전히 잘못된 경제를 만들었기 때문에 오늘날의 세상에 있는 거부(巨富)들이 부유하게 되었다는 것입니다. 이 엘리트들은 500년 전보다 더욱 거대해졌는데, 그렇다고 해서 이것이 경제가 500년 전보다 더 낫게 작동한다는 의미가 아닙니다. 그것은 여러분이 소수 엘리트의 손 안에 모든 소유권이 집중되었던 봉건주의 사회들 속에서 보았던 것과 똑같은 원리이며, 그들은 자기들의 개인적인 소비를 위해 필요한 것보다 훨씬 많이 소유했습니다. 그리고 그 희생은 생존에 필요한 것보다 더 적게 소유한 많은 사람들에 의해 치러집니다. 그러나 증식되어 돌아오는 법칙이 작용하도록 허용되는 이상적인 경제에서는 모든 사람들이 풍요롭게 됩니다. 가난은 없어지게 될 것입니다. 기아도 없게 됩니다. 이 지구 행성은 육화한 인간 100억 명을 부양하도록 엘로힘(Elohim)에 의해서 설계되었습니다. 증식되어 돌아오는 법칙이 아무런 방해를 받지 않고 작용할 때, 지구행성은 100억 명의 사람들에게 쉽게 먹을 것과 입을 것을 주고 풍요로운 삶을 제공할 수가 있습니다.

육화해 있는 사람들이 100억 명이 아니라는 사실은 지금의 상태가 불균형이라는 것을 증명해줍니다. 세계 인구의 ⅔가 빈곤 수준 이하의 삶을 산다는 것, 반면에 개인적으로 쓸 수 있는 것보다 훨씬 많은 돈을 기진 훨씬 더 많은 기부들이 있다는 사실은 기꺼이 자신의 눈을 뜨고 보고자 하는 사람들에게는 이런 불균형이 아주 명확하다는 것을 입증합니다.

이자의 개념에 의문 가지기

오늘날 세상의 전체 경제는 타락한 존재들에 의해 창조된 거짓되고 조작된 경제입니다. 그들이 이런 그릇된 경제를 조성하는 주된 방법 중의 하나는 돈을 찍어낸 이후에 돈을 대출해주면서 이자를 받을 수 있다는 발상입니다.

이 이자에 대한 개념은 지난 수백 년 동안 사람들의 마음 안에 누구도 의문을 품기 어렵도록 아주 깊게 각인되었습니다. 여러분이 만약 사업을 시작하면서 은행에서 돈을 대출받을 필요가 있을 경우, 은행은 오직 만약 여러분이 이자를 지불할 수 있으면 그들은 여러분에게 대출해주고 돈을 벌 수 있습니다. 여러분이 사업을 시작하는 목적이 무엇일까요? 전체에 기여하는 목적으로 상품들과 서비스들을 생산하는 것입니다. 그런데 왜 여러분이 이자를 지불해야 합니까? 이상적인 경제, 이상적인 사회는 이렇게 말할 수 있습니다. "이 사람이 성공적으로 사업을 운영할만한 재능, 기술, 마음가짐을 가지고 있는가?" 만약 그 답이 "예"라면, 사회는 여러분에게 돈을 제공해주고 사업을 시작하게 합니다. 사회는 여러분이 사업을 시작하고 증대되어 돌아오는 법칙을 활성화시킨다는 것을 알 것입니다. 여러분의 노력들은 우주에 의해 증식되며, 전체 사회는 이것으로부터 이익을 봅니다. 사회는 여러분이 지금 은행에 지불하는 이자보다 여러분에게 투자한 것에서 더 커다란 수익을 돌려받게 될 것입니다. 그렇다면, 사회는 이자 없이 여러분에게 돈을 빌려주면 더욱 이익이 될 텐데, 왜 사회가 여러분에게 돈을 대출해주고 이자를 받는 민간 은행들을 필요로 할까요?

민간 은행들이 돈을 찍어내고, 돈을 빌려주고 이자를 청구하는 것이 필요하다는 생각은 타락한 존재들에 의해 창조된 개념입니다. 그것은 오직 다음과 같은 하나의 목적이 있습니다. 즉 이자를 창출해내는 소수 엘리트의 손에다 부를 집중시키는 것이지요.[15] 이것을 달리 바라볼 방도는 없습니다. 그것이 바로 내가 타락한 존재들은 의도적으로 경제

---

15)지구상의 모든 은행들은 본래 유대인들의 고리대금업(高利貸金業)에서 유래된 것이다. 유대 고리대금업자들은 돈을 빌려주고 높은 이자를 받아 부를 증식하는 과정에서 돈을 통해 모든 인간과 세계를 지배할 수 있다는 데 착안하여 은행제도를 만들었다. 바로 이들을 중심으로 오늘날 배후에서 지구를 지배하는 파워 엘리트 세력이 형성되어 있다.
(감수자 주)

를 아주 복잡하게 해서 아무도 그것을 이해할 수 없도록 만들었다고 말한 이유입니다. 만약 여러분이 현대적인 경제를 공부하기 시작한다면, 지식과 이론들, 경제에 대해 서로 다른 시각들에 압도될 것이지만, 경제는 실제로 아주, 아주 단순합니다.

어떻게 인위적인 금융제도가 만들어지게 되었는가?

오늘날, 여러분은 소수 엘리트가 돈을 통해서 일반 대중을 착취하는 것이 가능하도록 완벽하게 설계된 경제를 가지고 있습니다. 그들은 돈이 만들어지는 것을 위에서 통제합니다. 여러분이 보고 있는 모든 금융 상품들은 오직 하나의 기능만이 있습니다. 그것은 소수 엘리트가 금융체계를 통제한다는 사실을 위장하는 것입니다. 이상적인 경제에서는 사회가 돈의 시스템을 통제하는데, 사회는 그 사회의 번영을 위해서는 자연적으로 작동하는 돈의 시스템보다 더 중요한 것은 아무것도 없음을 알기 때문입니다.

무엇이 타락한 존재들에게 이런 인위적인 금융제도를 창조하도록 허용했을까요? 그것은 매우 단순합니다. 답은 한 단어이며, "전쟁"입니다. 오늘날 여러분이 가지고 있는 것은 전시(戰時) 경제입니다. 이것은 각국에 개별적으로 왕들이 있었던 중세 유럽에서 시작되었습니다. 이런 왕들은 육화했던 타락한 존재들이었습니다. 그들은 타락한 존재들이 지닌 원초적인 권력에 대한 욕망을 (이것은 이후에 내가 말할 것입니다) 갖고 있었습니다. 그들은 "나는 세상에서 가장 위대한 왕이다." 라고 말할 수 있도록 영토를 확장하기를 원했습니다. 이렇게 하는 데는 돈이 많이 들게 마련인데, 여기에 핵심 딜레마가 있습니다.

중세시대를 예로 들어 살펴봅시다. 왜냐하면 그 당시 경제는 지금보다 더욱 단순했지만, 그 동일한 원리가 오늘에도 적용되기 때문입니다. 여기에 자신의 영토를 확장할 야망을 가진 왕이 있습니다. 그리 멀리 떨어지지 않은 곳에 또 다른 왕이 있는데, 그 또한 육화한 타락한 존재이고 자신의 영토를 포기하여 다른 왕이 더욱 강력해지는 것을 원치 않습니다. 처음 왕은 상대가 있다는 것을 알게 됩니다. 내가 말했던 것처럼, 여러분이 이원성으로 들어갈 때 여러분은 언제나 반대되는 적을 가집니다. 그 왕은 이제 이웃의 영토를 정복하고 다른 왕을 쳐부수기에 충분히 대규모의 군대를 어떻게 모을 수 있을까하는 문제에 직면합니다.

여기서 문제는 매우 단순합니다. 여러분의 나라에 많은 주민들이 있습니다. 그들은 현재 자신들의 생존을 위해 필요한 물품과, 실제로 자연스럽게 작동하는 경제의 일부가 아닌 왕실과 궁전을 위한 물품들을 생산하는 일에도 전적으로 종사합니다. 어떻게 무기를 제조할 능력을 양성하고, 어떻게 사람들을 식량생산 작업에서 데려다가 군인으로 교육시킬 수 있을까요? 또 이것을 할 돈은 어디에서 나올까요?

경제에서 빼앗은 돈을 전쟁자금으로

여러분이 쟁기를 만들거나 작물들을 재배할 때, 여러분은 뭔가 가치 있는 것을 생산합니다. 그러나 여러분이 대포들과 기병대들과 소총들을 생산할 때, 여러분은 전체 경제를 성장시키는 무언가를 생산하는 것이 아닙니다. 그때 여러분은 인간이나 재산과 같은 가치 있는 뭔가를 파괴하는 목적을 가진 것을 생산하고 있습니다. 무기들은 그것이 전쟁을 목적으로 했을 때는 파괴적인 능력을 가집니다. 간단한 사실은 만약 무기들을 제조하고 군대를 양성하기 위한 생산능력을 키운다면, 나라의 경제로부터 가치를 빼앗고 있다는 것입니다.

여러분이 어떻게 이것을 할 수 있을까요? 그것을 하는 것은 (정상적으로는) 거의 불가능합니다. 한 나라의 경제가 더욱 복잡하게 되고 나라가 더욱 커질수록, 무기를 제조하기 위해 그 경제에서 돈을 빼내기가 더욱 더 어렵게 되고, 군대를 양성하기 위해 그 경제에서 생산능력을 빼내기가 더욱 어렵게 됩니다.

그렇다면 이 문제를 어떻게 극복할 수 있을까요? 여러분은 돈을 통해서 할 수 있습니다. 즉 여러분이 실질적인 상품들의 교환 수단으로부터 돈을 분리시킬 때입니다. 여러분이 돈을 더 이상 교환의 매개체가 아니라 고유의 가치를 지닌 수준에서 받아들일 때, 여러분은 자국에서 생산한 상품들보다 더 많은 돈을 찍어낼 수 있습니다. 여러분이 필요치 않은 돈을 만들었다면, 그것은 실제의 상품들을 교환하기 위한 매개체가 아니며, 그래서 여러분은 자신의 일반적인 생산력으로는 만들 수 없는 뭔가를 사는데 그 돈을 사용할 수 있습니다.

부채의 눈덩이를 위장하기

여러분이 이렇게 할 때, 여러분은 여전히 어떤 사람들의 정상적인 생산능력을 없애는 것이 될 겁니다. 이것은 농장들로부터 빼돌린 젊은 이들이 이제 식량을 생산하지 못한다는 의미입니다. 여러분의 경제는 이제 결핍됩니다. 실제의 상품들이 더 이상 생산되지 못하기 때문에 적자(결손)가 될 것입니다. 그러면, 여러분은 이것을 어떻게 해결하겠습니까? 아주 간단합니다. 여러분은 아무것도 없는 것에서 찍어낸 돈으로 그 적자를 메우면 됩니다. 그리고 여러분은 그 적자를 위장합니다. 마치 적자가 없는 것처럼 보이게 하지만, 물론 거기에는 적자가 있습니다. 여러분이 하고 있는 것은 단지 그것을 미래에다 밀어 넣어 미루어 두는 것입니다.

여러분은 이제 우리가 눈덩이에 비유할만한 것을 만듭니다. 알다시피 매번 눈덩이를 밀어서 한 바퀴 굴릴 때마다, 그것은 더 많은 눈을 모으고 더욱 더 커지게 됩니다. 여러분은 이제 부채의 눈덩이를 만들었습니다. 첫 번째 왕들은 전쟁을 수행하려고 이것을 했습니다. 부채를 갚아야 했을 때, 그들은 단순히 눈덩이를 더 많이 미래로 밀어버렸으며, 이로써 눈덩이는 더욱 커졌습니다.

누가 그 왕들에게 이렇게 할 수 있다는 생각을 주었을까요? 타락한 존재들은 다양한 등급들이 있습니다. 보다 직접적이고 원초적인 권력 추구로 움직이는 자들은 왕이었습니다. 그런데 거기에는 더욱 정교한 자들이 있었고, 그들은 은행가들이 되었습니다. 왕들은 종종 감정계 (아스트랄계) 또는 사고계(멘탈계) 안의 타락한 존재들에 의해 조종되었습니다. 그리고 은행가들은 숨은 의도를 갖고 있던 자의식계(아이덴티티계)의 타락한 존재들에 의해 조종되었습니다. 보다 지적으로 타락한 존재들은 자기들의 목적을 진전시키는 경제를 만들어내기 위해 타락한 더 근본적인 존재들을 이용했습니다.

여러분은 특정한 수준에서 인간이 이해할 수 있는 어떤 이성적인 동기가 있다고 말할 수 있습니다. 왕들은 그들의 영토, 그들의 권력을 확장하려는 동기를 가졌습니다. 은행가들은 돈을 만들거나 또는 어쩌면 심지어 누가 전쟁하러 갈지를 결정하는 권력을 얻으려는 동기를 가졌습니다. 은행가들은 양쪽의 왕들에게 대출을 해주었습니다. 그들은 또한 무기 공장들을 만들고 무기를 생산해서 양쪽의 왕들에게 팔았으며, 이후 그 왕들이 전쟁을 일으키고 또 다른 왕이 무기들을 다 써버리도록 불을 붙였습니다. 은행가들은 뒤에 앉아 있었고, 그들은 돈을 만들어, 실질적으로 세상을 지배했으며 권력을 즐겼습니다.[16]

나는 이것이 유력한 이론적 해석이라고 말하는 것이 아니라, 그것이 근본적 원리라는 것입니다. 왕들이나 은행가들도 더 큰 게임에서 단지 졸들(앞잡이들)이었다는 것을 이해하지 못했으며, 이 게임은 자의식계 안의 타락한 존재들에 의해 진행되었습니다. 그들 또한 이유를 가지고 있었지만 대부분의 사람들이 이해할 수 있는 이유가 아니었는데, 그래서 내가 여러분에게 그것을 이해할 수 있는 지식을 주려고 노력하고 있는 것입니다. 그 단순한 이유는 그들이 자아의식을 지닌 공동-창조자들이 자각 속에서 성장하기보다는 오히려 자신들을 파괴하는 단계까지 자유의지를 오용케 함으로써 신의 오류를 증명하기를 바라기 때문입니다. 그들은 이를 행하기 위해서 전쟁과 부채(debt)를 만들어냅니다. [타락한 존재들의 더욱 많은 동기들에 대해서는, 〈악의 우주론〉 책을 보라.]

이자는 고유의 가치를 지니나, 부채는 그렇지 않다

부채는 인위적인 경제를 창조함으로써, 증식해서 돌려주는 자연의 법칙을 무력화시킵니다. 인간이 만들어낸 경제는 채무의 눈덩이를 끊

---

16)이런 추악한 행위를 통해 어마어마한 부(富)와 권력을 축적한 가장 대표적인 어둠의 존재가 바로 유럽의 로스차일드 가문이다. (감수자 주)

임없이 굴리면서 상환이 불가능해질 만큼 점점 더 크게 만드는 하향나선입니다. 은행가들은 갚아야 할 부채에 대해서 걱정하지 않습니다. 왜 그들이 결코 가진 적이 없었던 돈을 상환하는 것에 대해 걱정하겠습니까? 왜냐하면 돈은 무(無)에서 만들어진 것이기 때문입니다. 그들은 자기들이 가진 부와 권력을 키우기 위해 사용할 수 있는 것이 이자(利子)이므로 그들의 관심은 오직 국가들이 지속적으로 이자를 지불하는 것에만 집중돼 있습니다.

왜 돈에는 가치가 없고, 이자에는 가치가 있을까요? 돈은 아무것도 없는 것에서 만들어졌지만, 이자는 사람들과 그들의 노동력으로부터 빼앗는 것이기 때문입니다. 은행가들은 내재적 가치가 없는 무엇인가(돈)를 제공하고 난 후에, 사람들의 노동과 연결되어 내재적 가치를 지니게 된 어떤 것(이자)을 돌려받습니다. 따라서 은행가들은 중세의 봉건 영주들이 그들의 땅에 사는 농민들의 노동의 열매를 수확했던 것처럼, 간접적으로 사람들이 피땀 흘린 노동의 열매들을 거둬들입니다. 중세의 봉건제는 여전히 존재하는데, 다만 그것이 금융체계의 복잡성이라는 베일을 통해서 숨겨지고 보이지 않게 되었습니다. 이것이 배후에서 부의 총량을 감소시키고, 그에 따라 자기-파괴적인 나선을 야기하는 목적에 기여하는, 자기-파괴적인 경제를 만들어내고 있는 근본적인 원인입니다.

타락한 존재들이 경제성장을 정지시키려고 시도하는 방법

여러분은 왜 경제가 지난 500년 동안 성장했었는지를 질문할 것입니다. 그것은 타락한 존재들이 지구에 대해 완전한 통제권을 가지지 못했기 때문입니다. 승천한 마스터들에 의해 창조된 상향나선들이 있었고 육화 중인 많은 사람들이 증식되어 돌아오는 법칙을 활성화하고 있습니다. 육화한 많은 타락한 존재들은 중세의 봉건제처럼, 자기들이 직접적으로 통제했던 폐쇄된 체제를 유지시키는 것을 선호합니다. 하지만 타락한 존재들은 마스터들과 그들의 재능들을 증식했던 육화한 사람들의 연합된 노력 때문에 이것을 이룰 수 없었습니다.

오늘날, 그들은 부의 총량과 경제에서 성장을 멈출 수 없다는 것을 깨달았습니다. 그들 가운데 많은 이들이 미친 듯이 그것을 소수의 사람들 손아귀에다 집중시키려고 시도하고 있습니다. 거대한 부를 축적한 다수의 사람들이 증가하고 있다는 점에서, 이것조차도 성공적이지 못합니다. 부의 대부분을 통제하는 것은 더 이상 소수의 엘리트가 아닙니다. 즉 상당히 거대한 엘리트들이 있습니다. 그리고 이 엘리트의 모든 구성원들이 타락한 존재들은 아닙니다. 참으로 세상에는 돈에 대한 추구에 이끌린 타락하지 않은 사람들이 있습니다.

거짓 경제에서의 인위적인 소비

돈은 복잡한 문제입니다. 그리고 우리는 당신들이 아주 미묘한 관계인 전쟁과 돈 사이의 관계를 드러내 달라는 요청을 해주기 바라고 있습니다. 내가 여기에 관련해서 여러분에게 언급조차 하지 않은 관계들도 있는데, 왜냐하면 지금 이것을 얘기하면 사람들이 너무 압도되리라고 판단했기 때문입니다. 나는 여러분에게 아주 파악하기 쉽고 그것에 대해 요청을 하기가 상대적으로 쉬운 뭔가를 전해주고자 합니다. 우리가 일어나는 일을 감추는 베일의 일부를 제거해버릴 때, 이러한 문제들을 다루기 위한 더욱 세련된 도구들과 더 높은 가르침들을 여러분에게 줄 수 있습니다. 확실히, 내가 여기에서 여러분에게 제시한 문제들에 대해 여러분이 요청들을 할 수 있으면, 여러분은 이 행성에서 전쟁을 끝내는 방향으로 지대한 공헌을 하는 것입니다. 참으로, 사람들은 어떻게 전쟁이 거짓 통화제도를 정당화하는 데뿐만 아니라 소수 엘리트들의 엄청난 수익을 만들어내기 위해 반복해서 이용되었는지에 관해 그 관계를 알아야만 합니다.

거짓 경제에서 여러분은 인위적인 소비를 만들어내야 합니다. 그러나 이상적이고 자연적인 경제에서는 아무것도 인위적으로 만들 필요가 없습니다. 사람들의 대부분은 자신들이 노력할 때 증식된 수익을 얻는다는 것을 빠르게 알게 될 것입니다. 이것은 그들에게 더 큰 노력을 하도록 만들고, 이로써 부의 총량은 모두에게 증대될 것입니다. 그런데 거짓 경제에서 흔히 볼 수 있는 것은 사람들이 **뼈 빠지게** 노력하는 모습입니다. 그들은 날마다 일하러 가지만, 증대된 수익을 얻을 수가 없습니다.

그들은 오직 고정된 것만 돌려받는데, 즉 그들 노동의 가치로서 인위적으로 규정된 것입니다. 그러므로 그들은 경제를 키우는 노력을 하지 않습니다. 그들은 오직 자기들의 삶을 계속 유지하려는 노력만을 하며, 따라서 경제가 특정 수준에 정체됩니다. 그런 거짓 경제에서는 돈을 쓰기 위한 인위적인 필요성을 만들 필요가 있습니다. 즉 사람들이 자기들이 가진 것보다 더 많은 돈을 쓰게 하고, 일정한 생산 설비 상태에서 생산될 수 있는 것보다 더 많은 돈을 쓰게끔 사람들을 조작하는 어떤 방법을 만들 필요가 있습니다. 그런데 전쟁보다 이런 인위적인 소비를 만들어내는 더 나은 방법이 무엇일까요?

전쟁에서 여러분은 삶과 죽음의 상황 속에 놓여있습니다. 여러분은 자신의 적에 의해 파괴되거나, 아니면 적을 물리치는데 충분한 무기들을 사야만 합니다. 무기들을 위해 지불하는 돈을 누가 공급하고 무기들은 누가 공급합니까? 그들은 수익을 창출해낼 자들(은행가들과 군수업체들)입니다. 이어서 자연히 더 크나큰 수익을 만들어내고자 더욱 더 많은 무기들이 생산되어야 합니다. 때때로, 그 무기들은 또한 사용되어야 합니다. 확실히, 무기들을 배치하고 유지하는데 돈이 들겠지만, 그 무기들을 과장해서 떠벌이는 쪽과 그래서 더 많은 무기들을 사야하는 쪽, 그 양쪽들을 갖는 것이 훨씬 더 많은 돈이 됩니다. 이것은 단순히 지구상에서 돈-만드는 가장 거대한 기계입니다. 전쟁은 지구상에서 가장 엄청난 돈을 버는 기계인 것입니다.

금융조작의 제거

이것은 여러분이 요청할 필요가 있는 것들입니다. 그럼으로써 천사들이 개입하여 돈의 시스템에 대한 조작을 포기하지 않고 전쟁을 이용하여 금융제도를 조종하려고 하는 자들을 제거할 수가 있습니다. 여러분은 아스트랄계, 즉 감정계 안의 존재들을 제거하기 위한 요청들을 할 필요가 있는데, 그들은 자기들이 에너지를 (인간들로부터) 몰래 빼앗을 수 있도록 전쟁을 확산시키기를 바랍니다. 또한 그들은 더욱 더 많은 사람들을 빚더미 하에 노예화할 수 있게끔 부채 경제를 확산시키기를 원하는데, 이에 따라 그들은 또한 자기들에게 필요한 에너지를 추출할 수가 있습니다.

사람들이 뭔가에 의해 중압감을 갖게 될 때마다, 그들이 한계에 갇힐 때마다, 사람들의 에너지를 훔칠 수 있는 감정계 안의 존재들이 있습니다. 행복하고 자유로운 사람보다 뭔가에 갇혀 있는 사람은 아스트랄계 안의 존재들에게 더 많은 에너지를 주고 있다는 것을 알고 있습니다.

여러분은 또한 정당화의 논리를 제공함으로써 전쟁에 연료를 공급하고 있는 멘탈계 안의 존재들을 제거하기 위한 요청을 할 필요가 있습니다. 멘탈층 안의 이러한 존재들의 다수가 현재의 경제를 정당화하고 있습니다. 그들은 왜 경제가 지금의 방식이어야 하는지, 왜 그것이 그런 식으로 되어가야 하는지, 심지어는 그것이 제 구실을 할 수 없다는 것이 점점 더 분명해지는데도 그것을 어떻게 기능하게 만들 수 있는지를 설명하는 데 지적인 능력을 사용합니다. 또한 여러분은 사람들을 노예화하기 위해 돈을 이용하는 것에 관해 더 깊은 계획을 갖고 있는 자의식계 안의 존재들을 제거하기 위한 요청을 할 필요가 있습니다. 또한 그들은 신의 오류를 입증하기 위해서 사람들이 자신들을 파괴하게 만들려고 전쟁을 이용하고 있습니다.

부담감 없이 기회를 받아들이기

분명히, 나는 다시 한 번 여러분이 한 번에 감당할 수 있는 것보다 많은 것을 주었으며, 따라서 나는 이런 메시지 전달을 마무리할 것입니다. 그리고 나는 여러분에게 더 많은 것을 전해주러 돌아올 것입니다. 나는 이 책이 모든 영적인 사람들에게는 일종의 힘든 과업이라는 것을 압니다. 많은 사람들이 부담감 없이 이 책을 읽기는 어렵겠지만, 나는 신중하게 여러분 자신을 바라보고 왜 부담감을 느끼는지 스스로에게 물어보라고 요청하는 바입니다.

사랑하는 이들이여, 나는 여러분에게 반나절 안에 전쟁의 문제를 해결하라고 요구하는 것이 아닙니다. 이것은 수천 년 동안 진행되어 온 것입니다. 나는 영적인 사람들이 그들의 의식을 높이고 요청을 함으로써 현재의 주기 안에 전쟁을 끝낼 커다란 기회가 있음을 깨달으라고 부탁하고 있습니다. 나는 여러분이 부담감을 갖게 되어, 그로 인해 부정적인 에너지를 생성하거나 방사하고 여러분의 의식을 저하시키라고 하는 것이 아닙니다. 나는 여러분이 의식을 높이고 긍정적인 나선으로 들어가기 위해, (천사들과 마스터들에게) 요청하는 결정을 해주기를 바라고 있는 것입니다.

사랑하는 이들이여, 많은 사람들이 음모 이론들을 공부하지만 결국은 완전히 압도되고 침체되는 느낌을 갖는 것을 이해합니까? 그들은 이렇게 느낄 것입니다: "만약 그런 음모가 있다면, 만약 그렇게 복잡하고 심각하다면, 내가 무엇을 혹시라도 할 수 있을까?" 이것은 내가 이 책에서 여러분에게 요구하는 것이 아닙니다. 나는 여러분이 뭔가 자신이 할 수 있는 것이 있다는 인식에 대해 깨어나라고 요청하고 있습니다. 이러한 것들을 변화시키기 위해 여러분이 개인적으로 할 수 있는 것은 아무것도 없지만, 여러분은 (우리에게) 요청을 할 수 있습니다. 그렇게 함으로써 여러분은 승천한 마스터들과 천사들에게 지구상의 것들을 변화시킬 권한을 부여해 주게 됩니다. 그리고 우리는 여러분의 요청에 응답할 것입니다!

여러분은 자신들이 행위자가 아니라는 것을 깨달을 때 이런 문제들을 (직접) 해결할 필요가 없으며, 그때 여러분은 혼자가 아니기 때문에 상향나선으로 들어갈 수가 있습니다. 여러분이 지구상에서 혼자 타락한 존재들과 싸우고 심각한 문제들을 해결해야만 하는 것이 아닙니다. 여러분이 할 일은 승천한 마스터들과 협력하는 것입니다. 매 번 여러분이 낭독해서 바치는 디크리나 기원문은 증식되어 돌아오는 법칙을 활성화합니다. 그 기원문을 바치며 여러분이 투입하는 에너지가 무엇이든, 우리는 그 에너지를 증대시키고 그것으로 이 행성에서 전쟁의 세력들을 제거하는데 사용할 것입니다. 여러분은 우리와 함께 긍정적인 상향나선 안에 있습니다. 여러분을 이렇게 말할지도 모릅니다. "하지만 나는 하루에 한 기원문 이상을 바칠 시간이 없습니다." 여러분이 바치는 어떤 것이든 아무것도 하지 않는 것보다는 낫습니다. 여러분이 바치는 것은 이 지구에다 긍정적인 영향력을 줄 것입니다. 여러분이 하는 어떤 것이든 우리에 의해서 증식될 것이고 더욱 거대한 영향력을 가지게 될 것입니다.

내가 여러분에게 주는 지식으로 여러분이 부담을 느낄 이유가 없습니다. 여러분은 즐겁게 느껴야 하며, 여러분은 이러한 일들을 앎으로써 안도감을 느껴야 합니다. 그것들을 앎으로써 여러분은 요청을 할 수 있습니다. 또 여러분이 요청을 할 때, 우리는 그 일을 할 것입니다. 그리고 우리가 일할 때, 더 많은 사람들이 깨어나게 될 것입니다. 우리가 전쟁에 관한 어떤 의식 단계에 도달할 때까지는 전체의 집단의식이 상향으로 전환될 것이고, 전쟁의식을 놓아버리지 않는 존재들은 지구에서 추방될 수 있습니다. 이것은 중대한 변화가 될 것입니다.

지구를 변화시키기 위한 상향 운동 구축하기

여러분은 경제를 바라보고 그것이 얼마나 복잡한지를 알고 나서 이렇게 말할 수 있습니다: "어떻게 이것이 과연 바뀔 수가 있을까?" 내가 이것에 관련해서 말한다면, 대부분의 사람들이 그것을 받아들이지 못할 정도로 그것은 아주 빠르게 변화될 수 있다는 것입니다. 충분한 사람들이 깨어나고 변화를 요구할 때, 거의 눈 깜빡할 사이에 변화가 일어날 수 있습니다.

나는 여러분에게 유토피아적인 몽상을 주려는 것이 아닙니다. 나는 절대적인 현실을 주고 있습니다. 이 책 안에서 내가 여러분에게 준 도구들은 증식되어 돌아오는 법칙을 활성화할 것입니다. 그리고 이 법칙은 지구상에 변화를 일으키는데 충분합니다. 분명히, 기원문들을 낭독하여 바치는 사람들의 수에 정비례해서 변화가 일어나게 되지만, 그럼에도 불구하고 여러분이 개인적으로 노력을 할 때, 그것은 긍정적인 변화를 만들게 됩니다. 그러므로 여러분은 이 지구상에 오랜 시간에 걸쳐 구축되어온 상향나선 안으로 자신을 밀어 넣을 것입니다. 만약 여러분이 의식전환을 이루어 낸다면(문제들에 초점을 맞추는 것에서 벗어나면), 여러분은 자신이 지구를 변화시키는 긍정적인 상향 운동의 일부라는 것을 느낄 것입니다.

나의 열정을 깊이 간직하도록 하세요. 그것은 믿음에 기초해 있는 것이 아닙니다. 지식에 기반을 둔 것입니다. 또한 경험에 기반을 둔 것입니다. 이 행성과 다른 많은 행성들에서 수없이 반복해서 증명된 것에 토대를 두고 있는 것입니다. 이 시대에 상승한 마스터들로서 우리가 여러분에게 선물하는 것은 어떤 몽상이나 막 고안해 것이 아닙니다. 우리가 이 행성에다 (이런 저런 메신저들을 통해서) 제안하고 있는 프로그램은 지구처럼 하향나선 안에 있었던 수많은 다른 행성들에서 거듭 반복해서 오랫동안 입증된 것입니다. 그들은 상황을 호전시켰고 이제 상향나선 안에 있습니다. 그것은 결코 불가능한 것이 아닙니다. 그것은 결코 육화해 있는 사람들의 능력을 넘어서는 것이 아닙니다.

이 시대에 특별히 이런 변화를 함께 돕기 위해 육화한 많은 사람들이 있습니다. 여러분은 그런 능력을 갖고 있고, 의식면에서 성장했으며, 전생(前生)으로부터의 추진력이 있기 때문에 육화했습니다. 나는 단지 여러분이 이미 자신의 가슴 안에서 알고 있는 것에다 파장을 맞추고 앞을 향한 도약을 이루어 내라고 요청하고 있습니다. 그리고 증식되어 돌아오는 법칙을 활성화할 때, 스스로 만들어낼 수 있는 변화에 관해 긍정적이 되라고 요청합니다. 우리 승천한 마스터들은 증식합니다. 우리는 여러분이 우리에게 증식하기 위해 건네주는 것을 배가시킬 것입니다. 그러므로 나는 우리의 연합된 노력들이 지구에서 전쟁을 없애는 데 결정적인 변화를 만들어내고 있다고 확신합니다. 나는(I AM) 성모 마리아입니다!

이익을 위한 전쟁을 심판하기 (기원문)

신(神)과 예수 그리스도의 이름으로, 나는 성모 마리아와 대천사 미카엘, 신성한 인도자와 일곱 대천사들께, 이익을 얻기 위한 수단으로 전쟁을 조장하는 육화했거나 육화하지 않은 모든 존재들을 심판하고 제거해달라고 요청합니다. 우리는 영적인 존재들이고 승천한 마스터들과 함께 일함으로써 새로운 미래를 공동-창조할 수 있다는 사실을 사람들에게 일깨워주소서.

나는 특히 … 을 요청합니다. (여기에다 개인적인 요청을 추가하세요)

1부

1. 대천사 미카엘이시여, 나는 물질적인 이득을 위해 전쟁이나 침략을 계획하거나 저지르는 사람들에 대해, 그리스도의 심판을 요청합니다.

대천사 미카엘이시여, 찬란한 푸른빛이시여,
내 가슴은 오직 당신을 위해 열려 있습니다.
내 마음은 이제 둘이 아닌 하나가 되었고,
나에 대한 당신의 사랑은 언제나 진실합니다.

대천사 미카엘이시여, 당신은 여기에 함께 하시고,
당신의 빛은 모든 의심과 두려움을 불태웁니다.
당신의 현존은 영원히 내 가까이 있으며,
당신은 나에게 너무나 소중합니다.

2. 대천사 미카엘이시여, 나는 물질적 강탈을 위한 전쟁의 배후에 있는 아스트랄계의 타락한 존재들과 악귀들에 대해 그리스도의 심판을 요청합니다. 나는 당신에게 지구에서 이러한 존재들을 제거해달라고 요구합니다.

대천사 미카엘이시여, 나는 당신의 실체와
온전히 하나가 되겠습니다.
내게 보이는 어떤 두려움도 나를 막지 못하며,
이 세상은 나를 지배할 힘이 없습니다.

대천사 미카엘이시여, 당신은 여기에 함께 하시고,
당신의 빛은 모든 의심과 두려움을 불태웁니다.
당신의 현존은 영원히 내 가까이 있으며,
당신은 나에게 너무나 소중합니다.

3. 대천사 미카엘이시여, 나는 전쟁으로 돈을 벌려는 군산복합체와 기업들에 대해 그리스도의 심판을 요청합니다.

대천사 미카엘이시여, 나를 굳게 잡아주시고,
이제 가장 어두운 밤을 산산조각내소서.
당신의 빛으로 내 차크라들을 정화하고,
나의 내면의 시각을 복원해주소서.

대천사 미카엘이시여, 당신은 여기에 함께 하시고,
당신의 빛은 모든 의심과 두려움을 불태웁니다.

당신의 현존은 영원히 내 가까이 있으며,
당신은 나에게 너무나 소중합니다.

4.대천사 미카엘이시여, 나는 방위산업에 대해 그리스도의 심판을 요청합니다. 나는 일거리 창출, 부패 또는 로비행위를 통해서 활동하는 방위산업의 정치적 권력을 드러내달라고 요청합니다.

대천사 미카엘이시여, 나는 이제 일어나서,
당신과 함께 빛을 지휘합니다.
내가 가장 높은 진리를 이해할 때까지,
나는 영원히 내 가슴을 확장해나가겠습니다.

대천사 미카엘이시여, 당신은 여기에 함께 하시고,
당신의 빛은 모든 의심과 두려움을 불태웁니다.
당신의 현존은 영원히 내 가까이 있으며,
당신은 나에게 너무나 소중합니다.

5.대천사 미카엘이여, 나는 방위산업 배후에 있는 세 상위 세계들의 타락한 존재들과 악귀들에 대해 그리스도의 심판을 요청합니다. 나는 당신에게 지구에서 이러한 존재들을 제거해달라고 요구합니다.

대천사 미카엘이시여, 내 가슴 안에 계신 존재시여,
당신은 결코 나를 떠나지 않습니다.
나는 신성한 영단의 한 부분이며,
이제 나는 신선한 새 출발을 받아들입니다.

대천사 미카엘이시여, 당신은 여기에 함께 하시고,
당신의 빛은 모든 의심과 두려움을 불태웁니다.
당신의 현존은 영원히 내 가까이 있으며,
당신은 나에게 너무나 소중합니다.

6.대천사 미카엘이시여, 나는 더 많은 전쟁 물자와 더 정교하고 비싼 무기들을 만들어 이익을 증대시키려는 욕망과 전쟁산업에 대해 그리스도의 심판을 요청합니다.

대천사 미카엘이시여, 당신의 푸른 검(劍)은
모든 어둠을 베어버립니다.
나는 이제 나의 그리스도 신성을 추구하며,
무엇이 진실인지를 분별합니다.

**대천사 미카엘이시여, 당신은 여기에 함께 하시고,
당신의 빛은 모든 의심과 두려움을 불태웁니다.
당신의 현존은 영원히 내 가까이 있으며,
당신은 나에게 너무나 소중합니다.**

7.대천사 미카엘이시여, 나는 전쟁산업의 배후에서 더 큰 이익을 위해 끝없는 욕망을 유도하는 세 상위 세계들의 타락한 존재들과 악귀들에 대해 그리스도의 심판을 요청합니다. 나는 당신에게 지구에서 이러한 존재들을 제거해달라고 요구합니다.

대천사 미카엘이시여, 당신의 날개 안에서,
나는 이제 저급한 것들을 내려놓습니다.
내 가슴속에서 귀향하라는 신의 부름이 울리면,
당신과 함께 내 가슴은 영원히 노래합니다.

**대천사 미카엘이시여, 당신은 여기에 함께 하시고,
당신의 빛은 모든 의심과 두려움을 불태웁니다.
당신의 현존은 영원히 내 가까이 있으며,
당신은 나에게 너무나 소중합니다.**

8.대천사 미카엘이시여, 나는 군산복합체와 겉으로는 최첨단 무기를

개발하는 동시에 그것의 대응무기를 숨기고 있는 책략에 대해 그리스
도의 심판을 요청합니다.

대천사 미카엘이시여, 나를 고향으로 데려가소서.
나는 더 높은 천체에서 거닐고 싶습니다.
나는 우주의 거품에서 다시 태어나고,
내 삶은 이제 신성한 시(詩)가 됩니다.

대천사 미카엘이시여, 당신은 여기에 함께 하시고,
당신의 빛은 모든 의심과 두려움을 불태웁니다.
당신의 현존은 영원히 내 가까이 있으며,
당신은 나에게 너무나 소중합니다.

9.대천사 미카엘이시여, 나는 전쟁산업에 대해, 그리고 그들이 군비경
쟁을 유발하거나 유지시키기 위해서 최고 입찰자에게 무기를 팔면서
그것에 대한 대응무기를 반대편에다 팔고 있는 것에 대해, 그리스도의
심판을 요청합니다.

대천사 미카엘이시여, 빛이신 당신은
푸른 별처럼 찬란하게 빛나고 있습니다.
당신은 우주의 아바타이며,
나는 당신과 함께 아주 멀리 갈 것입니다.

대천사 미카엘이시여, 당신은 여기에 함께 하시고,
당신의 빛은 모든 의심과 두려움을 불태웁니다.
당신의 현존은 영원히 내 가까이 있으며,
당신은 나에게 너무나 소중합니다.

2부

1.신성한 인도자시여, 나는 군비경쟁의 배후에서 최첨단 무기를 향한 끝없는 추구를 조장하고 있는 세 상위 세계들의 타락한 존재들과 악귀들에 대해 그리스도의 심판을 요청합니다. 나는 당신에게 지구에서 이러한 존재들을 제거해달라고 요구합니다.

신성한 인도자시여, 나는 이제 세상이
비실재임을 압니다.
이제 진실로 내 가슴은 영(Spirit)이야말로
실재하는 모든 것임을 느낍니다,

신성한 인도자시여, 빛을 보내주시어,
나의 내면의 시야를 밝혀 무지를 제거하소서.
내 비전을 자유롭고 선명하게 하시고,
당신의 인도가 이곳에서 영원히 함께 하게하소서.

2.신성한 인도자시여, 나는 경제가 전쟁산업에 의존하고 그것 없이는 충분한 일자리가 만들어질 수 없다고 믿는 모든 사람들에 대해 그리스도의 심판을 요청합니다. 이 믿음 뒤에 숨겨진 거짓말에 관해 사람들을 일깨워주소서

신성한 인도자시여, 나는 명료하게 살기를 원하니
비전을 보여주소서.
이제 나는 나만의 독특한,
나의 신성한 계획을 바라봅니다.

신성한 인도자시여, 빛을 보내주시어,
나의 내면의 시야를 밝혀 무지를 제거하소서.
내 비전을 자유롭고 선명하게 하시고,

당신의 인도가 이곳에서 영원히 함께 하게하소서.

3.신성한 인도자시여, 나는 우주거울은 우리가 내보내는 모든 것을 증대시켜서 돌려준다는 사실을 숨기고 있는 세 상위 세계들의 타락한 존재들과 악귀들에 대해 그리스도의 심판을 요청합니다. 나는 당신에게 지구에서 이러한 존재들을 제거해달라고 요구합니다.

신성한 인도자시여, 나의 내면의 에고 게임들을
드러내 주시고, 나를 자유롭게 해주소서.
황금시대의 개막을 도울 수 있도록,
내가 에고의 감옥을 탈출하게 도와주소서.

신성한 인도자시여, 빛을 보내주시어,
나의 내면의 시야를 밝혀 무지를 제거하소서.
내 비전을 자유롭고 선명하게 하시고,
당신의 인도가 이곳에서 영원히 함께 하게하소서.

4.신성한 인도자시여, 나는 긍정적인 목적을 가진 산업은 모두가 사용할 수 있는 부(富)의 총량을 증가시킨다는 사실을 숨기고 있는 세 상위 세계들의 타락한 존재들과 악귀들에 대해 그리스도의 심판을 요청합니다. 나는 당신에게 지구에서 이러한 존재들을 제거해달라고 요구합니다.

신성한 인도자시여, 나는 당신과 함께 하며,
내 비전은 더 이상 둘이 아닌 하나입니다.
당신께서 카르마의 베일을 흩어버리시니
나는 새로운 전체 우주를 봅니다.

신성한 인도자시여, 빛을 보내주시어,
나의 내면의 시야를 밝혀 무지를 제거하소서.

내 비전을 자유롭고 선명하게 하시고,
당신의 인도가 이곳에서 영원히 함께 하게하소서.

5.신성한 인도자시여, 나는 전쟁산업은 소수의 엘리트를 위한 이익을
만들 뿐이므로 부의 총량을 감소시킨다는 사실을 숨기고 있는 세 상위
옥타브의 타락한 존재들과 데몬들에 대해 그리스도의 심판을 요청합니
다. 나는 당신에게 지구에서 이러한 존재들을 제거해달라고 요구합니
다.

신성한 인도자시여, 나는 향상됩니다.
지금 전광(電光)이 나의 잔을 채우고,
내 안의 오래된 그림자들을 모두 태워버리며,
나에게 명확한 비전을 줍니다.

신성한 인도자시여, 빛을 보내주시어,
나의 내면의 시야를 밝혀 무지를 제거하소서.
내 비전을 자유롭고 선명하게 하시고,
당신의 인도가 이곳에서 영원히 함께 하게하소서.

6.신성한 인도자시여, 나는 자신의 국가와 지역들이 군산복합체나 전
쟁산업에 의존하고 있다고 믿는 정치인들에 대해 그리스도의 심판을
요청합니다. 이런 믿음 뒤에 숨겨진 거짓말을 사람들에게 일깨워주소
서.

신성한 인도자시여, 황금의 가슴이여,
나는 나의 신성한 일들을 펼쳐나갑니다.
오, 은총을 입으신 스승이시여, 나는 이제 압니다,
신성한 계획이 나를 어디로 데려가는지.

신성한 인도자시여, 빛을 보내주시어,

나의 내면의 시야를 밝혀 무지를 제거하소서.
내 비전을 자유롭고 선명하게 하시고,
당신의 인도가 이곳에서 영원히 함께 하게하소서.

7.신성한 인도자시여, 나는 전쟁산업의 진정한 대가를 사람들이 알지 못하게 하기 위해 그들의 권력으로 무엇이든 하는 세 상위 세계들의 타락한 존재들과 악귀들에 대해 그리스도의 심판을 요청합니다. 나는 당신에게 지구에서 이러한 존재들을 제거해달라고 요구합니다.

신성한 인도자시여, 당신의 은총으로,
나는 장대한 계획 안에서의 내 위치를 발견합니다.
나는 신께서 나에게 부여하신 유일무이한 개성,
내 자신의 개인적 화염을 깨닫습니다.

신성한 인도자시여, 빛을 보내주시어,
나의 내면의 시야를 밝혀 무지를 제거하소서.
내 비전을 자유롭고 선명하게 하시고,
당신의 인도가 이곳에서 영원히 함께 하게하소서.

8.신성한 인도자시여, 산업이 전체를 위해 좋은 것을 생산하는 데다 창의성과 자원을 쓰는 쪽으로 방향을 돌릴 때, 경제는 군산복합체보다 더 많은 일자리와 더 큰 부를 창조한다는 사실을 사람들에게 일깨워주소서.

신성한 인도자시여, 하나됨의 비전이여,
나는 내 신아(I AM)가 신의 독특한 태양임을 압니다.
당신의 신성한 인도를 받으며,
나는 이제 내 자신의 빛을 발산합니다.

신성한 인도자시여, 빛을 보내주시어,

나의 내면의 시야를 밝혀 무지를 제거하소서.
내 비전을 자유롭고 선명하게 하시고,
당신의 인도가 이곳에서 영원히 함께 하게하소서.

9.신성한 인도자시여, 나는 돈과 전쟁 사이의 가장 교묘한 관계를 드
러내달라고 요청합니다. 이러한 관계를 숨기려는 육화한 인간들과 세
상위 세계들의 타락한 존재들과 악귀들에 대해 그리스도의 심판을 요
청합니다.

신성한 인도자시여, 영(Spirit)의 들어 올림의
일부로 참여하는 이 놀라운 선물이여,
나는 인류를 어두운 밤으로부터 들어올리고
영의 사랑 어린 시선을 받습니다.

신성한 인도자시여, 빛을 보내주시어,
나의 내면의 시야를 밝혀 무지를 제거하소서.
내 비전을 자유롭고 선명하게 하시고,
당신의 인도가 이곳에서 영원히 함께 하게하소서.

3부

1.성모 마리아님이시여, 그릇된 화폐제도를 정당화하고 소수의 엘리트
를 위한 더욱 더 거대한 이익을 창출하는 데 전쟁이 어떻게 이용되었
는지 그 연관성을 사람들에게 일깨워주소서.

오 축복받은 성모 마리아, 나의 어머니시여,
당신의 사랑보다 더 큰 사랑은 없습니다.
우리가 가슴과 마음 안에서 하나가 될 때,
나는 신성한 영단에서 내 자리를 발견합니다.

오, 성모 마리아님시여, 지구를 더 높은
상태로 촉진시키는 노래를 가져오소서.
이제 모든 물질이 빛을 발합니다.

2.성모 마리아님이시여, 그릇된 경제에서는 인위적인 소비를 해야 하
며, 전쟁과 전쟁의 위협이 이런 소비를 하기 위한 일차적 수단이 된다
는 사실을 사람들에게 일깨워 주소서.

나는 천상에서 지상으로 보내져,
육신을 입었습니다.
신성한 권한을 당신께 부여하여 요청하오니.
부디 지구를 자유롭게 하소서.

오, 성모 마리아님시여, 지구를 더 높은
상태로 촉진시키는 노래를 가져오소서.
이제 모든 물질이 빛을 발합니다.

3.성모 마리아님이시여, 나는 그릇된 경제를 지속하고 전쟁으로 그 인
위적인 소비를 정당화하고 있는 육화한 인간들과 세 상위 세계들의 타
락한 존재들 및 악귀들에 대해 그리스도의 심판을 요청합니다. 나는
당신에게 지구에서 이러한 존재들을 제거해달라고 요구합니다.

나는 이제 신의 신성한 이름으로 당신께 요청하오니,
어머니의 화염을 사용하여,
두려움에서 나온 에너지를 모두 불태우고,
신성한 조화를 회복하소서.

오, 성모 마리아님시여, 지구를 더 높은
상태로 촉진시키는 노래를 가져오소서.
이제 모든 물질이 빛을 발합니다.

4.성모 마리아님이시여, 나는 국가들이 보유한 것보다 더 많은 돈을 쓰도록 강요하기 위해 의도적으로 전쟁을 이용하는 육화 중인 인간들과 세 상위 세계의 타락한 존재들과 악귀들에 대해 그리스도의 심판을 요청합니다. 나는 당신에게 지구에서 이러한 존재들을 제거해달라고 요구합니다.

나는 이로써 당신의 신성한 이름을 찬양하며,
당신은 집단의식을 끌어올립니다.
두려움과 의심과 수치는 더 이상 있을 수 없나니,
당신의 어머니의 화염으로 그것들을 불태워주소서.

오, 성모 마리아님시여, 지구를 더 높은
상태로 촉진시키는 노래를 가져오소서.
이제 모든 물질이 빛을 발합니다.

5.성모 마리아님이시여, 나는 전쟁에서 이익을 얻기 위해 한쪽 또는 양쪽에 무기와 돈을 공급하고 있는 육화한 타락한 존재들에 대해 그리스도의 심판을 요청합니다. 나는 당신에게 지구에서 이러한 존재들을 제거해달라고 요구합니다.

당신은 지상에서 모든 어둠을 몰아내고,
당신의 빛은 거대한 해일처럼 밀려옵니다.
어떤 어둠의 힘도 이제는,
상승나선을 멈출 수 없습니다.

오, 성모 마리아님시여, 지구를 더 높은
상태로 촉진시키는 노래를 가져오소서.
이제 모든 물질이 빛을 발합니다.

6.성모 마리아님이시여, 나는 국가들에게 그들의 무기를 사용하게 하

고 더 많이 사도록 강요하기 위해 의도적으로 전쟁을 일으키는 육화한 인간들과 세 상위 세계의 타락한 존재들 및 악귀들에 대해, 그리스도의 심판을 요청합니다. 나는 당신에게 지구에서 이러한 존재들을 제거해달라고 요구합니다.

당신께서 모든 정령의 생명들을 축복하며,
인간이 만들어놓은 스트레스를 그들에게서
제거하시니,
이제 자연령(自然靈)들은 자유를 얻어,
신성한 디크리를 실현합니다.

오, 성모 마리아님시여, 지구를 더 높은
상태로 촉진시키는 노래를 가져오소서.
이제 모든 물질이 빛을 발합니다.

7.성모 마리아님이시여, 나는 전쟁을 최고의 돈 버는 장치로 바꿔놓은 육화한 인간들과 세 상위 세계의 타락한 존재들 및 악귀들에 대해 그리스도의 심판을 요청합니다. 나는 당신에게 지구에서 이러한 존재들을 제거해달라고 명합니다.

나는 목소리를 높이고 확고한 입장을 취하여
전쟁의 중단을 요구하노니,
다시는 전쟁이 지구에다 상처를 입히지 않을 것이며,
황금시대가 탄생할 것입니다.

오, 성모 마리아님시여, 지구를 더 높은
상태로 촉진시키는 노래를 가져오소서.
이제 모든 물질이 빛을 발합니다.

8.성모 마리아님이시여, 나는 그릇된 통화체계 창출의 배후에 있는 육

화 중인 인간들과 세 상위 세계의 타락한 존재들과 악귀들에 대해 그리스도의 심판을 요청합니다. 나는 당신에게 지구에서 이러한 존재들을 제거해달라고 요구합니다.

어머니 지구가 마침내 자유를 얻을 때,
재난들은 과거의 일이 되나니,
당신의 어머니의 빛이 너무나 강렬해져서
이제 물질의 밀도는 훨씬 낮아집니다.

오, 성모 마리아님시여, 지구를 더 높은
상태로 촉진시키는 노래를 가져오소서.
이제 모든 물질이 빛을 발합니다.

9. 성모 마리아시여, 나는 통화체계를 조작하는 방법으로 뒤에서 전쟁을 이용하는 육화한 인간들과 세 상위 세계의 타락한 존재들 및 악귀들에 대해, 그리스도의 심판을 요청합니다. 나는 당신에게 지구에서 이러한 존재들을 제거해달라고 요구합니다.

어머니의 빛 안에서 지구는 순수해지고,
상향나선이 지속될 것이니,
이제 번영은 기본이며,
신의 비전은 구체화됩니다.

오, 성모 마리아님시여, 지구를 더 높은
상태로 촉진시키는 노래를 가져오소서.
이제 모든 물질이 빛을 발합니다.

4부

1.나는 일곱 대천사들께, 통화체계의 조작을 포기하지 않는 사람들을 육화상태로부터 제거해달라고 요청합니다.

대천사 미카엘이시여, 찬란한 푸른빛이시여,
내 가슴은 오직 당신을 위해 열려 있습니다.
내 마음은 이제 둘이 아닌 하나가 되었고,
나에 대한 당신의 사랑은 언제나 진실합니다.

**대천사 미카엘이시여, 당신은 여기에 함께 하시고,
당신의 빛은 모든 의심과 두려움을 불태웁니다.
당신의 현존은 영원히 내 가까이 있으며,
당신은 나에게 너무나 소중합니다.**

2.나는 일곱 대천사들께, 통화체계를 조작하기 위해 전쟁을 이용하는 사람들을 육화상태로부터 제거해달라고 요청합니다.

대천사 미카엘이시여, 나는 당신의 실체와
온전히 하나가 되겠습니다.
내게 보이는 어떤 두려움도 나를 막지 못하며,
이 세상은 나를 지배할 힘이 없습니다.

**대천사 미카엘이시여, 당신은 여기에 함께 하시고,
당신의 빛은 모든 의심과 두려움을 불태웁니다.
당신의 현존은 영원히 내 가까이 있으며,
당신은 나에게 너무나 소중합니다.**

3.나는 일곱 대천사들께, 전쟁을 확대시켜 사람들의 에너지를 훔치려고 하는 아스트랄계의 존재들을 제거해달라고 요청합니다.

대천사 미카엘이시여, 나를 굳게 잡아주시고,
이제 가장 어두운 밤을 산산조각내소서.
당신의 빛으로 내 차크라들을 정화하고,
나의 내면의 시각을 복원해주소서.

대천사 미카엘이시여, 당신은 여기에 함께 하시고,
당신의 빛은 모든 의심과 두려움을 불태웁니다.
당신의 현존은 영원히 내 가까이 있으며,
당신은 나에게 너무나 소중합니다.

4.나는 일곱 대천사들께, 부채 경제를 확대시켜서 이 부채의 부담 아래 더욱 더 많은 사람들을 노예로 만들고, 이를 통해 사람들의 에너지를 약탈하려는 아스트랄계의 존재들을 제거해달라고 요청합니다.

대천사 미카엘이시여, 나는 이제 일어나서,
당신과 함께 빛을 지휘합니다.
내가 가장 높은 진리를 이해할 때까지,
나는 영원히 내 가슴을 확장해나가겠습니다.

대천사 미카엘이시여, 당신은 여기에 함께 하시고,
당신의 빛은 모든 의심과 두려움을 불태웁니다.
당신의 현존은 영원히 내 가까이 있으며,
당신은 나에게 너무나 소중합니다.

5.나는 일곱 대천사들께, 현 경제체제와 전쟁을 정당화함으로써 전쟁에 연료를 공급해주고 있는 멘탈계의 존재들을 제거해달라고 요청합니다.

대천사 미카엘이시여, 내 가슴 안에 계신 존재시여,
당신은 결코 나를 떠나지 않습니다.

나는 신성한 영단의 한 부분이며,
이제 나는 신선한 새 출발을 받아들입니다.

대천사 미카엘이시여, 당신은 여기에 함께 하시고,
당신의 빛은 모든 의심과 두려움을 불태웁니다.
당신의 현존은 영원히 내 가까이 있으며,
당신은 나에게 너무나 소중합니다.

6.나는 일곱 대천사들께 요청합니다, 현 경제 상태를 옹호하면서 왜 경제가 그런 식으로 유지되어야 하는지, 그리고 경제가 제대로 기능을 못하는데도 불구하고 어떻게 그것이 돌아갈 수 있게 만드는지를 설명하기 위해 지적능력을 이용하고 있는 멘탈계의 존재들을 제거해주소서.

대천사 미카엘이시여, 당신의 푸른 검(劍)은
모든 어둠을 베어버립니다.
나는 이제 나의 그리스도 신성을 추구하며,
무엇이 진실인지를 분별합니다.

대천사 미카엘이시여, 당신은 여기에 함께 하시고,
당신의 빛은 모든 의심과 두려움을 불태웁니다.
당신의 현존은 영원히 내 가까이 있으며,
당신은 나에게 너무나 소중합니다.

7.나는 일곱 대천사들께 요청합니다, 돈을 이용해서 사람들을 노예화하고, 전쟁을 이용해서 사람들이 스스로를 파괴하도록 만들어 신의 오류를 입증하려는 보다 깊은 의도를 가진 자의식계의 존재들을 제거해주소서.

대천사 미카엘이시여, 당신의 날개 안에서,

나는 이제 저급한 것들을 내려놓습니다.
내 가슴속에서 귀향하라는 신의 부름이 울리면,
당신과 함께 내 가슴은 영원히 노래합니다.

대천사 미카엘이시여, 당신은 여기에 함께 하시고,
당신의 빛은 모든 의심과 두려움을 불태웁니다.
당신의 현존은 영원히 내 가까이 있으며,
당신은 나에게 너무나 소중합니다.

8. 나는 일곱 대천사들께, 모든 사람들을 절망과 무력감으로부터 일깨워달라고 요청합니다. 우리가 승천한 마스터들과 함께 일할 때, 실로 우리가 할 수 있는 무언가가 있다는 사실을 사람들에게 일깨워주소서.

대천사 미카엘이시여, 나를 고향으로 데려가소서.
나는 더 높은 천체에서 거닐고 싶습니다.
나는 우주의 거품에서 다시 태어나고,
내 삶은 이제 신성한 시(詩)가 됩니다.

대천사 미카엘이시여, 당신은 여기에 함께 하시고,
당신의 빛은 모든 의심과 두려움을 불태웁니다.
당신의 현존은 영원히 내 가까이 있으며,
당신은 나에게 너무나 소중합니다.

9. 나는 일곱 대천사들께, 이 시대에 육화한 사람들을 일깨워달라고 요청합니다. 사람들의 잠재력을 일깨우시고 승천한 마스터들과 함께 일함으로써 증폭되어 돌아오는 법칙이 활성화되게 하소서.

대천사 미카엘이시여, 빛이신 당신은
푸른 별처럼 찬란하게 빛나고 있습니다.
당신은 우주의 아바타이며,

나는 당신과 함께 아주 멀리 갈 것입니다.

대천사 미카엘이시여, 당신은 여기에 함께 하시고,
당신의 빛은 모든 의심과 두려움을 불태웁니다.
당신의 현존은 영원히 내 가까이 있으며,
당신은 나에게 너무나 소중합니다.

봉인하기

　신(神)의 이름으로, 나는 대천사 미카엘과 아스트리아와 시바신께서
나와 모든 건전한 사람들 주위에 뚫을 수 없는 보호막을 형성하시어,
우리를 4가지 세계들 안에 있는 모든 두려움에 기초한 에너지로부터
봉인해주심을 받아들입니다. 또한 나는 신의 빛이 전쟁 배후의 세력들
을 구성하는 모든 두려움에 기초한 에너지들을 불태우고 변형시키고
있음을 받아들입니다!

그릇된 통화체계 폭로하기 (기원문)

신(神)과 예수 그리스도의 이름으로, 나는 성모 마리아, 성 저메인과 신성한 인도자께 그릇된 금융체제 이면의 환영들로부터 사람들을 일깨워달라고 요청합니다. 우리는 영적인 존재들이고 승천한 마스터들과 함께 일함으로써 새로운 미래를 공동-창조할 수 있다는 사실을 사람들에게 일깨워주소서.

나는 특히 … 을 요청합니다.(여기에다 개인적인 요청을 추가하세요)

1부

1.성 저메인님이시여, 영적인 자각 없이는 돈을 완전히 이해할 수 없다는 사실을 사람들에게 일깨워주소서.

오 성 저메인님이시여, 당신은 영감을 부어주시고,
나의 비전은 영원히 더 높이 상승합니다,
나는 당신과 함께 8자 형상의 무한한 흐름을 만들면서,
당신의 황금시대를 공동 창조합니다.

오 성 저메인님이시여, 당신이 가져오는 사랑은
진실로 모든 물질을 노래하게 하고,
당신의 보라색 불꽃은 모든 것을 회복시킵니다.
당신과 함께 우리는 더 나은 존재가 됩니다.

2.성 저메인님이시여, 우리가 다른 동기와 사고방식을 갖고 있고 이성
적으로 사고하지 않는 타락한 존재들이 실존함을 모르고서는 전쟁과
돈 사이의 관계를 이해할 수 없다는 사실을 사람들에게 일깨워주소서.

오 성 저메인님이시여, 우리가 당신의 이름을
낭송할 때, 자유의 불꽃이 방출됩니다.
가속화됨은 당신의 선물이고,
그것이 우리의 행성을 확실히 끌어올립니다.

오 성 저메인님이시여, 당신이 가져오는 사랑은
진실로 모든 물질을 노래하게 하고,
당신의 보라색 불꽃은 모든 것을 회복시킵니다.
당신과 함께 우리는 더 나은 존재가 됩니다.

3.성 저메인님이시여, 타락한 존재들은 직접적인 수익을 내기 위해 반
드시 돈을 지출할 필요가 없다는 사실을 사람들에게 일깨워주소서. 그
들은 이성적인 사고로는 쉽게 이해될 수 없는 어떤 다른 목적을 갖고
있습니다.

오 성 저메인님이시여, 사랑으로 우리는 당신의 보라색
화염을 가져올 우리의 권리를 선포합니다.
그것은 천상의 당신으로부터 지상의 우리에게 내려오는
모든 것을 변형시키는 흐름입니다.

오 성 저메인님이시여, 당신이 가져오는 사랑은

진실로 모든 물질을 노래하게 하고,
당신의 보라색 불꽃은 모든 것을 회복시킵니다.
당신과 함께 우리는 더 나은 존재가 됩니다.

4. 성 저메인님이시여, 세계를 지배하는 의식적인 음모는 없다는 사실을 사람들에게 일깨워주소서. 단지 무의식적인 음모가 있으며, 즉 육화하거나 육화하지 않은 많은 타락한 존재들이 하향나선 안에 완전히 빠져서 자신이 파괴의 길로 가고 있음을 보지 못합니다.

오 성 저메인님이시여, 나는 당신을 너무나 사랑하고,
내 오라는 보라색 광휘로 충만합니다.
내 차크라들이 보라색 불꽃으로 채워지니,
나는 당신의 우주적 증폭기입니다.

오 성 저메인님이시여, 당신이 가져오는 사랑은
진실로 모든 물질을 노래하게 하고,
당신의 보라색 불꽃은 모든 것을 회복시킵니다.
당신과 함께 우리는 더 나은 존재가 됩니다.

5. 성 저메인님이시여, 돈의 문제는 복합적으로 얽혀 있으며, 이는 타락한 존재들이 실제로 무슨 일이 일어나고 있는지를 숨기기 위해 그렇게 만들어왔다는 사실을 사람들에게 일깨워주소서.

오 성 저메인님이시여, 나는 이제 자유로우며,
당신의 보라색 불꽃은 치유술입니다.
마음 안의 모든 장애를 변형시키니,
나는 분명히 내면의 평화를 찾습니다.

오 성 저메인님이시여, 당신이 가져오는 사랑은
진실로 모든 물질을 노래하게 하고,

당신의 보라색 불꽃은 모든 것을 회복시킵니다.
당신과 함께 우리는 더 나은 존재가 됩니다.

6.성 저메인님이시여, 타락한 존재들은 그들의 실재함과 수법을 폭로
하는 이론들이 신빙성을 잃게 만들기 위해 많은 (가짜)음모론들을 고
안해왔다는 사실을 사람들에게 일깨워주소서.

오 성 저메인님이시여, 내 몸은 순수해지고,
당신의 보라색 화염은 모든 것을 치유합니다.
모든 질병의 원인을 태워버리니,
나는 완전한 평온함을 느낍니다.

오 성 저메인님이여, 당신이 가져오는 사랑은
진실로 모든 물질을 노래하게 하고,
당신의 보라색 불꽃은 모든 것을 회복시킵니다.
당신과 함께 우리는 더 나은 존재가 됩니다.

7.성 저메인님이시여, 돈은 교환의 매개수단 이상이 되어서는 안 된다
는 현실을 사람들에게 일깨워주소서. 황금시대의 경제에서 돈은 상품
이나 서비스처럼 실물 가치를 가진 것과 직접 연결되어 있습니다.

오 성 저메인님이시여, 나는 카르마에서 자유롭고,
과거는 더 이상 나에게 짐이 아닙니다.
완전히 새로운 기회가 펼쳐지고,
나는 그리스도 신성과 일체가 됩니다.

오 성 저메인님이시여, 당신이 가져오는 사랑은
진실로 모든 물질을 노래하게 하고,
당신의 보라색 불꽃은 모든 것을 회복시킵니다.
당신과 함께 우리는 더 나은 존재가 됩니다.

8.성 저메인님이시여, 돈은 악의 근원이 아니라는 현실을 사람들에게 일깨워주소서. 그러나 돈이 교환의 매개수단 이상이 될 때 돈은 악을 위한 도구가 됩니다.

오 성 저메인님이시여, 우리는 이제 하나이고,
나는 당신을 위한 보라빛 태양입니다.
우리가 이 지구 행성을 변형시키니,
당신의 황금시대의 탄생을 가져올 것입니다.

오 성 저메인님이시여, 당신이 가져오는 사랑은
진실로 모든 물질을 노래하게 하고,
당신의 보라색 불꽃은 모든 것을 회복시킵니다.
당신과 함께 우리는 더 나은 존재가 됩니다.

9.성 저메인님이시여, 이상적인 경제에서는 결코 돈 자체에 고유한 가치가 부여되지 않는다는 사실을 사람들에게 일깨워주소서. 만약 우리가 돈으로 하여금 그 자체의 생명을 갖도록 허용해 준다면, 돈은 우리를 소유해버릴 것입니다.

오 성 저메인님이시여, 지구는 이원성의 무거운 짐에서
벗어나 자유롭습니다.
하나됨 안에서 우리가 최상의 것을 이루니,
당신의 황금시대가 실현됩니다.

오 성 저메인님이시여, 당신이 가져오는 사랑은,
진실로 모든 물질을 노래하게 하고,
당신의 보라색 불꽃은 모든 것을 회복시킵니다.
당신과 함께 우리는 더 나은 존재가 됩니다.

2부

1.신성한 인도자시여, 돈 자체가 고유한 가치를 갖게 될 때, 육화한 타락한 존재들인 소수 엘리트들은 돈으로 돈을 벌어들일 수 있는 잠재 성을 활용하게 될 것이라는 사실을 사람들에게 일깨워주소서.

신성한 인도자시여, 나는 이제 세상이
비실재임을 압니다.
이제 진실로 내 가슴은 영(Spirit)이야말로
실재하는 모든 것임을 느낍니다.

신성한 인도자시여, 빛을 보내주시어,
나의 내면의 시야를 밝혀 무지를 제거하소서.
내 비전을 자유롭고 선명하게 하시고,
당신의 인도가 이곳에서 영원히 함께 하게 하소서.

2.신성한 인도자시여, 돈으로 돈을 버는 것은 전체를 드높이는 법칙에 속하지 않는다는 사실을 사람들에게 일깨워주소서. 그것은 세상에서 부의 총량을 감소시킵니다.

신성한 인도자시여, 나는 명료하게 살기를
원하니, 비전을 보여주소서.
이제 나는 나만의 독특한,
나의 신성한 계획을 바라봅니다.

신성한 인도자시여, 빛을 보내주시어,
나의 내면의 시야를 밝혀 무지를 제거하소서.
내 비전을 자유롭고 선명하게 하시고,
당신의 인도가 이곳에서 영원히 함께 하게 하소서.

3.신성한 인도자시여, 타락한 존재들이 소수 엘리트에게 부가 집중되도록 허용하는 그릇된 경제를 창조했기 때문에 오늘날의 거부들이 생겨날 수 있었다는 사실을 사람들에게 일깨워주소서.

신성한 인도자시여, 나의 내면의 에고 게임들을
드러내 주시고, 나를 자유롭게 해주소서.
황금시대의 개막을 도울 수 있도록,
내가 에고의 감옥을 탈출하게 도와주소서.

**신성한 인도자시여, 빛을 보내주시어,
나의 내면의 시야를 밝혀 무지를 제거하소서.
내 비전을 자유롭고 선명하게 하시고,
당신의 인도가 이곳에서 영원히 함께 하게 하소서.**

4.신성한 인도자시여, 타락한 존재들이 창조해낸 전 세계경제는 조작된 허위 경제라는 사실을 사람들에게 일깨워주소서. 그들이 이 허위 경제를 조성하는 주된 방법 중의 하나는 돈을 찍어낸 이후에 돈을 대출해주면서 이자를 받을 수 있다는 발상입니다.

신성한 인도자시여, 나는 당신과 함께 하며,
내 비전은 더 이상 둘이 아닌 하나입니다.
당신께서 카르마의 베일을 흩어버리시니
나는 새로운 전체 우주를 봅니다.

**신성한 인도자시여, 빛을 보내주시어,
나의 내면의 시야를 밝혀 무지를 제거하소서.
내 비전을 자유롭고 선명하게 하시고,
당신의 인도가 이곳에서 영원히 함께 하게 하소서.**

5.신성한 인도자시여, 황금시대 경제에서의 사업은 전체를 높이려는

목적을 가지고 상품과 서비스를 창출하며, 이자를 지불할 필요가 없다
는 사실을 사람들에게 일깨워주소서.

　신성한 인도자시여, 나는 향상됩니다.
　지금 전광(電光)이 나의 잔을 채우고,
　내 안의 오래된 그림자들을 모두 태워버리며,
　나에게 명확한 비전을 줍니다.

　신성한 인도자시여, 빛을 보내주시어,
　나의 내면의 시야를 밝혀 무지를 제거하소서.
　내 비전을 자유롭고 선명하게 하시고,
　당신의 인도가 이곳에서 영원히 함께 하게 하소서.

6.신성한 인도자시여, 이상적인 경제에서는 사회가 사업을 시작하는
곳에다 돈을 공급해주며, 그럼으로써 증식되어 돌아오는 법칙을 활성
화시킨다는 사실을 사람들에게 일깨워주소서.

　신성한 인도자시여, 황금의 가슴이여,
　나는 나의 신성한 일들을 펼쳐나갑니다.
　오, 은총을 입으신 스승이시여, 나는 이제 압니다,
　신성한 계획이 나를 어디로 데려가는지.

　신성한 인도자시여, 빛을 보내주시어,
　나의 내면의 시야를 밝혀 무지를 제거하소서.
　내 비전을 자유롭고 선명하게 하시고,
　당신의 인도가 이곳에서 영원히 함께 하게 하소서.

7.신성한 인도자시여, 사회가 이자 없이 돈을 빌려주면서 더 많은 이
익을 누리게 될 때, 돈을 빌려주고 이자를 받는 민간은행들이 필요 없
게 된다는 사실을 사람들에게 일깨워주소서.

신성한 인도자시여, 당신의 은총으로
나는 장대한 계획 안에서의 내 위치를 발견합니다.
나는 신께서 나에게 부여하신 유일무이한 개성,
내 자신의 개인적 화염을 깨닫습니다.

신성한 인도자시여, 빛을 보내주시어,
나의 내면의 시야를 밝혀 무지를 제거하소서.
내 비전을 자유롭고 선명하게 하시고,
당신의 인도가 이곳에서 영원히 함께 하게 하소서.

8.신성한 인도자시여, 민간은행을 만들어 돈을 찍어낸 후 그 돈을 빌려주고 이자를 받는다는 발상이 타락한 존재들에 의해 고안되었다는 사실을 사람들에게 일깨워주소서. 그것은 단 하나의 목적을 갖고 있는데, 즉 이는 곧 소수 엘리트의 손 안에다 부를 집중시키는 것입니다.

신성한 인도자시여, 하나됨의 비전이여,
나는 내 신아(I AM)가 신의 독특한 태양임을 압니다.
당신의 신성한 인도를 받으며,
나는 이제 내 자신의 빛을 발산합니다.

신성한 인도자시여, 빛을 보내주시어,
나의 내면의 시야를 밝혀 무지를 제거하소서.
내 비전을 자유롭고 선명하게 하시고,
당신의 인도가 이곳에서 영원히 함께 하게 하소서.

9.신성한 인도자시여, 타락한 존재들은 경제를 아무도 잘 이해할 수 없도록 의도적으로 매우 복잡하게 만든다는 사실을 사람들에게 일깨워주소서. 하지만 경제란 매우 단순한 것입니다.

신성한 인도자시여, 영(Spirit)의 들어 올림의

일부로 참여하는 이 놀라운 선물이여,
나는 인류를 어두운 밤으로부터 들어올리고
영의 사랑어린 시선을 받습니다.

신성한 인도자시여, 빛을 보내주시어,
나의 내면의 시야를 밝혀 무지를 제거하소서.
내 비전을 자유롭고 선명하게 하시고,
당신의 인도가 이곳에서 영원히 함께 하게 하소서.

3부

1.성 저메인님이시여, 우리의 경제는 소수 엘리트가 돈을 통해서 일반 대중을 착취할 수 있도록 설계되어 있다는 사실을 사람들에게 일깨워 주소서. 모든 통화 조절수단들은 소수 엘리트가 통화체계를 통제한다는 사실을 위장하고 있습니다.

오, 성 저메인님이시여, 당신은 영감을 부어주시고,
나의 비전은 영원히 더 높이 상승합니다.
나는 당신과 함께 8자 형상의 무한한 흐름을 만들면서,
당신의 황금시대를 공동-창조합니다.

오, 성 저메인님이시여, 당신이 가져오는 사랑은
진실로 모든 물질을 노래하게 하고,
당신의 보라색 불꽃은 모든 것을 회복시킵니다.
당신과 함께 우리는 더 나은 존재가 됩니다.

2.성 저메인님이시여, 이상적인 경제에서는 사회가 통화체계를 통제할 것이란 사실을 사람들에게 일깨워주소서. 사회의 번영을 위해서 자연스럽게 기능하는 통화체계보다 더 중요한 것이 없음을 사람들이 알게

될 것이기 때문입니다.

오, 성 저메인님이시여, 우리가 당신의 이름을
낭송할 때, 자유의 불꽃이 방출됩니다.
가속화됨은 당신의 선물이고,
그것이 우리의 행성을 확실히 끌어올립니다.

오, 성 저메인님이시여, 당신이 가져오는 사랑은
진실로 모든 물질을 노래하게 하고,
당신의 보라색 불꽃은 모든 것을 회복시킵니다.
당신과 함께 우리는 더 나은 존재가 됩니다.

3.성 저메인님이시여, 타락한 존재들에게 인위적인 통화체계를 만들도
록 허용해 준 것은 전쟁이란 사실을 사람들에게 일깨워주소서. 오늘날
우리가 가진 경제는 전시경제(戰時經濟)입니다.

오, 성 저메인님이여, 사랑으로 우리는 당신의 보라색
화염을 가져올 우리의 권리를 선포합니다.
그것은 천상의 당신으로부터 지상의 우리에게 내려오는,
모든 것을 변형시키는 흐름입니다.

오, 성 저메인님이시여, 당신이 가져오는 사랑은
진실로 모든 물질을 노래하게 하고,
당신의 보라색 불꽃은 모든 것을 회복시킵니다.
당신과 함께 우리는 더 나은 존재가 됩니다.

4.성 저메인님이시여, 전시경제는 영토 확장을 원하던 중세의 왕들로
부터 시작되었다는 사실을 사람들에게 일깨워주소서. 왕들은 전쟁을
위해 국민들이 생산할 수 있는 것 이상의 돈이 필요했습니다.
오, 성 저메인님시이여, 나는 당신을 너무나 사랑하고,

내 오라는 보라색 광휘로 충만합니다.
내 차크라들이 보라색 불꽃으로 채워지니,
나는 당신의 우주적 증폭기입니다.

오, 성 저메인님이시여, 당신이 가져오는 사랑은
진실로 모든 물질을 노래하게 하고,
당신의 보라색 불꽃은 모든 것을 회복시킵니다.
당신과 함께 우리는 더 나은 존재가 됩니다.

5.성 저메인님이시여, 전쟁을 위한 무기생산은 경제 전반을 성장시키지 못한다는 사실을 사람들에게 일깨워주소서. 군대와 무기 생산력의 증강은 나라의 경제에서 교환가치를 빼앗아가고 있는 것입니다.

오, 성 저메인님이시여, 나는 이제 자유로우며,
당신의 보라색 불꽃은 치유술입니다.
마음 안의 모든 장애를 변형시키니,
나는 분명히 내면의 평화를 찾습니다.

오, 성 저메인님이시여, 당신이 가져오는 사랑은
진실로 모든 물질을 노래하게 하고,
당신의 보라색 불꽃은 모든 것을 회복시킵니다.
당신과 함께 우리는 더 나은 존재가 됩니다.

6.성 저메인님이시여, 무기를 생산하는 유일한 방법은 돈을 실제 물품의 교환기능에서 분리시키고 돈 자체에 내재적인 가치를 부여해주는 것이라는 사실을 사람들에게 일깨워주소서.

오, 성 저메인님이시여, 내 몸은 순수해지고,
당신의 보라색 화염은 모든 것을 치유합니다.
모든 질병의 원인을 태워버리니,

나는 완전한 평온함을 느낍니다.

오, 성 저메인님이시여, 당신이 가져오는 사랑은
진실로 모든 물질을 노래하게 하고,
당신의 보라색 불꽃은 모든 것을 회복시킵니다.
당신과 함께 우리는 더 나은 존재가 됩니다.

7.성 저메인님이시여, 지배자는 이제 그의 나라에서 생산되는 상품들
보다 더 많은 돈을 만들어낼 수 있다는 사실을 사람들에게 일깨워주소
서. 그는 그 돈을 보통의 생산능력으로 만들지 못하는 무언가를 사는
데 사용할 수 있습니다.

오, 성 저메인님이시여, 나는 카르마에서 자유롭고,
과거는 더 이상 나에게 짐이 아닙니다.
완전히 새로운 기회가 펼쳐지고,
나는 그리스도 신성과 일체가 됩니다.

오, 성 저메인님이시여, 당신이 가져오는 사랑은
진실로 모든 물질을 노래하게 하고,
당신의 보라색 불꽃은 모든 것을 회복시킵니다.
당신과 함께 우리는 더 나은 존재가 됩니다.

8.성 저메인님이시여, 전쟁은 언제나 경제에 손실을 초래한다는 사실
을 사람들에게 일깨워주소서. 타락한 존재들은 그 손실을 무(無)의 상
태에서 손쉽게 찍어낸 돈으로 메우는데, 이것은 빚을 미래로 밀어 넣
는 것입니다.

오, 성 저메인님이여, 우리는 이제 하나이고,
나는 당신을 위한 보라빛 태양입니다.
우리가 이 지구 행성을 변형시키니,

당신의 황금시대의 탄생을 가져올 것입니다.

오, 성 저메인님이시여, 당신이 가져오는 사랑은
진실로 모든 물질을 노래하게 하고,
당신의 보라색 불꽃은 모든 것을 회복시킵니다.
당신과 함께 우리는 더 나은 존재가 됩니다.

9.성 저메인님이시여, 타락한 존재들 안에도 여러 계층이 있다는 사실
을 사람들에게 일깨워주소서. 권력에 대한 원초적 욕구를 가졌던 일부
는 왕들이었습니다. 좀 더 지능적이었던 타락한 존재들은 은행가들이
되었습니다.

오, 성 저메인님이시여, 지구는 이원성의 무거운 짐에서
벗어나 자유롭습니다.
하나됨 안에서 우리가 최상의 것을 이루니,
당신의 황금시대가 실현됩니다.

오, 성 저메인님이시여, 당신이 가져오는 사랑은
진실로 모든 물질을 노래하게 하고,
당신의 보라색 불꽃은 모든 것을 회복시킵니다.
당신과 함께 우리는 더 나은 존재가 됩니다.

4부

1.신성한 인도자시여, 왕들은 흔히 감정계과 멘탈계의 타락한 존재들
에 의해 조종되었다는 사실을 사람들에게 일깨워주소서. 은행가들은
숨은 의도를 가졌던 자의식계의 타락한 존재들에 의해 조종되었습니
다.

신성한 인도자시여, 나는 이제 세상이
비실재임을 압니다.
이제 진실로 내 가슴은 영(Spirit)이야말로
실재하는 모든 것임을 느낍니다,

신성한 인도자시여, 빛을 보내주시어,
나의 내면의 시야를 밝혀 무지를 제거하소서.
내 비전을 자유롭고 선명하게 하시고,
당신의 인도가 이곳에서 영원히 함께 하게 하소서.

2.신성한 인도자시여, 좀 더 지능적인 타락한 존재들은 자신들의 목적
에 부합하는 경제를 창조하기 위해서 좀 더 야성적인 타락한 존재들을
이용했다는 사실을 사람들에게 일깨워주소서.

신성한 인도자시여, 나는 명료하게 살기를 원하니
비전을 보여주소서.
이제 나는 나만의 독특한,
나의 신성한 계획을 바라봅니다.

신성한 인도자시여, 빛을 보내주시어,
나의 내면의 시야를 밝혀 무지를 제거하소서.
내 비전을 자유롭고 선명하게 하시고,
당신의 인도가 이곳에서 영원히 함께 하게 하소서.

3.신성한 인도자시여, 전쟁을 수행한 왕들과 돈을 벌어들인 은행가들
은 더 큰 게임판 안에서는 단지 졸(卒)에 불과했고, 이 게임을 수행한
것은 자의식계의 타락한 존재들이었다는 사실을 사람들에게 일깨워주
소서.

신성한 인도자시여, 나의 내면의 에고 게임들을

드러내 주시고, 나를 자유롭게 해주소서.
황금시대의 개막을 도울 수 있도록.
내가 에고의 감옥을 탈출하게 도와주소서.

신성한 인도자시여, 빛을 보내주시어,
나의 내면의 시야를 밝혀 무지를 제거하소서.
내 비전을 자유롭고 선명하게 하시고,
당신의 인도가 이곳에서 영원히 함께 하게 하소서.

4.신성한 인도자시여, 자의식계의 타락한 존재들은 자아의식을 가진 공동-창조자들이 자각 속에서 성장하는 것을 원치 않는다는 사실을 사람들에게 일깨워주소서. 오히려 그들은 공동-창조자들이 자유의지를 오용해서 스스로를 파괴하는 단계까지 가게 만듦으로써 신의 오류를 입증하려 합니다. 그들은 이것을 위해서 전쟁을 유발하고 부채를 만들어내고 있습니다.

신성한 인도자시여, 나는 당신과 함께 하며,
내 비전은 더 이상 둘이 아닌 하나입니다.
당신께서 카르마의 베일을 흩어버리시니
나는 새로운 전체 우주를 봅니다.

신성한 인도자시여, 빛을 보내주시어,
나의 내면의 시야를 밝혀 무지를 제거하소서.
내 비전을 자유롭고 선명하게 하시고,
당신의 인도가 이곳에서 영원히 함께 하게 하소서.

5.신성한 인도자시여, 부채는 인공적인 경제를 조성함으로써 증식되어 돌아오는 자연법칙을 무효화한다는 사실을 사람들에게 일깨워주소서. 인공적인 경제는 부채의 눈덩이를 끊임없이 굴리므로 그 상환이 불가능해질 만큼 점점 더 크게 만드는 하향나선입니다.

신성한 인도자시여, 나는 향상됩니다.
지금 전광(電光)이 나의 잔을 채우고,
내 안의 오래된 그림자들을 모두 태워버리며,
나에게 명확한 비전을 줍니다.

신성한 인도자시여, 빛을 보내주시어,
나의 내면의 시야를 밝혀 무지를 제거하소서.
내 비전을 자유롭고 선명하게 하시고,
당신의 인도가 이곳에서 영원히 함께 하게 하소서.

6.신성한 인도자시여, 타락한 존재들은 빛을 돌려받는 것에 대해서는 걱정하지 않는다는 사실을 사람들에게 일깨워주소서. 그들은 이자를 이용해서 자신들의 부와 권력을 증가시킬 수 있기 때문에, 국가들의 이자 지불이 계속되기를 바랍니다.

신성한 인도자시여, 황금의 가슴이여,
나는 나의 신성한 일들을 펼쳐나갑니다.
오, 은총을 입으신 스승이시여, 나는 이제 압니다,
신성한 계획이 나를 어디로 데려가는지.

신성한 인도자시여, 빛을 보내주시어,
나의 내면의 시야를 밝혀 무지를 제거하소서.
내 비전을 자유롭고 선명하게 하시고,
당신의 인도가 이곳에서 영원히 함께 하게 하소서.

7.신성한 인도자시여, 돈은 아무것도 없는 무에서 창조되었지만, 사람들과 그들의 노동으로부터 이자를 빼앗아간다는 사실을 사람들에게 일깨워주소서. 은행가들은 내재적 가치가 없는 어떤 것(돈)을 제공하고 난 후에, 사람들의 노동과 연결되어 내재적 가치를 지니게 된 어떤 것(이자)을 돌려받습니다.

신성한 인도자시여, 당신의 은총으로,
나는 장대한 계획 안에서의 내 위치를 발견합니다.
나는 신께서 나에게 부여하신 유일무이한 개성,
내 자신의 개인적 화염을 깨닫습니다.

신성한 인도자시여, 빛을 보내주시어,
나의 내면의 시야를 밝혀 무지를 제거하소서.
내 비전을 자유롭고 선명하게 하시고,
당신의 인도가 이곳에서 영원히 함께 하게 하소서.

8.신성한 안내자시여, 타락한 존재들은 사람들의 노동의 열매를 간접
적으로 수확해간다는 사실을 사람들에게 일깨워주소서. 중세의 봉건제
도는 여전히 건재하고 있으며, 단지 복잡한 통화체계라는 베일을 통해
감춰졌을 뿐입니다.

신성한 인도자시여, 하나됨의 비전이여,
나는 내 신아(I AM)가 신의 독특한 태양임을 압니다.
당신의 매우 신성한 인도로,
나는 이제 내 자신의 빛을 발산합니다.

신성한 인도자시여, 빛을 보내주시어,
나의 내면의 시야를 밝혀 무지를 제거하소서.
내 비전을 자유롭고 선명하게 하시고,
당신의 인도가 이곳에서 영원히 함께 하게 하소서.

9.신성한 인도자시여, 부의 총량을 감소시키는 자기-파괴적인 경제를
만들고 그럼으로써 자기-파괴적인 나선으로 이끌어가는 더 큰 이유가
배후에 숨어있다는 사실을 사람들에게 일깨워주소서.

신성한 인도자시여, 영(Spirit)의 들어 올림의

일부로 참여하는 이 놀라운 선물이여,
나는 인류를 어두운 밤으로부터 들어올리고
영의 사랑 어린 시선을 받습니다.

신성한 인도자시여, 빛을 보내주시어,
나의 내면의 시야를 밝혀 무지를 제거하소서.
내 비전을 자유롭고 선명하게 하시고,
당신의 인도가 이곳에서 영원히 함께 하게 하소서.

봉인하기

신(神)의 이름으로, 나는 대천사 미카엘과 아스트리아와 시바신께서
나와 모든 건전한 사람들 주위에 뚫을 수 없는 보호막을 형성하시어,
우리를 4가지 세계들 안에 있는 모든 두려움에 기초한 에너지로부터
봉인해주심을 받아들입니다. 또한 나는 신의 빛이 전쟁 배후의 세력들
을 구성하는 모든 두려움에 기초한 에너지들을 불태우고 변형시키고
있음을 받아들입니다!

전쟁과 권력에 대한 추구

　나는 승천한 마스터, 성모 마리아입니다. 이 강론에서 나는 또 다른 전쟁의 영적인 원인들에 대해서 얘기할 것입니다. 이번에는 원초적인 권력추구에 관해 말할 것입니다. 비록 내가 이전의 강론들에서 권력추구의 몇몇 측면에 대해 언급했지만, 여러분에게 보다 깊고 자세한 내용을 알려주고자 합니다.

　역사를 살펴볼 때, 여러분은 자기들의 권력을 확장시키려는 욕구로 움직여온 제국들이 있었고 특정한 지도자들이 있었다는 것을 알 것입니다. 때때로 그것은 물질적인 이익 추구와 뒤섞였습니다. 또한 다른 시기에 그것은 영토를 정복하고 얻으려는 욕망과도 결합이 돼 있었습니다. 어떤 경우에는 권력추구가 어떤 종교나 특정한 정치적 이념을 퍼트리려는 욕망 같은 교묘한 아이디어의 활용과도 결합이 되기도 했습니다. 그것은 겉으로는 문명을 확장시키는 온화한 추구라는 옷이 입혀져 있었습니다.

　자기들의 권력을 확장시키려는 이런 추구와 원초적인 권력에 대한 이런 욕망에 의해 움직여온 일부 지도자들을 보십시오. 그들이 비록 제국을 세울 권력 또는 인간을 지배하는 커다란 힘을 가진 것처럼 보일 수 있지만, 여러분은 그들이 실제로는 그들 스스로 자유롭지 못했다는 것을 금방 알 것입니다.

영적인 세계와 물질적인 세계

지구상에 육화한 인간이 되는 것이 무엇을 의미하는지를 이해하기 위해 여러분에게 필요한 것이 있습니다. 지구는 꽤 밀도가 높은 행성입니다. 이것은 지구상의 에너지들이 영적인 세계 안의 에너지들에 비해 꽤 무겁다는 의미입니다.

만약 여러분이 영적인 세계의 현실에 대한 어떤 내면의 감각, 어떤 내적인 기억을 갖고 있는 존재라면, 여러분은 지구상의 에너지들이 꽤 무겁다는 것을 알 것입니다. 여러분이 물질계에서 하는 모든 것은 정반대적인 요소가 있고, 저항이 있으며, 제한이 있다는 것을 알고 느낄 것입니다. 지구만큼 밀도가 높은 행성에서는 집단의식이 창조성의 핵심인 초월을 방해하기 때문에 창조적인 에너지들이 자유롭게 흐르는 것은 어렵습니다.

영적인 세계의 자유와 물질계의 제한들 간의 현저한 차이가 어떻게 다양한 욕구들을 낳게 하는지 이해하는 것이 중요합니다. 여러분은 더 큰 무엇인가에 대한 여러분 내면의 갈망이 실제로는 영적인 세계에 대한 갈망이라는 것을 깨달을 정도로 성숙해졌을 수도 있습니다. 그래서 여러분의 주의를 자신의 의식을 높이는 데로 향하게 하여 영적인 세계에다 동조시키고 있다면, 또한 차원상승에 성공하고 있는 것입니다. 따라서 여러분은 밀도가 높은 물질계에 다시 환생할 필요가 없습니다. 여러분이 이런 영적갈망 상태에 있을 때, 여러분은 물질계 안에서는 충족될 수 없는 욕구를 가지게 되는데, 그것은 여러분이 상승을 통해 영구적으로 물질계를 탈출할 때까지는 충족되지 않기 때문입니다. 그럼에도 불구하고 그것은 강박적인 열망이 아닙니다. 그것은 여러분의 삶을 삼켜버리지 않습니다. 그것은 여러분이 지구상의 활동적인 삶에 열중하거나 지구에서의 삶에 관계된 소망을 실현코자 하는 것을 방해하지 않을 것입니다.

어떻게 자유에 대한 열망이 반란을 일으킬 수 있는가?

여러분의 육체와 육체의 욕구들은 영적인 성장의 적이라고 말하는 낡은 경향이 있습니다. 이것은 승천한 마스터들인 우리가 가르친 것이 아닙니다. 우리가 가르치는 것은 여러분의 삶을 움직이기 위한 물질계에 관련된 욕구들이 자신의 삶을 지배하거나 탐욕스런 욕망이 되게끔 허용해서는 안 된다고 하는 건전한 균형입니다. 여러분이 삶의 목표는 상승하는 것이라는 내면의 기억을 가질 때, 여러분은 이런 균형을 꽤 쉽게 달성할 수 있습니다.

만약 여러분이 영적인 추구가 있다는 것을 알만큼 아주 성숙하지는 못하다면, 지구 이상의 무엇인가가 있다는 내적 앎이 자유에 대한 욕구, 즉 여러분이 지구에서 느끼는 제한들에 대해 반항하려는 욕구를 유발할 수 있게 됩니다. 이것은 여러분이 일부 혁명적인 일들에서 목격하는 것인데, 이른바 60년대의 청소년 운동, 즉 권위에 대한 청소년들의 반항의 일부를 이루었던 청년운동과 같이 많은 젊은이들에게서 나타나는 것입니다.

이러한 사람들은 자유를 위해 그런 것을 추구했지만, 자신의 의식을 높이는 방향으로 해나가는 방법을 전혀 알지 못했으며, 결국 그들은 권위에 대해 반항하려는 욕구에 의해서 덫에 걸리게 되었습니다. 그들은 그것이 자기들을 한계에 가두었던 사회 제도들과 같은 외적인 권위라고 생각했습니다. 그들은 그것이 실제로는 가장 심한 제한작용인 물질계 안에서의 에너지들의 짙은 밀도라는 것을 이해하지 못했습니다.

어떻게 극단적인 욕구들이 중독들을 낳는가?

만약 여러분이 훨씬 낮은 의식수준에 있더라도 여러분은 여전히 영적인 세계에 대한 어떤 내면의 기억을 가질 수 있습니다. 이로 인해 여러분은 무한에 대한 추구, 즉 유한한 세상을 넘어선 뭔가에 대한 추구를 하게 됩니다. 그런데 이것이 영적인 추구(여러분 의식을 높이는 영적인 여정)라는 것을 이해하지 못하기 때문에 사람들은 그 대신에 물질계에 관계된 욕구를 궁극적으로 충족시키는 길을 찾는 방향으로 나가게 됩니다.

여러분은 오늘날 세상의 많은 사람들이 그런 욕망들을 극단적으로 충족시키려는 것을 보고 있습니다. 얼마나 많은 사람들이 물질적인 상품들, 물질적인 소유물들에 대한 추구로 인해 자기들의 삶이 (그런 욕망에 의해서) 송두리째 삼켜지게 허용하는지를 보십시오. 얼마나 많은 사람들이 돈을 버는 것에, 심지어 그들이 여생 동안 개인적으로 쓸 수 있는 것보다 더 많은 돈을 버는 것에 완전히 몰두해 있는지 보세요. 얼마나 많은 사람들이 성적인 정복을 위해 섹스에 대한 쾌락을 추구하는지를 살펴보세요. 이런 수많은 다른 욕구들이 극단적인 형태로 나타날 수가 있습니다. 그리고 언제든 여러분이 유한한 이 세상에 관계된 어떤 욕구를 가지고 그것을 유한한 욕망충족을 통해 무한한 어떤 것을 얻기 위한 욕망의 형태로 추구할 때, 바로 여러분은 중독을 얻을 것입니다.

중독은 여러분이 이용하는 수단을 통해서는 도달될 수 없는 목표를 추구할 때 나타나는 현상입니다. 약물중독은 어떤 내면의 경험을 추구하게 될 수도 있습니다. 1960년대에, 집단의식을 높이는 선구자가 될 수 있었던 많은 사람들이 스스로 마약문화에 빠져들었습니다. 그들의 자유를 대한 추구, 영적인 경험들을 대한 추구는 잘못된 방향으로 나감으로써 이것이 화학적인 경험들을 통한 그릇된 탐구로 대체되었습니다. 비록 두뇌 안에서의 화학적 반응이 여러분의 일반적 의식 상태를 넘어서 다른 의식 상태에 이르게 할 수 있다고 하더라도, 이것은 영적인 자유가 아닙니다. 영적인 자유는 여러분이 어떠한 물질적인 수단들이 없이도 의식의 높은 상태에 도달할 때입니다. 여러분은 의식에서의 내적성장을 통해서 그것을 달성합니다.

그러나 여러분이 유한한 수단들을 통해서 무한한 경험을 추구할 때, 여러분은 결코 목표에 도달할 수 없습니다. 여러분이 일상적인 의식수준을 넘어서는 경험을 가질 수는 있지만, 여러분의 두뇌는 이 화학물질의 도입에 빠르게 적응합니다. 이제, 동일한 경험을 다시 하기 위해서 당신들은 더욱 많은 마약을 복용해야 합니다. 이것이 계속 될 수는 있겠지만, 무한정이 아니라 여러분의 전체 삶이 이러한 화학물질의 영향이나 그런 경험을 가지려는 갈망에 의해 완전히 삼켜지게 될 때까지만 입니다.

여러분은 또한 섹스를 통해 무한한 경험을 추구할지도 모르지만, 여러분은 결코 궁극적인 경험에는 절대로 도달할 수 없기 때문에 또 다시 그것은 중독이 됩니다. 여러분은 언제나 무지개의 끝에 있는 황금항아리를 좇아다닙니다. 여러분이 얼마나 많은 섹스를 하거나, 얼마나 그것에 열정적인지와 상관없이 그것은 결코 전혀 충분할 수 없습니다. 내가 여기에서 지적하고자 하는 것은 많은 사람들이 어떤 궁극적인 것, 어떤 무한한 것에 대한 이런 욕구를 갖고 있지만, 여러분이 유한한 수단들을 통해서 그것을 충족하려고 시도할 때 결국 중독에 빠지고, 이로써 여러분의 삶은 여러분의 주의와 에너지를 빨아들이는 하향 나선을 스스로 강화하게 된다는 것입니다.

문명들과 권력에 대한 추구

세계의 역사에는 타락한 존재들은 아니었지만 권력에 대한 욕구에 사로잡혔던 사람들이 일부 있었습니다. 그들은 자기들이 지구상에 고도의 문명이나 또는 심지어 신의 왕국을 설립할 수 있다는 어떤 형태의 정복을 추구함으로써 잘못된 생각으로 인도되었습니다. 이 지상낙원, 이상적인 사회에 대한 추구는 일부 사람들을 권력추구로 끌어들이는 원인이었습니다. 그리고 권력에 대한 이러한 추구에 연루되었던 대다수의 사람들이 사실상 타락한 존재들이었습니다. 모든 계층에 이런 권력추구에 완전히 빠져있는 타락한 존재들이 있습니다. 여러분은 이런 추구가 결코 충족될 수 없다는 것을 이해할 필요가 있습니다. 그것은 결코 충분한 권력이 되지 못할 것입니다.

여러분은 이렇게 말할 수 있습니다. "하지만 만약 그들이 지구 전체를 장악하여 통제하면서 관리한다면 어떨까요?" 여러분은 전 세계를 정복했다고 생각했던 과거의 어떤 제국들을 보았습니다. 로마 문명시대에 그들은 세상에는 더 이상 정복할 것이 없다고 생각했습니다. 물론, 세상에 관한 그들의 지식은 제한돼 있었지만, 그들은 방대한 영토들을 정복했습니다. 그러나 여러분이 로마의 정복자들의 사례에서 보게 되는 것처럼, 그것은 충분하지 않았습니다.

여러분은 또한 로마 제국이 새로운 정복에 재정적으로 의존하는 구조적인 측면을 볼 것입니다. 말하자면 최소한 튼튼한 배당금을 지급해 주던 새로운 정복지를 찾는 것이 어려워지게 되었을 때, 로마제국은 경제적으로 그 자체를 유지할 수가 없었습니다.

여러분은 현재의 세상에서 나치 제국과 공산주의 제국이라는 최소한 두 가지 제국들을 보았는데, 그들 또한 세계를 정복할 목적을 갖고 있었습니다. 여러분은 그들이 방대한 영토에 대해서 어떤 지배력을 획득했다고 말할지도 모릅니다. 더 많은 무기들과 기술들의 개발로 어느 날 세계지배를 달성할 수 있는 단일 권력이 있다면 어떻게 될까요? 세상의 권력을 휘두르던 지도자들이 만약 정부 안의 그들의 자리에 앉아서 한 사람 또는 소수의 사람들이 전 지구를 지배하는 모든 권력을 소유했다는 것을 알 수 있었다면, 그것이 그들에게 충분할까요? 그들은 그걸로 충분하게 느낄까요?

이원성에서는 아무것도 결코 충분하지 않다

여러분은 그것이 충분하지 않으리라는 것을 이해할 필요가 있습니다. 여러분이 이원성 의식으로 들어갈 때, 아무것도 항상 충분하지 않게 될 것입니다.

타락한 존재들도 처음에는 자기인식 능력을 가진 공동-창조자들 또는 천사들이었습니다. 여러분이 영적인 존재일 때, 군중 사이를 걷는 예수님의 옷자락을 만졌던 여인처럼, 여러분은 신(神)의 옷자락, 그리스도의 옷자락을 만지는 감각을 얻을 수 있습니다. 그 무한한 것을 만짐으로써 여러분은 충분하다는 느낌을 가질 수 있습니다. 여러분은 충만해집니다. 여러분은 만족하게 됩니다. 여러분은 온전해집니다. 여러분은 평화롭습니다. 그러나 일단 여러분이 이원성으로 들어가면, 무한을 만질 수 없으며, 이제 여러분은 유한한 세상을 통해서 욕망들을 충족시켜야 합니다. 이것은 결코 여러분에게 충만감을 줄 수 없습니다. 여러분이 이원성으로 한 번 들어가면, 불가능한 추구에 몰두하게 됩니다.

이원성으로 들어가는 것은 하나의 상태입니다. 그리고 그것은 여러분의 개인적인 욕구들을 충족시키려는 불가능한 추구로 여러분을 데려갈 것이지만, 여러분이 타락한 의식으로 빠져 들면, 또 다른 심리적인 기제가 작동되는 상태가 됩니다. 여러분이 경험하고 싶고 소유하고 싶고 하고 싶은 것에 대해 개인적인 욕구들을 가지는 것과 현재 타락한 의식으로 외부에 있는 목표를 성취하고자 하는 것 사이에는 차이가 있습니다.

여러분이 시장을 통과해 걷고 있고, 배고픔을 느낀다고 상상해보세요. 여러분은 먹을 만한 적당한 장소를 찾고 있습니다. 이윽고 여러분은 어딘가에 들어가서 음식을 주문하고, 충분할 때까지 먹습니다. 이것은 상대적으로 달성하기 쉬운 목표입니다. 물론, 몇 시간 안에 여러분은 다시 배고파지지만, 여러분은 충족될 수 있는데, 왜냐하면 충족될 필요가 있는 것은 오직 여러분 자신이기 때문입니다. 이제는 여러분이 시장을 통과해 지나가고 있고 여러분은 세상의 모든 사람들이 충족되어야 한다는 욕구를 갖고 있다고 상상해 보십시오. 이것은 달성하기 훨씬 더 어려운 욕구가 될 것인데, 그렇지 않습니까? 그것은 여러분의 능력을 훨씬 넘어선 것일 수가 있습니다.

이것이 바로 근본적으로 타락한 존재들이 추구하려는 것입니다. 그들은 언제나 그들 자신과 그들이 가진 개인적인 힘들을 넘어서 있는 목표를 달성하려고 추구합니다. 이 목표는 언제나 모종의 힘을 수반하며, 내가 이전의 강론들에서 설명했던 것처럼, 여러분이 창조했던 어떠한 충격파는 상반되는 것을 가지게 됩니다. 즉 모든 행위는 반작용을 형성합니다. 그리고 이것이 바로 타락한 자들이 그들의 목표들을 달성하는 것을 항상 불가능하게 만듭니다.

그들은 이것을 알지 못합니다. 그러므로 그들은 자기들의 목표들을 실현하는데 중독이 되며, 타락한 존재들이 그들의 목표들을 성취할 수 있는 방법에 관해 갖고 있는 비전이라면 무엇이든지 따르는 인간들에게 그것을 강요함으로써 목표를 실현하려 하고 있습니다. 만약 그들이 권력을 향한 자기들의 추구를 실현시켜줄 공산주의 이념을 퍼트리려는 생각을 마음에 품었다면, 그들은 목표가 달성될 때까지 쉴 수가 없습니다.

왜 타락한 존재들이 지구에 육화했는가?

나는 현대 기술의 도래와 함께 세상이 더 작아지게 되었다고 말하는 사람들이 있다는 것을 알고 있습니다. 여행하기가 더 쉬워졌고, 소통하기가 더 쉬워졌습니다. 어떤 이들은 전 세계를 통제할 수 있는 하나의 제국, 하나의 세계정부를 달성하는 것이 오늘날 더 쉬워질 거라고 믿습니다.

여러분은 왜 승천한 마스터들이 지구에다 타락한 존재들이 육화하도록 허용했는지 스스로 의문을 가질 수도 있습니다. 내가 설명하려고 노력했다시피, 한 행성의 집단의식이 특정 수준 아래로 내려가면, 그 행성의 주민들은 더 이상 마스터들의 가르침에 직접적으로 열려 있지 않습니다. 그래서 그들은 그런 태도의 무익함을 사람들이 알 수 있게끔 자기들의 성향을 극단적인 형태로 취할 수 있는 대체 교사가 필요합니다. 말하자면, 타락한 존재들은 이원성적인 게임들이 어떻게 작동하지 않는가를 사람들에게 가르치기 위한 완벽한 교사들입니다. 타락한 존재들은 한 행성에 도착하자마자 즉시 모든 것을 극단들을 향해서 몰아가기 시작할 것이며, 따라서 그 행성의 원주민들은 이것이 단순히 너무 지나치다는 것을 알기가 더욱 쉬워지게 됩니다.

그것이 우리가 거주민들이 하향나선으로 들어간 어떤 행성에다 타락한 존재들이 육화하도록 허용했다는 의미일까요? 그렇지는 않습니다. 요구되는 특정한 조건들이 있으며, 그것 중의 하나는 그 행성의 크기와 관련이 있습니다. 여러분은 지구의 크기와 인체의 능력 간의 관계를 보여주는 수학적인 공식을 찾아낼 수 있습니다. 심지어 지구의 크기와 인간의 두뇌 능력 – 정보를 구성하고, 이해하며, 아는 능력 – 을 비교하는 공식을 만들 수도 있습니다. 만약 그런 공식을 만든다면, 여러분은 거기에는 한 사람이나 소수의 인간들이 물리적으로 이 행성을 통제하고 지배함으로써 (인간의) 어떤 능력조절을 불가능하게 만드는

(두 가지 간의) 정확한 상관관계가 있다는 것을 알 것입니다. 기술로 인해 세상은 더 작아졌지만, 결코 인간들이 이 행성에 관한 중앙집권적인 견해로 지구행성 전체와 지구상의 모든 사람들을 통제할 수 있을 정도로 작아지지는 않을 것입니다.

타락한 존재들은 이 행성에다 최종적인 번영과 평화를 가져올 지상 낙원내지는 진보된 문명을 설립함으로써 뭔가 긍정적인 일을 한다는 꿈을 가질지도 모르지만, 타락한 인간들이 그것을 구상하는 것으로는 결코 달성될 수 없습니다. 그것은 물리적이고 물질적인 의미의 인간을 통해서는 결코 성취될 수가 없습니다. 그것은 오직 모든 사람들이 내면의 성령에게 연결됨으로써, 즉 성령에 의해 인도받아 영적인 수단들이 더욱 높은 비전에서 작용하게 함으로써만이 달성될 수 있습니다. 여러분은 인간적인 마음, 이원성에 사로잡힌 마음으로는 이상적인 사회에 관한 비전을 창조할 수 없으며, 그 비전을 물리적인 현실로서 지구상에 실현할 수도 없습니다. 또한 여러분은 물질적인 수단들을 통해서는 이 행성에 대한 통제를 전체 행성에까지 확장할 수가 없습니다. 그것은 지구의 크기와 인간 두뇌와 육체의 능력 간의 비율 때문에 불가능하게 될 것입니다.

이 행성은 타락한 존재들의 육화를 허용하기 위해 면밀하게 선택되었습니다. 우리는 그들이 원초적 권력과 정복욕을 추구하며 얼마나 멀리 나갈 수 있느냐에는 한계가 있음을 알고 있었습니다. 영적인 사람들로서 여러분은 이것을 인식할 필요가 있습니다. 여러분은 권력추구에 완전히 빠져 있는 어떤 타락한 존재들이 있다는 것을 알 필요가 있습니다. 여러분은 그것이 결코 충족될 수 없는 불가능한 추구라는 것을 알아야 합니다. 전체 지구행성을 통제하려는 여러분 자신의 온건한 권력욕도 포기해야 합니다. 타락한 존재들이 자기들의 권력추구를 정당화하기 위해 만든 종교, 정치적인 이념들, 사상체계들과 그들의 이상세계 추구에 이끌려온 많은 영적인 사람들이 있습니다. 나는 다음의 강론에서 이에 관해 더 많은 것을 얘기할 것이지만, 여기에서 여러분이 깨닫기를 바라는 것은 그것이 모두 위장된 속임수라는 것입니다.

거짓된 개념들 또는 원초적인 권력을 통해 지배하기

타락한 존재들은 두 개의 주요한 계층들로 나누어집니다. 한 계층은 이런 권력추구에 완전히 사로잡혀 있습니다. 그들은 자신의 이익을 위해 권력을 소유하고자 합니다. 그리고 그들은 자신들이 가장 강력하고 가장 우월한 존재들임을 증명하기를 바랍니다. 또 다른 타락한 존재들의 계층은 개인적인 권력을 우선적으로 추구하지 않습니다. 그들은 신이 잘못이라는 것을 증명하려 합니다. 이러한 타락한 존재들의 두 계층은 세상을 선악 간의 서사적 투쟁 속에 있는 것처럼 묘사하는 이런 서사적 철학들을 만들었고 이용했습니다.

많은 경우에, 신이 잘못했다는 것을 증명하려는 더욱 지적으로 타락한 존재들은 권력추구로 움직이는 타락한 존재들을 이용하고 있습니다. 지적으로 타락한 존재들은 권력에 굶주린 타락한 존재들이 악이고, 나쁘며, 부정적이라고 말합니다. 그러므로 당신처럼 영적인 사람들은 권력에 굶주린 타락한 존재들에 대항하고 있는 자기들과 다양한 방식으로 합류해야 한다는 것입니다. 이것은 그들과 직접적으로 싸우는 것에서부터 그들과 생각으로 싸우는 것까지를 망라하는 어떤 것일 수 있습니다. 타락한 존재들의 두 계층은 불가능한 것을 추구하고 있고, 그들은 환상에 의해 움직여지고 있습니다.

내가 이 강론에서 제시하려는 것은, 그들은 만약 자기들이 어떤 궁극적인 권력의 상태에 도달할 경우 그것이 그들에게 충분할 것이라는 환영에 의해 움직인다는 것입니다. 그러나 설사 타락한 존재들이나 한 명의 타락한 존재가 전체 지구를 정복하여 관리하고 전 지구를 통제하더라도, 그 사람에게는 충분하지 않게 될 것입니다. 그 사람은 바로 이렇게 말할 겁니다. "하지만 지구는 유일한 행성이 아니잖아. 나는 전체 우주를 정복할 필요가 있어." 물론, 여러분은 한 생(生) 안에 우주의 가장 먼 곳을 물리적으로 여행하는 것조차 할 수 없을 만큼 우주가 아주 크다는 것을 매우 잘 압니다. 심지어 우주여행을 하는 동안 시간이 천천히 가더라도 여러분은 한 생 안에 아주 멀리 여행할 수 없습니다. 전 우주를 정복하려는 욕구는 명백하게 불가능한 추구이지만,

내가 여러분에게 설명했던 것처럼, 지구를 정복하려는 욕구조차 물리적으로 불가능합니다.

여러분은 자신들이 타락한 존재들과 그들의 불가능한 추구에 의해 말려들게 된 것이 아님을 알 필요가 있습니다. 여러분은 또한 이 불가능한 원초적인 권력추구에 의해 움직이는 타락한 존재들이 그리스도 마음에 의해 심판 받게 해달라고, 또 권력추구를 포기하지 않을 그들을 지구에서 제거해달라고 요청할 필요가 있습니다. 지금 여러분은 진행 중인 많은 분쟁들, 예를 들면, 아프리카와 중동에서의 전쟁들을 목격합니다. 여기에는 물질적인 이익에 대한 욕망이라는 요소가 하나 있지만, 원초적인 권력에 대한 욕망과 그 권력을 획득하기 위해 기꺼이 무엇이든 하려는 더 깊은 요소가 있습니다.

이슬람교도의 종교는 타락한 존재들과 그들의 정신 상태에 의해서 미묘한 방식으로 왜곡되었습니다. 전 세계에다 이슬람을 확장시킨다고 하는 외견상 긍정적인 목표처럼 위장한 그 밑바닥에는 원초적인 권력에 대한 추구가 있습니다. 이것은 이슬람이 부각되는 아랍문화 내의 사고방식 때문에 매우 초기 단계에서 이 종교 안에 주입된 것입니다. 그런 사고방식이 거기에 있는 이유는 아랍 문화와 유대인 문화가 수천 년 동안 많은 타락한 존재들이 거기에 육화할 수 있게 허용했던 집단의식을 갖고 있었기 때문입니다.

의식 상태를 제거하기 위해 요청하기

주민들의 전쟁 때문에 실제로 자멸한 다른 행성들이 있습니다. 그 행성들로부터 온 존재들의 일부가 지구에 육화하도록 허용되었고, 많은 수가 중동에 태어났습니다. 이런 부류들은 때로 우리가 "느림보(laggard)"라고 부르는 존재들인데, 그들은 전체 우주의 진화에서 뒤쳐져 있는 낙오자들이기 때문입니다. 그들은 기꺼이 원초적인 권력추구를 포기하지 않으며, 물질우주에서 오직 상향 나선의 일부가 아닌 행성들에만 태어날 수가 있습니다.

이러한 행성들은 하향나선 안에 있거나, 또는 그것들은 우주의 나머지에 비해 훨씬 느리게 움직이고 있습니다. 지구는 현재 상향나선에 있는 한 행성이긴 하지만, 지구의 상향나선은 전체로서의 우주에 의해 창조된 상향나선에 여전히 뒤쳐져 있습니다. 이런 이유로 해서 그런 존재들이 여기에 계속해서 육화할 수 있는 것입니다. 영적인 사람들인 여러분은 이러한 느림보 존재들이 자기들의 의식을 초월하거나, 또는 이 행성에서 제거되는 양단간의 선택과 마주하도록 요청할 권리가 있습니다. 그러면 그들은 다른 장소들에 태어나거나, 얼마 동안 아스트랄계로 들어갈 수 있습니다.

여러분은 지구를 바라보고 이렇게 말할 권리가 있습니다. "명백히 전쟁과 다툼을 버리지 않을 사람들이 있다. 그들은 아무것도 없는 것에서 분쟁을 만들었다. 그들은 가능한 한 많은 사람들을 이 의미 없는 분쟁 속으로 끌어들이려 하고, 가까운 미래에 그들이 이 분쟁을 끝낼 것이라는 현실적인 희망이 없다. 그러므로 우리 영적인 사람들은 그런 의식을 초월하고 그것을 버리기로 선택한다. 고등한 의식 상태에서 우리는 이 지구행성이 더 높은 진화단계로 옮겨갈 수 있도록 이런 의식을 버리지 않는 그들이 지구에서 제거되기를 요구하는 선택을 한다."

나의 사랑하는 이들이여, 이것은 지구상의 영적인 사람들로서의 여러분의 권리입니다. 여러분은 이것을 분노로 요구해서는 안 됩니다. 여러분은 이런 요구를 이런 진화 낙오자들과 그들의 권력추구에 대한 증오로 해서는 안 됩니다. 그리고 예컨대, 여러분이 중동지역에서 벌어지고 있는 일을 단지 바라보고만 있는 것은 여러분이 영적인 존재로서의 진정한 자신을 나타내는 자세가 아닙니다.

왜 여러분이 지금 육화해 있는가?

나는 매우 미묘한 의식의 상태에 대해 말하고자 합니다. 나는 보다 분별 있는 생명흐름들(영혼들)은 무한에 대한 그들의 욕구가 실제로는 영적인 세계를 대한 욕구라는 것을 안다고 말했습니다. 삶의 주요 목표가 온갖 문제들을 가진 이 행성에서 떠날 수 있도록 상승자격을 얻는 것이 되어야 한다고 믿어온 많은 영적인 사람들이 있습니다.

나는 자신의 상승을 향해 노력하고 있는 여러분을 실망시키려는 의도는 아니지만, 거기에는 찾아야할 균형이 있습니다. 오늘날, 이번 생애 안에 상승 자격을 갖출 잠재력을 가진 육화한 많은 영적인 사람들이 있습니다. 하지만 알다시피, 여러분은 태어나기 전에 그 잠재력을 갖고 있었습니다. 왜 여러분은 이 특별한 시기에 육화하기로 선택했을까요? 여러분은 무엇보다 여러분이 상승을 위한 자격을 갖춤으로써 자신이 지구를 끌어올릴 것임을 알았기 때문에 그렇게 했습니다. 여러분은 또한 자신이 육화해 있는 동안 중요한 변화를 만들어낼 어떤 것을 행할 잠재력이 있다는 것을 알고 있었습니다.

　나는 여기서 여러분에게 나가서 어떤 싸움을 하라고 말하는 것이 아니라, 여러분의 의식을 높이고 육화한 영적인 사람이 될 여러분의 권리를 주장하는 것에 대해 말하고 있습니다. 나는 이 지구에서 일어나고 있는 것을 보고 다음과 같이 말할 여러분의 권리를 주장하는 것에 관해 말하고 있습니다. "이것은 내가 받아들일 수 없는 행위이다. 이것은 내 의식 상태의 표현이 아니다. 나는 그것을 초월했기 때문에, 지구에서 그것이 제거되어야 한다고 요구할 권리가 있다."

　여러분은 이곳에서 특정한 사람들이나 특정 집단의 사람들에 맞서서 일하고 있는 것이 아닙니다. 내가 설명한 것처럼, 모든 것은 의식의 표현입니다. 권력에 대한 이 불가능한 추구에 빠진 어떤 사람들이 있고, 그들의 삶은 그것에 의해 완전히 사로잡혀 있습니다. 나는 여기서 그런 사람들만을 뽑아내어 이 사람들에 대해 모종의 분노나 증오를 가지는 것에 대해 말하고 있는 것이 아닙니다. 나는 그 사람들 너머를 살펴보고 그들의 마음이 개인적이 아닌 의식 상태에 의해, 심지어는 감정계, 사고계 또는 자의식계 안의 집단적인 존재들에 의해서 점거되어 있음을 아는 것에 대해 말하고 있습니다.

　여러분이 이것을 알 때, 여러분은 다른 사람들을 적대하고 있지 않는다는 것을 깨닫습니다. 여러분은 더 낮은 의식 상태에도 적대하지 않습니다. 여러분은 자신을 그것으로부터 분리시킵니다. 그렇게 하는 것으로, 여러분은 이 의식 상태가 지구에서 제거되도록 요구할 권리를 주장하고 있는 것입니다. 그리고 이것은 여러분이 상승한 마스터들과 천사들에게 이런 의식 상태에 의해 눈이 먼 사람들과 대면할 권한을 부여한다는 것을 의미합니다.

여러분이 심판을 요청할 때 일어나는 것들

지금, 이러한 사람들은 그런 의식의 상태에 의해 눈이 멀어 있습니다. 이 말은 그들은 대안이 있다는 것을 알 수 없다는 것입니다. 그들은 심지어 그 의식 상태의 외부에 무엇인가가 있다는 것도 알 수 없습니다. 그들은 오직 이것이 삶을 보는 유일한 방법이라고 생각합니다. 여러분이 이 의식이 제거되기를 요청할 때, 그리고 이 의식 안에 갇힌 그들에 대해 그리스도의 심판을 요청할 때, 여러분은 우리에게 이러한 사람들과 맞설 권한을 줍니다.

이것은 우리가 개입하여 분노로 그들을 심판한다는 의미가 아닙니다. 그것은 우리가 들어가서 그들의 의식 상태에 대안(代案)이 있음을 보여준다는 의미입니다. 우리는 실제로 그들에게 지금 그들이 갖고 있지 못한 선택권을 줍니다.

여러분은 어쩌면 여러분이 심판을 요청하고 우리가 한 생명흐름과 마주할 때, 우리가 그들의 자유의지를 침해하는 것이 아니냐고 물을지도 모릅니다. 아닙니다. 왜냐하면 지구상에서 여러분은 개인적인 자유의지를 갖고 그것을 행사하지만, 여러분은 또한 개인적인 자유의지를 가진 다른 많은 존재들과 함께하는 한 구성체로 살고 있기 때문입니다. 여러분의 개인적인 자유의지는 여러분 자신의 욕구들을 충족시키게 될 때는 개별적이고 자유입니다. 그러나 여러분이 다른 사람들의 의지에다 강요할 목적으로 뭔가를 하기 시작하자마자 여러분은 자신을 전체의 의지에다 종속하도록 만들고 있는 것입니다

타락한 존재들이 여기에 육화하기 시작한 것은 지구상의 많은 사람들이 승천한 마스터들로부터 들을 수 없었거나 기꺼이 듣고자 하지 않았기 때문이었습니다. 이것은 타락한 존재들이 그들이 원하던 무엇이든 할 자유가 있었다는 의미인데, 그들은 자기들의 권력추구를 지지하도록 사람들을 속일 수도 있었습니다. 만약 아무도 이의를 제기하지

않으면, 타락한 존재들은 말 그대로 주어진 행성에서 자유로운 통치를 할 것이고 그들은 수없이 그랬던 것처럼 대파괴를 가져올 수 있습니다 아무도 저항하지 않으면, 사람들은 타락한 존재들이 하는 것을 조용히 받아들이기 마련입니다. 침묵은 동의를 의미합니다. 임계수치의 사람들이 스스로 깨어난다면 특정 의식 상태를 바라보고 이렇게 말할 것입니다. "이것은 우리가 받아들일 수 있는 것이 아니다,"그러면 그들의 선택은 이제 집단의 의지에 충격을 주는 것입니다.

타락한 존재들은 다른 사람들에게 강요하고자하기 때문에 우리는 타락한 존재들에게 강요하지 않습니다. 여러분이 다른 사람들의 의지를 의도적으로 강요하려는 마음상태에 빠져들 때, (신의) 법칙은 우리가 그들의 의식 상태에는 대안이 있다는 사실을 가지고 개입하여 이러한 사람들과 대면하는 것을 합법적으로 만듭니다. 다시 말하지만, 우리는 타락한 존재들에게 강요하지 않습니다. 우리는 타락한 의식에 대해 다른 방안을 알지 못하는 그들에게 실제로 그들이 지금 갖지 못한 선택권을 주는 것입니다. 우리는 선택권을 가지고 그들과 대면합니다.

대부분의 경우에 이것은 사람들의 의식적인 마음의 수준에서는 일어나지 않습니다. 그것은 내면의 수준들, 깨어있는 의식 수준 아래에서 일어납니다. 우리는 현재의 의식 상태와 더 높은 의식 상태 사이에서 선택권을 갖고 그 생명흐름과 대면하며, 이후 우리는 그 생명흐름에게 둘 중에서 선택하도록 허용합니다. 물론, 만약 그가 현재 의식 상태에 머무르기로 선택하고 더 높은 의식 상태를 거부하면, 많은 경우에 그 결과는 그 존재가 즉각적으로 또는 상당히 빨리 육신에서 떠나게 되는 결과가 될 수 있습니다.

또한 복잡한 요인들로 인해 내가 여기서는 언급하고 싶지 않은 일부 사례들이 있는데, 이런 경우 타락한 생명흐름이 심판을 받게 되지만, 얼마간의 시간 동안 육화상태에 머무르는 것이 허용됩니다. 이것은 주로 타락한 존재를 따르는 일부 사람들이 있기 때문이며 그들은 특정한 일들이 펼쳐지는 것을 볼 필요가 있습니다. 그런 경우에, 타락한 존재가 물리적으로 죽은 후에는 지구에 다시 환생하는 것이 허용되지 않습니다. 예를 들면, 이것은 히틀러, 스탈린, 모택동의 경우에 해당됩니다.

천사들이 악귀들과 대면하고 무력화시키는 방법

생명흐름들이 지구상에 육화하는 것을 허용할 수 있게 결정하는 아주 복잡한 공식이 있습니다. 그것은 육화한 사람들에 의해 이루어진 선택들에 상당히 연관되어 있습니다. 보다 성숙한 영적인 사람들인 여러분이 자신의 의식을 높임으로써, 그런 다음 여러분이 지구에서 어떤 저급한 의식 상태가 제거되기를 요구할 권리가 있다는 선택을 함으로써 이 행성에 중요한 영향력을 행사할 수 있습니다. 일단 우리가 특정한 의식 상태를 버릴 필요가 있는 타락한 생명흐름들과 마주하게 되면, 우리는 또한 아스트랄계 같은 곳에 들어가 결코 자아의식을 가져보지 못한 악귀들과 영적실재들을 결박할 권한을 갖게 됩니다.

대천사 미카엘과 다른 대천사들은 이런 임무를 위해 특별히 훈련된 천사들의 군단(軍團)들을 보유하고 있습니다. 여러분은 성경 속에서 천상의 전쟁에서 악마와 그의 자손들과 싸우는 천사들에 대한 오래된 이야기들을 읽거나 볼 수 있습니다. 이것은 지구상에서 여러분이 마음으로 상상하는 것처럼 물리적인 전쟁이 아니었습니다. 이것은 사람들의 그 의식을 토대로 주어진 설명들이었지만, 분명히 빛의 천사들과 타락한 천사들, 타락한 존재들 사이에는 대립이 있었습니다. 이것은 우리가 다른 책들 [악의 우주론]에서 설명했던 것처럼, 영적인 세계 안에서는 분쟁이 있을 수 없기 때문에 이것은 천상에서 발생한 것이 아니었습니다. 그 실제의 분쟁은 상승하지 못했던 이전의 천체 안에서 일어났습니다.

또한 물질계의 세 상위 세계들 안에서 일어나는 대립이 있습니다. 이 대립은 계속 진행 중입니다. 육화한 충분한 수의 인간들이 특정한 의식 상태의 존재가 결박되도록 요청을 했을 때, 대천사들은 예를 들어 아스트랄계로 그들의 천사들을 파견할 수 있습니다. 그들은 어떤 악귀들을 발견하고 그들이 가진 영적인 도구들로 그 악귀를 결박할 수 있게 되며, 그럼으로써 그것이 무력화됩니다. 그런 다음 그들은 임무를 수행하기 위해 특별하게 훈련 받은 복잡한 과정을 통해서 포획한 그 에너지들을 해방시켜 줍니다.

결코 자아의식을 가져본 적이 없는 악귀는 근본적으로 일종의 커다란 소용돌이 또는 토네이도(회오리바람)와 같은 두려움에 기초한 에너지 보텍스입니다. 그 에너지가 소용돌이치는 한, 그것은 여러분이 단지 육체로 토네이도 안에 들어가서는 그것을 멈출 수 없는 것과 마찬가지로 인간의 힘으로 멈출 수 없는 추진력이 있습니다. 천사들은 그런 회오리 속으로 들어가 점차 그 회전을 중단시키기 위한 훈련을 받았습니다. 일단 그 회전이 멈춰지면, 그 에너지들은 분리될 수 있고, 따라서 그것들은 더 이상 회전 운동을 형성하는 집단적인 자기 효과(magnetic effect)를 가지지 못합니다. 그런 후, 에너지들은 분리될 수 있습니다. 많은 경우에, 악귀는 다수의 영적인 광선들, 아마도 왜곡된 모든 일곱 가지 영적 광선들과 결합될 수 있습니다. 일정한 광선을 담당하는 천사들이 진입하고 그들의 광선이 왜곡된 그 에너지를 탈취해서, 이런 에너지들의 진동을 높입니다.

천사들과 대천사들은 이제 행성 지구와 연관된 모든 4가지 층의 세계들에 진입하여 바로잡고 즉각적으로 두려움에 기초한 에너지들을 해체시킬 힘을 갖고 있습니다. 내가 설명했던 것처럼, 원래 우리는 그런 권한을 갖고 있지 않습니다. 그렇기에 우리가 아스트랄계 안의 일정한 분량의 악귀들이나 멘탈계와 자의식계 안의 다른 세력들을 해체시킬 수 있기 전에 육화한 사람들에 의해 기원된 특정한 양의 에너지가 있어야만 합니다.

빛을 기원하는 것을 통해서 승리가 성취된다

여러분이 물리적으로 육화해 있는 동안에 기원한 에너지들과 천사들이 다른 세계들 안에서 에너지를 정화하는데 사용하도록 허용받은 것 사이에는 비례적인 관계가 있습니다. 일-대-일 관계가 있다는 것은 아닙니다. 여러분이 기원한 에너지들은 증식됩니다. 우리가 응용할 수 있는 다양한 증식 요소들이 있습니다. 그리고 이것은 다시 말하지만,

상세히 설명하고 싶지 않은 아주 복잡한 시나리오인데, 왜냐하면 그것은 실질적으로 여러분이 일하는데 중요하지 않기 때문입니다.

중요한 것은 여러분이 낭독해 바치는 모든 기원은 많이, 아주 많이 증식되며, 그것은 엄청난 효과를 가져온다는 점을 이해하는 것입니다. 물론, 그 효과가 세 상위 층들 안에서 일어난다는 것이 혼란스러울 수 있으며, 이것은 대부분의 사람들이 보지 못합니다. 그러므로 여러분은 노력한 것의 물리적인 결과를 직접적으로 보지는 못합니다. 나는 우리가 여러분에게 이것이 작용할 것이라는 어느 정도의 믿음에 기초해서 기원문들을 바치라고 요청하고 있다는 것을 아주 잘 알고 있습니다. 많은 경우들에서, 여러분은 물리적인 결과를 보지 못한 채 오랜 기간 동안 기원문들을 바칠 수도 있습니다. 하지만 나는 물리적인 결과들이 있었다고 여러분에게 보장할 수 있습니다.

지난 세기에 걸쳐 승천한 마스터들의 학도들이 디크리들과 기원문들을 통해 영적인 빛을 기원함으로써 많은 승리를 달성했습니다. 물론, 여러분은 지구를 살펴볼 수 있지만, 그것이 어떤 변화를 이루어냈는지를 알지는 못합니다. 2차 세계 대전 동안에는 성 저메인 대사의 많은 학도들이 '보라색 화염' 디크리들을 낭독해 바쳤습니다. 그들이 그것을 하지 않았다면, 전쟁이 몇 해를 더 끌었을 것이고 수백만의 사람들이 더 죽고 나서 종료되었을 것입니다. 나치주의는 궁극적으로 어쨌든 패배했지만, 공산주의 소련이 전쟁 이후 더 많은 권력을 거머쥐게 될 수도 있었습니다.

마찬가지로, 많은 승천한 마스터들의 학도들이 공산주의의 몰락을 위해 디크리들을 실행했습니다. 이것이 없었다면, 공산주의는 붕괴되지 않았을 것입니다. 그것은 더 오래 지속되었을 것입니다. 심지어는 냉전(冷戰)이 열전(熱戰)으로 확산되어, 핵전쟁이 될 가능성도 있었습니다. 소련이 3차 세계대전 없이 붕괴된 사실은 60년대, 70년대, 80년대, 그리고 90년대 초반 동안 승천한 마스터의 학도들이 바친 디크리들의 직접적인 효과입니다. 그런 기원들을 하지 않았다면 더 많은 다른 물리적인 조건들이 훨씬 더 악화되었을 것입니다.

이는 성경에서 "의인(義人)의 간구는 역사하는 힘이 많으니라."라고 말하는 것과 같습니다. 물론, 의로운 여성에게도 똑같이 적용됩니다. 의로운 남성과 의로운 여성은 이원성을 넘어서 자신의 의식을 높이기 시작했던 사람을 의미합니다. 오직 여러분이 어떤 의식 상태를 초월할 때, 여러분은 지구에서 그것들을 제거하기 위한 요청들을 할 완전한 권한을 얻습니다. 그것은 예수가 여러분에게 먼저 여러분 눈 안의 들보를 제거하라고 말한 이유입니다. 그런 다음 여러분은 여러분의 형제와 싸우지 않기 때문에 여러분 형제의 눈에서 티끌들을 제거하는 방법을 알게 됩니다.

여러분은 그 사람을 넘어서서 보기 시작하며 그 사람이 의식의 상태에 갇혀있다는 것을 압니다. 여러분은 그것이 제거될 필요가 있는 의식의 상태라는 것을 압니다. 여러분은 또한 그것을 제거하거나 그것과 싸울 수 있는 당사자가 여러분이 아니라는 것을 압니다. 그것은 오직 천사들과 승천한 마스터들입니다. 여러분은 우리와의 바른 관계를 아는데, 즉 여러분은 우리와 동반자입니다. 여러분은 자신이 나가서 다른 사람들과 싸우거나 의식의 상태와 싸워야 하는 행위자라고 생각하지 않습니다.

일체성과 동일성 간의 차이

이것은 권력추구로 인한 미묘한 결과입니다. 심지어는 어떤 영적인 학생들 중에서도 백마 탄 왕자가 되고 빛나는 갑옷 안의 기사가 되어 도움이 필요한 여자나 전체 지역 사회, 전체 나라 또는 전체 세상을 단독으로 구하고자 하는 어떤 욕망이 있습니다. 혼자서 변화를 만들어낸 영웅이 되기를 바라는 이런 의식에 빠져 있는 타락한 존재들이 아닌 사람들이 있습니다. 하지만 심지어 예수와 붓다(佛陀)도 혼자서 변화를 만들어내지는 않았습니다. 만약 사람들이 예수가 이 세상을 떠나자마자 즉시 그를 잊어버렸다면, 그가 세상에 나가서 가르침들을 주고 기적들을 행하며 이룬 것들이 무슨 소용이 있었을까요? 기독교 운동을 전파하고 그것을 어떤 중대한 영향력을 가진 하나의 운동으로 만든 것은 오직 그의 제자들의 노력들이었습니다.

독단적으로 세상을 변화시키거나 세상을 구할 수 있는 인간은 없지만, 지구상에서 자신을 신(神)의 몸의 일부로서 보는 많은 개인들은 결정적인 변화를 만들어낼 수 있습니다. 신의 몸의 일부가 된다는 의미는 여러분이 수직적 일체성과 수평적 일체성이 있다는 점을 아는 것입니다. 여러분은 자신을 여러분의 신적자아(I AM Presence)와 천상의 상승한 마스터들과 하나로 봅니다. 여러분은 자신을 지상에 있는 여러분의 영적인 형제자매들과, 궁극적으로는 지상의 모든 사람들과도 하나로 봅니다. 여러분은 자신을 다른 사람들에 반대되거나 충돌하는 것으로 보기를 중단합니다. 여러분은 자신을 다른 사람들과 다른 존재로 보기를 중단합니다. 또한 여러분은 획일성을 추구하는 것을 중단합니다.

나는 자신들의 권력추구를 긍정적인 것으로 보이도록 위장하기 위해 타락한 존재들에 의해 만들어진 다양한 철학들이 있다는 사실에 대해서 말했습니다. 타락한 존재들이 하려고 시도하려는 것이 무엇입니까? 그들은 언제나 하나의 정부나 하나의 제국, 또는 심지어 하나의 종교일 수도 있는 그 무엇이든 하나의 집중화된 통제권을 구축하려고 시도합니다. 그리고 타락한 존재들은 힘을 통해서 권력을 형성하려고 움직입니다. 이것은 그들이 통제를 해야 한다는 의미인데, 여러분은 어떻게 통제를 달성하나요? 차이들을 억압하거나 없앰으로써 그렇게 하며, 여러분은 강요하든지 아니면 심지어 자발적으로 똑같게 만듭니다.

하나의 종교가 다른 종교들을 말살할 필요가 있고 지구상에서 유일한 종교가 되어야 한다는 전체 개념은 타락한 사고방식에서 나온 것입니다. 신은 하나의 종교가 지구를 지배하는 것을 보고자 하는 바람이 없습니다. 예수는 기독교가 지구를 지배하는 것을 보고자 하는 바람이 없습니다. 우리 승천한 마스터들은 동일함을 추구하지 않습니다. 왜 그럴까요? 우리가 마스터들이 된 것은 우리의 신성한 개체성을 표현하고 인정하는데 과감하기 때문입니다. 우리는 우리의 신성한 개성이 독특하다는 것을 압니다. 나는 내가 독특한 개별적인 존재임을 압니다. 예수도 그렇고, 성 저메인도 그렇고 육화한 모든 인간이 그렇습니다.

신은 동일함이 아니라, 다양성을 창조했다

우리는 모든 인간이 자신의 신성한 개성을 구현할 수 있는 단계까지 끌어올리고자 노력하고 있습니다. 우리는 모든 이들을 똑같게 만들려고 하지 않습니다, 나의 사랑하는 이들이여. 우리는 지구를 지배할 승천한 마스터의 종교를 만들려고도 하지 않습니다. 우리는 차이들을 축복합니다. 타락한 존재들이 동일함을 원하는 것은 그 동일함이 통제를 쉽게 하도록 해주기 때문입니다. 동일함은 그들에게 지구에 대한 그들의 권력에 가장 큰 위협이 되는 창조적인 개성을 억압하도록 허용합니다. 동일함은 타락한 의식의 표식입니다. 반대로 다양성은 신 의식(God consciousness)의 표현입니다.

신은 지구 행성에 있는 70억의 사람들이 똑같은 방식으로 행동하고 똑같은 것을 믿기를 바라지 않습니다. 신은 그 사람들을 그 고유한 존재의 개별적인 표현들로써 창조했으며, 그들이 개성을 억압하기보다는 표현하는 것을 보고자 합니다. 그러나 타락한 존재들은 여러분의 개성이나 인간 개성을 표현하는 것을 억압하기를 바라는데, 이것은 여러분을 다른 사람들과의 충돌로 밀어 넣습니다. 여러분이 신성한 개체성을 표현할 때, 자신과 다른 사람들 사이에 충돌이 없습니다. 여러분은 다른 사람들에 의해 위협받지 않고, 그들도 여러분에 의해 위협받지 않습니다. 여러분은 봄의 목초지에 핀 서로 다른 꽃들이 상호 보완하듯이, 서로를 보완합니다. 확실히, 풀밭에 노란 민들레로 가득하면 아름다울 수 있지만, 비슷한 것에 곧 피곤해지고 인간의 마음이 금방 뭔가 다른 것을 찾게 되지 않습니까? 수많은 다른 색상의 꽃들이 함께 어우러진 초원을 보는 것이 더 흥미로운 것 아닌가요?

여러분이 인류역사에서 목격한 것은 어떻게 타락한 존재들이 하나의 종교, 하나의 지배적인 정치이념, 하나의 지배적인 국가, 하나의 지배적인 문명, 하나의 지배적인 기업 또는 하나의 지배적인 군대를 구축하고자 움직여 왔는가 하는 것입니다. 그들이 지금껏 성공적이었을까요? 아닙니다. 왜냐하면 한 집단의 타락한 존재들이 하나의 지배적인 종교를 만들려고 시도하면, 분명히 또 다른 집단의 타락한 존재들이 처음 것과 경쟁하기 위해 다른 종교를 만들 것이기 때문입니다.

여러분이 지구상에서 보는 것은 타락한 존재들에 의해 저질러지는 권력추구입니다. 비록 이 권력추구의 목적이 하나의 지배적인 세력을 구축하는 것이지만, 여러분은 타락한 존재들이 이런 추구과정에서 연합하게 된다는 견해에 속지 않아야 할 것입니다. 타락한 존재들은 이원성적인 의식의 바로 그 속성에 의해, 언제나 서로 경쟁하는 최소한 두 파벌들로 분열됩니다. 권력투쟁은 최소한 두 집단의 타락한 존재들 사이에서 경쟁적으로 진행되는 것 이상의 아무것도 아닙니다.

그들은 각자 자기들이 긍정적이고 어떤 궁극적인 섭리를 위해 일한다고 주장할 수도 있습니다. 그들 모두는 완전한 오류입니다. 그들은 일종의 환상에 의해 움직여지고 있습니다. 그들은 하나의 지배적인 그들의 종교를 세우고자 함으로써 자신들이 신의 섭리를 위해 일한다고 믿을지도 모르지만, 그것은 완전한 망상입니다. 신의 섭리는 획일성이 아닙니다. 신의 섭리는 통제가 아닙니다. 신의 섭리는 개인의 창조성을 신 의식을 도달하는 개별적인 존재들로 이끌어주는 것입니다.

여러분은 자본주의나 공산주의 어느 것도 신에 의해 설립된 세력이 아니었음을 인식할 필요가 있습니다. 십자군 전쟁에서 싸웠던 이슬람과 기독교, 그 어느 쪽도 신이나 그리스도에 의해 설립된 움직임이 아니었습니다. 이것은 타락한 존재들의 경쟁, 그 이상의 아무것도 아닙니다. 그들의 누구도 결코 승리할 수 없었습니다. 설사 만약 그들이 승리했더라도, 그것은 지구상에 세워진 신의 섭리나 신의 왕국이 될 수 없습니다. 그것은 오직 타락한 존재들의 왕국이 될 것입니다.

타락한 존재들의 사상들로부터 여러분 자신을 자유롭게 하기

영적인 존재로서 여러분이 바라는 것이 이것인가요? 만약 그렇지 않다면, 타락한 존재들에 의해 이 지구상의 집단의식 속으로 주입된 아주 교묘한 사상들과 믿음들로부터 자신이 자유롭도록 노력하세요. 여러분이 이 행성에서 성장했다면, 여러분은 영향을 받아왔을 것입니다.

여러분은 이러한 사상들의 어떤 것으로 프로그램돼 있을 것이고, 이것이 바로 내가 다음 강론에서 그것에 대해 말하고자 하는 이유입니다.

다시 한 번, 나는 여러분에게 소화해야 할 많은 것들을 전해주었습니다. 나는 여러분이 이 책을 통해 여러분의 방식으로 일함으로써 여러분의 경험은 더욱 더 많은 것을 다룰 수 있는 상향나선이 될 것이라고 확신합니다. 그에 따라 나는 여러분에게 더욱 더 많은 진보적인 가르침들을 줄 수가 있습니다. 나는 이 강론의 다음 회에서는 전쟁이 아니라, 진정으로 사랑을 하는 방법에 대해 이야기할 수 있기를 기대합니다.

권력을 향한 끝없는 욕망을 심판하기
(기원문)

신(神)과 예수 그리스도의 이름으로, 나는 성모 마리아와 대천사 미카엘, 사나트 쿠마라님께 권력을 향한 탐욕스런 욕망을 가진 4가지 세계들 안의 존재들에 대해 심판을 요청합니다. 우리는 영적인 존재들이고 승천한 마스터들과 함께 일함으로써 새로운 미래를 공동-창조할 수 있다는 사실을 사람들에게 일깨워주소서.

나는 특히 … 을 요청합니다.(여기에다 개인적인 요청을 추가하세요)

1부

1.대천사 미카엘이시여, 나는 중앙집권적 지배에 기반을 둔 고도의 문명, 유토피아에 대한 추구로 표현되는 권력을 향한 끝없는 욕망에 사로잡힌 타락한 존재들에 대해 그리스도의 심판을 요청합니다. 나는 이러한 존재들이 지구에서 제거되기를 요구합니다.

대천사 미카엘이시여, 찬란한 푸른빛이시여,
내 가슴은 오직 당신을 위해 열려 있습니다.
내 마음은 이제 둘이 아닌 하나가 되었고,

나에 대한 당신의 사랑은 언제나 진실합니다.

대천사 미카엘이시여, 당신은 여기에 함께 하시고,
당신의 빛은 모든 의심과 두려움을 불태웁니다.
당신의 현존은 영원히 내 가까이 있으며,
당신은 나에게 너무나 소중합니다.

2.대천사 미카엘이시여, 나는 이원성 의식 안에서는 그 어느 것도 충분히 만족스러울 수 없고, 따라서 충분히 만족스러운 권력이란 있을 수 없음을 보지 못하는 의식과 타락한 존재들에 대해, 그리스도의 심판을 요청합니다. 나는 이러한 의식과 존재들이 지구에서 제거되기를 요구합니다.

대천사 미카엘이시여, 나는 당신의 실체와
온전히 하나가 되겠습니다.
내게 보이는 어떤 두려움도 나를 막지 못하며,
이 세상은 나를 지배할 힘이 없습니다.

대천사 미카엘이시여, 당신은 여기에 함께 하시고,
당신의 빛은 모든 의심과 두려움을 불태웁니다.
당신의 현존은 영원히 내 가까이 있으며,
당신은 나에게 너무나 소중합니다.

3.대천사 미카엘이시여, 나는 로마문명과 세계정복의 시도 배후에 있었던 의식과 타락한 존재들에 대해, 그리스도의 심판을 요청합니다. 나는 이러한 의식과 존재들이 지구에서 제거되기를 요구합니다.

대천사 미카엘이시여, 나를 굳게 잡아주시고,
이제 가장 어두운 밤을 산산조각내소서.
당신의 빛으로 내 차크라들을 정화하고,

나의 내면의 시각을 복원해주소서.

대천사 미카엘이시여, 당신은 여기에 함께 하시고,
당신의 빛은 모든 의심과 두려움을 불태웁니다.
당신의 현존은 영원히 내 가까이 있으며,
당신은 나에게 너무나 소중합니다.

4. 대천사 미카엘이시여, 나는 나치제국 배후의 의식과 타락한 존재들에 대해 그리스도의 심판을 요청합니다. 나는 이러한 의식과 존재들이 지구에서 제거되기를 요구합니다.

대천사 미카엘이시여, 나는 이제 일어나서,
당신과 함께 빛을 지휘합니다.
내가 가장 높은 진리를 이해할 때까지,
나는 영원히 내 가슴을 확장해나가겠습니다.

대천사 미카엘이시여, 당신은 여기에 함께 하시고,
당신의 빛은 모든 의심과 두려움을 불태웁니다.
당신의 현존은 영원히 내 가까이 있으며,
당신은 나에게 너무나 소중합니다.

5. 대천사 미카엘이시여, 나는 공산주의 제국 배후의 의식과 타락한 존재들에 대해 그리스도의 심판을 요청합니다. 나는 이러한 의식과 존재들이 지구에서 제거되기를 요구합니다.

대천사 미카엘이시여, 내 가슴 안에 계신 존재시여,
당신은 결코 나를 떠나지 않습니다.
나는 신성한 영단의 한 부분이며,
이제 나는 신선한 새 출발을 받아들입니다.

302

대천사 미카엘이시여, 당신은 여기에 함께 하시고,
당신의 빛은 모든 의심과 두려움을 불태웁니다.
당신의 현존은 영원히 내 가까이 있으며,
당신은 나에게 너무나 소중합니다.

6. 대천사 미카엘이시여, 나는 발전된 기술로 세계를 정복하고 통제할 수 있다고 생각하는 의식과 타락한 존재들에 대해서 그리스도의 심판을 요청합니다. 나는 이러한 의식과 존재들이 지구에서 제거되기를 요구합니다.

대천사 미카엘이시여, 당신의 푸른 검(劍)은
모든 어둠을 베어버립니다.
나는 이제 나의 그리스도 신성을 추구하며,
무엇이 진실인지를 분별합니다.

대천사 미카엘이시여, 당신은 여기에 함께 하시고,
당신의 빛은 모든 의심과 두려움을 불태웁니다.
당신의 현존은 영원히 내 가까이 있으며,
당신은 나에게 너무나 소중합니다.

7. 대천사 미카엘이시여, 나는 강압을 통해 자기 외부에 있는 어떤 것을 정복하려는 욕망 배후의 의식과 타락한 존재들에 대해 그리스도의 심판을 요청합니다. 나는 이러한 의식과 존재들이 지구에서 제거되기를 요구합니다.

대천사 미카엘이시여, 당신의 날개 안에서,
나는 이제 저급한 것들을 내려놓습니다.
내 가슴속에서 귀향하라는 신의 부름이 울리면,
당신과 함께 내 가슴은 영원히 노래합니다.

대천사 미카엘이시여, 당신은 여기에 함께 하시고,
당신의 빛은 모든 의심과 두려움을 불태웁니다.
당신의 현존은 영원히 내 가까이 있으며,
당신은 나에게 너무나 소중합니다.

8.대천사 미카엘이시여, 나는 타인들을 이원성적인 비전에 따르도록
상습적으로 강요하는 의식과 타락한 존재들에 대해, 그리스도의 심판
을 요청합니다. 나는 이러한 의식과 존재들이 지구에서 제거되기를 요
구합니다.

대천사 미카엘이시여, 나를 고향으로 데려가소서.
나는 더 높은 천체에서 거닐고 싶습니다.
나는 우주의 거품에서 다시 태어나고,
내 삶은 이제 신성한 시(詩)가 됩니다.

대천사 미카엘이시여, 당신은 여기에 함께 하시고,
당신의 빛은 모든 의심과 두려움을 불태웁니다.
당신의 현존은 영원히 내 가까이 있으며,
당신은 나에게 너무나 소중합니다.

9.대천사 미카엘이시여, 나는 권력과 통제를 향한 불균형한 추구 안에
서 모든 것을 극단적으로 몰아가는 의식과 타락한 존재들에 대해 그리
스도의 심판을 요청합니다. 나는 이러한 의식과 존재들이 지구에서 제
거되기를 요구합니다.

대천사 미카엘이시여, 빛이신 당신은
푸른 별처럼 찬란하게 빛나고 있습니다.
당신은 우주의 아바타(Avatar)이며,
나는 당신과 함께 아주 멀리 갈 것입니다.

대천사 미카엘이시여, 당신은 여기에 함께 하시고,
당신의 빛은 모든 의심과 두려움을 불태웁니다.
당신의 현존은 영원히 내 가까이 있으며,
당신은 나에게 너무나 소중합니다.

2부

1.사나트 쿠마라님[17])이시여, 나는 강압과 통제에 기초한 중앙집권적
문명을 확립하는 것이 자비로운 행위이고 심지어는 신을 위한 일이라
고 여기는 의식과 타락한 존재들과 그들의 꿈에 대해 그리스도의 심판
을 요청합니다. 나는 이러한 의식과 존재들이 지구에서 제거되기를 요
구합니다.

사나트 쿠마라님이시여, 루비 불꽃이시여,
나는 사랑의 성가대에서 내 자리를 구합니다.
열린 가슴으로 당신을 찬양하며,
우리는 함께 지구를 끌어 올립니다.

사나트 쿠마라님이시여, 루비 광선이시여,
지구에 더 높은 길을 가져오소서.
당신의 불꽃으로 이 지구행성을 밝혀주시고,
그녀에게 새로운 의복을 입혀주소서.

2.사나트 쿠마라님이시여, 나는 전체 지구행성을 다스리는 것은 인간
들에게는 너무 과한 일이란 것을 살펴보려고 하지 않는 의식과 타락한

---

17)지구의 행성로고스(靈王)였던 위대한 마스터. 약 1,800만 년 전에 멸절의 위기상태에
빠진 인류를 구하기 위해 금성에서 144,000의 빛의 무리를 이끌고 지구로 왔고, 지구
영단(Spiritual Hierarchy)을 창설한 장본인이다. 모든 구세주의 원형이며, 성경에는
"옛적부터 계신 이"라고 표현되어 있다. 또한 불경에는 석가모니에게 수기(授記)를 내린
〈연등불(練燈佛)〉로 기록되어 있다. (감수자 註)

존재들에 대해 그리스도의 심판을 요청합니다. 나는 이러한 의식과 존재들이 지구에서 제거되기를 요구합니다.

사나트 쿠마라님이시여, 루비 불꽃이시여,
나는 비전입문을 열망합니다.
나는 당신을 위한 전극(電極)이며,
샴발라[18])는 나의 진정한 거처입니다.

사나트 쿠마라님이시여, 루비 광선이시여,
지구에 더 높은 길을 가져 오소서.
당신의 불꽃으로 이 지구행성을 밝혀주시고,
그녀에게 새로운 의복을 입혀주소서.

3.사나트 쿠마라님이시여, 나는 자신의 우월감을 위한 권력추구에 완전히 빠져있는 의식과 타락한 존재들에 대해 그리스도의 심판을 요청합니다. 나는 이러한 의식과 존재들이 지구에서 제거되기를 요구합니다.

사나트 쿠마라님이시여, 루비 불꽃이시여,
나는 당신이 요청하는 길을 따라갑니다.
당신의 사랑으로 나를 입문시키시어,
성령을 위한 열린 문이 되게 하소서.

사나트 쿠마라님이시여, 루비 광선이시여,
지구에 더 높은 길을 가져 오소서.
당신의 불꽃으로 이 지구행성을 밝혀주시고,
그녀에게 새로운 의복을 입혀주소서.

---

18)일반적으로 지구의 중심에 있는 빛의 도시를 지칭한다. 그러나 샴발라는 행성로고스가 거하고 있는 대 샴발라와 소 샴발라(지구 중심)로 구분된다. 대 샴발라는 고비사막 상공의 에테르계에 존재한다고 알려져 있다. 대샴발라는 본래 지구를 배후에서 관리하는 영적정부인 영단의 본거지로 세워진 빛의 도시이다. (감수자 주)

4.사나트 쿠마라님이시여, 나는 서사적 철학을 이용하여 신의 오류를 증명하려고 하는 의식과 타락한 존재들에 대해 그리스도의 심판을 요청합니다. 나는 이러한 의식과 존재들이 지구에서 제거되기를 요구합니다.

사나트 쿠마라님이시여, 루비 불꽃이시여,
당신의 위대한 본보기는 모두에게 영감을 주며,
우리는 무집착과 큰 환희로
지구의 새로운 탄생을 가져옵니다.

사나트 쿠마라님이시여, 루비 광선이시여,
지구에 더 높은 길을 가져 오소서.
당신의 불꽃으로 이 지구행성을 밝혀주시고,
그녀에게 새로운 의복을 입혀주소서.

5.사나트 쿠마라님이시여, 나는 권력에 굶주린 타락한 존재들을 악으로 묘사해놓고 사람들로 하여금 그 악과 싸우도록 만드는 한층 더 지능적인 타락한 존재들에 대해 그리스도의 심판을 요청합니다. 나는 이러한 의식과 존재들이 지구에서 제거되기를 요구합니다.

사나트 쿠마라님이시여, 루비 불꽃이시여,
당신은 이 행성의 정화자이시니,
지구에서 모든 어둠의 영혼들을 불태우시고,
내면에 거하는 영(Spirit)의 섬광을 드러내소서.

사나트 쿠마라님이시여, 루비 광선이시여,
지구에 더 높은 길을 가져 오소서.
당신의 불꽃으로 이 지구행성을 밝혀주시고,
그녀에게 새로운 의복을 입혀주소서.

6.사나트 쿠마라님이시여, 나는 사람들이 이원성적인 의식의 환영을 깨닫지 못하도록 막으려는 의식과 타락한 존재들에 대해 그리스도의 심판을 요청합니다. 나는 이러한 의식과 존재들이 지구에서 제거되기를 요구합니다.

사나트 쿠마라님이시여, 루비 불꽃이시여,
당신은 우주적 증폭기입니다.
금성에서 온 집단(Venusian band)의 진동수를,
저급한 세력들은 견뎌낼 수 없습니다.

사나트 쿠마라님이시여, 루비 광선이시여,
지구에 더 높은 길을 가져 오소서.
당신의 불꽃으로 이 지구행성을 밝혀주시고,
그녀에게 새로운 의복을 입혀주소서.

7.사나트 쿠마라님이시여, 나는 권력을 추구하면서 전쟁과 대립을 시작했던 의식과 타락한 존재들에 대해 그리스도의 심판을 요청합니다. 나는 이러한 의식과 존재들이 지구에서 제거되기를 요구합니다.

사나트 쿠마라님이시여, 루비 불꽃이시여,
나는 지상에서 당신을 위한 확대경입니다.
나는 사랑의 흐름을 다시 회복시키며,
나의 차크라는 당신의 열린 문이 됩니다.

사나트 쿠마라님이시여, 루비 광선이시여,
지구에 더 높은 길을 가져 오소서.
당신의 불꽃으로 이 지구행성을 밝혀주시고,
그녀에게 새로운 의복을 입혀주소서.

8.사나트 쿠마라님이시여, 나는 종교, 특히 이슬람과 기독교를 이용하

여 전쟁과 대립을 정당화하는 의식과 타락한 존재들에 대해 그리스도의 심판을 요청합니다. 나는 이러한 의식과 존재들이 지구에서 제거되기를 요구합니다.

사나트 쿠마라님이시여, 루비 불꽃이시여,
금성인의 노래를 확장하는 존재시여,
당신의 사랑이 우리를 통해 울려 퍼질 때
우리의 가장 조밀한 마음에 스며듭니다.

**사나트 쿠마라님이시여, 루비 광선이시여,
지구에 더 높은 길을 가져 오소서.
당신의 불꽃으로 이 지구행성을 밝혀주시고,
그녀에게 새로운 의복을 입혀주소서.**

9.사나트 쿠마라님이시여, 나는 중동에 육화해서 전쟁을 멈추려 하지 않는 낙후된 존재들과 의식에 대해 그리스도의 심판을 요청합니다. 나는 이러한 의식과 존재들이 지구에서 제거되기를 요구합니다.

사나트 쿠마라님이시여, 루비 불꽃이시여,
당신은 모든 것을 신성하게 합니다.
우주적 은총으로 정화되니,
지구는 이제 성소가 되었습니다.

**사나트 쿠마라님이시여, 루비 광선이시여,
지구에 더 높은 길을 가져 오소서.
당신의 불꽃으로 이 지구행성을 밝혀주시고,
그녀에게 새로운 의복을 입혀주소서.**

3부

1.대천사 미카엘이시여, 나는 이 낙후된 존재들에 대해 그리스도의 심판을 요청하며, 이로써 그들은 전쟁을 멈추든지 아니면 이 행성에서 제거되는 선택에 직면하게 됩니다. 나는 이러한 의식과 존재들이 지구에서 제거되기를 요구합니다.

대천사 미카엘이시여, 찬란한 푸른빛이시여,
내 가슴은 오직 당신을 위해 열려 있습니다.
내 마음은 이제 둘이 아닌 하나가 되었고,
나에 대한 당신의 사랑은 언제나 진실합니다.

대천사 미카엘이시여, 당신은 여기에 함께 하시고,
당신의 빛은 모든 의심과 두려움을 불태웁니다.
당신의 현존은 영원히 내 가까이 있으며,
당신은 나에게 너무나 소중합니다.

2.대천사 미카엘이시여, 나는 권력과 통제를 얻기 위한 도구로서의 전쟁과 대립을 포기하지 않는 타락한 존재들과 의식에 대해서 그리스도의 심판을 요청합니다. 나는 이러한 의식과 존재들이 지구에서 제거되기를 요구합니다.

대천사 미카엘이시여, 나는 당신의 실체와
온전히 하나가 되겠습니다.
내게 보이는 어떤 두려움도 나를 막지 못하며,
이 세상은 나를 지배할 힘이 없습니다.

대천사 미카엘이시여, 당신은 여기에 함께 하시고,
당신의 빛은 모든 의심과 두려움을 불태웁니다.
당신의 현존은 영원히 내 가까이 있으며,

당신은 나에게 너무나 소중합니다.

3.대천사 미카엘이시여, 나는 권력과 통제를 얻기 위해 분쟁을 일으키는 의식과 타락한 존재들에 대해 그리스도의 심판을 요청합니다. 나는 이러한 의식과 존재들이 지구에서 제거되기를 요구합니다.

대천사 미카엘이시여, 나를 굳게 잡아주시고,
이제 가장 어두운 밤을 산산조각내소서.
당신의 빛으로 내 차크라들을 정화하고,
나의 내면의 시각을 복원해주소서.

대천사 미카엘이시여, 당신은 여기에 함께 하시고,
당신의 빛은 모든 의심과 두려움을 불태웁니다.
당신의 현존은 영원히 내 가까이 있으며,
당신은 나에게 너무나 소중합니다.

4.대천사 미카엘이시여, 영적인 사람들을 자유롭게 해주시어 그들이 타락한 의식을 인식하고 초월할 수 있게 하소서. 그리고 그들은 이 행성이 더 높이 진화할 수 있도록 그런 의식을 버리지 않는 존재들을 지구에서 제거해달라고 요구할 수 있습니다.

대천사 미카엘이시여, 나는 이제 일어나서,
당신과 함께 빛을 지휘합니다.
내가 가장 높은 진리를 이해할 때까지,
나는 영원히 내 가슴을 확장해나가겠습니다.

대천사 미카엘이시여, 당신은 여기에 함께 하시고,
당신의 빛은 모든 의심과 두려움을 불태웁니다.
당신의 현존은 영원히 내 가까이 있으며,
당신은 나에게 너무나 소중합니다.

5.대천사 미카엘이시여, 영적인 사람들을 자유롭게 해주시어, 그들이 이 행성에서 일어나고 있는 일을 살펴볼 권리를 선언하며 이렇게 말하게 하소서. "이런 행위는 용납될 수가 없다. 이것은 내 의식 상태의 표현이 아니다. 나는 그것을 초월했기 때문에 지구에서 그것이 제거되어야 한다고 요구할 권리가 있다."

대천사 미카엘이시여, 내 가슴 안에 계신 존재시여,
당신은 결코 나를 떠나지 않습니다.
나는 신성한 영단의 한 부분이며,
이제 나는 신선한 새 출발을 받아들입니다.

대천사 미카엘이시여, 당신은 여기에 함께 하시고,
당신의 빛은 모든 의심과 두려움을 불태웁니다.
당신의 현존은 영원히 내 가까이 있으며,
당신은 나에게 너무나 소중합니다.

6.대천사 미카엘이시여, 영적인 사람들을 자유롭게 해주시어, 우리가 다른 사람들이나 낮은 의식 상태에 대적하는 것이 아님을 알게 하소서. 우리는 스스로 이런 상태에서 벗어나고 있으며, 지구에서 이런 의식 상태가 제거되도록 요구할 수 있는 우리의 권리를 선언합니다.

대천사 미카엘이시여, 당신의 푸른 검(劍)은
모든 어둠을 베어버립니다.
나는 이제 나의 그리스도 신성을 추구하며,
무엇이 진실인지를 분별합니다.

대천사 미카엘이시여, 당신은 여기에 함께 하시고,
당신의 빛은 모든 의심과 두려움을 불태웁니다.
당신의 현존은 영원히 내 가까이 있으며,
당신은 나에게 너무나 소중합니다.

7.대천사 미카엘이시여, 내 안의 그리스도의 권한으로 나는 승천한 마스터들과 일곱 대천사들께, 타락한 의식으로 인해 눈이 먼 사람들과 대면할 권한을 부여합니다.

대천사 미카엘이시여, 당신의 날개 안에서
나는 이제 저급한 것들을 내려놓습니다.
내 가슴속에서 귀향하라는 신의 부름이 울리면,
당신과 함께 내 가슴은 영원히 노래합니다.

대천사 미카엘이시여, 당신은 여기에 함께 하시고,
당신의 빛은 모든 의심과 두려움을 불태웁니다.
당신의 현존은 영원히 내 가까이 있으며,
당신은 나에게 너무나 소중합니다.

8.대천사 미카엘이시여, 영적인 사람들을 자유롭게 해주시어, 만일 아무도 저항하지 않는다면 타락한 존재들이 하는 것을 침묵으로 용인하는 것임을 알게 하소서. 그들에게 "우리는 이것을 용납할 수 없다"라고 말할 권리가 있음을 일깨워주소서. 이로써 우리는 승천한 마스터들에게 개입할 권한을 부여합니다.

대천사 미카엘이시여, 나를 고향으로 데려가소서.
나는 더 높은 천체에서 거닐고 싶습니다.
나는 우주의 거품에서 다시 태어나고,
내 삶은 이제 신성한 시(詩)가 됩니다.

대천사 미카엘이시여, 당신은 여기에 함께 하시고,
당신의 빛은 모든 의심과 두려움을 불태웁니다.
당신의 현존은 영원히 내 가까이 있으며,
당신은 나에게 너무나 소중합니다.

9.대천사 미카엘이시여, 타락한 존재들은 의도적으로 다른 사람의 의지에 대해 강요하기 때문에 그로 인해 신의 법칙은 승천한 마스터들이 다른 대안적인 의식상태가 있다는 사실을 가지고 이런 사람들과 대면하는 것을 합법화시킨다는 점을 영적인 사람들에게 일깨워주소서.

대천사 미카엘이시여, 빛이신 당신은
푸른 별처럼 찬란하게 빛나고 있습니다.
당신은 우주의 아바타(Avatar)이며,
나는 당신과 함께 아주 멀리 갈 것입니다.

대천사 미카엘이시여, 당신은 여기에 함께 하시고,
당신의 빛은 모든 의심과 두려움을 불태웁니다.
당신의 현존은 영원히 내 가까이 있으며,
당신은 나에게 너무나 소중합니다.

4부

1.사나트 쿠마라님이시여, 나는 지구의 세 상위 세계들의 의식과 타락한 존재들에 대해 그리스도의 심판을 요청합니다. 나는 이러한 의식과 존재들이 지구에서 제거되기를 요구합니다.

사나트 쿠마라님이시여, 루비 불꽃이시여,
나는 사랑의 성가대에서 내 자리를 구합니다.
열린 가슴으로 당신을 찬양하며,
우리는 함께 지구를 끌어 올립니다.

사나트 쿠마라님이시여, 루비 광선이시여,
지구에 더 높은 길을 가져 오소서.
당신의 불꽃으로 이 지구행성을 밝혀주시고,

그녀에게 새로운 의복을 입혀주소서.

2.사나트 쿠마라님이시여, 나는 일곱 대천사들에게 지구의 4가지 세계들 안에서 소용돌이를 형성하고 있는 왜곡된 일곱 광선의 에너지들을 모두 정화하도록 천사 군단들을 보내달라고 요구합니다.

사나트 쿠마라님이시여, 루비 불꽃이시여,
나는 비전입문을 열망합니다.
나는 당신을 위한 전극(電極)이며,
샴발라는 나의 진정한 거처입니다.

사나트 쿠마라님이시여, 루비 광선이시여,
지구에 더 높은 길을 가져 오소서.
당신의 불꽃으로 이 지구행성을 밝혀주시고,
그녀에게 새로운 의복을 입혀주소서.

3.사나트 쿠마라님이시여, 승천한 마스터들과 우리와의 올바른 관계를 알도록 영적인 사람들을 일깨워주소서. 그럼으로써 우리가 대천사들이 지구에서 권력과 전쟁에 굶주린 악귀들과 타락한 존재들 모두를 제거하는데 충분한 에너지를 집단적으로 기원할 수 있습니다.

사나트 쿠마라님이시여, 루비 불꽃이시여,
나는 당신이 요청하는 길을 따라갑니다.
당신의 사랑으로 나를 입문시키시어,
성령을 위한 열린 문이 되게 하소서.

사나트 쿠마라님이시여, 루비 광선이시여,
지구에 더 높은 길을 가져 오소서.
당신의 불꽃으로 이 지구행성을 밝혀주시고,
그녀에게 새로운 의복을 입혀주소서.

4.사나트 쿠마라님이시여, 세상을 구원하는 백마 탄 왕자나 빛나는 갑옷의 기사가 되려는 욕망에서 영적인 사람들을 자유롭게 해주소서.

사나트 쿠마라님이시여, 루비 불꽃이시여,
당신의 위대한 본보기는 모두에게 영감을 주며,
우리는 무집착과 큰 환희로
지구의 새로운 탄생을 가져옵니다.

사나트 쿠마라님이시여, 루비 광선이시여,
지구에 더 높은 길을 가져 오소서.
당신의 불꽃으로 이 지구행성을 밝혀주시고,
그녀에게 새로운 의복을 입혀주소서.

5.사나트 쿠마라님이시여, 우리가 수직적인 하나됨과 수평적인 하나됨을 성취할 때 우리가 지구상의 신(神)의 몸의 모든 부분이 됨을 알도록 영적인 사람들을 일깨워주소서. 우리는 위로는 승천한 마스터들과 하나이며, 아래로는 모든 사람들과 하나입니다.

사나트 쿠마라님이시여, 루비 불꽃이시여,
당신은 이 행성의 정화자이시니,
지구에서 모든 어둠의 영혼들을 불태우시고,
내면에 거하는 영(Spirit)의 섬광을 드러내소서.

사나트 쿠마라님이시여, 루비 광선이시여,
지구에 더 높은 길을 가져 오소서.
당신의 불꽃으로 이 지구행성을 밝혀주시고,
그녀에게 새로운 의복을 입혀주소서.

6.사나트 쿠마라님이시여, 나는 획일성을 통한 통제를 확립하려는 의

식과 타락한 존재들과 그들의 추구에 대해 그리스도의 심판을 요청합니다. 나는 이러한 의식과 존재들이 지구에서 제거되기를 요구합니다.

사나트 쿠마라님이시여, 루비 불꽃이시여,
당신은 우주적 증폭기입니다.
금성에서 온 집단의 진동수를,
저급한 세력들은 견뎌낼 수 없습니다.

사나트 쿠마라님이시여, 루비 광선이시여,
지구에 더 높은 길을 가져 오소서.
당신의 불꽃으로 이 지구행성을 밝혀주시고,
그녀에게 새로운 의복을 입혀주소서.

7.사나트 쿠마라님이시여, 나는 모든 경쟁자들을 말살하기 위해 단 하나의 종교나 이념이 필요하다는 생각을 조장하는 타락한 존재들과 의식에 대해 그리스도의 심판을 요청합니다. 나는 이러한 의식과 존재들이 지구에서 제거되기를 요구합니다.

사나트 쿠마라님이시여, 루비 불꽃이시여,
나는 지상에서 당신을 위한 확대경입니다.
나는 사랑의 흐름을 다시 회복시키며,
나의 차크라는 당신의 열린 문이 됩니다.

사나트 쿠마라님이시여, 루비 광선이시여,
지구에 더 높은 길을 가져 오소서.
당신의 불꽃으로 이 지구행성을 밝혀주시고,
그녀에게 새로운 의복을 입혀주소서.

8.사나트 쿠마라님이시여, 나는 하나의 지배적인 종교나 이념, 국가의

구축을 추구하는 의식과 타락한 존재들에 대해 그리스도의 심판을 요청합니다. 나는 이러한 의식과 존재들이 지구에서 제거되기를 요구합니다.

사나트 쿠마라님이시여, 루비 불꽃이시여,
금성인의 노래를 확장하는 존재시여,
당신의 사랑이 우리를 통해 울려 퍼질 때
우리의 가장 조밀한 마음에 스며듭니다.

사나트 쿠마라님이시여, 루비 광선이시여,
지구에 더 높은 길을 가져 오소서.
당신의 불꽃으로 이 지구행성을 밝혀주시고,
그녀에게 새로운 의복을 입혀주소서.

9. 사나트 쿠마라님이시여, 경쟁하는 타락한 존재들의 집단 간의 대립 구도로 이끌려 들기 쉬운 경향으로부터 영적인 사람들을 일깨워주소서. 그들 모두가 궁극적인 권력과 통제에 대한 환영 때문에 눈이 멀어 있습니다.

사나트 쿠마라님이시여, 루비 불꽃이시여,
당신은 모든 것을 신성하게 합니다.
우주적 은총으로 정화되니,
지구는 이제 성소가 되었습니다.

사나트 쿠마라님이시여, 루비 광선이시여,
지구에 더 높은 길을 가져 오소서.
당신의 불꽃으로 이 지구행성을 밝혀주시고,
그녀에게 새로운 의복을 입혀주소서.

봉인하기

신(神)의 이름으로, 나는 대천사 미카엘과 아스트리아와 시바신께서 나와 모든 건전한 사람들 주위에 뚫을 수 없는 보호막을 형성하시어, 우리를 4가지 세계들 안에 있는 모든 두려움에 기초한 에너지로부터 봉인해주심을 받아들입니다. 또한 나는 신의 빛이 전쟁 배후의 세력들을 구성하는 모든 두려움에 기초한 에너지들을 불태우고 변형시키고 있음을 받아들입니다!

어떻게 이념들이 전쟁을 정당화하는 데 이용되는가?

나는 승천한 마스터, 성모 마리아입니다. 나는 전쟁을 위한 또 다른 정당화라고도 말할 수 있는 전쟁의 또 다른 원인에 대해서 여러분에게 얘기하고자 합니다. 우리가 이 책 안의 강론들을 통해서 돕고자 하는 것은 여러분이 전쟁의 원인들과 전쟁에 대한 정당화 간의 차이를 구분할 수 있게끔 하려는 것입니다.

인간들이 전쟁의 원인들로 보는 대부분은 유물론적이거나 또는 피상적인 관점에 기초한 것이며, 이것은 단순히 위장입니다. 그것들은 전쟁을 정당화하는데 사용되는 조건들이지만, 진짜 전쟁의 원인들은 보다 깊은 수준에 있는데, 즉 타락한 존재들의 마음들과 사고방식 안에 있습니다. 다음의 강론에서 이런 사고방식을 이야기하겠습니다. 하지만 지금은 전쟁을 합리화하고 사람들로 하여금 전쟁을 하게 하는데 이용되는 요소들 중의 하나에 대해서 말하고자 합니다. 이 요소는 이념들을 이용하는 것입니다. 물론, 이념들은 많은 형태를 취하지만, 왜 사람들을 전쟁터로 나가게 하는데 이념들을 이용할 필요가 있을까요?

육체의 복잡성

우리 상승한 마스터들이 여러분에게 주고자 하는 세계관은 여러분이 인간이나 물질적인 존재들이 아니라는 것입니다. 여러분은 일시적으로 인간이며, 본래는 물질적인 육체에 거주하는 영적인 존재들입니다. 이것은 여러분이 육체에 대해 지휘권을 가지고 육체를 지배할 잠재력을 가진다는 의미입니다. 그것은 또한 여러분이 만약 이 잠재력을 수행하지 않으면, 육체가 오히려 여러분에 대해 지배권을 가질 수 있음을 뜻합니다.

인간의 육체는 대단히 복잡한 창조물입니다. 여러분은 우주의 별들보다 두뇌 안에 얼마나 더 많은 신경 세포들이 있는지에 관한 다양한 언급들을 들었을지도 모릅니다. 인간의 두뇌가 얼마나 복잡한지를 묘사하는데 이용될 수 있는 그런 사실들이 얼마든지 있습니다. 또 여러분은 실로 육체의 다른 체계들이 얼마나 복잡한지, 그리고 육체 안에 있는 세포들이 얼마나 많은지에 대해 들었을 수도 있습니다.

그런 복잡한 조직인 육체 안에서 작용하고 있는 어떤 규칙들이나 법칙들이 있다는 것은 명확합니다. 어떤 면에서 인간의 육체는 컴퓨터에 의해 통제되는 기계에다 비교할 수 있는 하나의 유기체입니다. 내가 여러분의 4가지 하위체들 또는 여러분 마음의 4가지 수준들에 대해서 말할 때, 그것은 자의식체(개성체)[19], 사고체, 그리고 감정체, 육체에 대해서 말하는 것입니다. 심지어 내가 물리적인 마음의 수준들에 대해서 말할 때조차도 그것은 영적인 존재로서의 여러분이 어떻게 지구상에서 물리적 육체와 상호작용 하는지와 상당히 관계가 있습니다.

여러분이 한 생에서 다른 생으로 가져가는 이런 영혼의 운반체 요소들이 있습니다. 그러므로 이 영혼 운반체는 만들어진 것이 아니거나, 또는 물질적 육체의 일부가 아니라고 말할 수 있습니다. 또한 여러분이 바로 지금 입고 있는 물리적인 육체에는 이번 생애나, 이 육체에만 유일한 한 측면이 있습니다. 이런 측면은 비록 자아를 인식하는 마음은 아니지만, 여전히 하나의 마음입니다. 그것은 아주 복잡한데, 거의

---

19)이 자의식체를 다르게 지칭하기를, 개성체 또는 기억체(memory body), 정체성체(identity body)라고도 한다. 이렇게 표현하는 이유는 이 자의식체라는 것은 한 개체영혼이 이 물질세계에서 경험한 모든 기억과 또 이 세상에서의 삶을 통해 형성된 "나"라는 자의식, 정체감, 개성을 저장하는 곳이기 때문이다. (감수자 주)

인간과 같은 지능을 가진 슈퍼컴퓨터와 비교될 수 있습니다. 나는 연구원들이나 과학자들이 많은 일들을 하는 꿈같은 인공지능(AI)을 창조하게 될 것이라고 말하는 것이 아닙니다. 그들이 그것을 흉내 낸 뭔가를 창조하는 것이 가능하겠지만, 그들은 결코 자아의식을 가진 생명을 창조할 수 없는데, 자아의식은 오직 천상에서 오는 것이기 때문입니다.

육체 안의 복잡한 프로그래밍

아주 복잡한 프로그래밍을 담고 있는 육체의 한 측면이 있습니다. 이것은 물리적인 육체 안에 프로그램 되어 있습니다. 여러분이 이것을 의식적으로 중단시킬 수는 있지만, 이 행성 상의 대다수 사람들은 그렇게 할 능력이 없습니다. 그들이 할 수 있는 것은 인식하지 않는 방식내지는 무의식적으로 프로그래밍을 무효화하는 것입니다. 그들은 프로그래밍을 무효로 만들고 있지만, 자신들이 하는 것을 의식적으로 인식하지는 못합니다. 말하자면, 그들은 프로그래밍을 중단시키도록 속아온 것입니다. 전쟁에 관한 이해에 안성맞춤인 것은 인간 심신 안의 가장 깊은 프로그래밍의 하나가 생존에 관한 프로그래밍이라는 것입니다.

물론, 여러분은 자신의 특정한 육체를 보호할 목적으로 이 프로그래밍을 가집니다. 만약 이 프로그램이 여러분 육체의 생존에 대해 위협을 감지하면, 또 다른 인간 존재를 죽이는 것을 포함해서 여러분의 몸을 보호하는데 필요한 무엇이든 할 것입니다. 이것은 일종의 자기-보호입니다. 지금 세상의 대부분 사람들에게 이 프로그램은 아주 드물게 행동으로 나타납니다. 그것은 생명을 위협받거나 스트레스가 높은 상태일 때가 아닌 여러분의 일상적인 평범한 행위를 통제하는 프로그램이 아닙니다. 그것은 여러분이 자전거를 탈 때에만 활성화되게끔 자전거를 타기 위해 형성한 프로그램처럼 (평상시에는) 단순히 잠자고 있습니다.

전체로서의 여러분의 종(種)을 보존하기 위한 목적이 있는 또 다른 프로그램이 있습니다. 이 프로그램은 개체들보다 종 전체를 보존하는 목적이 있습니다. 종은 특정의 한 개체가 없이도 생존할 수 있지만, 종 그 자체가 멸종되면 물론 더 이상 개체들이 존재할 수 없기 때문에 개체보다 종을 보존하는 것이 훨씬 중요합니다.

육체의 프로그램들이 충돌할 때

인간의 심신에는 서로 아주 쉽게 충돌할 수 있는 두 가지 프로그램들이 존재합니다. 그 프로그램이 다른 인간들을 죽이는 것에 관한 전체적 개념에 당면하게 되었을 때, 한 사람의 정신 안에서는 갈등이 일어날 수 있습니다. 여러분이 자기 육체의 생명에 위협이 되어 다른 인간을 죽이려고 하는 그런 상황에 놓여 있을 수가 있습니다. 그런데 종들을 보존하기 위해 다른 인간들을 죽이지 말라고 지시하는 보다 더 깊고 강력한 프로그램이 있습니다.

내가 말하고 있는 것을 이해하나요? 인간의 심신은 다른 인간들을 죽이는 것을 강력하게 억제하는 방식으로 프로그램 되어 있습니다. 이 것은 육체 속에 있는 아주 깊고 대단히 강력한 프로그램입니다. 여러분이 육체를 입은 영적인 존재라는 사실을 여기에 더할 때, 자신보다 더 큰 전체에 연결된 어떤 직관적인 존재감을 갖고 있는 한, 여러분은 모든 생명이 하나라는 어떤 느낌이 있다는 것을 압니다. 여러분이 이런 표현을 의식적으로 사용하지 않을지는 모르지만, 여러분은 생명이 일종의 전체라는 감각이 있습니다. 여러분이 영적인 존재로서 여러분 자신을 본다면, 자기가 신의 몸의 일부이고 다른 사람도 그렇다는 것을 깨닫기 때문에 또 다른 인간을 죽이기를 바라지 않을 것입니다.

내가 여러분에게 설명하는 현실과 집단의식 안에 떠도는 아주 대중적인 개념 사이에는 거리가 있습니다. 이 대중적 개념은 역사의 관찰에 부분적으로 기초해 있으며 적자생존의 개념이라는 진화 이론에 부분적으로 근거를 두고 있습니다. 또는 대중들이 "치열한 자연의 경쟁" 이라고 말하고 있는 것입니다. 그 개념은 말하자면 인간 종(種)에게 있어서 죽이는 것은 거의 일상적이고, 거의 자연스럽다는 이야기입니다. 여러분은 생존하기 위해 죽여야 합니다. 여러분은 심지어 생존하기 위해서 자신의 종에 속한 사람들도 죽일 수가 있습니다. 이 개념은 현실이 아니라 단지 개념입니다.

이것은 타락한 존재들에 의해 만들어지고 집단의식 속으로 투사된 개념입니다. 여러분의 영적인 정체성과 육체의 프로그래밍 양쪽은 인간이 또 다른 인간을 죽이는 것을 극히 어렵게 만듭니다. 이것은 많은 경우들에서 개인의 자기-보존을 능가하는 종의 자기-보존의 일부입니다.

전쟁은 개인의 충돌이 아닙니다. 만약 여러분의 육체적인 생명이 위협받는 상황에 있다면, 여러분의 육체를 보호할 목적으로 그 프로그램이 작동되어 여러분이 또 다른 인간을 죽이는 원인이 될 수 있습니다. 예컨대 만약 여러분이 전쟁터에 있는 병사라면, 그때 여러분의 생명이 위협받고 그 프로그램이 작동되어 여러분이 적 병사를 죽이게 하는 원인이 될 수도 있는데, 그렇지 않으면 여러분이 죽게 될지도 모르기 때문이지요. 의문은 다음과 같습니다. "어떻게 여러분이 일상적인 인간의 삶에서 스스로 전쟁터라는 아주 극단적인 상황으로 가게 되는가? 여러분이 거기에 가려는 동기가 무엇인가? 거기에 가는 것을 거부하지 못하게 막는 것이 무엇일까?"

전쟁에 관한 전체 개념에 직접 맞서는 더 깊고 더욱 강력한 프로그램이 다른 인간을 죽이지 못하도록 작동합니다. 그러므로 인간들을 전쟁에 끌어들이기 위해, 타락한 존재들은 종을 보존하는 목적의 프로그램을 무력화시키고 여러분 자신을 보호하기 위해 (남을) 죽이게 만드는 프로그램의 중요성을 부풀리기 위한 방법을 찾아야 했습니다. 종을 보존하는 목적을 가진 프로그램은 군대를 소집하여 다른 나라를 공격하는 것은 인간 종의 보존을 거스르기 때문에 그것이 나쁘다고 말할 것입니다.

따라서 타락한 존재들은 여러분으로 하여금 이런 다른 집단의 사람들, 다른 나라, 또는 다른 인종이 여러분의 생존에 직접적인 위협이라고 생각하도록 이 프로그램을 무력화하는 방법을 찾아야 하고 개인적인 보호 프로그램을 과도하게 부풀려야 합니다. 그리하여 이제는 여러분이 그들을 죽이는 것이 필요하다고 받아들이게 되는 것입니다.

인간들은 그들 자신의 종들을 죽이도록 설계되지 않았다

이런 목표를 달성할 목적을 가진 많은 개념들 중의 하나는 인간이 다른 사람을 죽이는 것이 정상적이거나 자연스럽다는 개념입니다. 여러분은 인간의 역사를 살펴보고 보통의 인간들이 서로를 죽이는 것은 일반적이었음을 알 수 있습니다. 그것은 흔히 있는 일이었다는 의미에서 "정상"이었습니다. 그러나 그것은 어떤 인간들도 지켜야할 사항을 준수하도록 설계돼 있다는 의미에서 정상적이 아니었는데, 왜냐하면 인간은 종들을 보존하기 위해 본래 서로를 죽이지 않도록 설계돼 있기 때문입니다.

동물들을 살펴볼 때, 여러분은 "치열한 자연의 경쟁"이라는 개념이 보여주는 것처럼, 동물들이 서로 끊임없이 죽이는 것을 볼 것입니다. 소위 자연의 균형이라 불리는 것이 있는데, 육식동물들은 초식동물이 너무 많아져 먹이공급의 연쇄 고리가 파괴되는 것을 방지하기 위해 초식동물을 죽여야 합니다. 최소한 이것은 타락한 존재들에 의해 떠올려진 자연에 대한 해석입니다. 그러나 보다 깊은 진실은 지금 여러분이 자연에서 보는 것은 자연스러운 상황이 아니라는 것입니다. 그것은 단지 타락한 존재들이 지구상에 육화하기 시작한 이후부터 나타난 부자연스런 상황입니다.

이 설명은 종교와 과학 양쪽에서 믿어왔던 모든 것에 어긋날 것입니다. 종교는 세상이 전능한 신에 의해 즉각적으로 창조되었고 아주 오래된 것이 아니라고 말합니다. 과학은 세상이 더 오래 되었다고 말하는데, 비록 행성은 수십억 살이나 되었지만, 여전히 이 행성에 인간 생명이 있어온 지는 겨우 수천 년 또는 수만 년이라고 말합니다. 확실히 지구에는 문명화된 삶이 단지 몇 천 년 동안 존재해 왔습니다.

하지만 이것은 완전히 진실과는 동떨어진 것입니다. 인간 생명, 지적인 생명은 우리가 이전에 설명했듯이, 이 지구상에 아주, 아주 오랜 시간 동안 존재했습니다. 이것은 인간들이 완전히 자연적인 과정들처럼 보이는 진화론이란 것에 영향을 받아왔다는 것을 의미합니다. 초식 동물의 수가 너무 불어나는 것을 막기 위해 육식 동물들이 필요하다는 사실은 인간에 의해 도입된 불균형의 반영입니다. 자연은 성령의 흐름에 의해 완벽하게 통제될 수 있기 때문에 동물들이 서로 죽이는 것이 없이도 자연 안에서는 균형이 잡힐 수 있습니다. 죽임으로써 자연에 "균형"을 유지할 필요가 있다는 것은 일종의 불균형의 반영이고, 그런 불균형은 단지 지구상에 육화한 인간에 의해 도입된 것입니다.

인간들은 공동-창조자들입니다. 그리고 그들은 불균형을 창조할 능력이 있는 유일한 존재들입니다. 지구를 창조했던 엘로힘은 원래 설계에서 불균형을 창조하지 않았습니다. 그들은 완벽하게 균형 잡힌 행성을 창조했지만, 인간이 이원성 의식으로 하락한 것과 특히 타락한 존재들이 육화한 것이 현재의 불균형 상태로 이어졌습니다. 여러분은 현재의 불균형 상태를 정상으로 알고 성장했고, 이 행성의 원래 상태에 비해서 그것이 얼마나 극단적으로 불균형한지를 깨닫지 못하고 있습니다.

전쟁은 자연스러운 것도 정상적인 것도 아니다

인간들이 서로 죽이는 것은 자연스러운 것도 정상적인 것도 아닙니다. 특히 전쟁에서 여러분이 보는 것처럼, 인간들이 대규모로 다른 인간들을 죽이는데 몰두하는 것은 결코 자연스럽거나 정상적인 것이 아닙니다. 내가 이전에 힌트를 준 것처럼, 전쟁은 지구의 원주민들이 발명한 것이 아닙니다. 그들은 하향나선 속으로 떨어졌고 우주에 있는 나머지 행성들의 상승하는 운동을 따르지 못했지만, 그들은 여전히 자신들 사이에서 전쟁을 하지는 않았습니다.

전쟁은 타락한 존재들이 여기에 육화하는 것이 허용되기 전까지는 지구행성에 도입되지 않았습니다. 이것은 인간들이 소규모로 서로를 죽이지도 않았다는 의미는 아닙니다. 다양한 집단들 사이에서 어떤 경쟁이 있기는 했었지만, 오늘날 여러분이 보는 것 같은 전쟁은 지구상의 원래 서주자들에 의해 발명된 것이 아닙니다. 전쟁을 수행하는 것은 원주민들을 가르쳤던 타락한 존재들에 의해 여기에 도입된 것입니다. 전쟁을 정당화하고, 전쟁이 필요하며, 그것이 심지어 자연스럽고 명예롭다고까지 보이게 만드는 개념들을 도입했던 것 또한 타락한 존재들이었습니다.

나는 여러분이 전쟁을 통해서는 진정으로 이득을 볼 수 없다고 이전에 말했는데, 왜냐하면 비록 물질적인 이득을 일시적으로 얻을 수는 있지만, 결국은 지구상의 전체 부와 풍요를 낮추기 때문입니다. 이것은 미래에 여러분에게도 마찬가지로 적용됩니다. 여러분이 자신의 아이들의 미래를 저당 잡히고 있는 많은 서구 국가들에 의해서 발생했던 부채에 대해서 종종 언급했지만, 여러분이 환생이라는 진실을 안다면, 당신의 아이들이 누구이겠습니까? 여러분 자녀들의 자식들은 미래 생에서 여러분이 될 수 있습니다. 전쟁을 함으로써, 자원들과 생명을 파괴하고 지구상의 풍요의 수준을 낮춤으로써, 여러분은 다음 생에 경험해야 할 자신의 불균형을 창조합니다. 이것을 피해갈 수는 없습니다.

더 높은 측면에서도 인간들이 전쟁을 하는 것은 정상이거나 자연스러운 것이 아닙니다. 이게 무슨 의미일까요? 여러분이 알아야 할 필요가 있는 무엇인가 아주 흥미로운 것이 있다는 뜻입니다. 타락한 존재들이 이 행성에 오기 전에 전쟁은 평범한 인간의 행동이 아니었습니다. 지금은 그것이 대부분의 보통 인간의 행동이라고 주장할 수도 있습니다. 확실히, 이것은 타락한 존재들이 주장하는 것이지만, 그들이 무엇을 하고 있는지 여러분은 아시나요? 그들은 새로운 규범을 정하기 위해 자기들이 만들어냈던 상황인 불균형의 상태를 이용하고 있으며, 그런 다음 그들은 그 상황을 영속시키고 정당화하는데 그 새로운 규범을 이용합니다. 이것이 바로 타락한 존재들이 일하는 방식입니다. 그리고 이것이 이원성 의식의 본질입니다. 뱀이 이브에게 이렇게 말했던 것처럼 말입니다. "네가 금지된 이원성 의식의 과일을 먹을 때, 너는 신(神)처럼 되고, 선과 악을 알게 된다." 그 의미는 여러분이 이제는 무엇이 선이고 무엇이 악이냐를 정의하고 있다는 것입니다.

이것은 때때로 "문제를 공식화하는 특권"으로 불렸던 것이며, 타락한 존재들은 이 특권을 손에 넣는데 아주 능숙했습니다. 그들은 무엇이 문제인지를 규정하거나 그 문제를 푸는 "정상적인" 방식이 무엇인지 규정합니다. 이로써 그들은 다른 집단의 사람들을 "문제"라고 규정할 수 있고, 그 문제에 대해 정상적이고 명백하며 명예롭고 바람직하거나 신이 미리 정한 방식은 그들을 죽이는 것, 가급적이면 이 지구상에서 완전히 제거하는 것이라고 규정할 수 있게 되는 것입니다. 영적인 사람들로서의 여러분은 이런 프로그래밍을 꿰뚫어보고 이것이 정상이 아니라는 것을 알 필요가 있습니다. 즉 "임금님은 아무것도 입지 않았다."라는 말이 뜻하듯이, 그것이 허상임을 알아차려야 하는 것입니다. 죽이는 것, 특히 대규모로 죽이는 것은 정상이 아니고 자연스러운 것이 아니며, 신께서 정한 것도 아닙니다. 또한 명예로운 것도 아니고, 정당화될 수 있는 것도 아니며, 여러분 자신을 포함해서 누구에게도 유익한 것이 아닙니다.

이원성 의식의 영향

과연 무엇이 죽이지 말라는 심신의 아주 깊은 프로그래밍을 인간들이 뒤엎을 수 있게 만들었을까요? 대부분의 사람들은 이것을 의식적으로 할 수는 없지만, 자기들이 무엇을 하는지 인식하지 못한 채 그것을 하도록 속게 될 수가 있습니다. 이것은 주로 개념들을 통해서 이루어지는데, 특별한 유형의 개념들입니다. 즉 이러한 개념들은 상호 배타적인 두 반대 극성들이 있다는 근본적인 생각에 모두 기반을 두고 있습니다. 이러한 반대 극성들 중의 하나는 바람직한 것이고, 다른 것은 바람직하지 않은 것입니다. 여러분의 집단이 표방하는 선택은 바람직한 쪽이지만, 현재 반대편(바람직하지 않은 쪽)에 의해 위협받고 있고 여러분이 반대쪽을 먼저 파괴하지 않으면, 그쪽이 여러분을 파괴하리라는 것입니다. 반대편을 파괴한다는 것은 여러분의 생각에 반대하는 다른 생각을 추종하는 사람들을 파괴한다는 것입니다. 여러분은 심지어 그들이 정의로운 쪽이라고 주장한다는 것과 여러분이 나쁜 쪽이고 그들에게는 일종의 위협이라는 것을 알게 될 수도 있습니다.

이것이 이원성 의식의 효과입니다. 여러분은 두 집단의 사람들을 가질 수 있는데, 양쪽은 그들이 서로 상대에 의해서 위협받는다고 믿으며, 그래서 그들은 상대방에게 공격적인 행위를 취해야 합니다. 만약 그 두 집단의 사람들이 전쟁을 하게 될 경우, 그들 양쪽은 자기들이 침략자는 아니지만 다른 집단의 공격을 막기 위해서 전쟁에 나갔다고 주장하는데, 그렇다면 양쪽은 내가 어둠의 세력의 논리라고 부를 수 있는 것에 의해 눈이 멀어있음이 명백하지 않은가요? 뱀의 논리는 이원성적인 논리입니다. 그러나 더 높은 차원에서 볼 때, 그것은 논리가 아닙니다. 그리스도 마음에서 볼 때 그것은 논리가 아닌 것입니다.

뱀의 논리를 통해서 적들을 만들어내기

여러분이 어떤 상황으로부터 떨어져서 외부에서 그것을 살펴볼 때, 그룹 A와 그룹 B 양쪽 모두가 서로에 의해 위협받는다고 추측한다는 것을 아는 것은 어렵지 않습니다. 만약 그들 모두가 자기들이 평화적이고 공격적이 아니라고 주장하고 또 이 주장이 사실일 경우, 현실적으로 그들은 서로에 의해 위협받게 될 수가 없습니다. 그들이 주장하는 것처럼 그들 양쪽이 평화롭고 비-공격적이면, 서로에 대항해서 전쟁을 해야 한다는 것은 논리적이거나 이성적이 될 수가 없습니다.

여러분은 외부에서 이것을 아주 명확하게 볼 수 있지만, 뱀의 논리에 의해서 만들어진 사고의 거품이라는 인식의 필터에 들어가게 되면, 여러분은 이것을 볼 수 없게 됩니다. 여러분 자신들의 행위를 중립적이고 객관적인 관점에서 보지 못합니다. 여러분은 그들이 비논리적이라는 것을 보지 못합니다. 물론, 여러분은 다른 쪽의 행위들도 중립적인 관점에서 보지 못합니다. 즉 여러분은 반대편을 오직 위협으로서만 볼 수 있습니다. 여러분은 반대편과 그들의 공격에 대항해서 자신을 방어해야 하기 때문에 자신의 추론과 행위를 오직 논리적이고 이성적이며 정당한 것으로만 볼 수가 있습니다.

역사에서 수많은 경우에 타락한 존재들이 이 특별한 속임수에 기초해서 두 집단의 사람들을 전쟁에 몰두하도록 조종했습니다. 그들 양쪽은 다른 쪽에 의해 위협 받는다고 믿었습니다. 그들 중 아무도 타락한 존재들에 의해 만들어졌던 환영의 베일 밖으로 나갈 수 없었고, 이것이 진실이거나 이성적이고 논리적일 수 없다는 것을 인식할 수 없었습니다.

훨씬 더 큰 논리가 있는데, 만약 여러분이 진정으로 평화롭다면, 반대편에 의해 위협받게 될 수 없습니다. 만약 여러분이 우주 거울로 오직 평화만 보낸다면, 우주 거울은 여러분이 내보내는 것에 반대되는 것을 반사해서 돌려줄 수가 없습니다. 그것은 오직 여러분이 내보내는 것을 증폭해서 반사해 돌려줄 수밖에 없는 것입니다.

여러분이 이런 단순한 사실을 살펴보고 다음과 같이 말한다고 상상해보세요. "우리는 적에 의해 우리가 위협받고 있다고 감지했다. 우리의 집단의식 안에 과연 무엇이 있기에 우주거울 속으로 신호를 보내어 (우주거울이) 이런 적의 형태로 다시 우리에게 반사해준 것일까?" 만약 여러분이 자발적으로 여러분 자신에 대해 성찰해 보고 자신의 눈에서 들보를 뽑았다면, 나는 여러분이 적과 싸울 필요가 없을 거라고 보장할 수 있습니다. 전쟁을 하지 않고 그 상황을 해결할 다른 방법이 있을 것입니다.

역사에서 아주 수많은 경우에, 또 최근의 역사에서도 여러분은 다른 선택이 없었다고 주장하며 전쟁을 한 나라들을 보았습니다. 그들은 적이 했던 것, 말한 것, 생각한 것 때문에 전쟁을 하는 선택 외에 다른 방법이 없었다는 것입니다. 그러나 전쟁을 하는 것 대신에 언제나 다른 대안이 있습니다. 여러분이 간단히 그것을 알 수는 없는데, 여러분이 그것을 알 수 없는 이유는 여러분 자신의 눈 속에 있는 들보를 보지 않기 때문입니다. 그리고 여러분이 이것을 보지 않게 되는 이유는 전쟁이 서사적 투쟁이 있고 여러분이 선을 대표하고 다른 편이 악을 대표한다는 생각에 의해서 유발된다는 것을 깨닫지 못하기 때문입니다. 여러분은 이것이 하나의 환영이라는 것과 여러분이 절대적인 면에서 선을 대표하는 것이 아니고 여러분의 반대편도 절대적인 면에서 악을 대표하는 것이 아님을 알지 못할 것입니다.

여러분의 편, 여러분의 나라, 여러분의 집단은 개별적인 인간들로 구성되어 있습니다. 그들은 결점들이 있습니다. 그들은 견해들이 있습니다. 그들은 한계들이 있습니다. 적 또한 결점과 한계들이 있는 개별적인 인간들로 이루어져 있습니다. 그런데 어떻게 여러분이 적보다 우월하고 근본적으로 다르다고 주장할 수 있으며, 여러분이 적을 죽이는 것이 정당화될 수 있나요? 만약 여러분이 자신의 눈 안에 있는 들보를 기꺼이 살펴본다면, 이런 주장을 할 수가 없습니다. 여러분은 이것을 믿을 수 없습니다. 여러분이 나치 독일, 소련 또는 중국과 같은 나라를 볼 때, 자기들이 다른 집단의 사람들에 비해 근본적으로 우월하다는 그 이념 때문에 본질적으로 다르다는 주장을 하는 것을 보게 되는데, 그때 여러분은 이 나라들이 뱀의 논리와 이원적 사고방식에 빠져 있음을 압니다. 이런 국가들은 두 상반된 것들 간의 서사적 투쟁에 휘말렸던 것입니다.

신과 악마 사이의 서사적 투쟁

여러 다른 책들에서 설명했듯이, 서사적 투쟁은 신에 의해 창조된 것이 아닙니다. 서사적 투쟁은 할 필요가 없습니다. 또한 그것은 실체가 없습니다. 그것은 전적으로 완전하게 타락한 존재들에 의해 만들어진 인공적인 창조물입니다. 여러분은 이렇게 말할지도 모릅니다. "하지만 세상의 수많은 종교들은 신과 악마가 있다고 말합니다. 악마가 신에 반대한다면, 신의 계획과 신의 왕국은 위협받을 것입니다." 진실은 타락한 존재들이 바로 악마라는 것입니다. 그들의 오만으로, 그들의 영적인 실명(失明)으로, 그들의 자만심으로, 그들은 자기들이 신의 계획을 위협하고 신에게 맞서기에 충분할 만큼 강력하다고 스스로 믿게 되었습니다. 이것은 코끼리를 지배할 수 있다고 생각하는 벼룩에 비유될 수 있지만, 단지 신은 코끼리보다 무한하게 거대합니다. 타락한 존재들은 신을 위협할 힘이 없습니다.

여러분은 자신이 받아온 교육으로 인해 무한하게 거대한 우주 안에서 지구는 아주 아주 작은 먼지와 같은 반점에 불과하다는 사실을 알고 있습니다. 다만 수백 년 전에는 사람들이 지금보다 우주가 훨씬 더 작다고 믿었던 때가 있었습니다. 그들은 지구가 우주의 중심이고 신의 계획에 대단히 중요하다고 믿었습니다. 다시 말해, 이런 개념은 지구 상의 타락한 존재들인 그들 자신들을 아주 중요하게 보이도록 만들기 위해 타락한 이들에 의해 만들어졌습니다.

여러분은 우주의 나머지에 비해 지구가 아주 아주 작다는 것을 매우 잘 알고 있습니다. 여러분은 또한 비록 지구가 달에 중력을 행사하지만, 지구가 먼 은하들에 중력의 영향을 미칠 수 있는 가능성이 없다는 것을 확실히 알고 있습니다. 지구가 우주의 중심이고 전체 우주에서 어떤 우주적인 중요성이 있다고 믿는 것은 우스운 이야기입니다.

나는 마찬가지로 물질세계도 영적인 세계 전체와 이전에 창조되었던 천체들에 비교할 때 크기에서 무한하게 작다고 여러분에게 말할 수 있습니다. 타락한 존재들은 오직 이 가장 뒤늦게 상승하지 못한 천체(지구)인, 물질계에만 존재합니다. 차원 상승하지 못한 천체는 영속적이지 않습니다. 그것은 영속성을 이룬 영적인 세계에 비해, 실체가 없다고 말할 수 있습니다. 상승하지 못한 천체 안에서 일어나는 어떤 것이 신과 신의 계획에 위협이 될 수도 있다는 개념은 단순히 너무 현실을 모르는 것이며, 그것이 얼마나 터무니없는지는 거의 묘사할 말이 없을 정도입니다. 악마든, 악의 세력이든, 신 자신과 신이 우주를 펼치는데 관한 계획을 무엇이든 위협할 어떤 기회를 가진 세력은 없습니다.

이것은 지구상의 집단의식 안에 떠돌고 있는 또 다른 생각입니다. 하지만 신에 반대하는 악마가 있다는 의미에서의 어떤 진실이 있지만, 더 깊은 진실은 현재 악마와 신 양쪽이 대립하고 있다는 개념은 타락한 존재들에 의해 날조된 것이라는 겁니다. 악마에 의해서 위협 받고 있는 신은 실제의 신이 아닙니다. 그것은 타락한 존재들에 의해 만들어진, 거짓된 신입니다. 그것은 감정계와 사고계, 자의식계 안에 있는 악귀로 존재하기 때문에 어떤 힘을 얻어 갖고 있습니다. 이 신(god)은, 이원성 의식에서 만들어졌기 때문에, 반대편을 가져야 하며, 유한한 신이고, 유한한 악마에 의해 위협받게 될 수 있습니다. 다시 말해, 타락한 존재들은 거짓된 신과 그 반대인 악마를 창조했고, 궁극적인 전쟁을 정당화하는 서사적 투쟁 개념을 만들기 위해 이들 두 상반된 악귀들의 존재를 이용하고 있는 것입니다.

역사 내내 계속된 서사적 투쟁

여러분은 수많은 다른 위장된 형태의 서사적 투쟁을 목격했습니다. 몇 백 년 전에, 여러분은 기독교와 이슬람교, 두 종교 간의 서사적 투쟁에서는 그것을 십자군의 형태로 보았습니다. 이 종교들은 모두 다 구약성서에 자기들의 바탕이 있다고 주장합니다. 그들은 동일한 신을 숭배하고 있다고 주장했고, 신은 십계명을 주었는데 그것들 중의 하나는 이것입니다. "살인하지 말라" 그들 양쪽이 믿었던 이 살인하지 말라는 계명을 준 동일한 신은 다른 종교에게 너무 협박을 받아서 그의 절대적이고도 무조건적인 '살인하지 말라는 계명'을 한 쪽으로 치워놓고 살인하는 것을 허락할 뿐만 아니라 다른 편을 죽인 것에 대해 상까지 준다고 했는지도 모르겠습니다. 여러분의 반대편은 추정상 이 전능한 신에게 일종의 위협이었으며, 그래서 그 신은 여러분이 개입하여 이러한 사람들을 죽임으로써 그를 위한 더러운 일들을 할 필요가 있었습니다.

좀 더 현대에서는 서사적 투쟁의 또 다른 형태를 보게 되는데, 즉 공산주의와 소위 자유세계라 불리는 것 사이의 갈등입니다. 여러분은 서양에서 성장했을 수 있고 공산주의가 서양에 위협이었다고 믿는데 익숙해져 있습니다. 또한 여러분은 서양이 공산주의 세력들에게 점령당하는 것을 막기 위해 인류를 여러 번 죽일 수 있는 핵무기들을 구축하고 냉전에 참가함으로써, 그리고 대규모 군대를 양성함으로써 공산주의 확장에 맞서는 것이 정당화된다고 믿을지도 모릅니다.

여러분은 러시아를 장악하게 레닌에게 자금을 대주어 소련을 세우고 소비에트 연방이 유지가 불가능하게 될 때까지 소련체제 유지에 자금 지원을 지속했던 것이 서구의 자본주의자들이었다고 책에서 읽었을 수도 있습니다.[20] 왜 서구의 자본주의자들이 그들 자신들을 부유하게 했던 자본주의와 완전히 반대되는 체제를 만들었을까요? 왜냐하면 이런 서구의 자본주의자들은 타락한 존재들이었기 때문입니다. 그리고 그들

---

20)러시아 혁명 당시 레닌과 스탈린에게 혁명자금을 대준 것은 유럽의 거부 로스차일드와 미국의 록펠러 자본이었다.(감수자 주)

은 전쟁에 대한 자금 지출을 정당화하기 위해 적을 만들어내고자 했기 때문입니다. 그들은 무기들을 비축했을 뿐만이 아니라 군산복합체에 연료를 공급했던 자금을 지원했고, 냉전 동안 믿을 수 없는 지출이 일어나게 했습니다.

다시 한 번, 여러분은 타락한 존재들이 분쟁을 만들었고, 완전히 미친 것으로 보였음이 틀림없는 뭔가를 이제 정당화할 수 있게 두 반대자들 간의 서사적 투쟁을 만들었다는 것을 인식하나요? 여러분의 물리적인 심신 프로그래밍과 여러분의 영적인 의식, 양쪽은 지구상의 대부분 사람들이 자본주의와 공산주의, 이슬람과 기독교 간의 서사적 투쟁과 기타 아주 많은 다른 투쟁들의 배후에 있는 거짓말을 알게 만들어야 합니다. 그들은 이렇게 말해야 합니다. "그것은 실체가 없는 환상이다. 우리는 이것을 지원하지 않을 것이다. 우리는 타락한 존재들의 이 터무니없는 짓들을 위한 총알받이로서 우리의 아이들을 내주지 않을 것이다."

왜 사람들이 이것을 하지 않았을까요? 그들은 타락한 존재들에 의해 조장된 환영으로 인해 너무 눈이 멀어있었기 때문입니다. 나는 이러한 환영들로부터 자신의 눈을 뜨고 다른 사람들이 자유롭게 될 수 있도록 요청을 해줄 영적인 사람으로서의 여러분이 필요합니다. 대천사들과 천사들이 개입하여 아스트랄계와 멘탈계, 자의식계의 악귀들과 실재들을 결박할 수 있도록 여러분이 요청하는 것이 필요합니다. 이 세력들은 사람들이 환영을 꿰뚫어 보고 자신의 마음을 자유롭게 하는 것을 더더욱 어렵게 만드는 자기력(磁氣力)을 계속해서 창조해내고 있습니다.

광신은 심신의 프로그래밍을 무효화시킨다.

또한 여러분은 아주 단순한 사실에 관해 여러분의 인식을 높일 필요가 있습니다. 서구세계의 여러분은 역사에서 저질러졌던 어떤 가장 커다란 악(惡)들이 광신(狂信)에 의해 야기되었다고 믿는데 익숙해져 있습니다. 예를 들어, 아돌프 히틀러와 많은 나치 지도자들이 (그리고 심지어 그 시대 독일 사람들의 다수가) 광적이 되었는데, 그것은 나치주의 이념 때문이었습니다. 여러분은 이런 이념이 일시적으로 사람들을 눈멀게 했고 전쟁 막바지에 독일이 패배했을 때 어떻게든 터져버렸던 극단적인 조건이었다는 것을 믿게 되었습니다. 그리고 여러분은 소련 또는 중국의 공산주의자들 또한 광적이었고 서양을 미워했으며 전 세계에 그들의 체제를 퍼트리기를 원했다고 믿는데 익숙해 있습니다. 또한 여러분은 현 시대에 알카에다와 아이에스(I.S.), 또는 ISIS가 미국이라는 거대한 사탄을 파괴하기를 바라고 그들이 서구를 미워하는 이슬람교 광신자들이라고 믿도록 조절되었습니다.

여러분은 광신이 전쟁의 주요한 원인이라고 믿도록 길들어져 있습니다. 이것은 광신이 전쟁의 진짜 원인이 아니지만 전쟁을 정당화하는 가장 공통적인 방법이라는 의미에서는 옳습니다. 그것은 전쟁을 정당화하는 사고방식입니다. 우리가 말할 수 있는 것은 인간들은 죽이지 못하게 하는 심신의 프로그래밍을 언제든 중단시킬 수 있는데, 그것은 오직 그들의 마음이 광적인 상태가 될 때만 그렇게 할 수가 있습니다.

내 사랑하는 이들이여, 내가 방금 말한 것에 주목했나요? 나는 언제든 인간들이 광신에 의해 눈이 멀게 되면, 대규모로 죽이는 것이 필요하고 정당하다고 믿게 된다고 말했습니다. 과거 미국 대통령이 무엇을 했습니까. 그들이 이라크의 전쟁에 참여했을 때 미국 지도자들 중의 다수와 미국인들의 다수가 믿지 않았나요? 그들은 전쟁에 가서 수만 명의 사람들을 죽이는 것이 필요하고 정당하다고 믿었습니다. 사랑하는 이들이여, 어떻게 이것이 광신이 아니란 말인가요?

당신들은 광신이 하는 것을 알겠습니까? 그것은 여러분으로 하여금 문제가 "저 바깥"의 다른 사람들에게 있다고 투사하게 만듭니다. 그러므로 그들은 타인들을 죽이는 것이 필요하고 또 정당화된다고 믿습니다. 광신의 공통적인 정의(定意)는 그것이 지나치게 극단으로 가져가는 어떤 생각이나 믿음이라는 것입니다. 그런데 내가 여기에서 여러분에게 전해주고 싶은 광신의 진정한 정의는 〈죽이지 말라는 심신의 프로그램을 뒤엎는 사고방식〉입니다. 물론, 광신은 또한 모든 생명의 하나됨에 대한 영적인 인식을 중단시키지만, 만약 여러분이 영적인 인식이 있다면, 여러분은 광신으로 가지 않을 것이기에 이것이 아주 중요하지는 않습니다. 만약 여러분이 모든 생명의 일체성에 대한 진정한 영적인 인식을 가지고 있다면, 여러분은 광신에 영향 받지 않게 될 것입니다.

나는 여러분이 여전히 광신에 영향 받기 쉽게 되면서도 종교적인 사람 또는 심지어 영적인 사람, 승천한 마스터의 학도라고 주장할 수 있다는 것을 매우 잘 알고 있습니다. 여러분은 자신이 광적이라고 생각하지 않을 것이고, 광적인 것은 다른 사람들이며 자신은 광적인 다른 사람들에 대해 절대로 반대한다고 생각할 것입니다. 그러나 많은 영적이고 종교적인 사람들이 (외적인 의미에서 영적이고 종교적이라고 주장하는) 광적인 사고방식에 의해서 속아 왔습니다. 만약 여러분이 진정한 영적인 사람이라면, 모든 생명의 일체성에 관해 아는 직관이 있으며, 여러분은 광신으로 이끌리게 될 가능성이 없습니다. 여러분은 자신의 몸 일부를 잘라내지 못하듯이 다른 인간을 죽일 수 없음을 알 것입니다.

광신은 일종의 마음의 상태입니다. 그것은 타락한 존재들에 의해서 조장된 신념들이며, 무엇보다도, 특정하게 위장된 형태를 취한 서사적 투쟁입니다. 그래서 그것은 서사적 투쟁에서 승리하기 위해, 다른 집단의 사람들을 죽일 필요가 있고 정당화될 수 있다고 규정합니다. 또한 그것은 서사적 투쟁에서 승리하는 것이 어떤 이유나 또는 다른 것 때문에 절대적으로 필요하다고 규정합니다.

언제든 두 집단의 사람들 사이에서 분쟁이 있고 언제든 분쟁은 신념들에 의해 정당화되며, 그러한 신념들은 양쪽에게 광적인 사고방식을 만듭니다. 한 쪽이 바르고, 선하며, 신이나 진리 또는 실재를 대표하고 다른 쪽은 정반대의 것을 대표하는 그런 것은 결코 있을 수 없습니다. 양쪽이 다 광적인 마음의 상태 안에 있는 것입니다. 그리고 이것은 양쪽이 감정계, 사고계, 자의식계 내의 타락한 존재들에 의해서 조종된다는 의미입니다. 거기에는 예외가 없습니다.

광신의 정당성은 없다

기꺼이 대규모로 죽이는 것이 바로 광신에 대한 정의입니다. 광신은 마음의 상태이고 인간이나 영적인 존재에게 정상적이거나 자연스럽지 않습니다. 그것은 인공적인 마음의 상태이고, 인간들이 서로를 죽이게 하기 위해 타락한 존재들에 의해 만들어진 의도적이고 악의적인 것입니다. 사랑하는 이들이여, 달리 설명할 것이 없습니다. 여러분은 모든 교묘한 추론들을 찾아낼 수 있습니다. 어쩌면 여러분의 마음은 이미 휘저어지고 있고, 여러분들이 믿도록 프로그램된 것을 생각해냅니다. 나는 여러분에게 이렇게 말합니다. 달리 설명할 것이 없습니다. 광신의 정당성이나 필요성은 없으며, 여러분이 광신에 의해 눈이 멀고 점거당하지 않는 한 대규모로 죽일 방법은 없습니다.

여러분은 다음과 같이 말할지도 모릅니다. "하지만 나치주의는 명백히 악이고, 따라서 자유세계가 나치주의에 대항해 전쟁에서 싸우는 것은 광적인 것이 아닙니다." 나는 여러분에게 말합니다. 이것은 완벽한 거짓말이고 타락한 존재들에 의해 만들어진 연막입니다. 그것은 여러분이 가진 눈 안의 들보를 살펴보는 것을 꺼려한 결과입니다. 여러분이 생각해야 할 것은 다음과 같습니다. "나치주의를 형성해서 출현시켰던 1920년대와 1930년대의 집단의식 안에는 무엇이 있었는가? 나치주의 형태로 되돌아오도록 세계의 나머지와 독일 사람들이 우주 거울로 내보낸 것이 무엇이었나? 우리가 보지 않았고, 여전히 보지 않으며, 우리가 아직도 뽑아내지 않은 우리 자신의 눈 속에 있는 들보는 무엇이었는가?"

전쟁의 딜레마는 적을 물리치기 위해서는 적만큼이나 무자비해야 하는 것이라고 말하는 사람들이 있습니다. 그 위험성은 여러분이 적보다 더 사악하게 될 수 있다는 것입니다. 여러분이 나치 지도자들을 살펴볼 때, 그들이 광적인 의식 상태에 있었다는 것을 명확히 알 수 있습니다. 그런데 만약 나치주의에 대항해 전쟁에서 싸웠던 미국과 영국의 지도자들을 객관적으로 바라본다면, 여러분은 그들 역시도 광적인 의식의 상태에 있었음을 알 것입니다. 그것이 독일의 것만큼 명백하지는 않지만, 나는 그런 이유들 중의 하나로 인해 독일이 전쟁에서 패배한 것이었다고 말하겠습니다. 그러므로 승리자에게는 역사를 기록할 권리와 전리품이 주어집니다. 승자들이 자신들을 선하게 보이도록 기록했기 때문에 역사는 승자들을 위해 기록된 것이라는 말을 듣는 것입니다.

전쟁이 막바지에 다다랐을 때, 미국과 영국이 독일 도시들에 대규모 폭격을 가했다는 것을 여러분은 알 것입니다. 그 도시들의 일부에는 군사적인 목표물들이 없었습니다. 그것은 독일의 민간인들에 대한 처벌이었고, 수만 명의 여자들과 아이들을 죽였습니다. 연합국들이 저지른 이것과 다른 전쟁 범죄들을 은폐할 수 있는 확실한 방법이 과연 무엇이겠습니까? 그것은 독일인들을 악마화하고 자기들보다 훨씬 더 나쁘게 보이게 하는 것이었습니다.

광신은 언제나 전쟁 이면의 사고방식이다

이것은 유대인 대학살을 너그러이 봐주려는 것이 아닙니다. 나는 여기에서 누가 나쁘고 누가 나쁘지 않은지를 논하려는 것이 아닙니다. 또 나는 전쟁 범죄들과 나치에 의해 저질러진 잔학한 행위들을 변명하려는 것이 아닙니다. 나는 단지 양쪽이 서로 갈등 속에서 싸울 때마다, 특히 그 갈등이 선악 간의 서사적 투쟁으로써 보일 경우, 양쪽은 광신적 사고방식에 의해 영향을 받게 될 거라는 점을 지적하려는 것입니다. 광신은 다양한 형태를 취할 수 있습니다. 그것은 심지어 유순하게 보일 수도 있습니다. 기독교 십자군들은 광적이었지만, 그들은 신의 섭리를 위해서 싸우고 있다고 생각했습니다. 이것은 그들에 반대하는 이슬람교도들도 마찬가지였습니다.

나는 광신은 언제나 전쟁으로 이어지는 사고방식이라는 것을 아는 영적인 사람들로서의 여러분이 필요합니다. 나는 이것이 사람들에게 폭로되어 알 수 있도록 요청해줄 여러분이 필요합니다. 나는 사람들이 광적인 사고방식의 결과로 더 잔학한 행위들을 저지르게끔 광신주의에서 먹이를 공급받아 그것을 조장하고 있는 감정계, 사고계, 자의식계 안의 악귀들과 실재들을 제거할 권한을 천사들에게 줄 여러분이 필요합니다.

여러분이 광신에 의해 눈이 멀지 않는 한, 가스실로 남자, 여자, 아이들을 밀어 넣을 수는 없습니다. 광적인 사고방식에 사로잡혀 있지 않는 한, 무방비의 도시에 수백 개의 폭탄들을 투하하거나, 수만 명의 시민들을 죽일 수 없습니다. 광신은 유망하다고 주장하는 그 목적을 달성하기 위해서 불필요한 것들을 여러분이 하도록 만듭니다. 여러분은 자신이 하는 것이 불필요하거나, 비이성적이거나, 비논리적이거나 또는 비인도적임을 보지 못합니다.

나는 여기서 전쟁이 어떤 방식에서 이성적이라고 말하려는 것이 아닙니다. 만약 적을 물리치는 것 같은 달성될 필요가 있는 목표가 있다면, 여러분은 한 발짝 물러나서 이성적이고 논리적인 관점에서 그 목표를 위해 절대적으로 필요한 것만을 할 것이라고 말할 수 있습니다. 그런데 왜 우리는 목적을 달성하는데 필요치 않은 것들에다 돈을 쓰려고 할까요? 이것은 여러분이 전쟁에 대한 이성적인 평가를 통해 판단할 수 있었던 것입니다. 내가 여기에서 지적하려는 것은 전쟁에서 수많은 경우에 양쪽이 절대로 필요한 것을 훨씬 넘어서는 모습을 보게 된다는 것이며, 이것이 바로 그들이 광신에 의해 눈이 멀었음을 설명해준다는 것입니다.

광신을 초월하기 위한 알파와 오메가

광신에서 벗어나는 두 가지 방법이 있는데, 알파와 오메가이며, 남성과 여성입니다. 알파 방법은 여러분의 영적인 자아, 여러분의 영적인 스승들, 승천한 마스터들과 신을 의미하는 뭔가 더 높은 것인 여러분 자신의 수직적인 하나됨을 다시 인식하고 그들과 연결되는 것입니다. 여러분이 스스로 모든 생명의 일체성을 알 때, 여러분은 다른 사람들 안에서도 모든 생명의 일체성을 봅니다. 모든 사람들이 동일한 신의 몸의 한 부분이고 여러분 역시 그 일부라는 것을 깨달음으로써 여러분은 광신에서 자유롭게 됩니다.

오메가 방법은 이성적으로 살펴보고 이렇게 말하는 것입니다: "우리가 하고 있는 것이 필요한가? 그것이 어떤 결과를 초래할까? 우리가 우리 자신을 위해서 하고 있는 결과가 무엇인가?" 오메가 방법은 물질 우주가 작동하는 방법에 관한 메커니즘을 살펴보는 것이며, 그 역학은 단순합니다. 그것은 작용과 반작용입니다. 여러분이 하는 모든 행위는 결과를 만듭니다. 여러분이 그 결과를 평가할 때, 여러분은 이렇게 생각합니다. "음, 이것이 가치가 있는 것인가? 이것이 우리가 달성하기를 바랐던 것인가?" 어느 쪽이든, 여러분 자신은 광신으로부터 자유로워질 수 있습니다. 그리고 나는 여러분에게 이 두 가지 방법들로 사람들이 자유롭게 되도록 요청해 달라고 부탁합니다.

여전히 세상에는 많은 광신이 존재하고 있으며, 그것은 언제나 "외부에" 있는 것이 아닙니다. 서구에는 여전히 많은 광신이 성행하고 있습니다. 여러분은 2001년 세계 무역센터 공격 후, 서구에서 광신이 증가되었고 광신은 이런 새로운 적을 물리치는 쪽으로 향했다는 것을 알 수 있을 것입니다. 이 광신은 멀리 거슬러 올라갑니다. 확실히 그것은 2차 세계대전 이전부터 있었으며, 역사에서 훨씬 더 거슬러 올라갑니다. 그것은 타락한 존재들에 의해 만들어진 사고방식이고, 이 지구상에서 아주, 아주 오랜 시간 동안 유지되어 왔습니다.

그리스도의 심판을 가져오도록 요청하기

우리는 이제 지구상의 영적인 사람들이 전례 없는 기회를 가진 영적인 주기(週期) 안에 놓여 있습니다. 이런 사람들은 광신의 에너지들을 태워버릴 뿐만 아니라 악귀들과 실재들을 결박하여 그들을 지구에서 추방하고 해체시키는데 마스터들과 천사들이 권한을 가지도록 요청할 수가 있습니다. 또한 여러분은 광신을 조장하고 그것을 놓아버리지 않는 타락한 존재들에 대한 그리스도의 심판을 요청할 기회가 있습니다. 그럼으로써 그 존재들을 지구상의 물질계, 감정계, 사고계로부터 제거할 수가 있습니다.

그리스도의 심판을 받을 준비가 된 타락한 존재들의 전체 집단, 전체 계층이 있습니다. 예수가 2,000년 전에 물리적인 육화상태로 출현해서 신성에 도달했을 때, 그는 말했습니다. "심판을 위해서, 내가 왔다." 그리스도의 화신을 죽임으로써 심판 받았던 타락한 존재들의 전체 집단이 있었습니다. 예수의 물리적인 육화의 이면에 있던 계획은 다른 사람들에게 따를 수 있는 시범을 보이는 것이었으며, 따라서 이 2,000년 주기의 끝에는 완전한 신성에 이르렀던 10,000명의 사람들이 있게 될 것입니다. 그들은 타락한 존재들에 의해 육체적으로 살해당하지 않고도 그 타락한 존재들에 대해 그리스도의 심판을 요청할 수 있습니다.

예수가 그의 책(예수의 신비적 가르침들)에서 말했던 것처럼, 육화한 10,000명의 사람들이 깨어나 자신의 신성을 받아들이거나 신속히 계발할 잠재력을 갖고 있습니다. 그러므로 여러분은 이 시대에 지구에서 추방될 준비가 된 타락한 존재들에 대해 심판을 요청할 수 있습니다. 여러분은 육체적으로 죽을 필요가 없는데, 즉 여러분은 (예수처럼) 유혈 사태를 맞아야 할 필요가 없을 것입니다.

육화한 그리스도가 한 명 밖에 없었을 때, 타락한 존재들의 심판을 가져오기 위해 그는 물리적으로 자신을 죽이도록 허용해야만 했습니다. 하지만 육화한 10,000명의 그리스도가 있을 때, 여러분은 기원문들을 낭독해 바치며 요청하고 타락한 의식을 초월할 수 있습니다. 그것에 의해 여러분은 타락한 존재들을 지구에서 제거할 권한을 부여할 수 있고, 그들과 더불어 그들의 광신, 그들이 만든 전쟁을 날려버릴 것입니다. 나의 사랑하는 이들이여, 이것은 전례 없는 기회입니다.

여러분이 육화해서 태어난 목적

육신으로 태어나기 전에, 여러분은 이 기회가 얼마나 특별한지를 알고 있었고 이 영적인 운동의 일부가 되고자 하는 내적인 갈망을 느꼈기 때문에 육화하게 되었습니다. 그것이 바로 이 어려운 시기에 이 밀도가 높은 지구상에 태어난 이유입니다. 여러분은 지금 자신이 직면하고 있는 어려움들을 신경 쓰지 않았고, 기회를 보았습니다.

나는 여러분을 그 기회의 느낌에다 다시 연결하기 위해 여기에 있습니다. 그것은 여러분이 느꼈던 광신이 아니었습니다. 그것은 열정이었습니다. 그것은 기쁨이었습니다. 그것은 지구처럼 어두운 행성에 빛을 비춤으로써 그 만큼 이 행성을 성 저메인이 향후 2,000년 동안 지구를 위해 구상하는 황금시대로 진입하도록 신속히 가속화시킬 수 있는 엄청난 기회를 보는 것에 대한 기쁨이었습니다. 여러분은 이것을 보았습니다. 여러분은 육화하기를 자원했던 여러분 존재의 핵심으로부터 솟아나는 그런 깊은 사랑과 기쁨을 느꼈습니다.

여러분 중의 다수가 카르마적인 이유들로 육화한 것이 아닙니다. 여러분은 에테르계에서 카르마의 나머지를 균형 잡을 수 있었고, 따라서 육화하지 않고 상승할 수 있었습니다. 그럼에도 여러분은 자신의 잠재력에 대해 각성하고 요청함으로써 이러한 타락한 존재들이 심판 받아 지구에서 추방될 수 있다는 것을 알았기 때문에 육화하기로 자원했습니다. 여러분은 육화하는데 선구자였습니다. 그에 따라 너무 오랫동안 걸려있던 어두운 구름 같은 어둠의 존재들의 전쟁과 그들의 전쟁방식들이 이 행성에서 걷혀지게 될 것입니다. 여러분은 어떻게 이 지구가 새로운 빛을 방사하고 어둠의 별에서 오늘날 어둡거나 지구보다 더욱 어두운 다른 행성들에게 희망을 가져오는 자유의 별로 상승될 수 있는지를 보았습니다.

나는 어떤 식으로든 여러분을 납득시키려고 여기에 있는 것이 아닙니다. 나는 여러분에게 어떤 것을 믿으라고 부탁하는 것이 아닙니다. 나는 여러분에게 자신의 가슴에, 여러분 존재의 핵심에, 여러분의 고등한 자아에게 파장을 맞추라고 요청하고 있습니다. 나는 여러분이 일상적인 의식상태 너머를 바라볼 때, 이미 여러분의 자의식체 안에서 알고 있는 것에 대해, 이미 여러분의 사고체 안에서 이해하고 있는 것에 대해, 이미 여러분의 감정체 안에서 느끼는 것에 대해 의식적으로 인정하기를 요청하고 있습니다.

나는 여러분에게 진정한 여러분 자신에게 채널을 맞추고 그 진정한
여러분을 받아들이라고 요청하고 있습니다. 나는 여러분이 여러분의
역할, 여러분의 잠재력, 여러분의 권리, 그리고 이 시대에 육체로 태
어난 바로 그 목적을 받아들이라고 부탁하고 있습니다. 내가 참된 내
가(I AM) 누구인지 인정하는 것처럼, 여러분도 자신이 누구인지 인정
하지 않으시렵니까? 나는 상승한 마스터인 성모 마리아입니다!

광신을 심판하기 (기원문)

신(神)과 예수 그리스도의 이름으로, 나는 성모 마리아, 예수, 마이트레야, 고타마 붓다, 사나트 쿠마라께, 광신의 의식과 그것을 4가지 세계들 안에다 구현한 존재들에 대한 심판을 요청합니다. 우리는 영적인 존재들이고 승천한 마스터들과 함께 일함으로써 새로운 미래를 공동-창조할 수 있다는 사실을 사람들에게 일깨워주소서.

나는 특히 ⋯ 을 요청합니다.(여기에다 개인적인 요청을 추가하세요)

1부

1.사랑하는 예수님이시여, 나는 전쟁을 정당화하는 이념을 이용하여 사람들을 전쟁터로 내몰고 있는 타락한 존재들과 악귀들에 대해 그리스도의 심판을 요청합니다. 대천사 미카엘이시여, 이러한 존재들을 지구에서 제거하소서.

오, 예수님이시여, 내 축복받은 형제시여,
나는 당신이 보여주는 길을 갑니다.
우리 모두의 위대한 본보기시여,

나는 이제 내면에서 당신의 부름을 따릅니다.

오, 예수님이시여, 환희의 불꽃이
악마의 교묘한 계책을 불태우게 하소서.
우리의 지구 행성은 변형되어,
황금시대가 탄생할 것입니다.

2.사랑하는 예수님이시여, 나는 사람들이 서로 대규모로 죽이게끔 유도하기 위해서는 살인을 금하는 종족보존의 프로그래밍을 뒤엎어야 한다는 것을 알고 있는 타락한 존재와 악귀들에 대해 그리스도의 심판을 요청합니다. 대천사 미카엘이시여, 이러한 존재들을 지구에서 제거하소서.

오, 예수님이시여, 내면의 눈을 열어주소서.
에고는 자신의 권리를 입증하려 하지만,
나는 더 이상 이를 따르지 않으며,
당신과 온전히 하나가 되기를 원합니다.

오, 예수님이시여, 환희의 불꽃이
악마의 교묘한 계책을 불태우게 하소서.
우리의 지구 행성은 변형되어,
황금시대가 탄생할 것입니다.

3.사랑하는 예수님이시여, 나는 "자연의 냉혹한 생존경쟁"과 죽이는 것이 자연스럽고 정상이란 생각을 조장하는 타락한 존재들과 악귀들에 대해 그리스도의 심판을 요청합니다. 대천사 미카엘이시여, 이러한 존재들을 지구에서 제거하소서.

오, 예수님이시여, 나는 내게 주신 지식의
열쇠를, 이제는 명료하게 깨닫습니다.

이에 내가 나의 그리스도 자아를 받아들이니,
당신의 평화가 나의 내면에 넘칩니다.

오, 예수님이시여, 환희의 불꽃이
악마의 교묘한 계책을 불태우게 하소서.
우리의 지구 행성은 변형되어,
황금시대가 탄생할 것입니다.

4.사랑하는 예수님이시여, 나는 우리가 생존하기 위해서는 타인을 죽
일 수밖에 없다는 생각을 조장하면서 살인을 금하는 프로그래밍을 무
효화시키고 있는 타락한 존재들과 악귀들에 대해, 그리스도의 심판을
요청합니다. 대천사 미카엘이시여, 이러한 존재들을 지구에서 제거하
소서.

오, 예수님이시여, 어둠의 세력의 거짓말을 드러내시고,
나 자신의 눈 속에 있는 들보를 깨닫게 하소서.
당신이 내게 그리스도의 분별력을 주시니,
나는 영원히 하나됨 안에 거합니다.

오, 예수님이시여, 환희의 불꽃이
악마의 교묘한 계책을 불태우게 하소서.
우리의 지구 행성은 변형되어,
황금시대가 탄생할 것입니다.

5.사랑하는 예수님이시여, 나는 죽이는 것이 자연스럽고 정상적인 것
이며 정당화될 수 있다는 생각을 조장하기 위해 과학을 이용하는 타락
한 존재들과 악귀들에 대해 그리스도의 심판을 요청합니다. 대천사 미
카엘이시여, 이러한 존재들을 지구에서 제거하소서.

오, 예수님이시여, 나는 진실로 온유하며

나의 다른 뺨도 내어줍니다.
가해자가 나를 공격할 때,
나는 내면으로 들어가 당신과 하나가 됩니다.

오, 예수님이시여, 환희의 불꽃이
악마의 교묘한 계책을 불태우게 하소서.
우리의 지구 행성은 변형되어,
황금시대가 탄생할 것입니다.

6. 사랑하는 예수님이시여, 나는 죽이는 것이 자연스럽고 정상적인 것이며 정당화될 수 있다는 생각을 조장하기 위해 종교를 이용하는 타락한 존재들과 악귀들에 대해 그리스도의 심판을 요청합니다. 대천사 미카엘이시여, 이러한 존재들을 지구에서 제거하소서.

오, 예수님이시여, 나는 에고를 죽게 놔두며,
모든 지상의 속박을 내려놓습니다.
죽은 자는 죽은 자로 하여금 장사 지내게 하며,
나는 당신과 함께 걸어갑니다.

오, 예수님이시여, 환희의 불꽃이
악마의 교묘한 계책을 불태우게 하소서.
우리의 지구 행성은 변형되어,
황금시대가 탄생할 것입니다.

7. 사랑하는 예수님이시여, 나는 살인을 자연스러운 것으로 보이게 만드는 자연 속의 불균형을 그들 자신이 만들었다는 사실을 숨기고 있는 타락한 존재들과 악귀들에 대해, 그리스도의 심판을 요청합니다. 대천사 미카엘이시여, 이러한 존재들을 지구에서 제거하소서.

오, 예수님이시여, 더 높은 사랑을 통해,

내가 악마의 시험을 넘어서게 도와주소서.
분리된 자아가 비실재임을 나에게 보여주시고,
형상을 초월한 내 현존을 드러내소서.

**오, 예수님이시여, 환희의 불꽃이
악마의 교묘한 계책을 불태우게 하소서.
우리의 지구 행성은 변형되어,
황금시대가 탄생할 것입니다.**

8.사랑하는 예수님이시여, 나는 인간들이 이원성의 의식으로 하락하고
타락한 존재들이 육화함으로써 현재의 불균형이 초래되었다는 사실을
숨기려는 타락한 존재들과 악귀들에 대해, 그리스도의 심판을 요청합
니다. 대천사 미카엘이시여, 이러한 존재들을 지구에서 제거하소서.

오, 예수님이시여, 나는 내게 속한 모든 것을
놓아버리고, 단지 당신을 따라갑니다.
이로써 나는 모든 시험을 통과하여,
당신과 함께 영원한 휴식을 발견합니다.

**오, 예수님이시여, 환희의 불꽃이
악마의 교묘한 계책을 불태우게 하소서.
우리의 지구 행성은 변형되어,
황금시대가 탄생할 것입니다.**

9.사랑하는 예수님이시여, 나는 이 행성에 육화한 타락한 존재들에 의
해 전쟁과 그것을 정당화시키는 개념이 도입되었음을 숨기려는 타락한
존재들과 악귀들에 대해 그리스도의 심판을 요청합니다. 대천사 미카
엘이시여, 이러한 존재들을 지구에서 제거하소서.

오, 예수님이시여, 불꽃같은 나의 마스터시여,

지금 내 가슴은 당신의 가슴 안으로 녹아듭니다.
나는 가슴과 마음과 영혼을 다하여,
내 지고의 목표인 신을 사랑합니다.

오, 예수님이시여, 환희의 불꽃이
악마의 교묘한 계책을 불태우게 하소서.
우리의 지구 행성은 변형되어,
황금시대가 탄생할 것입니다.

2부

1.마이트레야(彌勒)님이시여, 나는 전쟁은 불균형과 미래 생에 겪게 될 카르마를 초래한다는 사실을 숨기려는 타락한 존재들과 악귀들에 대해 그리스도의 심판을 요청합니다. 대천사 미카엘이시여, 이러한 존재들을 지구에서 제거하소서.

마이트레야님이시여, 나는 진실로 온유하며,
겸허하게 당신의 지혜로운 가르침을 구합니다.
나는 간절히 당신의 비전을 보기 원하며,
당신과 함께 에덴에 거할 것입니다.

마이트레야님이시여, 자비는 치유이며,
자비의 불꽃 안에서 나는 순수해집니다.
마이트레야님이시여, 지금 그 불꽃을 방출하시어,
나를 영원히 더 높이 끌어올려 주소서.

2.마이트레야님이시여, 나는 불균형한 상태를 새로운 규범으로 만들어 놓고, 그 상태를 당연한 것으로 영구화시키기 위해 그 규범을 이용하고 있는 타락한 존재들과 악귀들에 대해 그리스도의 심판을 요청합니

다. 대천사 미카엘이시여, 이러한 존재들을 지구에서 제거하소서.

마이트레야님이시여, 당신께 배우기를 진실로 열망하니,
내가 돌아갈 수 있게 도와주소서.
하나됨만이 내가 바라는 모든 것이니,
나는 비전입문의 불꽃을 느낍니다.

마이트레야님이시여, 자비는 치유이며,
자비의 불꽃 안에서 나는 순수해집니다.
마이트레야님이시여, 지금 그 불꽃을 방출하시어,
나를 영원히 더 높이 끌어올려 주소서.

3.마이트레야님이시여, 나는 "문제를 공식화하는 특권"을 손에 넣은
후에 전쟁을 통해 사람들이 서로 죽이는 것을 정당화하는데 이용해온
타락한 존재들과 악귀들에 대해 그리스도의 심판을 요청합니다. 대천
사 미카엘이시여, 이러한 존재들을 지구에서 제거하소서.

마이트레야님이시여, 나는 이제는 더 이상
당신을 피해 숨지 않겠다고 결정합니다.
에덴의 자아를 죽음에 이르게 했던
그 거짓말을 저에게 드러내주소서.

마이트레야님이시여, 자비는 치유이며,
자비의 불꽃 안에서 나는 순수해집니다.
마이트레야님이시여, 지금 그 불꽃을 방출하시어,
나를 영원히 더 높이 끌어올려 주소서.

4.마이트레야님이시여, 나는 상반되는 양쪽을 규정하고 그 둘이 운명
적인 대립 안에 있다는 어둠의 세력의 논리를 이용하는 타락한 존재들
과 악귀들에 대해, 그리스도의 심판을 요청합니다. 대천사 미카엘이시

여, 이러한 존재들을 지구에서 제거하소서.

마이트레야님이시여, 나의 신성한 스승이시여,
내 가슴은 영원히 당신의 것입니다.
나는 당신의 말에 귀 기울일 것을 맹세하며,
이로써 우리는 어둠의 세력의 마법을 깨버립니다.

마이트레야님이시여, 자비는 치유이며,
자비의 불꽃 안에서 나는 순수해집니다.
마이트레야님이시여, 지금 그 불꽃을 방출하시어,
나를 영원히 더 높이 끌어올려 주소서.

5. 마이트레야님이시여, 나는 자신들은 평화적인데 상대편은 침략자라
고 믿으면서 양쪽 집단이 전쟁을 하게 만드는 어둠의 세력의 논리를
이용하는 타락한 존재와 악귀들에 대해 그리스도의 심판을 요청합니
다. 대천사 미카엘이시여, 이러한 존재들을 지구에서 제거하소서.

마이트레야님이시여, 속박을 끊어준다는
어둠의 세력의 거짓말을 제가 볼 수 있게 하소서.
이제 뱀은 내게서 가져갈 것이 없으며,
나는 하나됨 안에서 진정 자유롭습니다.

마이트레야님이시여, 자비는 치유이며,
자비의 불꽃 안에서 나는 순수해집니다.
마이트레야님이시여, 지금 그 불꽃을 방출하시어,
나를 영원히 더 높이 끌어올려 주소서.

6. 마이트레야님이시여, 나는 전쟁을 피할 대안이 언제나 있음을 숨기
며 어둠의 세력의 교활한 논리를 이용하는 타락한 존재와 악귀들에 대
해 그리스도의 심판을 요청합니다. 대천사 미카엘이시여, 이러한 존재

들을 지구에서 제거하소서.

마이트레야님이시여, 진리는 이원성의
거짓말로부터 나를 자유롭게 합니다.
나는 지식의 열매(분리의식)를 내려놓으니,
당신의 진정한 영혼을 깨닫습니다.

마이트레야님이시여, 자비는 치유이며,
자비의 불꽃 안에서 나는 순수해집니다.
마이트레야님이시여, 지금 그 불꽃을 방출하시어,
나를 영원히 더 높이 끌어올려 주소서.

7. 마이트레야님이시여, 나는 양쪽 집단이 서로를 개체적인 인간들로 보지 않도록 비인간화시키는 어둠의 세력의 교활한 논리를 이용하는 타락한 존재들과 악귀들에 대해, 그리스도의 심판을 요청합니다. 대천사 미카엘이시여, 이러한 존재들을 지구에서 제거하소서.

마이트레야님이시여, 나는 나의 순수한 의도와
진실한 가슴으로 당신께 내맡깁니다.
나는 진실로 에고를 벗어났으며,
이제 당신과 완전한 하나가 됩니다.

마이트레야님이시여, 자비는 치유이며,
자비의 불꽃 안에서 나는 순수해집니다.
마이트레야님이시여, 지금 그 불꽃을 방출하시어,
나를 영원히 더 높이 끌어올려 주소서.

8. 마이트레야님이시여, 나는 살인을 금하는 프로그래밍을 뒤엎을 수 있는 광신을 창출하기 위해 서사적 투쟁의 이념을 조장하고 이용하는 타락한 존재들과 악귀들에 대해 그리스도의 심판을 요청합니다. 대천

사 미카엘이시여, 이러한 존재들을 지구에서 제거하소서.

마이트레야님이시여, 자비가 열쇠이며,
자비의 모든 자취가 내게는 가르침입니다.
왜냐하면 이제 나는 자비의 기술을 복원하는
열린 문이기 때문입니다.

마이트레야님이시여, 자비는 치유이며,
자비의 불꽃 안에서 나는 순수해집니다.
마이트레야님이시여, 지금 그 불꽃을 방출하시어,
나를 영원히 더 높이 끌어올려 주소서.

9.마이트레야님이시여, 나는 서사적 투쟁은 신이 창조한 것이 아니며
전적으로 환영에 불과하다는 사실을 숨기는 타락한 존재와 악귀들에
대해, 그리스도의 심판을 요청합니다. 대천사 미카엘이시여, 이러한
존재들을 지구에서 제거하소서.

마이트레야님이시여, 오 감미로운 신비시여,
당신의 실재에 녹아들어갑니다.
이제 당신의 신비학교가 다시 돌아오리니,
나의 가슴은 진실로 불타오릅니다.

마이트레야님이시여, 자비는 치유이며,
자비의 불꽃 안에서 나는 순수해집니다.
마이트레야님이시여, 지금 그 불꽃을 방출하시어,
나를 영원히 더 높이 끌어올려 주소서.

3부

1.고타마 붓다님이시여, 나는 교만함 속에서 자기들이 신의 대항자가 되어 신의 계획에 도전할 만큼 강력하다고 스스로 믿는 타락한 존재와 악귀들에 대해, 그리스도의 심판을 요청합니다. 대천사 미카엘이시여, 이러한 존재들을 지구에서 제거하소서.

고타마 붓다님이시여, 애증을 일으키는
제 마음의 상태를 드러내 보여 주소서,
나는 당신께서 드러내주는 것을 견디면서,
나의 지각은 순수해질 것입니다.

고타마 붓다님이시여, 우주적 평화의 화염이시여,
이제 사납게 날뛰는 사념들이 그치니,
당신과 내가 내면의 평화를 방사하여
윤회의 바다를 고요하게 합니다.

2.고타마 붓다님이시여, 나는 악마가 신과 대립할 만큼 강력하다는 생각을 조장하는 타락한 존재들과 악귀들에 대해 그리스도의 심판을 요청합니다. 대천사 미카엘이시여, 이러한 존재들을 지구에서 제거하소서.

고타마 붓다님이시여, 당신의 평화의 화염 안에서,
나는 이제 고투하는 자아를 놓아버립니다.
나는 이제 불성(佛性)을 깨달으며,
불성은 당신과 나의 중심핵입니다.

고타마 붓다님이시여, 우주적 평화의 화염이시여,
이제 사납게 날뛰는 사념들이 그치니,
당신과 내가 내면의 평화를 방사하여

윤회의 바다를 고요하게 합니다.

3.고타마 붓다님이시여, 나는 자신들이 악마와 대립하는 거짓된 신, 그 양쪽을 창조해냈다는 사실을 숨기고 있는 타락한 존재들과 악귀들에 대해 그리스도의 심판을 요청합니다. 대천사 미카엘이시여, 이러한 존재들을 지구에서 제거하소서.

고타마 붓다님이시여, 내가 당신과 하나가 되니,
이제 마왕(mara)의 악귀들은 달아납니다.
당신의 현존은 고통을 치유하는 향유와 같이,
내 마음과 감각들을 늘 고요하게 합니다.

고타마 붓다님이시여, 우주적 평화의 화염이시여,
이제 사납게 날뛰는 사념들이 그치니,
당신과 내가 내면의 평화를 방사하여
윤회의 바다를 고요하게 합니다.

4.고타마 붓다님이시여, 나는 전쟁을 정당화하기 위해 서사적 투쟁을 여러 가지로 위장해서 이용해 온 타락한 존재들과 악귀들에 대해, 그리스도의 심판을 요청합니다. 대천사 미카엘이시여, 이러한 존재들을 지구에서 제거하소서.

고타마 붓다님이시여, 나는 이제 영원한
현재 안에 살겠다고 서약합니다.
당신과 함께 모든 시간을 초월하여,
더없이 숭고한 현재 안에서 살겠습니다.

고타마 붓다님이시여, 우주적 평화의 화염이시여,
이제 사납게 날뛰는 사념들이 그치니,
당신과 내가 내면의 평화를 방사하여

윤회의 바다를 고요하게 합니다.

5.고타마 붓다님이시여, 나는 일곱 대천사들께 모든 사람들을 서사적 투쟁과 그 심리적인 결과물인 광신의 환영으로부터 단절하여 자유롭게 해달라고 요청합니다.

고타마 붓다님이시여, 나에겐 아무런 욕망도 없으며,
세속의 어느 것도 갈망하지 않습니다.
이제 나는 무집착 안에서 휴식하며,
마왕(魔王)의 교묘한 시험을 통과합니다.

고타마 붓다님이시여, 우주적 평화의 화염이시여,
이제 사납게 날뛰는 사념들이 그치니,
당신과 내가 내면의 평화를 방사하여
윤회의 바다를 고요하게 합니다.

6.고타마 붓다님이시여, 나는 사람들을 광신의 마음상태로 빠뜨려서 살인을 금하는 심신의 프로그래밍을 뒤엎을 수 있게 만들려는 타락한 존재들과 악귀들에 대해 그리스도의 심판을 요청합니다. 대천사 미카엘이시여, 이러한 존재들을 지구에서 제거하소서.

고타마 붓다님이시여, 내가 당신 안으로 녹아들며,
나의 마음은 이제 둘이 아닌 하나가 되었고,
당신의 눈부신 빛 안에 잠기니,
내가 아는 모든 것은 열반(涅槃)뿐입니다.

고타마 붓다님이시여, 우주적 평화의 화염이시여,
이제 사납게 날뛰는 사념들이 그치니,
당신과 내가 내면의 평화를 방사하여
윤회의 바다를 고요하게 합니다.

7.고타마 붓다님이시여, 나는 전쟁에 몰두하거나 그것이 정당하다고 믿는 것이 광신적인 마음 상태임을 숨기려는 타락한 존재들과 악귀들에 대해, 그리스도의 심판을 요청합니다. 대천사 미카엘이시여, 이런 존재들을 지구에서 제거하소서.

고타마 붓다님이시여, 시간을 초월한 당신의 공간 안에서,
나는 우주적 은총 안에 잠겨듭니다.
나는 모든 형상을 초월해 계신 신을 깨달으며,
더 이상 세상을 따르지 않으렵니다.

고타마 붓다님이시여, 우주적 평화의 화염이시여,
이제 사납게 날뛰는 사념들이 그치니,
당신과 내가 내면의 평화를 방사하여
윤회의 바다를 고요하게 합니다.

8.고타마 붓다님이시여, 나는 광신이 살인을 금하는 심신의 프로그래밍을 무력화시키는 정신 상태라는 사실을 숨기는 타락한 존재들과 악귀들에 대해, 그리스도의 심판을 요청합니다. 대천사 미카엘이시여, 이러한 존재들을 지구에서 제거하소서.

고타마 붓다님이시여, 나는 이제 깨어나서,
무엇이 시급한 문제인지를 명확하게 봅니다.
그리하여 나는 내 신성한 권리를 선언하며
지구상에서 불성의 빛이 될 것입니다.

고타마 붓다님이시여, 우주적 평화의 화염이시여,
이제 사납게 날뛰는 사념들이 그치니,
당신과 내가 내면의 평화를 방사하여
윤회의 바다를 고요하게 합니다.

9.고타마 붓다님이시여, 나는 일곱 대천사들께 문제가 "외부"에 있다고 투사하는 광신주의에 의해 기만당해 온 모든 영적이고 종교적인 사람들을 자유롭게 해달라고 요청합니다.

고타마 붓다님이시여, 당신의 뇌성번개로
우리는 지구에 거대한 동요를 일으킵니다.
나는 알고 있나니, 누군가는 깨달음을 얻어,
붓다의 영원한 무리에 합류할 것입니다.

고타마 붓다님이시여, 우주적 평화의 화염이시여,
이제 사납게 날뛰는 사념들이 그치니,
당신과 내가 내면의 평화를 방사하여
윤회의 바다를 고요하게 합니다.

4부

1.사나트 쿠마라님이시여, 나는 두 집단 사이에 분쟁이 있을 때마다 항상 그 분쟁이 광신적 사고방식에 의해 정당화된다는 사실을 숨기려는 타락한 존재들과 악귀들에 대해, 그리스도의 심판을 요청합니다. 대천사 미카엘이시여, 이러한 존재들을 지구에서 제거하소서.

사나트 쿠마라님이시여, 루비 불꽃이시여,
나는 사랑의 성가대에서 내 자리를 구합니다.
열린 가슴으로 당신을 찬양하며,
우리는 함께 지구를 끌어 올립니다.

사나트 쿠마라님이시여, 루비 광선이시여,
지구에 더 높은 길을 가져 오소서.
당신의 불꽃으로 이 지구행성을 밝혀주시고,

그녀에게 새로운 의복을 입혀주소서.

2.사나트 쿠마라님이시여, 나는 어떤 전쟁에서든 양쪽 모두가 감정계, 사고계, 자의식계 안에 있는 타락한 존재들에 의해 조종되고 있다는 사실을 숨기려는 타락한 존재들과 악귀들에 대해, 그리스도의 심판을 요청합니다. 대천사 미카엘이시여, 이러한 존재들을 지구에서 제거하소서.

사나트 쿠마라님이시여, 루비 불꽃이시여,
나는 비전입문을 열망합니다.
나는 당신을 위한 전극(電極)이며,
샴발라는 나의 진정한 거처입니다.

사나트 쿠마라님이시여, 루비 광선이시여,
지구에 더 높은 길을 가져 오소서.
당신의 불꽃으로 이 지구행성을 밝혀주시고,
그녀에게 새로운 의복을 입혀주소서.

3.사나트 쿠마라님이시여, 나는 광신은 인위적인 마음상태이고 인간들을 서로 죽이도록 만들려는 악의적인 의도로 고안되었다는 사실을 숨기려는 타락한 존재들과 악귀들에 대해 그리스도의 심판을 요청합니다. 대천사 미카엘이시여, 이러한 존재들을 지구에서 제거하소서.

사나트 쿠마라님이시여, 루비 불꽃이시여,
나는 당신이 요청하는 길을 따라갑니다.
당신의 사랑으로 나를 입문시키시어,
성령을 위한 열린 문이 되게 하소서.

사나트 쿠마라님이시여, 루비 광선이시여,
지구에 더 높은 길을 가져 오소서.

당신의 불꽃으로 이 지구행성을 밝혀주시고,
그녀에게 새로운 의복을 입혀주소서.

4.사나트 쿠마라님이시여, 나는 일곱 대천사들께 모든 사람들을 영적
으로 자유롭게 하시어, 광신이란 여러 형태를 취하면서 항상 전쟁을
유발하는 정신 상태임을 알 수 있게 해달라고 요청합니다.

사나트 쿠마라님이시여, 루비 불꽃이시여,
당신의 위대한 본보기는 모두에게 영감을 주며,
우리는 무집착과 큰 환희로,
지구의 새로운 탄생을 가져옵니다.

사나트 쿠마라님이시여, 루비 광선이시여,
지구에 더 높은 길을 가져 오소서.
당신의 불꽃으로 이 지구행성을 밝혀주시고,
그녀에게 새로운 의복을 입혀주소서.

5.사나트 쿠마라님이시여, 내 안에 계신 그리스도에 의해 나는 일곱
대천사들께, 광신을 키우고 장려하면서 사람들을 더 심한 잔학행위로
유도하는 감정계, 사고계, 자의식계 내의 악귀들과 실재들을 제거할
권한을 부여해드립니다.

사나트 쿠마라님이시여, 루비 불꽃이시여,
당신은 이 행성의 정화자(淨化者)이시니,
지구에서 모든 어둠의 영혼들을 불태우시고,
내면에 거하는 영(Spirit)의 섬광을 드러내소서.

사나트 쿠마라님이시여, 루비 광선이시여,
지구에 더 높은 길을 가져 오소서.
당신의 불꽃으로 이 지구행성을 밝혀주시고,

그녀에게 새로운 의복을 입혀주소서.

6.사나트 쿠마라님이시여, 우리는 지금 상승한 마스터들과 대천사들께, 광신의 에너지를 소멸시키고 악귀들과 실재들을 결박하여 지구에서 추방할 권한을 드릴 수 있는 전례 없는 기회를 갖고 있습니다. 나는 일곱 대천사들께 모든 영적인 사람들을 자유롭게 해주시어 이 기회를 알 수 있게 해달라고 요청합니다.

사나트 쿠마라님이시여, 루비 불꽃이시여,
당신은 우주적 증폭기입니다.
금성에서 온 집단(Venusian band)의 진동수를,
저급한 세력들은 견뎌낼 수 없습니다.

사나트 쿠마라님이시여, 루비 광선이시여,
지구에 더 높은 길을 가져 오소서.
당신의 불꽃으로 이 지구행성을 밝혀주시고,
그녀에게 새로운 의복을 입혀주소서.

7.사나트 쿠마라님이시여, 나는 광신을 조장하는 타락한 존재들에 대해 그리스도의 심판을 요청합니다. 나는 그들이 물질계의 육화상태에서만이 아니라 지구의 감정계, 사고계, 자의식계 등의 모든 곳으로부터 제거되기를 요구합니다. 대천사 미카엘이시여, 이러한 존재들을 지구에서 제거하소서.

사나트 쿠마라님이시여, 루비 불꽃이시여,
나는 지상에서 당신을 위한 확대경입니다.
나는 사랑의 흐름을 다시 회복시키며,
나의 차크라는 당신의 열린 문이 됩니다.

사나트 쿠마라님이시여, 루비 광선이시여,

지구에 더 높은 길을 가져 오소서.
당신의 불꽃으로 이 지구행성을 밝혀주시고,
그녀에게 새로운 의복을 입혀주소서.

8.사나트 쿠마라님이시여, 나는 이 시대에 지구에서 제거될 준비가 돼
있는 타락한 존재들의 무리에 대해 그리스도의 심판을 요청합니다. 대
천사 미카엘이시여, 이러한 존재들을 지구에서 제거하소서.

사나트 쿠마라님이시여, 루비 불꽃이시여,
금성인의 노래를 확장하는 존재시여,
당신의 사랑이 우리를 통해 울려 퍼질 때
우리의 가장 조밀한 마음에 스며듭니다.

사나트 쿠마라님이시여, 루비 광선이시여,
지구에 더 높은 길을 가져 오소서.
당신의 불꽃으로 이 지구행성을 밝혀주시고,
그녀에게 새로운 의복을 입혀주소서.

9.사나트 쿠마라님이시여, 나는 일곱 대천사들께 육화한 만(10,000)
명의 그리스도적인 존재들을 각성시켜달라고 요청하며, 그리하여 그들
은 지구에서 전쟁을 없앨 수 있는 자신들의 잠재력을 받아들일 수 있
습니다. 그들을 일깨우시어 지금 이 시기에 그들이 육화하기로 선택했
던 이유를 깨닫게 하소서.

사나트 쿠마라님이시여, 루비 불꽃이시여,
당신은 모든 것을 신성하게 합니다.
우주적 은총으로 정화되니,
지구는 이제 성소가 되었습니다.

사나트 쿠마라님이시여, 루비 광선이시여,

지구에 더 높은 길을 가져 오소서.
당신의 불꽃으로 이 지구행성을 밝혀주시고,
그녀에게 새로운 의복을 입혀주소서.

봉인하기

신(神)의 이름으로, 나는 대천사 미카엘과 아스트리아와 시바신께서 나와 모든 건전한 사람들 주위에 뚫을 수 없는 보호막을 형성하시어, 우리를 4가지 세계들 안에 있는 모든 두려움에 기초한 에너지로부터 봉인해주심을 받아들입니다. 또한 나는 신의 빛이 전쟁 배후의 세력들을 구성하는 모든 두려움에 기초한 에너지들을 불태우고 변형시키고 있음을 받아들입니다!

아스트랄계를 정화할 필요성

나는 승천한 마스터인 성모 마리아입니다! 나는 오늘 여러분과 함께 타락한 존재들의 숨겨진 계략에 대해 이야기해보고자 합니다. 이 계략들이 전쟁의 진정한 원인입니다. 이 행성에서 보이는 전쟁의 외적인 원인들은 단지 진짜 원인을 가리기 위해 만들어진 속임수일 뿐입니다.

이것은 영적인 사람인 여러분이 자라면서 교육받아왔던 세계관과 세계가 실제로 작동하는 현실방식과의 엄청난 차이를 이해하기 위해 중요합니다. 어떻게 지구에서의 삶이 돌아가고, 어떻게 역사가 발전했으며, 무엇이 역사 진보의 원인이 되었는지에 관한 공식적인 세계관은 애석하게도 불충분합니다. 이 행성에서 실제로 일어나는 것에 관한 지식의 결여는 말 그대로의 무지 때문이 아닙니다. 즉 그것은 만들어진 무지, 타락한 존재들에 의해 의도적으로 만들어진 상태인 것입니다.

인위적으로 만들어진 무지

공식은 매우 간단합니다. 만약 여러분이 발에 통증을 느껴서 살펴보니 못을 밟아서 여러분 신발 밑창을 뚫고 나온 것 때문이라면, 어떻게 하시겠습니까? 음, 여러분은 신발을 벗고 못을 뽑아내겠지요. 그런데 만약 여러분이 발이 아픈데 그 원인이 뭔지 모르거나 여러분이 할 수 있는 일이 없다고 생각한다면, 이런 간단한 조치를 취할 수가 없겠지요. 그렇지 않나요?

인간은 바보가 아닙니다. 만약 고통이나 불편함을 느끼고 그것의 원인을 알아냈다면, 어떤 조치를 취할 것입니다. 이 행성의 많은 인간들은 전쟁과 갈등이 있다는 것에 대해 고통을 느낍니다. 많은 사람들은 이것과 관련해 어떻게든 뭔가를 해보고 싶어 합니다. 만약에 전쟁과 갈등의 진짜 원인이 타락한 존재들 때문이라는 것을 사람들이 이해하도록 도울 수 있다면, 그들은 타락한 존재들을 따르는 것을 바로 멈출 것입니다. 이것은 간단한 공식입니다. 다시 말해 타락한 존재들은 만약 사람들이 그들을 보고 그 정체를 안다면 자기들의 힘을 유지할 수가 없습니다. 그들은 속임수, 그리고 만들어진 무지를 통해서만 그들의 힘을 유지할 수가 있습니다. 어떤 사람들에게 이 무지는 고의적인 무지입니다. 즉 그들은 실제로 자신의 삶을 바꾸기를 원치 않기 때문에 타락한 존재가 있다는 것을 알고 싶어 하지 않습니다.

지구에는 타락한 존재들과 무의식적 동맹을 맺었다고 할 수 있는 비교적 낮은 비율(10% 미만)의 사람들이 존재하고 있습니다. 그들은 타락한 존재들은 아니지만, 타락한 존재들에게 복종함으로써 이익을 얻는 사람들입니다. 그들은 권력을 가진 느낌내지는 특권의식을 가지거나, 어떤 경우에는 사람을 죽이거나 해를 가하고, 고문하거나, 다른 사람을 통제하는 것도 허락 받았다는 우월감을 느낍니다. 그들은 그렇게 함으로써 권력의 느낌을 얻습니다. 이러한 사람들은 무슨 일이 정말 일어나고 있는지 알고 싶어 하지 않지만, 그럼에도 그런 이들은 단지 소수일 뿐이지요. 일반 주민의 80%는 만약 그들이 어떤 일이 일어나고 있는지를 알게 된다면 스스로 타락한 존재들에게서 벗어날 사람들입니다.

가장 영적인 사람들의 상위 10%는 더 많이 열린 마음을 갖고 있는 이들이지만, 그 중 어떤 사람들은 타락한 존재들에 의해서 내가 앞서 얘기했던 "모든 것이 다 괜찮아"라는 생각, 그리고 다른 사람에게 긍정적인 기운을 보내는 것 말고는 아무것도 하지 않아도 된다는 생각 쪽으로 바뀌었습니다. 그 10% 중에는 고의적인 무지를 가진 사람이 있다고도 말할 수 있습니다. 그들은 자기들이 지금 하고 있는 것을 계속 할 수 있고 어둠의 세력의 존재들을 인정함으로써 자신의 생활방식이나 삶의 관점을 바꿀 필요가 없을 거라고 믿고 싶어 합니다.

여러분은 타락한 존재들과 대립하고 있지 않다

　인류에게 이 행성의 현실에 대해서 가르치는 것은 승천한 마스터들에게 쉬운 일이 아닙니다. 그래서 우리는 우리의 가르침에 열려있는 여러분들이 필요합니다. 그러면 우리는 더욱 더 많은 사람들이 깨어남을 시작할 수 있는 집단의식으로의 통로를 열 수 있습니다. 그들은 사람들이 외부에 있는 다른 극단론자의 견해로 인해 종종 나타나는 극도의 광신에 사로잡히는 일 없이도 깨어날 수 있습니다.

　나는 내가 이 책에서 말하는 것과 우리 마스터들이 다른 책들에서 말하고 있는 것이 극단주의적 관점이라고 말하는 사람들이 있다는 것을 잘 압니다. 내가 어떻게 이걸 아느냐고요? 왜냐하면 나는 타락한 존재들에 대해 오랜 시간 연구해 왔기 때문입니다. 나는 타락한 존재들의 사고방식에는 전혀 새로울 것이 없다고 자신 있게 말할 수 있습니다. 우리가 인류를 교화하려 할 때마다 그들이 어떻게 반응할지 우리는 다 알고 있습니다.

　내가 다음에 말하고자 하는 것은 지구상의 영적인 사람들이 자신을 타락한 존재들과 대립하는 존재들로 여기는 것을 멈춰야만 한다는 것입니다. 여러분은 타락한 존재들의 대항자들이 아닙니다. 여러분이 타락한 존재들에 관계된 집단적 수면상태에서 여러분 스스로 깨어날 때 발견할 수 있는 매우 훌륭하고 우아한 균형이 있습니다. 그렇게 되면 여러분은 그들과 싸우거나 그들에 맞서 반항하는 상태로 들어가지 않게 됩니다. 이것은 우리가 '평화의 전사'라는 책에서 매우 자세하게 설명해 두었으니, 여기서 다시 설명하지는 않겠습니다. 나는 타락한 존재들과 싸워야만 한다고 생각하는 막다른 골목으로 들어가지 않는 것이 여러분에게 대단히 중요한 것이라고 강조하고 싶습니다. 또한 압도당하는 느낌에 빠지지 않아야 합니다.

전쟁을 없애는 것은 완전히 가능한 일이다

　내가 예전에도 설명했듯이, 타락한 존재들은 제한된 힘을 갖고 있기 때문에 압도당하는 느낌에 빠질 이유가 없습니다. 우리 마스터들은 무제한의 힘을 갖고 있고 여러분이 그러한 권한을 우리에게 준다면 타락한 존재들이 내놓을 수 있는 어떤 것도 우리는 해결하고 태워버릴 수 있습니다. 이 책의 모든 의도는 임계수치의 사람들이 우리에게 권한부여를 하도록 설득하는 것입니다. 그리고 우리가 이 타락한 존재들과 완전히 무의식적인 악귀들과 실재들을 이 행성에서 제거할 수 있게 해주는 에너지를 불러일으키는 것입니다.

우리가 당면하고 있는 과제에 절망이란 절대로 없습니다. 무력감을 느끼거나 당황할 이유도 없습니다. 이것은 완벽하게 해낼 수 있는 일입니다. 여러분이 비교적 정상적으로 생활하면서 기원문과 디크리를 낭독하는 것은 얼마든지 행할 수 있는 일입니다. 그런 실천이 우리 마스터들이 타락한 존재들을 제거하기 위해 우리의 힘을 쓸 수 있는 권한을 우리에게 주게 될 것입니다. 그것은 가능한 과제입니다. 우리는 우리 학생들(당신들)이 당황하는 것을 바라지 않기 때문에 만약 그것이 불가능한 일이었다면, 애초에 우리는 여러분에게 그런 도구들 주지도 않았을 것입니다. 불행하게도 우리 학생들이 항상 이것을 이해하는 것은 아니어서, 그들이 우리의 가르침을 접하고는 스스로 당황할 때도 있습니다.

이것이 우리의 가르침을 인터넷이나 책 등의 외적 가르침을 통해 받았을 때의 위험한 점입니다. 우리는 이 가르침을 누가 찾아서 볼지를 조종할 수는 없습니다. 사람들이 내면의 단계에서는 준비돼 있지만 외적인 마음에서는 준비가 되지 않았을 때 이 가르침을 발견할 수도 있습니다. 이런 상황에서는 우리의 가르침으로 인해 몇몇의 학생들이 내가 일종의 극단적 상태라고 부르는 상황에 빠져들기도 합니다. 그들은 디크리나 기원문을 함으로써 타락한 존재들과 싸우는 것에 상당히 불끈해서 과도하게 디크리나 기원문들을 하고 그런 열성 때문에 부조화를 만드는데, 이것은 사람들이 종교나 정치적 이유나 다른 이유들로도 너무 열광적이 되기 때문에 건전한 것이 아닙니다. 나는 이런 상태를 조장하고 싶은 마음이 전혀 없습니다. 그래서 우리가 여러분에게 주는 가르침은 어렵지 않게 할 수 있는 일이라는 점을 내가 다시 한 번 강조하는 것입니다.

여러분의 세계관과 타락한 존재의 세계관

나는 여러분이 아스트랄계 내의 실재들과 악귀들 및 멘탈계, 자의식계 내의 타락한 존재들을 볼 수 있을 때 전쟁터에서 무슨 일이 일어나는지를 앞서 설명했습니다. 나는 이것을 약간 다른 관점에서 다시 말하고 싶습니다. 무엇이 타락한 존재들과 악귀들을 전쟁에서 몰아낼 수 있게 하는지에 대한 관점에서 얘기하고자 합니다.

이것은 공식적인 세계관에 의해 알려진 전쟁의 원인과 내가 알려주는 전쟁의 근본적인 원인 사이에 왜 그런 차이가 있는지를 이해하는 데 도움을 줄 것입니다. 보다 영적인 사람들의 다수가 전쟁의 공식적인 세계관에 속아왔습니다. 그들은 여러분이 스스로 삶을 보는 방식과 타락한 존재들이 삶을 보는 방식 간의 근본적인 차이점을 몰랐기 때문에 농락당한 것입니다.

다른 사람들이 자기를 좋아하고 같은 방식으로 삶을 바라보며, 생각하고, 느낀다고 무의식적으로 짐작하는 것은 매우 일반적인 일입니다. 여러분이 영적인 사람이라면 전쟁은 바람직하지 않다는 것을 알고 있고, 대부분의 사람들이 전쟁이 중단되기를 원한다고 짐작할 것입니다. 그리고 여러분은 의도적으로 전쟁을 만들어내고 싶어 하는 극소수의 사람만이 있다는 공식적인 세계관에 의해 조장된 일반적인 오해의 함정에 빠질지도 모릅니다.

여러분 모두는 히틀러 및 다른 극단주의자에 대해 배웠습니다. 그리고 여러분은 그들이 특별히 악한 사람들이기 때문에 전쟁을 일으켰다는 가르침을 받았습니다. 사람들이 원치 않으면서도 그들의 외부 적에게 위협당하기 때문에 전쟁터로 가게 하는 그런 경제적, 정치적 요인들에 대해서도 배웠을 것입니다. 여러분은 이성적인 방법으로 전쟁을 멈출 수 있을 것이라고 생각하는 경향이 있습니다. 여러분 중의 다수가 전쟁은 잘못되었고 피해야 하는 것이라는 의식을 갖고 자라왔습니다. 그리고 여러분은 모든 사람들이 전쟁을 피하고 싶어 한다고 추측합니다.

내가 여기서 여러분에게 증명하려고 하는 것은 사람들이 전쟁을 피하고 싶은 쪽으로 그들을 몰고 가는 심리적 욕구가 있다는 것입니다.

이것은 내가 마침 자기보존과 종족보존을 위한 마음과 육체의 프로그
래밍에 대해 언급할 때 설명했습니다. 거기에는 물론 여러분의 영적인
관계도 있습니다. 전쟁을 멈추고자 하는 이 열망, 욕구가 대부분의 인
간에게 내재되어 있습니다.

그런데 여러분이 공식적인 세계관에서 얻지 못한 것은 사람들의 마
음이 감정계, 사고계, 자의식계에 있는 존재들에 의해 지배되거나 조
종당할 때는 이 욕구가 무시되거나 무력화된다는 것에 대한 이해입니
다. 여러분이 이 강론에서 알았으면 하는 것은 세 상위영역들에 있는
존재들은 육화한 타락한 존재들과 마찬가지로 전쟁을 멈추고자 하는
욕구가 없다는 것입니다.

공식적으로 알려져 있는 세계관은 부절절하다

타락한 존재들은 전쟁이 자신들의 더 깊은 계획에 도움이 되므로 전
쟁을 원합니다. 이 계획은 여러분이 보아왔던 공식적으로 알려진 세계
관에 의한 전쟁의 원인을 훨씬 넘어섭니다. 어떤 종교들은 악마나 지
옥에 대해 말을 하지만, 이게 정말 무얼 의미하는지에 대해서는 여전
히 충분한 이해를 주지 못하고 있습니다. 서구세계는 물질주의적 세계
관에 크게 영향을 받아왔는데, 이 세계관은 천상과 지옥의 존재를 모
두 부정하고 있습니다. 여러분은 끝없는 전쟁과 갈등상태로 여러분을
끌어내려 가둬놓고 싶어 하는 세력이 있음을 부정하는 것과 동시에 고
통 너머로 인류를 인도할 유일한 존재들인 상승한 마스터들의 존재를
부정하는 세계관을 갖는 것이 얼마나 엄청나게 부적절한지 아시나요?

소위 현대적이고 발전된 세상이 한쪽으로 치우친 1차원적인 세계관
을 유지해오면서도, 다른 한편으로는 지구의 겉모습을 꾸미기 위해 이
제껏 가장 정교한 문명이 되었다는 것에 자부심을 가질 수 있다는 것
은 진정으로 놀랍습니다. 내가 장담하건대, 한 세기나 두 세기 안에
사람들은 자신의 과거를 돌아보면서 공식적으로 알려진 세계관, 즉 여
러분이 오늘날 그렇게 자랑스럽게 여기는 것이 지구가 평평하다는 원
시적인 믿음과도 같은 세계관이었다는 것을 알게 될 것입니다. 그리고
이런 세계관은 "임금님은 아무것도 입지 않았다"고 아무도 자신 있게

말하지 못했기 때문에 존재하는 것입니다. 아니면 그렇기보다는 몇몇 사람들은 용기가 있었지만, 아직 주민들 가운데 충분한 수가 듣지 못해서 그럴지도 모릅니다.

아스트랄계 안의 존재들은 어떻게 전쟁을 일으키는가?

감정계 또는 아스트랄계를 한번 살펴봅시다. 이 세계 안에서 여러분은 자아의식적인 존재로서 창조되지 않은 어떤 악귀들이나 실재들을 볼 것입니다. 내가 설명했듯이 그들은 이원성의 의식으로 떨어진 사람들을 포함해서 자아의식을 가진 공동-창조자들을 통해 창조되었습니다. 그들은 이원성의 의식으로부터 창조되었는데, 그 의미는 애초부터 갈등의식이 내재된 채로 창조되었다는 것입니다. 그들은 자신을 누군가 또는 무언가의 반대세력으로 이해합니다. 그들은 역시 자기인식으로 창조된 것이 아닌데, 이것은 어떤 의미일까요? 그들은 영적인 세계로부터 에너지를 받을 수가 없다는 것입니다.

세상에 있는 모든 것들은 에너지이고 모든 존재들은 살아가고 무언가를 하기 위해 에너지를 필요로 합니다. 그리고 이 존재들(악귀들)은 물질계에 있는 에너지를 빼앗음으로써만이 그들의 존재를 유지할 수 있는데, 이 말은 그들이 에너지를 인간들로부터 몰래 빼앗아야 한다는 것입니다. 또 영적인 세계에 연결되어 있는 공동-창조자들의 에너지를 갈취해야 한다는 뜻입니다.

어떻게 이것이 전쟁의 원인으로 작용하는지 아시겠습니까? 아스트랄계의 존재들이 지구에 직접적으로 전쟁을 일으킬 수는 없습니다. 그들은 오직 그것을 육화한 다른 사람의 마음을 점거하는 것에 의해서만 할 수 있습니다. 그들이 그렇게 하게 되면, 그 사람들은 악귀들과 실재들처럼 이성적인 판단을 할 수 없을 것입니다

여러분은 이성적인 이유를 들어 사람들이 전쟁을 멈추게 할 수 있는 것이 가능해야 한다고 느낄 것입니다. 여러분이 알아야 하는 것은 사람들이 그들의 마음을 악귀들과 실재들에게 지배당하는 상태에서는 그런 일이 쉽게 일어나지 않는다는 것입니다. 악귀들은 합리적인 판단을 할 수 없습니다. 그들은 한 가지만 하도록 만들어진 컴퓨터와도 같습

니다. 다시 말해 그들은 자신들이 창조된 근원인 바로 그 투쟁을 영속시키게끔 짜여 있는 것입니다.

만약 여러분이 바다에서 수영을 하고 있는데 큰 상어로부터 습격을 당한다면, 상어를 설득하는 것이 도움이 될까요? 아니, 그렇지 않을 것입니다. 여러분은 아스트랄계의 악귀들과 실재들을 설득할 수 없고, 그들에게 마음을 점거당한 자들 역시 설득할 수 없다는 것을 인식해야 합니다. 여러분은 납치해간 사람들의 참수(斬首) 동영상을 인터넷에 올려놓은 중동의 특정 단체를 알 것입니다. 그들은 아스트랄계의 악귀들에게 마음을 완전히 지배되도록 허락한 사람들의 예입니다. 여러분은 이 사람들을 설득할 수 없는데, 그들의 마음을 지배하고 있는 악귀들을 설득할 수 없기 때문입니다.

이것을 여러분이 이해할 필요가 있습니다. 나는 여러분이 절망감을 느끼라고 이런 내용을 전해주고 있는 것이 아닙니다. 다만 이러한 사람들을 다루는 유일한 방법은 아스트랄층의 악귀들과 실재들을 결박하고 태워버리라고 (우리에게) 요청하는 것뿐임을 알려 주기 위해서입니다. 이것은 육화한 그 사람들에게 그들이 전에는 알지 못했던 자유를 가져다 줄 것입니다. 그들은 여전히 자유의지를 갖고 있습니다. 그들은 자신의 습관이나 공격성을 계속 갖고 있을 수 있지만, 지금, 그들에게는 선택권이 주어져 있습니다. 만약 그들의 마음이 악귀들에 의해 장악 되 지 않았는데도 그들이 다 시 공격성을 선택한다면, 이것은 그들 자 신 의 판단에 의한 선택이 됩니다.

IS 한 대원이 미국 기자를 참수하기 직전의 동영상 모습. 그의 왼손에 칼이 들려 있다.

어떻게 이 존재들이 육화에서 제거될 수 있는가?

사람들이 자연사(自然死)하기 전에 어떻게 육화한 몸에서 데려가질 수 있는지에 대한 아주 복잡한 등식이 있습니다. 여러분은 어쩌면 여러분이 지상에 육화했을 때 그 수명이 정해져 있다고 말하는 어떤 영적인 가르침을 들어봤을지도 모릅니다. 이번 생애에서 여러분이 지상에 머무는 어떤 일정한 시간이 이미 정해져 있기는 하지만, 이것은 양쪽 방향으로 바뀔 수 있습니다. 여러분은 자신의 행동여하에 따라 더 짧게 살수도 있고 더 길게 살 수도 있습니다.

공격이나 침략을 일삼는 사람들은 세상을 빨리 떠날 수도 있습니다. 만약 그렇지 않다면, 다양한 경우들이 있을 수가 있는데, 그들이 계속 공격적인 행동을 선택함으로써 그들 자신을 심판할 때는 그들의 카르마의 전체 무게가 자신에게 되돌아가게 될 것입니다. 이것은 육체적 질병이나 정신적 질병으로 인해 그들이 정상적인 생활을 못하게 할 수도 있습니다. 그런데 여러분이 스스로 가져올 수 있는 긍정적인 물리적 효과가 있는데, 이것은 여러분이 그들과 싸우거나 그들을 설득해서 얻을 수 있는 것이 아닙니다. 오직 여러분은 마스터들이 개입하여 이런 자들을 아스트랄계의 악귀들과 실재들로부터 해방시킬 수 있도록 요청을 함으로써 그것을 이룰 수 있습니다.

이 악귀들과 실재들이 결박되어 불태워져야 한다는 것이 불길하게 들릴 수도 있지만, 여러분은 그들이 자아의식을 가지고 있지 않다는 것을 상기해야 합니다. 여러분 스스로 이러한 존재들에게 어떤 방식으로든 동정이나 연민을 가져서는 안 됩니다. 유명한 락(Rock) 노래에서도 찾아 볼 수 있듯이, 육화한 사람 중에는 악마에게 동정심을 느끼는 사람들도 있습니다.[21] 왜냐하면 그런 사람들은 아스트랄계의 존재들에 의해서 마음을 지배당하고 있기 때문에 그렇습니다. 아니면 그들은 자기들이 과거 생에 창조해낸 악귀들에게 동정심을 느끼는 육화한 타락한 존재들이기 때문에 그러합니다. 그들 중에 어떤 이들은 다른 사람

---

21)우리나라의 신세대 가수들의 노래에도 루시퍼(악마)를 찬양하는 가사가 든 노래가 있다. (감수자 주)

들의 마음을 지배할 수 있는 그런 강력한 악귀들을 창조했다는 것을 자랑스러워하는 사람도 있습니다. 심지어 그들은 자기들의 음악을 통해서도 그런 악귀들을 만들어내고 영속시켰습니다. 그들은 그것을 자랑합니다. 그리고 그들은 다른 사람들이 악귀들에게 에너지를 공급할 수 있도록 그 사람들이 자기들이 만들어낸 악귀들에 대해 동정심을 느끼기를 바랍니다.

여러분이 알아야 할 것은, 자각이 없는 악귀들과 실재들은 자신들의 공격성에서 결코 벗어날 수가 없다는 것입니다. 그들은 공격성에서 창조되었고, 기회만 있으면 계속 그렇게 하려고 할 것입니다. 자기인식 또는 자각을 가진 존재에게는 어떤 기회가 있습니다. 단순히 이원성의 의식 속에 빠져있는 타락한 존재들조차도 자각을 가진 존재입니다. 그들에게는 기회가 있는데, 즉 특정한 시기에 돌아서서 상승나선을 시작할 시기 말입니다. 그러나 악귀들과 실재들에는 이러한 기회가 없습니다. 따라서 이러한 악귀들에게 어떤 시간이나 기회를 연장해주는 영적인 법칙은 없습니다. 그들이 존재하는 한, 그들은 자신들이 하려는 것을 계속할 것입니다. 그것들은 육화한 누군가가 상승한 마스터들에게 권한을 주는 요청들을 하고 우리가 그들을 결박하여 소멸시키기 전까지는 그대로 남아서 계속 존재할 것입니다.

어떻게 악귀들이 창조되었는가?

여러분은 이 악귀들과 실재들은 매우 단순한 계획을 갖고 있음을 알아야 할 필요가 있습니다. 그들은 우리가 그들을 결박해서 태워버릴 때까지 그 계획을 이행하려 할 것입니다. 그들의 계획은 두 가지 요소로 설명할 수 있습니다. 하나는 인간들의 에너지를 몰래 빼앗는 것입니다. 이것은 이미 내가 충분히 설명했습니다. 그들은 에너지를 훔쳐야만 생존할 수 있으며, 그들은 허락되는 한 계속해서 그렇게 하려 할 것입니다. 그들은 스스로 더욱 더 강력해지기 위해 가능한 많은 양의 에너지를 은밀하게 갈취하려 할 것입니다.

그것뿐만 아니라 이 악귀들은 갈등(투쟁)에서 창조되었다는 것을 이해해야 합니다. 그들은 타락한 존재들에 의해 창조되었고 타락한 존재들의 계략은 내가 나중에 설명하도록 하겠습니다. 악귀들에 관한 한, 그들은 인간을 파괴하기 위해 프로그램되어 있다는 것을 알아야 할 필요가 있습니다. 그들은 파멸을 위해 만들어졌습니다. 그들은 자각하는 능력이 없기 때문에 그 외에 다른 어떠한 것도 할 수가 없습니다. 그들은 옳고 그름의 측면에 관해서는 생각조차도 할 수 없습니다. 여러분이 그들을 설득할 수도 없고 그들이 하고 있는 행위가 잘못되었다고 그들에게 말할 수도 없습니다. 그들은 그것을 인식할 수가 없습니다. 그들은 단지 파괴를 위해 프로그램되어 있습니다. 그래서 그들은 사람들이 서로를 파멸시키고 살고 있는 자연과 지구행성을 파괴하도록 만들기 위해 어떤 일이든 멈추지 않고 할 것입니다. 이것이 그들이 할 수 있거나, 하려는 전부입니다. 여러분은 심지어 이것이 그들이 지금껏 하려는 전부라고 말할 수조차도 없는데, 그 이유는 그들에게는 의지가 없기 때문입니다. 그들은 오직 프로그래밍을 갖고 있을 뿐입니다.

여러분이 그들을 처리할 수 있는 오직 한 가지 방법은 마스터들에게 그들을 결박하고 불태워버릴 권한을 주는 것입니다. 내가 결박한다고 말할 때, 그것은 대천사 미카엘이나 다른 대천사들이 천사들의 군단을 아스트랄계으로 보내서 완전히 이 악귀들을 무력화시키는 것을 말합니다. 천사들은 일종의 광선(光線)으로 만든 그물과 같은 것으로 그들을 결박할 수 있습니다. 이것은 즉각적으로 악귀들을 무력화하며, 따라서 그들이 육화한 인간들이나 심지어 아스트랄계 안에 갇혀 있는 육체가 없는 영혼들(souls)에게 영향을 미칠 수 없게 됩니다. 그런 다음, 천사들이 그 부정적 에너지를 태워버리거나 부정적인 매트릭스의 에너지를 자유롭게 하며, 그러면 악귀들은 영구적으로 해체됩니다.

타락한 존재들도 육화할 수 있는가?

우리는 이제 아스트랄계에 갇힌 일부 타락한 존재들에 대해 살펴보겠습니다. 스스로 생각하고 판단할 수 있게 해주는 자각능력을 그들이 거의 잃어버렸다는 점에서 볼 때, 나는 여러분이 이들을 어떻게 부를 수 있는지에 대해 전에 언급한 적이 있습니다. 이들 중 일부는 정말로 제정신이 아닙니다. 그들의 깊은 중심부에서는 그들도 자신을 지각하는 의식적인 자아(Conscious self)를 갖고 있지만, 부정적 에너지라는 밀도 높은 껍질에 완전히 둘러싸여 있어서 여러분이 다가갈 수가 없습니다. 의식적 자아가 그 껍질에 싸여있는 한, 의식적이 될 수 있는 현실적인 기회란 정말로 없습니다.

이것이 특정한 생명흐름이 자연법칙에 따라 육화할지, 아니면 아스트랄계에 갇혀있게 될지를 정하는 하나의 기준이 됩니다. 그 의식적 자아가 자신의 평상시의 인식 상태 밖으로 벗어날 수 있는 실제의 가능성이 없다면, 육화를 할 수 없게 됩니다. 만약 단지 일부라도 가망이 있다면, 그 존재는 아마도 물리적인 육화가 허용될 수 있을 것입니다.

비록 그 존재가 공동창조자나 천사로서 시작했었고 자유의지와 자기인식을 갖고 있더라도, 그것은 별로 소용이 없습니다. 다시 말하지만, 여러분은 그들을 설득할 수 없고, 마음을 움직일 수가 없습니다. 여러분이 할 수 있는 것은 승천한 마스터들의 개입을 요청하는 것입니다. 우리가 많은 경우에 하려는 것은 그런 존재를 결박하고 인류에게 더 이상 해를 가하지 못하게 하는 것입니다. 이것은 두 가지의 목적이 있습니다. 그것은 육화한 인류가 이 영향력에서 자유로워지게 하고, 하나는 아스트랄계의 육체가 없는 영혼들을 자유롭게 하는 것입니다. 이것은 어떤 의미에서 타락한 존재들 자신들도 자유롭게 해주는 것인데, 즉 더 이상의 카르마를 만들지 않게 하며, 의식적 자아 주변에 있는 껍질이 더 단단하게 되지 않게 하는 것입니다.

시간이 지나, 우리는 그 껍질을 감소시킬 수 있고, 에너지를 다시 얻을 수 있는데, 그리하여 그 존재는 이제 자신의 의식 상태를 넘어서 바라볼 수 있으며, 더 높은 길을 선택하게 될 것입니다. 만약 더 높은 길을 선택하지 않으면, 내가 이전에 이야기 했듯이, 그것은 지구로부터 영구적으로 제거되고 다른 행성으로 데려가질 수도 있습니다. 그런데 만약 (더 높은 선택을 할 수 있는) 자신의 시간과 기회가 다 끝나게 되면, 그 존재는 2차 죽음 혹은 최후의 심판이라고 부르는 곳으로 가게 될 것이며, 그 곳에서 의식적 자아는 영원히 존재하지 않았던 것처럼 사실상 소멸될 것입니다.

타락한 존재들에 연관된 속박으로부터 여러분 자신을 자유롭게 하기

여러분은 그런 존재들에 대해 동정심을 느끼면 안 됩니다. 신에게 반항하기 위해 힘을 가진 어떤 타락한 존재들을 따르는 육화한 사람들도 있습니다. 이것은 이전의 어느 천체들에서도 일어날 수 있는 일이었고, 네 번째 천체(지구)에서도 현재 일어나고 있는 일입니다. 영적인 사람들조차도 그들이 숭배하는 영적 리더들에게 충성심을 느끼는 사람이 있습니다. 여러분이 악을 선택했기 때문에 그 타락한 존재들을 따랐던 것이 아닙니다. 충성심에서 그들을 따르는 것입니다. 여러분은 타락한 존재들이 자애로운 대의명분을 위해서 일하고 있다고 믿기 때문에 그 존재들을 따르는 것입니다. 만약 여러분이 마음속으로 이런 것을 느낀다면, 여러분이 느끼는 것이 무엇이고 그런 식으로 느끼는 이유를 분명하게 하기 위해 최선의 노력을 기울여야 합니다. 그런 느낌의 배후에 있는 믿음은 무엇입니까? 여러분은 이런 속박에서 여러분 자신이 자유로울 수 있도록 우리에게 도움을 요청할 기회가 있습니다. 내가 여러분에게 장담할 수 있지만, 영적인 사람들이 타락한 존재들과 인연을 유지하는 것은 자신의 상승과 영적여정에서 더 높은 단계로 발전해 나가는 것을 불가능하게 만들 것입니다. 그것은 여러분이 이 타락한 존재들에 묶인 사슬을 갖고 있는 것과 같기 때문에 반드시 멈춰서게 되는 시점이 오게 될 것입니다. 여러분은 일정한 어떤 단계보다 더 위로 올라갈 수 없으며, 그 단계는 타락한 존재들이 추락했던 단계입니다. 만약 여러분이 이런 타락한 존재들이 왜 심판을 받아야 하고 결박되어야 하며 2차 죽음을 통해 사라져야 하는지에 대해 어떤 종류의 동정심이나 망설임이 느껴진다면, 이것에 대해 매우 민감해질 필요가 있습니다.

2차 죽음은 처벌이 아닙니다. 타락한 한 존재가 추락하게 되면, 돌아설 수 있는 아주 아주 오랜 시간이 주어집니다. 어떤 존재들은 그들의 태도를 바꾸기를 아주 오랫동안 거절해서 그들이 돌아설 시간을 다 써버립니다. 이것은 신이 벌하는 것이 아닙니다. 이것은 그저 그 존재가 스스로 이기심과 이원성을 수없이 선택하다보니 터무니없이 이런 선택을 계속해서 허용하고 있는 것일 뿐입니다. 그런 존재의 신아(神我, I AM Presence)는 그 의식적 자아가 더 이상의 어떤 기회를 갖는 것을 바라지 않는데, 왜냐하면 그 의식적 자아가 이런 기회를 기꺼이 이용하려 하지도 않고 또 이용할 수도 없다는 것이 명확하기 때문입니다.

의식적 자아가 상승을 통해 자발적으로 신아와 다시 융합하는 대신에 신아는 상승하지 못한 천체로 보내졌던 그 자신의 확장체(의식적 자아)를 회수하는 선택을 할 수 있습니다. 여러분은 타락한 존재의 신아가 갖고 있는 자유의지를 존중해주어야 합니다. 여러분은 이런 타락한 존재와 일반적인 타락한 존재들에 대한 어떠한 집착이나 동정심을 버릴 필요가 있습니다. 그렇지 않으면, 여러분은 아스트랄계에 있는 이 존재들에게 묶이게 될 것이고, 영적여정의 일정한 단계를 넘어서지 못하게 될 것입니다.

아스트랄층에서 일어나는 일들

여러분이 정말로 아스트랄계에서 무슨 일이 일어나고 있는지 볼 수 있다면, 대단한 충격을 받을 것입니다. 나는 컴퓨터 이미지로 만든 현대 영화로도 그곳에 가득 찬 추악함과 공포를 제대로 묘사할 수 없다고 이야기했습니다. 여러분이 아스트랄계에서 보게 될 것은 그곳에 갇혀 있는 많은 영혼들입니다. 그들은 왜 거기에 빠져 있을까요? 왜냐하면 아스트랄층의 타락한 존재들과 악귀들에게 그들의 에너지를 착취당하는 것을 허용하고 있기 때문입니다.

나는 여러분이 타락한 존재들이 있다는 사실과 신에게 반역하는 그들의 선택이 신이나 우주에 대한 신의 계획에 위협적이지 않음을 깨닫기 바랍니다. 타락한 존재가 할 수 있을 법한 모든 것을 다루는 한 가지 방법이 있습니다. 모든 것을 상승나선으로 되돌릴 수 있는 길이 있습니다. 타락한 존재들에 의해 창조된 것 중에 영원하거나 신의 계획을 파괴하거나 거기에 맞설 수 있는 것은 없습니다. 그것은 단지 개인적 존재가 그들의 근원으로 돌아가는 길을 찾기 전에 그들이 만들어놓은 길이 얼마나 오래 걸리느냐, 그리고 얼마나 많은 굽은 길이 있느냐의 문제일 뿐입니다.

전체적 관점에서, 아스트랄계에 영원한 것은 아무것도 없습니다. 개별적인 생명흐름과 영혼의 관점에서 볼 때, 아스트랄층은 아주 오랜 시간 동안 여러분을 가둬놓는 함정이 될 수 있습니다. 그것은 아마도 혼자서는 벗어날 수 없는 하향나선으로 여러분을 끌어들일 수 있습니다. 이 상태는 말하자면 진퇴양난의 상태가 됩니다. 이 상태는 의식적 자아가 두려움에 기초한 에너지 껍데기에 갇혀 있기 때문에 딜레마 상태가 되어 신비적 체험을 할 수가 없습니다. 그러면 그 자신의 의식상태 외부에 어떤 것이 있다는 것을 직접적으로 경험할 수가 없습니다. 만약 여러분이 감옥 안에서 감옥 밖에 무언가가 있을 거라고 상상조차 할 수 없다면, 어떻게 감옥 밖으로 나가게 해달라고 요청할 수 있겠습니까? 이것이 바로 자유의지가 작용하는 극단적인 예를 보여주는 것입니다.

아스트랄계 안에는 영혼들이 갇혀 있습니다. 상승한 마스터들인 우리는 즉각적으로 개입하여 다양한 방법으로 그들을 도울 수 있지만, 그들이 우리에게 요청하기 전에는 그렇게 하도록 허락받지 못했습니다. 만약 그들이 두려움에 기초한 에너지에 너무 사로잡혀서 우리에게 요청할 수 없다면, 또는 마스터들인 우리의 존재나 그들이 자신의 처지에서 벗어날 수 있는 잠재력을 믿을 수조차 없기 때문에 요청을 못한다면, 그때 말하자면 우리는 난관에 봉착해 있는 것입니다. 그들은 막다른 골목에 처해 있습니다. 이러한 영혼들은 타락한 존재들과 악귀들에 의해 의도적으로 덫에 걸려 있는 것이며, 그리하여 악귀들은 자기들의 에너지를 얻기 위해 그들을 지속적으로 착취할 수 있습니다.

어떻게 이런 영혼들이 자유롭게 되도록 도울 수 있을까요? 내가 여기서 말하는 영혼은 타락한 영혼들만이 아닙니다. 신에게 대항함으로써 일부러 이원성으로 떨어진 것이 아닌 많은 사람들이 있습니다. 그들은 서서히 이원성 속으로 빠져들도록 속아왔습니다. 이 영혼들을 위해 무엇을 해야 할까요? 다시 말하지만, 지금 이곳에 육화한 여러분은 우리 마스터들이 이 영혼들을 아스트랄계로부터 자유롭게 하도록 요청할 권한이 있습니다. 이것은 여러분의 권리입니다. 이것은 여러분이 봉사할 수 있는 기회인 것입니다.

378

만약 여러분이 공감되거나 동정심을 느낀다면, 여러분에게 바라건대, 도움이 미치지 않는 곳에 있는 악귀들과 실재들에게는 주의를 돌리지 마십시오. 그리고 역시 실제적 목적의 도움을 넘어서 있는 타락한 존재들에게 관심을 두지 마세요. 다만 나는 여러분에게 아스트랄계에 빠져있지만 스스로 이 덫에서 자유롭고자 하고, 또 이런 함정에서 빠져나오기만 하면 위를 향한 영적여정에 매진하고자 하는 영혼들에게 여러분의 동정심을 돌리기를 요청합니다.

어떻게 영혼이 아스트랄계 안에서 꼼짝도 못하게 되는가?

어떻게 한 영혼이 아스트랄층에 갇히게 될까요? 이것은 매우 복잡한 과정을 거치게 됩니다. 지금부터 여러분에게 그 과정에 대한 간단한 설명을 해줄 것입니다. 여러분은 자신의 육체가 망가지기 쉬운 기계장치라는 것을 압니다. 군인이 전쟁터에 나갔을 때, 몸이 여러 가지 방법으로 다칠 수 있을 거라는 사실도 매우 잘 알 것입니다. 여러분은 육체에 관통상을 입을 수도 있고 몸이 폭파되어서 몸의 조각들이 전장에 흩뿌려질 수도 있습니다. 팔다리를 잘라야 할 수도 있습니다. 금속 조각이 몸에 박혀 한동안 몸속을 돌아다니다가 얼마 후에는 이곳저곳으로 튀어나오게 될 수도 있습니다. 독(毒)을 먹을 수도 있습니다. 몸이 불에 탈 수도 있습니다. 물리적 전쟁터에서 여러분이 보는 것은 전쟁에서 군인의 감정체에서 일어나는 것과 매우 유사합니다.

군인의 육체적 몸에서 일어났던 일들은 육신이 죽으면 지워질 것이지만, 감정체에서 일어난 일들은 지워지지 않게 됩니다. 이번 생에서 다음 생에까지 가져가게 되는 감정적인 상처도 있습니다. 여러분이 기록된 역사를 다시 살펴본다면, 이 지구에는 얼마나 많은 전쟁과 갈등이 있었는지 알 수 있으며, 어떤 영혼들은 수많은 물리적 전쟁을 겪었던 적대적인 문화 속에서 여러 생을 거치며 육화했을 가능성이 많습니다. 특정 영혼은 부상을 입거나 여러 번 죽는 경험을 했을지도 모릅니다. 그때마다 감정체는 상처를 받습니다. 어떤 경우에는 감정체가 산산이 부서지는 경우조차도 있을 수 있습니다.

여러분이 알려진 역사에서 볼 수 있는 전쟁들이 단지 이 지구상에서 일어난 모든 전쟁의 일부에 불과하다는 것을 깨닫는다면, 수많은 생을 거치며 전쟁에서 자신의 감정체를 심하게 다친 영혼들 가운데는 실제로 육화할 수 없는 이들도 있다는 것을 알 수 있습니다. 그들은 말 그대로 아스트랄층에 갇혀있는 영혼들로서, 그들의 의식이 심하게 어둡거나 이기적이거나 악한 것이 아니라, 감정체가 심하게 상처를 입은 까닭에 육체적 몸을 운용할 만한 감정적 바탕이 충분치 않아서 갇혀있는 것입니다. 나는 여러분에게 인간은 신아로부터 에너지를 받고 있고 그 에너지는 여러분의 자의식체(개성체), 그 다음에는 사고체, 이어서 감정체, 그 이후에는 육체로 내려간다고 설명한 바 있습니다. 이 과정이 진행되려면, 4가지 하위체 안의 체질량이나 질료의 일정한 양이 필요합니다. 만약 한 영혼이 많은 생에 걸쳐 상처를 입어왔다면 그의 감정체는 심각한 수준을 넘어서는 상처를 입었을 것이고, 그렇게 되면 육체와 결합하여 운용할 수 있는 감정체의 질량이 부족하게 됩니다.

부서진 영혼 조각들의 작용들

육체에 일어날 수 있는 일은 단지 감정체에 일어날 수 있는 것을 보여주는 한 가지 사례에 지나지 않습니다. 여러분이 실제 전투에서 극도의 외상을 입었을 때, 혹은 또 다른 형태의 외상을 입었을 때에도 여러분 감정체의 일부가 전체에서 분리될 수 있습니다. 이들 감정체들은 분출될 수 있고, 또 잘려나갈 수도 있습니다. 이 분리된 조각들이 여러 곳에 끼어있을 수 있습니다. 그것들은 물질계나 오히려, 물질계와 매우 가까운 감정계(아스트랄계)의 수준에 갇히게 될 수도 있습니다.

이것은 그것들이 있는 물질계의 진동 바로 위의 아스트랄계 내에는 물리적 장소들에 갇힐 수 있는 영혼의 조각들이 있다는 것을 의미합니다. 그것은 물질적인 것에 너무나 가까워서 그 영혼의 부분도 그 물리적 장소에서 꼼짝도 못하게 됩니다. 이런 장소는 여러분이 전생(前生)에 살았던 곳이나 전쟁터일 수가 있습니다. 또한 영혼의 조각이 고착될 수 있는 아스트랄계의 다른 수준들이 있습니다. 만약 충분한 영혼

조각들이 전체로부터 떨어지면, 여러분은 감정체에서 신체와 결합하여 운용할 수 있을만한 충분한 질량에 미달하는 상태에 이르게 될 수가 있습니다.

어떤 사람들은 활동할 수 없을 정도의 심각한 정신질환을 갖고 있습니다. 그들의 의식이 거의 없습니다. 어떤 경우(모든 경우가 아니라, 일부 경우에)에는 이런 질환으로 인해 영혼이 너무나 뿔뿔이 흩어진 감정체를 갖고 있다 보니 육체를 취할 수는 있지만 그것을 제대로 운용할 수 없게 됩니다. 또한 다른 심각한 감정적 문제를 가지고 육화해 있는 사람들도 많이 있는데, 이것은 대부분의 경우 감정체가 흩어져서 그런 것입니다. 즉 감정체 조각들이 아스트랄계의 다양한 수준에 고착돼 있거나 갇혀 있는 것입니다. 또 다른 가능성은 감정체 안으로 독소가 들어갔을 수도 있습니다. 그리고 자신의 감정체로 들어간 감정 에너지들의 파편들을 갖고 있을 수도 있습니다. 이것은 악귀들과 실재들에게 호스로 묶여 있는 일종의 갈고리와 거의 흡사하며, 그들은 이것에 의해 여러분의 에너지를 빨아먹을 수가 있습니다. 아스트랄계의 다양한 수준에 고착된 채 행성 지구에 매여 있는 수많은 영혼들이 있습니다.[22]

아스트랄계로부터 영혼들을 자유롭게 하는 방법

지구에서 지금도 일어나고 있듯이, 일단 한 영혼이 아스트랄계에 고착되면, 그 영혼은 스스로 자유로워질 수가 없습니다. 그런데 여러분이 육화해 있을 때는 아스트랄계에 고착돼 있을 때는 갖지 못하는 기회가 있습니다. 여러분은 물리적으로 지식을 발견할 수 있습니다. 즉 여러분이 깨어나도록 돕는 영적지식을 제공해주는 책을 찾을 수가 있

---

[22] 아스트랄계(astral plane)라는 세계는 지구 행성을 에워싼 형태로 존재한다. 멘탈계 등의 상위계 역시 마찬가지이다. 물질계와 이런 상위 차원계들은 같은 공간 안에 함께 겹쳐진 상태로 존재하며, 단지 그 진동주파수에 따라 분류될 뿐이다. 그리고 이런 식으로 각 행성마다 아스트랄계를 포함한 상위계가 별도로 존재한다. 그러므로 지구의 아스트랄계와 다른 행성의 아스트랄계는 동일하지 않다. 금성 같은 경우는 전체의 문명 자체가 3차원의 물질차원을 졸업하고 아스트랄 차원으로 상승한 것으로 알려져 있다. 그러므로 금성에는 지구와 같은 물질계 차원에는 문명이 존재하지 않는다. (감수자 주)

습니다. 이것이 여러분 스스로 치유하는 과정을 시작하게 도움을 줄 수 있지만, 여러분이 아스트랄계에 고착돼 있을 때는 이것이 어렵습니다.

아스트랄층에 고착된 영혼들은 승천한 마스터들의 도움을 받아야만 자유로워질 수 있습니다. 그런데 오직 그들이 요청할 때에만 비로소 도움을 받을 수 있는데, 이것은 그들이 하기 매우 어려운 일입니다. 유일한 다른 가능성은 육화한 어느 누군가가 마스터들에게 요청하는 것입니다. 이것은 악귀들과 실재들을 결박하여 불태우고 타락한 존재들을 결박해서 제거하는 것을 포함하는데, 그런 존재들이 계속해서 이런 영혼들과 영혼 조각들을 그곳에다 묶어두고 있는 것입니다.

지구 행성의 감정체는 우리가 아스트랄계라고 부르는 이런 수준을 갖고 있습니다. 지구는 더 높은 수준들을 갖고 있지만, 아스트랄계는 33개의 단계로 이루어져 있고 그것이 지구상의 대부분의 감정체들을 차지하고 있습니다. 이것은 매우 어둡고 혼란스러우며 아주 엉망인 공간입니다. 이곳은 확실히 대부분의 사람들, 특히 대부분의 영적인 사람들은 알고 싶어 하지 않고 관심을 두려고도 하지 않는 어떤 곳임이 분명합니다. 여러분이 거기에 압도되거나 여러분 스스로 그곳에 묶이게 되거나 그곳에다 에너지를 주게 된다는 점에서 볼 때 나는 여러분에게 여기에다 관심을 두라고 하고 싶지는 않습니다. 다만 나는 여러분이 이런 세계가 존재하고 있고 또한 감정계인 아스트랄계가 정화되지 않는 한 절대로 지구에서 전쟁을 없앨 기회가 없다는 것을 알기 바랍니다.

그렇다고 내가 감정계를 정화하는 것이 전쟁을 없애기 위해서 필요한 유일한 작업이라고 말하고 있는 것이 아닙니다. 다른 방법들도 있는데, 그것은 다음 강론에서 이야기하도록 하겠습니다. 내가 지금 말하고 있는 것은 지구에서 전쟁을 없애는 데 가장 큰 장애물은 사실상 아스트랄계라는 것입니다. 임계수치의 영적인 사람들이 기꺼이 아스트랄계의 존재와 속성을 인정하는 것이 지구에 평화를 가져다주는 핵심입니다. 그들은 우리 마스터들이 개입하여 아스트랄계와 그곳에 있는 존재들을 해결하기 위해 힘을 사용할 수 있도록 요청하겠다는 확고한 결정을 내릴 필요가 있습니다.

여러분이 가진 힘으로는 전쟁을 없앨 수 없다

만약 이것이 이루어지지 않는다면, 평화를 실현하는 것과 전쟁이 아닌 사랑을 이루는 것에 대한 모든 미사여구(美辭麗句)들은 단순히 빈말이 됩니다. 여러분도 알다시피, 말만 하는 것은 쉽습니다. 만약 충분한 수의 영적인 영혼들이 평화를 이루는 것에 대해 말만 하는 것을 그만두고 그들의 목소리를 기원문을 바치는데다 사용한다면, 여러분은 변화를 경험하기 시작할 것입니다. 여러분은 만일 충분한 사람들이 이 기원문을 낭독하여 바칠 경우 상황이 얼마나 빨리 변하는지에 대해 놀라게 될 것입니다. 그것은 매우 단순하게 들릴지도 모릅니다. 그러나 기원문이 그런 영향을 끼칠 수 있다는 것을 믿을 수 없다고 생각된다면, 여러분 자신에게 이렇게 물어보세요. "적어도 1960년대 이래, 영적인 사람들이 전쟁이 아닌 사랑을 이루는 것에 관해 이야기해 오지 않았는가? 그들 가운데 극소수가 많은 사랑을 이루어내지도 못했지만, 그것이 이 행성에서 전쟁을 없앴는가?"

아마도, 지금이 앨버트 아인슈타인이 했던 다음과 같은 말을 기억할 때일 것입니다. "만약 여러분이 똑같은 행동을 계속하면서 그것과는 다른 결과를 바란다면, 여러분은 미치광이다" 만약 여러분이 그렇게 오래도록 해왔던 것들이 자신이 바라는 결과를 만들어내지 못했을 때에는 어쩌면 무엇인가 다른 것을 해야 될 시기일 것입니다. 아마도, 여러분의 좋은 의도와는 상관없이, 여러분(육화한 영적인 사람들) 자신의 힘으로는 지구상에서 전쟁을 제거할 수 없다는 사실을 인식해야 할 때입니다. 또 어쩌면 여러분이 혼자 전쟁을 없앤다고 생각하는 것은 타락한 존재들의 속임수라는 것을 알아야 할 시기입니다. 여러분이 스스로 자신이 선과 악을 알 수 있고 지구에서 무언가를 할 수 있는 신(god)이라고 여기는 생각이 바로 타락한 사고방식의 핵심입니다.

좋은 의도 이상으로 기여하기

뉴에이지 운동 및 대부분의 영적인 운동들과 지구상의 종교들에 스며든 매우 교묘하고도 거의 인식할 수 없는 영적인 자만심이 있습니다. 만약 여러분이 정직하게 수많은 영적인 운동들과 종교들을 살펴본다면, 자신들(크고 작은 그들의 집단들)이 이 행성을 위해 무엇인가를 할 수 있는 참된 영적인 사람들이라고 믿는 이들을 보게 될 것입니다. 여러분은 예수가 자신은 아무것도 하지 않았고, 그가 한 모든 일은 자기 안에 있는 아버지가 하셨다고 말한 것을 기억해야 합니다. 예수는 또한 신과 함께하지 않고 인간과 함께 하면 이것이 불가능하지만, 신과 함께 한다면 모든 것이 가능하다고 말했습니다.

여러분의 의도가 얼마나 좋은지, 얼마나 많은 긍정적인 진동을 만들어내는지, 얼마나 영적으로 진보한 생각을 하는지의 여부와 상관없이, 여러분은 지구상에서 전쟁을 없앨 수 있는 힘을 갖고 있지 않습니다. 그리고 모든 영적인 사람들이 모여도 그 힘을 가질 수는 없습니다. 결코 여러분은 그런 힘을 갖고 있지 않습니다. 바로 우리 승천한 마스터들이 그 힘을 갖고 있습니다. 여러분이 가지고 있는 것은 허가권(권한 부여권)입니다. 만약 여러분이 스스로 힘을 갖고 있다는 생각을 그만하고 대신에 우리에게 권한을 주는데 집중한다면, 그때 우리는 지구상에서 전쟁을 없앨 힘을 사용할 수 있습니다. 우리는 이 작업을 수행하는 방식에 있어서 당신들이 가진 몽상적인 생각을 바탕으로 하지 않습니다. 우리는 그것을 이 행성에 관한 우리의 현실적인 지식에 기초해서 하게 될 것입니다.

우리는 그 사실에 대해 이전에 얘기했고, 이 메신저가 그것을 이야기한 바가 있습니다. 많은 영적인 사람들이 무엇이 일어나야 하는지에 관한 정확한 비전, 즉 전쟁이 없어져야 하는 것에 대한 비전은 갖고 있지만, 이것이 어떻게 가능하고 어떠한 방식으로 이루어져야하는지에 대한 올바른 비전은 없습니다. 이것은 상위 10% 안에 있는 다수의 영적인 사람들에게는 정말로 진실입니다. 여러분도 마스터들의 가르침에 반응하고 도움을 요청할 가장 큰 잠재력을 갖고 있지만 타락한 존재들이 만들어낸 다양한 믿음들에 너무 오랜 시간 끌려간 그런 사람들 중의 한 명입니다. 그리고 이러한 믿음들은 여러분이 커다란 영향력을 행사하지 못하는 막다른 골목에 계속 갇혀 있게 합니다.

더러운 것을 무시해서는 그것을 청소할 수 없다

　나는 많은 영적인 사람들이 아스트랄계와 악귀들, 육체가 없는 존재들과 실재들에 대해서 듣고 싶어 하지 않는다는 것을 잘 압니다. 하지만 화장실이 더럽다는 것을 알지 못하고서 화장실 청소를 할 수는 없습니다. 이것은 오물(汚物)이 여러분을 더럽히고 달라붙게 놔두라는 말이 아닙니다. 못 본 체해서는 더러운 것을 없앨 수 없기 때문에 당분간은 그것을 청소하는 데 집중을 해야 할 필요가 있다는 말입니다. 아스트랄계는 그야말로 지구 행성의 화장실이나 다를 바가 없습니다. 어떤 긍정적인 변화가 있기에 앞서 정화되는 것이 필요합니다. 지구에 있는 누군가가 그것을 보아야 하고, 해결하기 위해 무엇이 필요한지 인식해야 하고, 또 어떻게 그것이 일어날 수 있는지 알려야 합니다. 그런 다음 승천한 마스터들에게 개입하여 정화해 줄 것을 요청해야 합니다. 사랑하는 영혼들이여, 우리는 우주의 청소부입니다. 우리는 이 행성의 엉망인 상태를 정화할 것인데, 다만 우리가 그 일을 할 수 있기 전에 누군가가 우리에게 요청을 해야만 합니다.
　여러분도 그 요청하는 사람들과 함께 동참하지 않으시렵니까? 아니면 여러분에게 조금 더 편할 것 같이 느껴지는 다른 방법으로 해결될 수 있을 거라고 계속해서 믿으시겠습니까? 편리함이라는 것은 변화를 만들어내는 자들의 특징이 아닙니다. 변화를 만들어내는 자들은 지구만큼 극단적인 행성 위의 상황들을 기꺼이 인정하고, 이곳의 일들이 너무나 엉망진창이어서 팔을 걷고 그 난장판을 치워야 할 처지에 있음을 알릴 의지가 있는 사람들입니다. 여러분이 언제까지나 발끝으로 걸으며 피해 다니거나 자신의 손톱에 때가 끼는 것을 피할 수는 없습니다. 하지만 우리는 여러분들에게 도구를 전해주었고, 그래서 여러분은 정화할 수 있으며, 여러분 손톱의 때도 뺄 수 있습니다. 어쩌면 이런 것들이 불편할 수도 있습니다. 아스트랄계의 정화를 위해 기도할 때 어떤 에너지의 부담을 느낄 수도 있지만, 여러분은 이것들을 정화할 도구들을 갖고 있습니다. 이것은 가능한 일입니다.
　여러분은 자신이 행위자라고 생각하지 않고 마스터와 함께 하는 공동-행위자, 공동-창조자라는 것을 자신에게 기꺼이 허용하여 그 작업을 행할 한 사람이 되시렵니까? 그렇다면, 나는 내 가슴으로 여러분을 환영하며 기쁘게 여러분이 받을 수 있는 만큼의 많은 사랑을 전해줄 것입니다. 또한 나는 단호한 어머니로서 이렇게 말합니다. "자, 이제 가서 여러분의 방을 치우세요. 그런 다음에야 우리가 즐거움을 만끽할 수 있습니다." 여러분은 이 지구를 정화하는 것을 돕고 싶었기 때문에 이 시점에 태어나기로 결심했습니다. 이제 팔을 걷어붙이고 청소할 시간이 되었고, 그리고 나서 이번 생이든, 아니면 여러분이 상승하고 나서든 우리는 재미있게 놀 것입니다.

이 메신저(킴 마이클즈)가 깨달았던 것은 그의 육화 목적이 실로 영적인 경험들을 추구하는 것이 아니라는 것입니다. 그는 특정한 임무를 수행하러 온 것이고, 그가 상승하고 나서 영적인 경험을 추구할 영원한 시간을 가질 것입니다. 여러분은 임무를 수행하기 위해 육화해 오기로 선택했고, 이 지구를 깨끗하게 하는 것에 동참하기로 선택했습니다. 지구에서 여러분이 할 수 있는 많은 즐거운 일들이 있습니다. 나는 여러분이 아스트랄계를 정화할 것을 요청하는 동안 즐거운 일들을 모두 멈추라는 것이 아닙니다. 여러분은 여전히 비교적 평범한 삶을 계속 살 수 있습니다. 여러분이 육화하기 전에 자신이 세워놓은 임무를 완수하기 위해 스스로 할 수 있는 것이 무엇이든, 여러분의 개인적인 상황에 맞추어서 무엇인가를 해야만 합니다.

내가 하는 이야기가 엄한 어머니가 하는 소리로 들리나요? 아닙니다. 나는 그저 냉정하고 확고한 것뿐입니다. 왜냐하면 내가 예수를 위해 간직했던 그 비전을 여러분을 위해 간직하고 있기 때문입니다. 그리고 그것은 이번 생에서 여러분이 가진 최고의 잠재력을 실현하는 것입니다. 예수가 자신의 잠재력을 실현했듯이 말이지요. 여러분은 내가 그 밖에 다른 뭔가를 하기를 정말 원하시나요? 나는(I AM) 성모 마리아입니다.

아스트랄계 정화하기 (기원문)

신(神)과 예수 그리스도의 이름으로, 나는 성모 마리아와 시바신과 아스트리아께 전쟁을 도발하거나 사람들이 전쟁과 분쟁을 멈추지 못하게 만드는 모든 악귀들과 실재들, 타락한 존재들을 감정계인 아스트랄계로부터 제거해주시기를 요청합니다. 우리는 영적인 존재들이고 승천한 마스터들과 함께 일함으로써 새로운 미래를 공동-창조할 수 있다는 사실을 사람들에게 일깨워주소서.

나는 특히 … 을 요청합니다. (여기에다 개인적인 요청을 추가하세요)

1부

1.사랑하는 시바신이시여, 전쟁을 멈추는 것이 불가능하고 감당할 수 없는 것이란 느낌을 단절해버리고 모든 영적인 사람들을 자유롭게 해주소서. 우리가 상승한 마스터들과 함께 일할 때 전쟁을 멈추는 것이 가능해짐을 그들이 알게 하소서.

오, 시바신이시여, 신성한 불의 신이시여,
과거를 끝낼 시간입니다.

나는 낡은 것을 초월해서 올라가고자 하며,
황금빛 미래가 펼쳐집니다.

오, 시바신이시여, 에너지를 정화하소서.
오, 시바신이시여, 동반 상승을 가져오소서.
오, 시바신이시여, 모든 악귀들을 불태워 흩어버리소서.
오, 시바신이시여, 저에게 다시 평화가 깃들게 하소서.

2.사랑하는 시바신이시여, 타락한 존재들은 전쟁을 특정 목표를 성취하기 위한 도구로 여긴다는 것을 모든 사람들이 알게 하소서. 이성적인 논증을 통해서 전쟁을 멈추는 것이 가능하다는 환영을 단절해버리고 사람들을 자유롭게 해주소서.

오, 시바신이시여, 내게 임하시여 나를 제한하는
세력들로부터 나를 자유롭게 해주소서.
저급한 모든 것을 불태우는 화염으로
나의 성공을 위한 길을 닦아주소서.

오, 시바신이시여, 에너지를 정화하소서.
오, 시바신이시여, 동반 상승을 가져오소서.
오, 시바신이시여, 모든 악귀들을 불태워 흩어버리소서.
오, 시바신이시여, 저에게 다시 평화가 깃들게 하소서.

3.사랑하는 시바신이시여, 모든 사람들을 자유롭게 하시어, 대부분의 사람들은 전쟁을 멈추려는 욕구를 가진 반면, 육화한 타락한 존재들과 세 상위층의 존재들은 전쟁을 멈추고 싶어 하지 않는다는 것을 알게 하소서.

오, 시바신이시여, 마야의 베일을 흩어버리시고,
나의 사적인 영역을 정화해주소서.

죽음의 의식(意識)을 몰아내고,
당신의 신성한 숨결로 그것을 불태우소서.

오, 시바신이시여, 에너지를 정화하소서.
오, 시바신이시여, 동반 상승을 가져오소서.
오, 시바신이시여, 모든 악귀들을 불태워 흩어버리소서.
오, 시바신이시여, 저에게 다시 평화가 깃들게 하소서.

4.사랑하는 시바신이시여, 모든 사람들을 자유롭게 하시어, 공식적인
세계관이 부적절하고 전쟁의 영적인 원인에 대한 지식을 주지 못한다
는 것을 그들에게 알게 하소서.

오, 시바신이시여, 이에 나는 이곳 지상의
모든 집착들을 놓아버립니다.
중독성의 실재들은 소멸되며,
나는 다시 위로 향한 길을 갑니다.

오, 시바신이시여, 에너지를 정화하소서.
오, 시바신이시여, 동반 상승을 가져오소서.
오, 시바신이시여, 모든 악귀들을 불태워 흩어버리소서.
오, 시바신이시여, 저에게 다시 평화가 깃들게 하소서.

5.사랑하는 시바신이시여, 전쟁과 갈등을 영속시키는 사람들과 싸워야
만 한다고 생각하는 환영을 단절해버리고 영적인 사람들을 자유롭게
해주소서.

오, 시바신이시여, 내가 당신의 이름을 낭송하오니,
오셔서 두려움과 의심과 수치심을 소멸해주소서.
에고가 마음속에 감추고 싶어 하는 것을
당신의 불꽃으로 드러내소서.

오, 시바신이시여, 에너지를 정화하소서.

오, 시바신이시여, 동반 상승을 가져오소서.

오, 시바신이시여, 모든 악귀들을 불태워 흩어버리소서.

오, 시바신이시여, 저에게 다시 평화가 깃들게 하소서.

6.사랑하는 시바신이시여, 나는 승천한 마스터들께 아스트랄계의 악귀들을 결박하고 태워달라고 요청하며, 그럼으로써 육화한 사람들은 그들의 공격을 멈추게 할 것인지 혹은 심판을 받게 할 것인지 자유롭게 선택할 수 있습니다.

오, 시바신이여, 모든 두려움은 사라지고,

이제 내 카르마의 빚이 청산되니,

과거는 더 이상 내 선택권을 제한하지 못하며,

나는 시바신의 숨결 안에서 기쁨을 누립니다.

오, 시바신이시여, 에너지를 정화하소서.

오, 시바신이시여, 동반 상승을 가져오소서.

오, 시바신이시여, 모든 악귀들을 불태워 흩어버리소서.

오, 시바신이시여, 저에게 다시 평화가 깃들게 하소서.

7.사랑하는 시바신이시여, 타락한 존재들과 종종 무의식적으로 연합하여 전쟁과 갈등을 일으키는 자들을 돕는 것에서 이득을 얻는 육화중인 사람들을 자유롭게 해주소서.

오, 시바신이시여, 저들의 올가미 안에 나를 가두고 있는

쌍쌍의 영체들을 내게 보여주소서.

나는 당신이 확고히 결박하는 그 영체들을

내 마음 속에서 직시하기를 원합니다.

오, 시바신이시여, 에너지를 정화하소서.

오, 시바신이시여, 동반 상승을 가져오소서.
오, 시바신이시여, 모든 악귀들을 불태워 흩어버리소서.
오, 시바신이시여, 저에게 다시 평화가 깃들게 하소서.

8.사랑하는 시바신이시여, 전쟁과 갈등을 영속시키고 있는 모든 육화한 사람들에 대해 나는 그리스도의 심판을 요청합니다. 나는 이러한 사람들을 아스트랄계의 악귀들과 실재들로부터 자유롭게 해달라고 승천한 마스터들께 요청합니다.

오, 시바신이시여, 이제 모든 것을 비우고 일어서니,
내 마음은 자유롭게 확장됩니다.
내면의 모든 허상들을 놓아버리니,
내맡김은 평화로 가는 열쇠입니다.

오, 시바신이시여, 에너지를 정화하소서.
오, 시바신이시여, 동반 상승을 가져오소서.
오, 시바신이시여, 모든 악귀들을 불태워 흩어버리소서.
오, 시바신이시여, 저에게 다시 평화가 깃들게 하소서.

9.사랑하는 시바신이시여, 나는 전쟁과 갈등을 영속시키고 있는 모든 육화한 사람들에 대해 그리스도의 심판을 요청합니다. 그리스도의 비전에 따라 나는 승천한 마스터들께, 그들이 카르마를 되돌려 받게 됨으로써 더 이상 전쟁과 갈등을 영속시킬 수 없게 해달라고 요청합니다.

오, 시바신이시여, 모든 것을 태워버리는 화염이시여,
파르바티(Parvati)와 함께 나를 더 높이 끌어올려주소서.
내가 당신의 빛을 높이 들어 올려 보일 때,
모든 사람들이 나에게 이끌려올 것입니다.

오, 시바신이시여, 에너지를 정화하소서.
오, 시바신이시여, 동반 상승을 가져오소서.
오, 시바신이시여, 모든 악귀들을 불태워 흩어버리소서.
오, 시바신이시여, 저에게 다시 평화가 깃들게 하소서.

2부

1.사랑하는 아스트리아(Astrea)님이시여, 나는 전쟁과 갈등을 영속시키고 있는 모든 육화한 사람들에 대해 그리스도의 심판을 요청합니다. 나는 그리스도의 비전에 따라 그들을 육화상태에서 데려가 달라고 승천한 마스터들께 요청합니다.

아스트리아님이시여, 사랑이 가득한 백색의 존재시여,
당신의 현존은 나의 순수한 기쁨입니다.
당신의 검(劍)과 희고 푸른 원주(circle)에 의해,
아스트랄계가 뒤집어져 흩어지고 있습니다.

아스트리아님이시여, 어서 속도를 높이소서.
순수함으로 저를 진동하게 하소서.
빛나는 청백색의 불꽃을 방출하시어,
나의 오라를 진동하는 빛으로 채워주소서.

2사랑하는 아스트리아님이시여, 아스트랄계에 마음을 빼앗기고 악마나 다른 어둠의 세력들에게 공감하는 모든 육화한 사람들을 그들의 영향으로부터 차단하여 자유롭게 해주소서.

아스트리아님이시여, 격렬한 폭풍은 고요해지고,
순수함은 규범이 됩니다.
기사의 빛나는 갑옷처럼,

나의 오라는 백청색 빛으로 채워집니다.

아스트리아님이시여, 어서 속도를 높이소서.
순수함으로 저를 진동하게 하소서.
빛나는 청백색의 불꽃을 방출하시어,
나의 오라를 진동하는 빛으로 채워주소서.

3.사랑하는 아스트리아님이시여, 음악이나 다른 방법들을 통해 자기들
이 과거 생에 창조해냈던 악귀들에게 공감을 느끼는, 육화중인 타락한
존재들을 결박하소서.

아스트리아님이시여, 속박하는 모든 존재로부터
나를 차단하여 어서 자유롭게 해주소서.
모든 아스트랄 세력을 결박하시어,
내가 반드시 진정한 자유를 찾게 하소서.

아스트리아님이시여, 어서 속도를 높이소서.
순수함으로 저를 진동하게 하소서.
빛나는 청백색의 불꽃을 방출하시어,
나의 오라를 진동하는 빛으로 채워주소서.

4.사랑하는 아스트리아님이시여, 이로써 나는 나의 자유의지를 행사하
여 "더 이상은 안 돼!"라고 결정합니다. 아스트랄계의 악귀들과 실재들
은 이 지구에 영향을 줄 기회를 충분히 가졌었고, 나는 나의 내면의
그리스도의 권한에 의해 그들이 즉시 저지되고 아스트랄계가 정화되기
를 요구합니다.

아스트리아님이시여, 진지하게 촉구 드립니다.
모든 악귀들을 몰아내고 나를 정화시켜주소서.
그들을 모두 불태우고 나를 더 향상시켜주소서.

나는 당신의 정화하는 불꽃을 견뎌내겠습니다.

아스트리아님이시여, 어서 속도를 높이소서.
순수함으로 저를 진동하게 하소서.
빛나는 청백색의 불꽃을 방출하시어,
나의 오라를 진동하는 빛으로 채워주소서.

5.사랑하는 아스트리아님이시여, 육화한 인간들이나 아스트랄계 안에
갇혀 있는 영혼들로부터 에너지를 훔치는 아스트랄계의 모든 악귀들을
결박하고 태워주소서.

아스트리아님이시여, 모든 어둠의 영혼들을 결박하시어,
더 이상 내 눈이 멀지 않도록 하소서.
나는 그 영혼과 그의 쌍둥이를 직시하면서
그리스도의 승리를 성취합니다.

아스트리아님이시여, 어서 속도를 높이소서.
순수함으로 저를 진동하게 하소서.
빛나는 청백색의 불꽃을 방출하시어,
나의 오라를 진동하는 빛으로 채워주소서.

6.사랑하는 아스트리아님이시여, 분쟁으로부터 창조되었고 무기한 분
쟁을 영속시키도록 프로그램된 악귀들을 결박하고 태워주소서.

아스트리아님이시여, 죽음과 지옥의 에너지들로부터,
나의 모든 세포를 정화해주소서.
내 몸은 이제 자유롭게 성장하고,
각 세포는 내면의 빛을 발산합니다.

아스트리아님이시여, 어서 속도를 높이소서.

순수함으로 저를 진동하게 하소서.
빛나는 청백색의 불꽃을 방출하시어,
나의 오라를 진동하는 빛으로 채워주소서.

7.사랑하는 아스트리아님이시여, 파괴를 위해 프로그램된 악귀들, 인간들로 하여금 서로를 파괴하고 또 이 행성과 자연을 파괴하도록 만들기 위해 끊임없이 무슨 일이던 자행할 악귀들을 결박하소서.

아스트리아님이시여, 나의 감수성을 맑게 하소서.
순수함 안에서 나는 평화를 발견합니다.
당신이 방출하는 고양된 느낌과
완전한 평화 안에서 나는 공동-창조를 합니다.

아스트리아님이시여, 어서 속도를 높이소서.
순수함으로 저를 진동하게 하소서.
빛나는 청백색의 불꽃을 방출하시어,
나의 오라를 진동하는 빛으로 채워주소서.

8.사랑하는 아스트리아님이시여, 이로써 나는 전쟁과 파괴를 위해 프로그램된 모든 아스트랄층의 악귀들을 결박하라고 당신과 일곱 대천사들께 권한을 부여합니다. 빛의 그물로 그들을 결박하소서.

아스트리아님이시여, 나의 멘탈계를 정화하시고,
내 그리스도 자아가 항상 지휘하게 하소서.
나는 이제 모두의 지고선을 위한 모형(母型)이
어떻게 구현되는지 압니다.

아스트리아님이시여, 어서 속도를 높이소서.
순수함으로 저를 진동하게 하소서.
빛나는 청백색의 불꽃을 방출하시어,

나의 오라를 진동하는 빛으로 채워주소서.

9.사랑하는 아스트리아님이시여, 이로써 나는 부정적인 에너지를 불태우고 부정적인 틀로부터 에너지를 해방하여 악귀들을 영원히 소멸시켜 달라고, 당신과 일곱 대천사들께 권한을 부여합니다.

아스트리아님이시여, 대단히 명료한 의식으로,
나는 새로운 정체성을 선포합니다.
이제 나는 에테르 청사진을 보며,
깨어난 의식으로 공동-창조를 합니다.

아스트리아님이시여, 어서 속도를 높이소서.
순수함으로 저를 진동하게 하소서.
빛나는 청백색의 불꽃을 방출하시어,
나의 오라를 진동하는 빛으로 채워주소서.

3부

1.사랑하는 시바신이시여, 이로써 나는 아스트랄계 안에 개입하여 그곳의 타락한 존재들을 결박해 달라고 당신과 모든 승천한 마스터들께 권한을 부여합니다. 그들의 의식적 자아들을 둘러싼 껍질을 태워주시어, 그들이 다시 자유로운 선택을 할 기회를 갖게 하소서.

오, 시바신이시여, 신성한 불의 신이시여,
과거를 끝낼 시간입니다.
나는 낡은 것을 초월해서 올라가고자 하며,
황금빛 미래가 펼쳐집니다.

오, 시바신이시여, 에너지를 정화하소서.

오, 시바신이시여, 동반 상승을 가져오소서.
오, 시바신이시여, 모든 악귀들을 불태워 흩어버리소서.
오 시바신이시여, 저에게 다시 평화가 깃들게 하소서.

2.사랑하는 시바신이시여, 아스트랄계 안에 고착되어 있는 모든 육체
가 없는 영혼들을 자유롭게 해주시어, 그들이 다시 지구나 다른 행성
에서 물리적으로 육화할 기회를 갖게 하소서.

오 시바신이시여, 내게 임하시여 나를 제한하는
세력들로부터 자유롭게 해주소서.
저급한 모든 것을 불태우는 화염으로
나의 성공을 위한 길을 닦아주소서.

오, 시바신이시여, 에너지를 정화하소서.
오, 시바신이시여, 동반 상승을 가져오소서.
오, 시바신이시여, 모든 악귀들을 불태워 흩어버리소서.
오, 시바신이시여, 저에게 다시 평화가 깃들게 하소서.

3.사랑하는 시바신이시여, 타락한 존재들에 대한 충성의 인연이나 동
정, 또는 그들이 창조한 악귀들에 대한 공감을 단절해버리시어, 나 자
신과 모든 영적인 사람들을 자유롭게 해주소서.

오 시바신이시여, 마야의 베일을 흩어버리시고,
나의 사적인 영역을 정화해주소서.
죽음의 의식(意識)을 몰아내고,
당신의 신성한 숨결로 그것을 불태우소서.

오, 시바신이시여, 에너지를 정화하소서.
오, 시바신이시여, 동반 상승을 가져오소서.
오, 시바신이시여, 모든 악귀들을 불태워 흩어버리소서.

오, 시바신이시여, 저에게 다시 평화가 깃들게 하소서.

4.사랑하는 시바신이시여, 영적인 사람들의 에너지를 훔치거나 사람들
이 신성한 계획을 수행하는 것을 방해하기 위해 그런 인연을 이용하고
있는 타락한 존재들과 악귀들을 결박하고 태워주소서.

오 시바신이시여, 이에 나는 이곳 지상의
모든 집착들을 놓아버립니다.
중독성의 실재들은 소멸되며,
나는 다시 위로 향한 길을 갑니다.

오, 시바신이시여, 에너지를 정화하소서.
오, 시바신이시여, 동반 상승을 가져오소서.
오, 시바신이시여, 모든 악귀들을 불태워 흩어버리소서.
오, 시바신이시여, 저에게 다시 평화가 깃들게 하소서.

5.사랑하는 시바신이시여, 2차 죽음으로 갈 시간이 된 아스트랄계의
모든 타락한 존재들을 결박하소서. 최후의 심판을 위해 그들을 신성한
불의 호수로 데려가시고, 이로써 지구를 그 생명흐름들의 하향 인력
(引力)으로부터 자유롭게 하소서.

오 시바신이시여, 내가 당신의 이름을 낭송하오니,
오셔서 두려움과 의심과 수치심을 소멸해주소서.
에고가 마음 속에 감추고 싶어하는 것을
당신의 불꽃으로 드러내소서.

오, 시바신이시여, 에너지를 정화하소서.
오, 시바신이시여, 동반 상승을 가져오소서.
오, 시바신이시여, 모든 악귀들을 불태워 흩어버리소서.
오, 시바신이시여, 저에게 다시 평화가 깃들게 하소서.

6.사랑하는 시바신이시여, 육화한 사람들이나 아스트랄계 안에 고착돼 있는 영혼들의 에너지를 훔치는 아스트랄계의 타락한 존재들을 결박하고 불태워주소서.

오 시바신이여, 모든 두려움은 사라지고,
이제 내 카르마의 빚이 청산되니,
과거는 더 이상 내 선택권을 제한하지 못하며,
나는 시바신의 숨결 안에서 기쁨을 누립니다.

오, 시바신이시여, 에너지를 정화하소서.
오, 시바신이시여, 동반 상승을 가져오소서.
오, 시바신이시여, 모든 악귀들을 불태워 흩어버리소서.
오, 시바신이시여, 저에게 다시 평화가 깃들게 하소서.

7.사랑하는 시바신이시여, 이로써 나는 과거생의 외상에서 비롯된 모든 영혼들의 감정적 상처들을 치유하고 자유롭게 해달라고 당신과 모든 상승한 마스터들에게 권한을 부여합니다.

오! 시바신이시여, 저들의 올가미 안에 나를 가두고 있는
쌍쌍의 영체들을 내게 보여주소서.
나는 당신이 확고히 결박하는 그 영체들을
내 마음 속에서 직시하기를 원합니다.

오, 시바신이시여, 에너지를 정화하소서.
오, 시바신이시여, 동반 상승을 가져오소서.
오, 시바신이시여, 모든 악귀들을 불태워 흩어버리소서.
오, 시바신이시여, 저에게 다시 평화가 깃들게 하소서.

8.사랑하는 시바신이시여, 감정체가 심하게 분해되어 육화를 할 수 없는 모든 영혼들을 치유하소서.

오, 시바신이시여, 이제 모든 것을 비우고 일어서니,
내 마음은 자유롭게 확장됩니다.
내면의 모든 허상들을 놓아버리니,
내맡김은 평화로 가는 열쇠입니다.

오, 시바신이시여, 에너지를 정화하소서.
오, 시바신이시여, 동반 상승을 가져오소서.
오, 시바신이시여, 모든 악귀들을 불태워 흩어버리소서.
오, 시바신이시여, 저에게 다시 평화가 깃들게 하소서.

9. 사랑하는 시바신이시여, 이러한 영혼들과 그들 영혼의 조각들을 아스트랄계로부터 해방하시어, 그들이 옮겨가서 온전한 전체가 되고 영적으로 활짝 피어날 수 있게 하소서.

오, 시바신이시여, 모든 것을 태워버리는 화염이시여,
파르바티(Parvati)와 함께 나를 더 높이 끌어올려주소서.
내가 당신의 빛을 높이 들어 올려 보일 때,
모든 사람들이 나에게 이끌려올 것입니다.

오, 시바신이시여, 에너지를 정화하소서.
오, 시바신이시여, 동반 상승을 가져오소서.
오, 시바신이시여, 모든 악귀들을 불태워 흩어버리소서.
오, 시바신이시여, 저에게 다시 평화가 깃들게 하소서.

4부

1. 사랑하는 아스트리아님이시여, 영혼의 일부 조각들이 전쟁터 같은 특정한 물리적 장소에 고착돼 있는 모든 영혼들을 자유롭게 해주소서. 그러한 영혼의 파편들을 되돌려주시어 사람들이 다시 자신의 육신과

함께 완전히 통합할 수 있게 하소서.

아스트리아님이시여, 사랑이 가득한 백색의 존재시여,
당신의 현존은 나의 순수한 기쁨입니다.
당신의 검과 희고 푸른 원주(circle)에 의해,
아스트랄계가 뒤집어져 흩어지고 있습니다.

아스트리아님이시여, 어서 속도를 높이소서.
순수함으로 나를 진동하게 하소서.
빛나는 청백색의 불꽃을 방출하시어,
나의 오라를 진동하는 빛으로 채워주소서.

2.사랑하는 아스트리아님이시여, 감정체들이 산산조각으로 흩어져서
자신의 육신을 완전히 운용할 수 없는 정신질환을 가진 모든 영혼들을
자유롭게 해주소서. 그들이 자연스럽게 기능할 수 있도록 그들을 치유
해주소서.

아스트리아님이시여, 격렬한 폭풍은 고요해지고,
순수함은 규범이 됩니다.
기사의 빛나는 갑옷처럼,
나의 오라는 백청색 빛으로 채워집니다.

아스트리아님이시여, 어서 속도를 높이소서.
순수함으로 나를 진동하게 하소서.
빛나는 청백색의 불꽃을 방출하시어,
나의 오라를 진동하는 빛으로 채워주소서.

3사랑하는 아스트리아님이시여, 감정체가 부서짐으로써 생겨난 감정적
문제를 가진 모든 영혼들을 자유롭게 해주소서. 아스트랄계의 모든 층
들 안에 고착되어 있는 그들의 감정체의 모든 조각들을 해방시켜주소

서.

아스트리아님이시여, 속박하는 모든 존재로부터
나를 차단하여 어서 자유롭게 해주소서.
모든 아스트랄 세력을 결박하시여,
내가 반드시 진정한 자유를 찾게 하소서.

아스트리아님이시여, 어서 속도를 높이소서.
순수함으로 나를 진동하게 하소서.
빛나는 청백색의 불꽃을 방출하시어,
나의 오라를 진동하는 빛으로 채워주소서.

4.사랑하는 아스트리아님이시여, 감정체 안으로 들어온 모든 독소들로
부터 모든 영혼들을 자유롭게 해주소서. 당신 원주와 불의 검으로 그
유독한 에너지들을 불태워주소서.

아스트리아님이시여, 진지하게 촉구 드립니다.
모든 악귀들을 몰아내고 나를 정화시켜주소서.
그들을 모두 불태우고 나를 더 향상시켜주소서.
나는 당신의 정화하는 불꽃을 견뎌내겠습니다.

아스트리아님이시여, 어서 속도를 높이소서.
순수함으로 나를 진동하게 하소서.
빛나는 청백색의 불꽃을 방출하시어,
나의 오라를 진동하는 빛으로 채워주소서.

5.사랑하는 아스트리아님이시여, 감정체 안에서 갈고리가 되어 아스트
랄계의 악귀들과 실재들에게 계속 얽매여있게 만드는 어떤 "파편"으로
부터 모든 영혼들을 자유롭게 해주소서. 그 악귀들과 실재들을 결박하
고 불태워주소서.

아스트리아님이시여, 모든 어둠의 영혼들을 결박하시어,
더 이상 내 눈이 멀지 않도록 하소서.
나는 그 영혼과 그의 쌍둥이를 직시하면서,
그리스도의 승리를 성취합니다.

아스트리아님이시여, 어서 속도를 높이소서.
순수함으로 저를 진동하게 하소서.
빛나는 청백색의 불꽃을 방출하시어,
나의 오라를 진동하는 빛으로 채워주소서.

6.사랑하는 아스트리아님이시여, 이로써 나는 당신과 모든 승천한 마
스터들에게 권한을 부여합니다, 아스트랄계의 33가지 수준들 안으로
가서 그곳에 갇힌 채 풀려나게 도와달라고 요청조차 못하는 영혼들을
모두 자유롭게 해주소서.

아스트리아님이시여, 죽음과 지옥의 에너지들로부터
나의 모든 세포를 정화해주소서.
내 몸은 이제 자유롭게 성장하고,
각 세포는 내면의 빛을 발산합니다.

아스트리아님이시여, 어서 속도를 높이소서.
순수함으로 나를 진동하게 하소서.
빛나는 청백색의 불꽃을 방출하시어,
나의 오라를 진동하는 빛으로 채워주소서.

7.사랑하는 아스트리아님이시여, 모든 영적인 사람들을 아스트랄계의
존재와 상황을 인식하려고 하지 않는 의도적인 무지로부터 자유롭게
해주소서. 그들이 자신의 결단력을 재발견하도록 도와주시어, 승천한
마스터들에게 아스트랄계의 정화를 요청하고 권한을 부여하게 하소서.

아스트리아님이시여, 나의 감수성을 맑게 하소서.
순수함 안에서 나는 평화를 발견합니다.
당신이 방출하는 고양된 느낌과
완전한 평화 안에서 나는 공동-창조를 합니다.

아스트리아님이시여, 어서 속도를 높이소서.
순수함으로 나를 진동하게 하소서.
빛나는 청백색의 불꽃을 방출하시어,
나의 오라를 진동하는 빛으로 채워주소서.

8.사랑하는 아스트리아님이시여, 상위 10퍼센트 사람들을 뉴에이지 운동과 지구상의 대부분의 영적인 운동 및 종교에 팽배해 있는 영적교만으로부터 차단하여 자유롭게 해주소서. 이런 자만심은 육화한 사람들이 승천한 마스터들과 함께 일하지 않아도 지구를 변화시킬 힘을 가지고 있다는 생각입니다.

아스트리아님이시여, 나의 멘탈계를 정화하시고,
내 그리스도 자아가 항상 지휘하게 하소서.
나는 이제 최상의 모든 것을 위한 모형(母型)이
어떻게 구현되는지 압니다.

아스트리아님이시여, 어서 속도를 높이소서.
순수함으로 나를 진동하게 하소서.
빛나는 청백색의 불꽃을 방출하시어,
나의 오라를 진동하는 빛으로 채워주소서.

9.사랑하는 아스트리아님이시여, 이 시대에 아스트랄계의 정화를 돕기 위해 육화하기를 선택한 모든 영적인 사람들을 자유롭게 해주소서. 그들을 일깨워 자신들이 했던 선택에 다시 연결되도록 해주시고, 이로써 승천한 마스터들과 함께하는 공동-창조자로서의 그들의 신분을 찾을

수 있게 하소서.

아스트리아님이시여, 대단히 명료한 의식으로,
나는 새로운 정체성을 선포합니다.
이제 나는 에테르 청사진을 보며,
깨어난 의식으로 공동-창조를 합니다.

아스트리아님이시여, 어서 속도를 높이소서.
순수함으로 나를 진동하게 하소서.
빛나는 청백색의 불꽃을 방출하시어,
나의 오라를 진동하는 빛으로 채워주소서.

봉인하기

신(神)의 이름으로, 나는 대천사 미카엘과 아스트리아와 시바신께서
나와 모든 건전한 사람들 주위에 뚫을 수 없는 보호막을 형성하시어,
우리를 4가지 세계들 안에 있는 모든 두려움에 기초한 에너지로부터
봉인해주심을 받아들입니다. 또한 나는 신의 빛이 전쟁 배후의 세력들
을 구성하는 모든 두려움에 기초한 에너지들을 불태우고 변형시키고
있음을 받아들입니다!

멘탈계 안의 속임수들

나는 승천한 마스터, 성모 마리아입니다. 나는 멘탈계, 멘탈층에서 일어나고 있는 것과 그것이 어떻게 전쟁의 발생과 연관되는지를 여러분과 함께 이야기하려고 왔습니다.

아스트랄계의 상황들은 내가 악귀이라고 불러 왔던 것, 실재들 또는 악귀들로조차 보이는 타락한 존재들에 의해서 지배됩니다. 그들은 늘 결핍상태에 있기 때문에 그들의 우선적인 목표는 자신들을 유지하기 위해 에너지를 몰래 빼앗는 것입니다. 그들은 끊임없이 에너지가 고갈될 위험 속에 있습니다. 그리고 그들의 2차 목표는 파멸시킬 수 있는 모든 것을 파멸시키는 것입니다.

멘탈계 안의 타락한 존재들

여러분은 아스트랄계에서 악귀라고 부르는 것을 멘탈계에서는 찾을 수가 없습니다. 여러분이 (아스트랄계에서) 발견하게 되는 것은 타락한 존재들에 의해서 창조된 존재들인데, 그것은 내가 아스트랄계 내 악귀들의 핵심을 이룬다고 말했던 단지 컴퓨터 프로그램들과 같은 존재들입니다. 멘탈계의 존재들은 외관상 분노한 것으로 보이지 않기 때문에 악귀로 보이지 않습니다. 그들은 상냥하게 보이게 하는 생각과 믿음을 조장하게 프로그램 되었고, 그것은 꽤 기만적일 수 있습니다.

멘탈계 안의 이런 실재들에 의해서 어느 정도 마음을 빼앗겼거나 지배 당하는 사람들이 세상에는 무수히 많은데, 그들은 이것을 인식하지 못합니다.

또한 멘탈계 안에는 타락한 존재들이 많이 있으며, 그들은 육화 중인 인간을 통제하거나 지배하려고 합니다. 멘탈계 내의 실재들은 자신들에게 프로그램된 것을 실행하지만, 자각을 갖고 있지 않습니다. 그러나 타락한 존재들은 자각을 갖고 있으며, 그들은 아스트랄층에 있는 존재들보다 더 높은 수준의 자각을 갖고 있습니다. 멘탈계의 타락한 존재들의 1차 목표는 인간들을 조종하는 것이고, 그리고 이런 통제를 달성하기 위한 일차적인 수단은 인간들이 사상들을 믿도록 만드는 것입니다.

멘탈계 내 타락한 존재들의 사상들

멘탈층에는 타락한 존재들에 의해서 조장된 많은 형태들의 사상들이 있습니다. 특정한 종교, 철학, 과학 분야 또는 정치이념과 같이 더욱 명백한 것들이 있습니다. 또한 특정한 철학처럼 일반적으로 인정되지 않는 아주 교묘한 개념들도 있습니다. 멘탈계에 있는 타락한 존재들에 의해서 조장된 가장 교묘한 사상은 목적이 수단을 정당화할 수 있다는 개념입니다.

타락한 존재들은 특정한 사고체계에 의해 제시된 어떤 형태의 선과 악이든, 내가 선악 간의 서사적인 투쟁이라고 불러온 것을 규정했습니다. 그래서 달성해야 할 전체적인 목적이 있으므로 투쟁은 당연합니다. 이것은 특정 정치이념이나 심지어는 경제이론을 통한 이상적인 사회의 확립이 될 수도 있을 것입니다. 그것은 또한 여기 지구나 고등 영역에서 신의 왕국을 세우는 것이 될 수도 있는데, 그곳에서는 지옥으로 가지 않고 오히려 모든 사람이 구원받으며 그 세계로 들어간다는 것입니다. 그 특정 형태가 무엇이 되었든지, 이 사상은 이런 이상적인 조건의 확립이 개별적인 인간보다 더 중요하다는 것입니다.

개별적인 인간보다 더 중요한 전체적이고 집단적인 하나의 목표가 있습니다. 그 극단적인 형태에 있어서, 이것은 집단적인 목표를 달성하기 위해 개별적 인간들을 죽이는 것이 허용될 수 있다는 의미입니다. 보다 가벼운 형태로는, 집단적 목표를 달성하기 위해 개인들에게 다양한 형태의 힘이나 통제를 가하는 사회라고 볼 수 있습니다.

다음과 같은 말을 할 많은 사람들이 있습니다. "하지만 개인을 집단의 테두리 내에서 보살피는 것이 필요하지 않나요?" 아, 그렇기도 하고 아니기도 합니다. 사랑하는 이들이여, 내가 전에 뭐라고 말했나요? 타락한 존재들은 어떤 하나의 상황을 조성하고 난 다음, 그들이 만들어 놓은 그 상황에서 인간을 구할 수 있는 구원자로서 그들 자신과 자기들의 견해를 제시합니다. 인간의 에고 및 분리된 자아가 한 사회를 유지하지 못하게 하는 혼돈상태를 만들 수 있다는 것은 맞습니다. 그것은 종종 다양한 철학에 의해서 묘사되고 있으며, 여러분은 오직 다음과 같은 두 가지 선택권만을 갖습니다. 여러분이 통제된 사회를 갖거나, 아니면 완전한 혼돈의 무정부 상태를 갖거나 말입니다. 그러나 사실은 오직 두 가지 선택권만 있는 것이 아닙니다. 타락한 존재들에 의해서 규정된 이원적 체계 내에는 오직 두 가지 선택권만 있지만, 그것들이 유일한 선택권은 아닙니다.

전체는 부분들의 총합 이상이다

두 사람이 함께 할 때는 언제든지 부분들의 총합 이상인 전체가 만들어집니다. 이것은 이해해야 할 중요한 기본 개념입니다. 여러분은 한 개별적인 존재로서 창조되었습니다. 여러분은 자신의 신아(神我)에 단단히 기반을 둔 신성하고 영적인 개성을 가지고 있으며, 의식적 자아에 지금 초점이 맞추어진 개별적인 자유의지를 갖고 있습니다. 여러분은 외적인 자아, 4가지 하위체들을 가지고 있는데, 그것은 여러분의 신아 속의 개성과는 다른 인성을 가질 수도 있습니다.

공동-창조의 전체적인 개념은 여러분이 분리된 존재가 아니라는 것입니다. 여러분은 한 명의 공동-창조자입니다. 이것은 다음과 같은 두 가지 측면이 있습니다. 즉 알파 측면과 오메가 측면, 수직적 측면과 수평적 측면입니다. 알파 측면은 여러분의 신아와 지구를 창조했던 상승한 마스터들과 함께 여러분이 공동-창조자라는 것입니다. 오메가 측면은 여러분이 다른 공동-창조자들과 함께 공동-창조자라는 것입니다. 여러분은 개인적인 능력과 공동-창조적인 능력을 갖고 있습니다. 여러분이 자신의 신아에게 도달할 수 있고, 여러분의 신아는 그 자신을 여러분을 통해 표현하도록 허용합니다. 그리고 여러분은 그 신아를 위해 열린 문이 될 수 있고, 그에 따라 여러분은 홀로 공동-창조를 할 수 있습니다. 그런데 어떤 두 사람이 각각 홀로 창조할 수 있는 것보다 두 사람이 함께 하면 더 많은 것을 창조할 수 있습니다. 더욱 중요한 것은 두 사람이 함께 창조할 수 있는 것이 그들이 홀로 창조할 수도 있는 것보다 두 배 이상이라는 것입니다. 역시 세 사람이 함께 창조할 수 있는 것은 그들 각자가 할 수 있는 것보다 세 배 이상입니다.

수직적인 하나됨과 수평적인 하나됨

"두세 사람이 내 이름으로 모인 곳에는 나도 그들 중에 있느니라.(마태 18:20)"이 말은 예수가 한 것이지만, 그 말은 실제로 보편적인 그리스도 마음, 즉 모든 것을 증식하는 보편적인 그리스도 마음의 한 표현입니다. 두 명의 공동-창조자들이 조화 속에서 함께 모일 때(그들 각자가 신아에 어떤 연관을 갖고 있기 때문에), 그리스도 마음은 그들이 자기들의 신아로부터 직접 가져올 수 있는 것 이상으로 그들의 창조적인 노력을 증식시킬 것입니다. 이것이 일어나기 위해서는 둘 또는 그 이상의 사람 간에 어떤 조화가 반드시 있어야 합니다. 이것이 여러분이 집단과 균형 잡힌 개인에 대해 숙고해야 하는 이유입니다.

원래 계획에서, 둘 또는 그 이상의 사람 간의 조화는 수평적으로 달성되지 않습니다. 즉 그 조화는 수직적으로 달성됩니다. 만약 여러분이 자신의 신아에 대해 어떤 연결고리를 구축했다면, 그 때 여러분은 자신이 분리된 개인이 아님을 압니다. 여러분은 더 큰 전체의 일부입니다. 만약 여러분의 파트너가 공동-창조 안에서 그 연결고리를 역시 구축했다면, 여러분 두 사람은 둘 사이의 어떤 일체성을 알게 되고 경험하게 될 것입니다.

여러분 간의 수평적 조화와 하나됨은 수직적 하나됨의 자연스런 결과가 될 것입니다. 여러분은 양쪽 다 보편적인 그리스도 마음과 성령의 흐름을 위한 열린 문이 될 것입니다. 이런 영(Spirit)의 흐름, 생명의 강(River of Life)의 흐름은 개인과 집단 간에는 균형이 있다는 것을 보장할 것입니다. 일단 여러분이 수직적인 하나됨을 이루게 되면, 여러분이 수평적 하나됨이나 조화를 확립하기 위해 힘을 사용할 필요가 없습니다.

이것은 타락한 존재들이 할 수 없는 어떤 것인데, 왜냐하면 그들은 수직적 하나됨 내지는 신아에 대한 연결고리를 갖고 있지 않기 때문입니다. 그들은 그 하나됨을 막아 왔습니다. 그리고 어떤 유형의 조화를 달성하기 위한 유일한 길은 수평적으로 그것을 달성하는 것입니다. 물론, 타락한 존재들은 분리된 존재들입니다. 이것은 그들 각자가 결코 동등하게 합칠 수 없다는 것을 의미합니다. 그들은 항상 서열을 확립하기 위한 게임을 하고 있습니다. 거기에는 항상 제일 높은 위치에 있는 가장 강력한 지도자인 누군가가 있어야만 합니다.

이것이 타락한 존재들이 결코 지구를 궁극적으로 통제할 수 없게 만드는 하나의 안전장치입니다. 한 독재자가 권력을 얻을 때마다, 거기에는 그 첫 독자에게 반대하는 또 다른 독재자가 분명히 있게 되며, 따라서 그들은 결코 실제로 합쳐질 수 없습니다. 예를 들어, 여러분이 알다시피, 비록 모택동과 스탈린은 동시대 사람이었고, 양쪽 다 공산주의 파급을 위해서 일한다고 주장했지만, 그들은 협력할 수가 없었습니다. 이것은 타락한 존재들이 항상 해온 방식입니다.

그들 각자가 무엇인가를 얻고 있다고 믿으며 자기들이 다른 이를 이용하고 있다고 믿는 일시적인 동맹들이 있을 수도 있습니다. 이것은 영(Spirit)의 흐름과 그리스도 마음의 증식을 촉진하는 형태의 하나됨이 아닙니다. 타락한 존재들이 그럭저럭 협력을 할 때조차, 그들은 여전히 물질 스펙트럼 안에 이미 있는 에너지들만을 사용할 수 있습니다. 그들은 증식하는 성령의 법칙을 활성화할 수가 없습니다.

타락한 존재들의 왜곡들을 꿰뚫어 보기

타락한 존재들이 반드시 완전히 거짓된 개념들을 만드는 것은 아닙니다. 그들은 종종 사물이 작용하는 방식을 관찰한 후 그 상황을 왜곡시킵니다. 그로인해 그들은 지구에서 사람을, 특히 어떤 영적인 이해와 관계가 있는 사람들을 더욱 쉽게 속이게 됩니다. 영성인의 한 사람으로서 여러분이 완전히 거짓된 개념을 간파하는 일은 상대적으로 쉬운 일입니다. 그러나 참된 원리를 왜곡한 개념을 간파하는 것은 훨씬 더 어렵습니다.

여러분이 바른 원리에 대한 내면의 직관적인 감을 가질 수도 있겠지만, 여러분의 외적인 마음은 타락한 존재들에 의해 약간 왜곡된 방식을 완전히 꿰뚫어 볼 수가 없습니다. 영성인의 한 사람으로서 여러분은 다른 이들과 함께하는 것이 바람직하고 필요하다는 깊은 내면의 믿음과 앎을 갖고 있습니다. 여러분이 집단 내에서 깊은 믿음을 갖고 있고 지구에다 어떤 집단체제를 설립하는 것이 필요합니다. 그러다 보니 여러분은 집단의 이익이 개인의 이익에 우선해야 한다고 말하는 그 개념에 의해서 상대적으로 쉽게 속게 됩니다.

영적인 한 존재로서, 여러분은 많은 경우 기꺼이 영성운동을 하기시작하며 영적인 교사나 지도자를 따릅니다. 여러분은 목표(예를 들어, 지구에서 전쟁 없애기)를 성취하기 위해서, 또는 이 책을 공부하고 기원을 할 시간을 갖기 위해서 자신의 개인적 이익의 일부를 제쳐둘 필요가 있습니다. 이것은 여러분에게 자연스럽고 정상적인 것입니다. 타락한 존재들이 하고 있는 것은 이런 내면의 앎에 대한 왜곡이며, 이런 경우 그들은 사람들에게 함께하라고 강요하려 합니다. 이것은 여러분의 신성한 개성을 존중하는 것이 아닙니다. 타락한 존재들의 전반적인 생각은, 여러분이 자신의 신아에게서 온 에너지를 자유롭게 표현하지 못하도록 여러분을 통한 창조적인 흐름이 차단되게끔 영향을 미치는 것입니다. 여러분은 오로지 왜곡된 형태로 에너지를 표현하고 있습니다. 그 에너지의 주파수는 하락돼 왔고, 따라서 그들은 이제 사랑의 수준에서 더 이상 진동하고 있지 않으며, 두려움 수준에서 진동하고 있습니다.

그러나 여러분이 자신의 신아에 연결될 때, 힘을 사용할 필요가 없으며, 개성을 억누를 필요도 없습니다. 여러분은 영적여정을 걷고 있는 한 사람의 영적인 존재로서 여전히 외적인 성격, 외적인 자아, 분리된 자아의 어떤 측면을 자제할 필요가 있을 수도 있지만, 여러분의 신성한 개성을 억압할 필요는 없습니다. 타락한 존재들은 여러분이 그 신성한 개성을 억누르기를 원합니다. 어떤 경우 그들은 여러분이 그 인간적 개성을 억누르기를 원하지만, 다른 경우에서는 그들이 적어도 어떤 사람에게는 인간의 개성을 표현하도록 실제로 격려합니다. 이것은 그들이 무엇을 달성하고자 추구하느냐에 따라 달라집니다.

타락한 존재들의 전반적인 견해는, 집단의 목표를 달성하기 위해서는 그들이 규정한 기준에 따라야 하기 때문에 여러분의 신성한 개성을 억누를 필요가 있다는 것입니다. 여러분은 조화로운 상태로 다른 이들과 함께한다는 것이 필요하다는 내면의 직관적인 감각을 갖고 있습니다. 타락한 존재들은 이 직관적인 감각을 이용하지만, 그들은 여러분이 이런 외적인 단체 또는 사고체계에 복종해서 따라야 한다고 말함으로써 그것을 왜곡시킵니다. 즉 그들은 획일성을 통해서 "조화"의 상태로 들어가도록 사람에게 강요하려 합니다.

타락한 존재들이 동일성을 통해서 통제를 추구하는 방식

동일함은 신이나 상승한 마스터들의 목표가 아닙니다. 각각의 공동-창조자, 각각의 자아-의식적인 존재는 독특한 개성과 함께 창조되었습니다. 여러분은 그 개성을 바탕으로 확장하고, 여러분이 온전한 신의식(神意識)에 도달할 때까지 계속해서 그렇게 하도록 되어 있습니다. 여러분이 자신의 개성을 억누르거나 죽이는 것으로는 신의식에 도달하지 못합니다. 일부 영적인 가르침들이 말하듯이, 삶의 목표는 여러분이 열반(涅槃)에 이르고, 그런 다음 자아가 소멸되는 식으로 여러분의 것이 아무것도 남지 않는 어려운 여정을 걷는 것이 아닙니다. 이것이 삶의 목표가 아닙니다. 삶의 목표는 여러분이 온전한 신의식에 이를 때까지 여러분에게 주어졌던 것을 증대시키고, 개성을 바탕으로 확장시키는 것입니다. 여러분이 그런 다음 그 개성은 최대한의 상태로 표현할 수가 있습니다.

신에 의해 여러분에게 주어진 것을 소멸시키는 것이 삶의 목표라는 말은 타락한 존재들이 여러분이 믿었으면 하고 바라는 것입니다. 소수 사람들은 에고와 분리된 자아를 극복하는 것이 필요하다는 직관적인 앎을 갖고 있기 때문에 이것을 믿을 수도 있겠지만, 그것은 똑같은 것이 아닙니다. 타락한 존재들은 모든 인간들이 열반으로 들어갔을 경우, 그들이 모두 동일하게 될 것이라고 여러분이 믿기를 바랍니다. 그러나 진실은 여러분 모두가 신의 마음이라는 다이아몬드의 서로 다른 아름다운 측면들을 가질 것이고, 각각의 측면들이 그 자신의 반짝임과 광휘로 빛나고 있다는 것입니다.

타락한 존재들은 사람이 똑같아지기를 원하는데, 그러면 그들이 통제하기가 더욱 쉽기 때문입니다. 만약 모든 이들이 같다면, 모든 사람들이 행동하게 될 방식을 예측하는 것이 상대적으로 쉬울 것이고, 이것이 통제를 위한 근간이 됩니다. 아스트랄계의 존재들이라고 사람을 조종하려하지 않는 것이 아닙니다. 그들이 하고는 있지만, 사람을 통제하려는 그들의 목적은 사람들의 에너지를 훔치거나 아니면 서로가 자멸하도록 영향을 미치려는 것입니다. 멘탈계에서는 통제가 힘의 감각을 타락한 존재들에게 주기 때문에 그들은 사람을 통제하려 합니다. 그들은 힘을 갖는 데 중독되어 있습니다. 이것은 자의식계에서 의식을 낮아짐으로써 멘탈계로 내려가게 되기 때문입니다.

왜 타락한 존재들의 힘이 제한되어 있는가?

의식이 낮아지는 만큼 자신의 영향력이 약해짐을 느끼는 것은 피할 수 없습니다. 이것은 아스트랄계에서 악귀들과 타락한 존재들이 분노하는 이유 중의 하나인데, 그들은 끊임없이 영향력을 빼앗기는 느낌이 들기 때문입니다. 그들은 끊임없이 부족함을 느낍니다. 물론, 감정계로 갈 때, 의식은 멘탈계에 있는 것보다 한층 더 낮아집니다. 그래서 감정계의 존재들은 매우 분노합니다. 그들은 여태까지 특정한 수준의 힘을 능가하기 위해서 실제로 자기들이 할 수 있는 것이 아무 것도 없다는 것을 받아들일 수밖에 없기 때문에 화가 나 있습니다. 그들이 인간들로부터 에너지를 훔치려고 시도할 수 있지만, 그들은 감정계의 진동을 넘어설 수 없다는 것을 알고 있습니다.

멘탈계 내의 타락한 존재들은 자기들 힘의 한계를 받아들이는 지점까지 가지는 않았습니다. 그들은 지성에 의해, 그리고 어떤 개념에 대해서나 그것에 반(反)하여 추론하는 능력에 의해 심하게 속고 있는데, 즉 그들은 우주가 자기들의 생각에 따라 작용하도록 다룰 수 있다고 믿고 있습니다. 그러나 감정계의 존재들은 이 믿음을 포기했습니다. 그들은 바꿀 수 없는 특정한 것들이 있다는 것을 깨닫고, 그들은 알고 있는 고정된 경계 내에서 힘을 달성하려고 합니다.

하지만 멘탈계에서 타락한 존재들은 그들이 조작할 수 없는 어떤 고정된 경계들, 어떤 자연 법칙들이 있다는 것을 믿지 않습니다. 그들은 모든 것이 찬성론이 되거나 반대론이 되는 것에 영향을 받기 쉽다고 생각합니다. 그들은 자신들이 올바른 개념을 규정할 수 있다면 우주가 그 개념에 따르도록 강요할 수 있다고 생각합니다. 이것이 그들이 자신의 견해에 따르도록 사람들에게 강요하는 이유입니다. 그런 까닭에 그들은 특정한 견해나 사고체계의 우월성을 확립하는 것이 어떤 수많은 사람들을 거의 죽이는 것을 정당화할 만큼 매우 중요하다는 개념을 제안했던 것입니다.

나는 수많은 인간들을 "거의 죽인다."라고 말하고 있는데, 왜냐하면 타락한 존재들은 지구상의 모든 인간을 죽인다면, 그들이 통제할 사람이 아무도 없을 것이고, 그러면 자기들이 아무런 힘의 느낌을 얻지 못하게 된다는 것을 알고 있기 때문입니다.

멘탈계의 타락한 존재들은 이 점을 인식하고 있습니다. 감정계의 타락한 존재들과 거기에 있는 악귀들은 이 점을 인식하고 있지 못하며, 그들은 얼마나 많은 사람을 죽일 것인지에 대해서는 아무런 제한이 없습니다. 그것은 오직 어떻게 그들이 육화한 사람들이 행동하도록 만드느냐의 대한 문제일 뿐입니다.

414

멘탈계의 타락한 존재들은 한 가지 규제를 갖고 있는데, 그것이 바로 그들의 목표가 인간들에 대한 완전히 무제한적인 살인으로 돌입하지는 않는 어떤 우월적 사고체계를 확립하는 것인 이유입니다. 감정계의 존재들은 그것에 대해서 재고하지 않은 채 죽이게 되는 반면에, 멘탈계의 존재들은 인간의 인구를 제한하고자 하는 욕망, 철학, 또는 목표를 갖고 있습니다.

완전한 통제는 불가능하다

멘탈계의 존재들은 무엇보다 우선적으로, 인간들을 통제하는 데 관심이 있습니다. 그러나 그들이 통제를 확립하는 데는 어떤 난제들이 놓여 있기 때문에, 그들은 아주 쉽지 않은 균형을 유지하면서 걷고 있습니다. 한편으로는 육화해 있는 사람이 더 많을수록, 그들이 더 많은 사람들을 통제할 가능성이 있습니다. 이것이 그들에게 힘에 대한 더 큰 느낌을 주게 될 것입니다. 다른 한편으로는, 더 많은 사람이 육화해 있을수록 그들을 통제하는 것이 더욱 힘들게 된다는 것을 그들은 경험했습니다. 세상에는 항상 통제에 따르기를 거부하는 소수의 개인들이 있습니다. 그들은 가능한 한 많은 사람을 통제하는 방법에 관한 이런 계속적인 과제를 갖고 있는 동시에 자기들에게 주어진 권력으로 통제할 수 있는 수준에서 인구를 유지하고 있는데, 이것은 어느 정도 기술에 의존해 있습니다.

그들은 현대 기술의 도래와 함께 자신들이 더 많은 인구를 통제하기 위한 훨씬 더 좋은 수단을 갖게 될 것이라고 믿고 있습니다. 대중매체가 대부분 타락한 존재들에게 장악되었고, 그들은 그 대중매체를 통제수단으로 이용합니다. 세계의 교육기관들도 타락한 존재들에 의해서 접수되었으며, 그들은 교육기관들을 자기들이 사람을 통제할 수 있게 한다고 생각하는 사상을 소개하는 창구로 이용합니다. 여러분이 이원성으로 갈 때마다, 여러분이 하나의 생각을 창안할 수 있지만, 누군가 다른 이가 이에 반대되는 생각을 만들게 될 것입니다. 여러분은 이제 두 그룹의 타락한 존재들을 갖고 있으며, 이들 각 그룹은 자기들만이 유일하게 진정한 사상을 창안할 수 있다고 생각하며, 반대되는 사상을 조장하는 자들을 파멸시키는 것이 자신들의 임무라고 믿고 있습니다.

바로 거기서 여러분은 타락한 존재들이 이루고자 하는 통제를 달성하는 것이 여태까지 어떻게 불가능한지를 보고 있습니다. 물론 그들은 이 점을 이해하지 못하고 있고, 여러분이 그들에게 그것을 설명할 수도 없을 것입니다. 여러분은 스스로 그것을 이해할 수 있게 될 것이고, 그것을 약간의 직관적인 앎이 있는 다른 영적인 사람들에게 설명할 수 있게 될 것입니다. 영적인 이들이 통제를 통해서 이상적인 사회를 구축하고자 하는 타락한 존재들의 추론의 오류와 그들의 헛수고를 알기 위해서는 단지 올바른 가르침을 받는 것이 필요합니다. 통제는 결코 지구상에서 영원한 사회를 세울 수 없습니다.

과거에, 여러분은 한동안 높은 수준의 통제를 이루었던 어떤 제국들을 보았습니다. 예를 들면, 로마 제국이 끊임없는 투쟁 상태에 있었다는 것을 알 것입니다. 소련은 물론이고, 이른바 현대 자본주의 사회도 동일하게 그렇다고 말할 수 있습니다. 공산주의가 타락한 존재들에 의해서 규정된 사고체계이지만 자본주의도 마찬가지입니다.

경제이론을 발전시키는데 자본주의와 공산주의라는 오직 두 가지 선택권만 있는 것이 아닙니다. 이것은 그들이 본질적으로 양쪽 다 엘리트주의자라는 사실을 토대로 살펴보아야 합니다. 자본주의 체제에서는 기존의 자본주의자들이 경제를 통제할 수 있고 다른 이들을 억압합니다. 공산주의 체제에서는 이것이 정부가 경제를 통제하는 마지막 단계까지 갔던 것입니다. 즉 정부를 통제하는 소수 엘리트가 사회를 통제하는 것입니다. 물론 그 대안(代案)은 자신의 신아와 연결 상태를 구축하고 영(Spirit)을 통한 에너지 흐름과 아이디어를 낳는 열린 문으로 봉사할 수 있는 임계수치의 사람을 확보하는 것입니다. 경제를 관리하는 가운데 여러분이 사회에서 지속적인 성장을 할 수 있는 방식은 바로 성령(聖靈)입니다.

내가 전에 로마 제국이 아주 어려운, 또는 상당히 극복할 수 없는 문제에 직면했다고 언급했는데, 그들은 오직 끊임없는 영토 확장을 지속함으로써만이 스스로 존속할 수 있었기 때문입니다. 하지만 그 시대

416

에 주어진 기술로는 그들이 더 이상 영토를 확장할 수 없었던 시기가 왔습니다. 나는 또한 타락한 존재들이 완전한 통제권을 장악하는 것이 불가능하도록 지구의 규모가 적절하게 돼 있다고 설명한 바 있습니다. 어떤 기술을 여러분이 개발하느냐와 관계없이, 여러분이 아무리 좋은 통신 기술들을 갖고 있다고 해도 전체 지구를 통제할 수가 없습니다. 성령을 통해서, 여러분이 수평적인 수준에서는 통제할 필요가 없는데, 왜냐하면 여러분은 통제를 필요 없게 하는 수직적 수준에서의 일체성을 갖고 있기 때문입니다.

여러분에게 최상의 것을 하는 것

만약 여러분이 사람들이 함께 행하고 있는 것이 그들에게 개인적으로 최상의 것임을 안다면, 사람을 통제할 필요가 없습니다. 사람들은 자신들을 위해서 최상의 것을 하게 될 것입니다. 승천한 마스터들은 이렇게 말합니다. "만약 사람이 더 잘 알았다면, 그들이 더 잘 할 것입니다." 그들이 자신을 위한 최선의 것을 알 때, 그것을 하게 될 것입니다.

타락한 존재들의 본질적인 문제는 그 존재들은 사람들이 자신들을 위해 최상의 것을 하는 것을 원치 않는다는 것입니다. 타락한 존재들은 자기들이 사람들을 이용할 수 있도록 그들이 그들 자신을 위한 최상의 것이 아닌 그 이하의 것을 행하기를 원합니다. 바로 거기서, 여러분은 멘탈계 내의 타락한 존재들에 의해 중심적인 역학과 마주하게 됩니다. 그들은 통제를 유지하기 위해서 사람을 속일 필요가 있습니다. 따라서 그들은 사람을 속일 수 있는 생각을 계속 제안할 필요가 있는 것입니다.

그들이 직면하는 문제는 한 가지 사상이 시행될 때 (예를 들어, 여러분이 공산주의와 함께 보았듯이), 갑자기 그것이 "지속 가능한 사회를 만들 수 있는가"라는 시험과 마주한다는 것입니다. 만약 그 사상이 성령의 일체성과 멀어져 있다면, 그 사회는 여러분이 공산주의, 로마 제국, 다른 독재자 등의 경우에서 목격했듯이 지속될 수가 없습니다.

여러분은 또한 이것을 그들의 이른바 자본주의 자유 시장경제를 가진 현대 민주주의에서 보게 될 것인데, 이것은 자유로운 것이 아닙니다.

거기에는 한계들이 있게 될 것입니다. 열역학의 제2법칙이 작용하게 될 것이고, 폐쇄계들 안의 모든 구조들이 붕괴될 것입니다. 폐쇄계는 성령의 흐름을 갖고 있지 않습니다. 타락한 존재들에 의해서 만들어진 어느 체제건, 자명한 일로서 그것은 성령의 흐름을 가질 수가 없습니다.

어떻게 한 체제가 영구적으로 유지될 수 있을까요? 오직 여전히 신 아로부터 오는 어떤 에너지 흐름을 갖고 있는 사람들이 그 체제를 신뢰하도록 관리할 수 있을 경우에만 지속 가능합니다. 이 사람들이 그 체제를 믿고, 그것을 긍정적인 목표로 볼 때, 그들의 에너지를 그 체제에다 공급하게 될 것입니다. 이것이 얼마 동안 그 체제를 떠받칠 수 있습니다.

타락한 존재들의 기만들을 드러내기

그래서 여러분이 타락한 존재들에 의해서 만들어진 어떤 개념과 체제를 믿지 않고 자신을 자유롭게 할 수 있도록 승천한 마스터들의 가르침들을 이용하는 것이 중요합니다. 그때 여러분은 자신의 에너지를 타락한 존재들이 계속 존속할 수 있게 공급해주지 않게 됩니다. 여러분이 타락한 존재들의 거짓과 기만으로부터 다른 영적인 사람들과 일반 대중들이 자유롭게 해달라고 요청하는 것 또한 대단히 중요합니다. 멘탈계의 어둠의 실재들이 결박되고, 불태워지고, 지구에서 떠나도록 요청하는 것이 중요합니다.

아울러 타락한 존재들이 지구에서 추방되고 지구가 이런 존재들의 중압감에서 벗어나도록 여러분이 멘탈계의 타락한 존재들에 대한 심판을 요청하는 것이 중요합니다. 또한 여러분이 멘탈계 안의 타락한 존재들에게 완전히 지배당하여 이런 상태를 내려놓지 않을 육화한 그런 인간들에 대한 심판을 요청하는 것도 중요합니다. 지구가 더 높은 수준으로 올라서기 위해서 육화상태로부터 데려가야 할 사람들이 있습니다. 그리고 여러분의 요청이 외적인 자아의 비전에 기초해 있지 않고 그리스도의 비전에 토대를 두고 있을 때, 이런 요청을 하는 것은 자유 의지의 법칙에 따라서 합법적입니다.

아울러 여러분이 타락한 존재가 내놓은 거짓말과 사상 및 그들에 의해서 지배되어온 기관을 폭로하기 위한 요청을 하는 것이 중요합니다. 세계 도처의 대중매체 기관들이 타락한 존재들과 그들의 사상에 의해서 광범위하게 지배되고 있습니다. 이것은 대중매체가 정당들이나 정치이념들과는 관계가 없다는 의미에서 볼 때, "자유롭지" 않다는 것을 의미하지는 않습니다. 그러나 대중매체 분야 안의 사람들의 사상을 지배하고 있는 어떤 아주 교묘한 개념들이 세계 도처에 널려 있습니다. 나는 여기서 음모론을 조장하고 있는 것이 아닙니다. 물론, 여러분은 대중 매체를 소유하고 있는 이들을 볼 수 있고 이른바 자유세계에서 그 미디어를 소유한 소수의 사람들이 있다는 것을 알고 있습니다. 하지만 내가 모든 것을 통제할 수 있는 소수 집단의 사람들에 대해서 말하고 있는 것은 아닙니다.

이것이 대부분의 음모론들과 함께 문제가 있는 부분입니다. 여러분이 얼마나 많은 물리적 통제를 구축할 수 있느냐에는 한계가 있고, 멘탈계의 타락한 존재들은 이것을 인식하고 있습니다. 그렇기 때문에 그들은 사상을 통해 사람을 통제하려 하고 있으며, 그 방법은 아주 효과적일 수 있습니다. 예를 들면, 유럽에 많은 나라들이 있는데, 그리 멀지 않은 과거에 대부분의 저널리스트들은 변증법적인 사고방식에 의해 지배되는 기관에서 교육을 받았습니다. 이것은 반드시 공공연하게 공산주의자나 마르크스주의자가 아닐지라도, 모든 것을 항상 비판하고 오직 물질적 수단에 의해 입증될 수 있는 것만 받아들이는 어떤 사고방식에 기초해 있었습니다. 그리고 이러한 사고방식은 이 저널리스트들의 직관을 무력화시켰습니다.

지적능력의 한계들

사랑하는 이들이여, 이것이 무엇을 의미하는지 이해하나요? 이 행성에서 아주 극소수의 사람만이 이것을 이해하기 때문에 여러분이 이해하지 못할 수도 있습니다. 인간의 지성에 대한 본질과 한계에 대해서 이해한 사람은 많지 않습니다. 멘탈계 내의 타락한 존재들은 이것을 이해했다고 여전히 장담합니다. 그들은 지적능력이 인간들을 통제하게 될 때 그것을 이용하는 방법을 간파했습니다. 하지만 그들은 그들의 지적능력이 어떻게 그들 자신을 통제하는지를 이해하지는 못했으며, 여러분은 그들에게 이 점을 이해시킬 수 없을 것입니다.

지적능력은 상대적인 능력입니다. 여러분이 지성(知性)으로 어떤 주장을 제시할 수 있지만 여러분은 항상 반대 주장을 내놓을 수 있습니다. 그러면 여러분이 어떻게 성공하나요? 여러분이 무엇을 하고 어떻게 행동하는지 어떻게 알까요? 자신의 지성에 의해서 마비된 사람들이 있습니다. (그들 중 일부는 지식인들과 과학자들로서 세계 도처에 있는 교육기관에 앉아 있습니다). 그들은 찬성 또는 반대 논쟁을 하는 것과 문제의 양쪽측면에 관해 논쟁하는 것을 아주 잘하지만, 무엇을 믿어야 하는지, 무엇이 진실인지를 알지 못합니다. 그들은 마비되어 아무것도 할 수 없습니다. 문제는 "어떻게 여러분이 지적능력에 의해서 지배되는 사회에서 실제로 무엇인가를 이룰 수가 있는가?"입니다.

사람은 의문을 제기하지 않도록 돼있다는 생각을 여러분이 무시할 때 여러분은 할 수 있습니다. 이 생각이 사람들이 다음과 같이 말하도록 일종의 여과기(filter)를 만들게 됩니다. "하지만 우리가 아는 이것이 진실이므로 이것에 대해 우리가 지성으로 반대론을 주장할 필요가 없다. 우리가 아는 것이 진실이라는 것에 반대하는 주장들은 우리가 제쳐놓거나 무시할 수 있다." 이것이 무슨 작용을 할까요? 그 여과기는 생각을 평가하는 기준, 즉 우리가 의문을 가져야 하는 것과 의문을 가질 필요가 없는 것에 관한 기준을 정한 자들에게 놀랄만한 통제력을 줍니다. 세계의 곳곳에서 이러한 기준을 정하는데 누가 관여했다고 생각하나요? 아, 물론, 타락한 존재들입니다. 그런데 일단 여러분이 이런 체제 속으로 들어오게 되었다면, 어떻게 당신들이 타락한 존재들의 영향으로부터 자신을 자유롭게 할 수 있을까요? 여러분이 의문을 갖지 않도록 프로그램된 것에 대해 오직 의문을 가짐으로써만이 그렇게 할 수 있을 것입니다.

많은 사람들이 이것을 할 수는 없습니다만, 혹시라도 여러분이 그 체제에 의문을 가져야 한다는 생각을 하게 되었다면, 어떻게 여러분이 실제로 그렇게 할 수 있을까요? 여러분은 지성의 폐쇄계 안으로 쉽게 몰입할 수 있고 결정적인 아무것도 없이 여러 주장들을 내세울 수 있습니다. 이것이 부분적으로는 1960년대 청년 운동, 저항 운동에서 일어났던 것입니다. 그 운동들은 교육기관의 낡은 권위주의적인 통제를 뒤엎어야 한다는 생각에 바탕을 두고 있었습니다. 일단 그들이 기존의 어떤 낡은 사상들을 묵살하기 시작했을 때, 그들은 무엇을 믿어야 하고 받아들여야 할지, 또는 무엇에 의거해 행동해야 할지도 모르는 다양한 반대-사상들을 생각해 냈습니다.

지성이라는 모래 늪에서 벗어나기

지성이라는 이 폐쇄계에서 유일한 출구가 무엇일까요? 그것은 자신의 신아와 승천한 마스터들에 대한 연결고리를 확립하기 위해서 여러분의 직관적인 능력을 사용하는 것입니다. 여러분이 직접 신비체험을 가질 때, 실제인 무엇인가가 있다는 것을 체험합니다. 여러분은 자신의 정상적인 의식 상태보다 훨씬 실제적인 의식 상태가 있다는 아주 좋은 체험을 할 수도 있습니다. 그것이 지성과 타락한 존재들에 의해 통제될 수 없는 무언가가 있다는 것을 여러분이 아는 방법입니다. 멘탈 수준을 넘어서 있는 현실이 있습니다. 오직 멘탈 수준을 넘어선 그 현실에 연결되는 것만이 여러분이 멘탈 수준의 통제로부터 자신을 자유롭게 할 수 있게 될 것입니다. 이것은 명백하지 않나요, 나의 사랑하는 이들이여?

만약 그렇지 못하고 여러분이 모래 늪의 구멍 속에 빠지게 된다면 무슨 일이 일어날지 생각해 보세요. 여러분은 모래 위에 떠 있습니다. 여러분은 몸을 지탱하거나 혼자 모래에서 빠져 나올 수 있도록 잡을만한 것은 전혀 없습니다. 여러분이 발버둥 치면 칠수록 더욱 더 깊이 가라앉습니다. 유일한 출구는 누군가가 모래 늪 밖에서 여러분에게 줄을 던져줘서 여러분이 그것을 잡는다면, 그 줄로 모래 늪을 벗어날 수 있습니다. 그런데 만약 여러분이 그 줄을 잡지 못한다면, 지성의 모래 늪에서 탈출할 수가 없습니다. 대부분의 경우에 타락한 존재였던 지구 상의 가장 거물급 지성인조차 결코 그런 줄을 잡을 수 없었습니다. 오직 여러분이 자신의 신아와 마스터들에게 연결되는 신비 체험을 통해서만 멘탈계의 타락한 존재들에 의해 만들어진 모래 늪을 탈출할 수가 있습니다.

다른 방법은 없습니다. 여러분은 다음과 같이 말하는 무언가를 느낄지도 모릅니다. "하지만 또 다른 길이 반드시 있어야 한다. 궁극적인 주장을 제시하기 위한 한 가지 길이 반드시 있어야 한다." 사랑하는 이들이여, 여기서 여러분이 매우 주의해야할 필요가 있습니다. 나는 여러분이 직관적인 감각을 갖고 있고, 타락한 존재들이 여러분을 함정에 빠뜨리기 위해 그것을 왜곡시킬 것이라고 말했습니다. 영적인 존재로서 여러분은 실제인 무언가가 있다는 직관적인 감각을 갖고 있습니다. 내가 말했듯이, 일단 여러분의 통상적인 의식 상태를 벗어난 어떤 것이 있고 이 뭔가가 더 실제적이라는 체험을 한다면, 자신을 끌어올리기 위해서 이용할 수 있는 줄을 가질 수 있습니다. 타락한 존재가 하게 될 것은 실제인 뭔가가 있다는 이 감각을 왜곡시키기 위해 이렇게 말할 것입니다. "이런 생각이 옳다고 모든 사람을 납득시킬 수 있는 궁극적인 주장이 반드시 있어야 한다."

나는 여러분이 육화해 있을 때 직면하는 어려움을 아주 잘 이해하고 있습니다. 나 자신도 육화했었고, 그 어려움에 봉착했었습니다. 여러분은 우리가 말로 표현된 가르침을 여러분에게 줌으로써 궁극적인 주장이 반드시 있어야 한다는 생각을 거의 뒷받침하고 있다고 말할지도 모릅니다. 물론 여러분에게 말로 된 가르침을 주는 목적은 기존 종교들이나 물질주의적인 원리에 의해 설명될 수 없는 그 무엇인가를 설명하는 가르침을 여러분에게 주려는 것입니다. 그러나 우리 마스터들이 말로 여러분에게 주는 가르침들이 궁극적인 진리이거나 절대적인 진리라고 우리가 결코 주장하지 않았다는 것에 주목하세요. 우리는 이 가르침들 자체가 결코 목표로 바뀌게 해서는 안 된다고 일관되게 여러분에게 말한 바가 있습니다. 여러분은 직접적인 내면의 신비 체험을 얻기 위해서 그 가르침들을 하나의 도약판으로 이용할 수 있습니다.

우리의 외형적인 가르침들은 그 자체가 목적이 아닙니다. 즉 그 가르침들은 여러분이 우리의 현존, 우리의 존재에 대한 직접적인 체험을 가질 때까지 여러분이 올라갈 수 있는 일종의 사다리입니다. 그런데 여러분이 만약 그 가르침들이 우리에 대한 직접적인 체험의 대용물이 되도록 한다면, 여러분은 그 가르침을 오용한 것이며 명백히 멘탈계의 타락한 존재들이 여러분에게 하기 원하는 것을 – 그 가르침들을 그들 자신들의 목표로 바꾸는 것 – 여러분이 해온 것입니다. 승천한 마스터들의 가르침을 취하여 그것들을 종교로 바꾸고, 그런 다음 나가서 그 가르침들을 다른 종교와 싸우는 무기로 이용하려는 모든 생각은 우리 마스터들로부터 오는 것이 아닙니다. 그것은 타락한 존재들로부터 오는 것입니다.

우리의 외형적인 가르침들은 우리가 여러분을 향해 던지는 줄을 상징합니다. 여러분은 그 줄을 붙잡아 멘탈계의 모래 늪에서 벗어나도록 자신을 끌어당기는 데 사용할 수 있습니다. 여러분은 타락한 존재들에 의해 조장된 거짓말과 기만을 벗어나서 자신을 끌어당길 수 있습니다. 이것이 인간들이 멘탈계에서 기만과 통제를 피할 수 있는 유일한 방법입니다. 나는 이 메신저를 통해서 주어진 특정 가르침들이 이런 기만과 통제에서 탈출하기 위한 유일한 길이라고 말하고 있는 것이 아닙니다. 그런 것에서 벗어나기 위한 유일한 길은 여러분이 멘탈 수준에 있는 타락한 존재들에 의해 속을 수 없는 내면의 신비적인 체험에 도달하는 데 도움이 되는 어떤 가르침을 찾는데 있습니다.

논쟁을 위해 가르침들을 이용하지 말라

이것은 우리가 우리의 가르침과 함께 전파하려는 보다 깊은 주의사항입니다. 또한 우리는 여러분이 이런 인식을 전파할 수 있도록 당신들이 우리들 자신의 확장체가 되는 것이 필요합니다. 여러분은 또한 사람들이 실제로 깨어나고 이런 인식을 받아들이는데 자유롭게 되도록 요청할 수 있습니다. 그러나 승천한 마스터들의 가르침들을 가지고 밖으로 나가서 다른 사람과 지적인 수준에서 논쟁하는 것에 이용함으로써 얻을 수 있는 것은 아무것도 없습니다. 말로 표현된 어떤 가르침도 반대 논쟁이 있을 수 있습니다.

확실히, 사람들이 내가 이 책에서 말해 왔던 모든 것에 반하는 주장들을 제기할 수도 있습니다. 아마도, 이 책이 특정의 일부 독자층을 넘어 널리 알려지게 된다면 사람들은 책 내용에 대해 논쟁을 하게 될 것입니다. 타락한 존재들이 언젠가 우리의 가르침이 그들에게 위협이 된다면, 분명히 그 가르침들에 대항하려 할 것입니다. 바로 지금도 우리 가르침들을 하나의 위협으로 보고 있는 타락한 존재들이 물론 존재합니다. 그들은 상승한 마스터들로부터 오는 가르침들의 흐름을 차단하고 싶을 것입니다. 누군가 우리 가르침들에 대한 열린 문, 또는 메신저가 되는 것을 그들은 막고 싶을 것입니다.

그들은 또한 이 가르침들을 받아들이고 따르는 어느 누구라도 방해하고 싶을 것입니다. 우리 가르침들을 공부하고 있는 사람의 숫자가 타락한 존재들이든 또는 그들에 의해서 통제받는 육화한 자들이든 그들에게 명백한 위협이 될 만한 수치에 충분히 이르지는 못했습니다. 그런 이유로 해서 여러분이 (어둠의 세력들의) 공식적인 반응을 보지는 못했지만, 만약 우리의 가르침들이 언젠가 특정 수준을 넘어서서 알려지게 되면 이런 반응이 가시화될 것입니다.

물론, 이런 방해공작은 만약 충분한 숫자의 사람들이 마스터들의 가르침들에 반대하는 자들에 대해 그들이 심판받아 지구에서 물질계, 감정계, 사고계, 그리고 자의식계 수준으로부터 제거되도록 요청한다면 좌절시킬 수가 있습니다. 그리고 이것이 여러분의 외형적인 비전이 아닌 그리스도 마음의 비전에다 토대를 두었다면, 완전히 합법적입니다. 여러분이 세계의 대중매체 기관들과 교육기관들에 대한 정화를 요청하는 것은 절실하게 필요합니다.

물질주의적인 설명을 넘어서기

세계 도처의 대학들에는 교육 동안에 어떤 타락한 개념들에 대해 결코 의문도 제기함이 없이 그것을 받아들이도록 프로그램돼 있는 매우 지적인 사람들이 대단히 많은데, 이것은 확실히 이 행성의 성장과 전쟁을 제거하는 데 하나의 장애물입니다. 지난 200-300년에 걸쳐서 타락한 존재들에 의해서 파급된 가장 중요한 거짓말 중 하나는 모든 것에 대해 물질적 설명을 찾고 물리적 수단을 통해서 증명될 수 있는 것만을 받아들인다는 생각입니다. 얼마나 많은 과학자들과 교육자들이 이런 생각에 사로잡혀 있고 감히 그 생각에 대해 의문조차 제기하지 않는지 살펴보세요.

그런 생각에서 파생된 소산이 바로 과학이 진지하게 인간의 마음이나 의식을 탐구할 필요가 없다는 발상입니다. 하지만 이런 개념은 양자역학에 의해서 설득력을 잃었고, 양자물리학은 의식이 물질세계를 창조하는 근본적인 과정에서 주요 역할을 한다는 것을 입증했습니다. 양자 물리학자들에 의한 이러한 발견에도 불구하고, 과학자들은 전반적으로 그 결과를 받아들이지 않고 있으며, 과학 탐구의 새로운 수준에 도달하기 위해서는 의식 연구가 필수라는 사실도 수용하지 않습니다. 타락한 존재들은 어떻게 해서든지 세계 곳곳의 교육기관들이 특정 수준에 머물러 있도록 조종했습니다. 의식은 단지 주관적일 수 있고 오직 물질주의적인 입증만이 객관적이라는 이 개념에 의해서 과학적 탐구가 방해 받고 있기 때문에 그것은 일정한 수준을 넘어설 수가 없습니다.

무엇보다도, 만약 객관성이라는 것이 인간의 마음이 이원성에 빠져 있을 때를 포함한다면, 아무것도 객관적이 되지 않을 것입니다. 여러분은 그리스도 마음을 통해서 객관성을 달성할 수 있지만, 이런 객관성조차도 개인화 된다는 것에 주목해야 합니다. 그러나 이것은 여러분의 신성한 개성이 신의 마음이라는 다이아몬드의 한 측면이기 때문에 문제가 안 됩니다. 신은 그 자신의 무수한 자아의식적인 확장체들(영혼들)을 창조했습니다. 그 확장체들은 각각 독특한 개성을 갖고 있지만, 그 확장체들이 서로 대립하거나 상쇄하지는 않습니다.

인간의 마음에 대해 헤아리는 것은 거의 불가능하게 보일지도 모릅니다. 있는 그대로의 예증으로서, 물리적 우주 안에는 수십억의 별들이 있고, 그 별들이 서로 파괴하거나 우주를 파멸시키지 않으면서 은하의 복잡한 율동에 참여할 수 있다는 것입니다. 여러분은 융합되는 별들을 봅니다. 새로운 단계로 들어가는 별들도 봅니다. 모든 별들이 공존하도록 우주 내에 충분한 공간이 있어서 우주적인 수준에서는 여러분이 갈등을 보지 못한다는 것을 깊이 생각해보십시오. 나는 이것이 있는 그대로의 예증이라는 것을 알고 있고, 여러분이 그것에 반대해서 논쟁할 수 있지만, 이를 기꺼이 받아들이는 이들은 더 큰 핵심을 볼 수 있습니다. 신성한 개체성은 개인들 간에 갈등을 만들지 않습니다. 갈등을 만드는 것은 오직 분리된 자아뿐입니다. 사람들이 그리스도 의식의 수준에 도달할 때, 그들은 동일하게 되거나 타락한 존재들이 정한 기준에 따르거나 서로를 통제하지 않고도 조화 속에서 함께 일할 수 있습니다. 여러분이 전 세계의 교육기관들을 살펴볼 때, 무엇을 보게 되나요? 그것들은 정말로 무엇일까요? 많은 사람들은 그것들이 지식을 퍼뜨리는 기관들이라고 믿고 싶어 합니다. 여러분이 대학에 갈 경우, 토대가 되는 지식을 얻게 되며, 그럼으로써 과학자나 연구자가 된다면, 더 높은 과학적 성취를 할 수 있게 됩니다. 여러분은 새로운 수준에서 과학적 탐구를 할 수 있습니다.

만약 여러분이 과학기술 분야에서 일어나는 일을 살펴본다면, 지식 면에서 기하급수적인 성장을 볼 것입니다. 새로운 기술, 새로운 방법의 발전을 보게 될 것입니다. 그런데 여러분이 한 발 뒤로 물러나서 본다면, 지식과 기술의 성장이 엄격한 특정 테두리들 내에서 일어나는 것을 보게 됩니다. 이런 한계들은 세계의 교육기관들이 지식을 퍼뜨리는 기관이 아니라 지식을 걸러내는 기관이란 사실로 인한 결과입니다. 세계의 교육기관들은 타당한 지식과 타당하지 않은 지식에 대한 기준을 갖고 있으며, 그 기준이 물질주의적인 용어로 규정되어야만 한다는 아주 교묘한 관념에 기초해 있습니다.

물질주의적 과학은 근본적으로 어떻게 결함이 있는가?

내가 이 책을 통해서 여러분에게 말했던 것이 무엇이며, 많은 책들에서 우리가 여러분에게 말해 왔던 것이 무엇일까요? 우주의 에너지 흐름은 영적인 세계에서 시작되어, 그 다음의 자의식계, 이어서 사고계, 감정계, 최종적으로 물질계로 흘러들어갑니다. 그런데 만약 여러분이 오직 물질주의적인 수단으로 입증되는 것만이 타당한 지식을 줄 수 있다는 개념에 기초한 과학기관과 교육기관을 갖는다면, 과학이 근본적인 방식에서 그 자체에 한계를 갖고 있는 것이 명백하지 않나요? 이럴 경우 에너지들이 오직 물리적인 주파수대 안에 들어 왔을 때만 그 에너지가 물리적인 계측 장치에 의해서 감지될 수가 있습니다. 현대과학은 물질적 주파수대 안으로 이미 들어온 대상을 관찰한 바를 바탕으로 물질계에서 일어난 모든 일을 설명하기 위해 그 자체를 제한합니다.

이것은 영화 스크린만 연구함으로써 영화의 내용을 설명하려고 하는 과학자와 비교될 만한 것입니다. 그들은 영화 스크린상의 이미지를 다른 곳에서 투사할 수도 있다고 생각하기를 거부할 것입니다. 그리고 그들은 영사실로 가서 영사슬라이드를 살펴보는 것을 거부할 것입니다. 또 그들은 더욱 뒤로 가서 감독과 영화에 대한 아이디어를 제안했었던 대본 작가를 살펴보는 것도 거부할 것입니다. 이것은 과학의 잠재성에 대한 엄청난 제약이라는 점이 명백하지 않습니까?

내가 이 책을 통해 무엇을 말해 왔나요? 여러분은 오직 물리적 수준에서만 바라보는 것으로는 전쟁의 원인을 이해할 수 없습니다. 전쟁의 원인은 자의식계 수준에서 시작되고, 사고계 수준에서 한층 더 구체적 형태를 취하고, 이어서 감정계 수준에서 보다 확고한 형태를 취합니다. 오직 그런 다음 그 원인들이 물질계로 나타납니다. 똑같은 일이 질병을 발생하게도 하고, 같은 일이 풍요로움을 가져오는 데서도 일어납니다. 질병을 치유하길 원한다면, 한 인간의 모든 네 하위체들을 살펴 볼 필요가 있습니다. 만약 여러분이 더 큰 풍요를 원하고 가난을 뿌리 뽑고자 한다면, 모든 4가지 수준들을 통해서 에너지의 흐름을 연구하고, 물리적 주파수대로 더 많은 에너지를 가져오기 위해서 그 흐름을 바람직하게 사용할 수 있는 방법을 찾는 것부터 시작해야 합니다.

얼마만큼의 많은 풍요를 물질적 기술을 통해서 가져올 수 있는가에는 한 가지 제약이 있습니다. 더 많은 풍요를 가져오는 유일한 방법은 물리적 주파수대에다 더 많은 에너지를 제공하는 것입니다. 이것은 기술적, 기계적인 장비들을 통해서 오는 것이 아니라, 오직 인간의 마음을 통해서 가능합니다. 지구에 풍요의 수준을 늘리는 유일한 길은 육화해 있는 임계수치의 인간들이 그들의 의식을 높여서 그들이 창조적인 에너지 흐름의 통로가 되는 것입니다.

타락한 존재들이 어떻게 대체 교사들로서 작용하는가?

과학 및 교육기관들에 있는 사람들이 다음과 같이 각성하고 외칠 수 있도록 깨져야 할 필요가 있는 환영들이 있습니다. "하지만 왕은 아무것도 걸친 것이 없다. 물질주의라는 왕은 아무것도 아니다." 이 환영은 여러분이 알아야 하고, 그것에 큰소리를 내야하고 요청할 필요가 있는 것들입니다. 그러면 우리 마스터들이 개입할 수 있고, 멘탈계 내의 에너지들과 실재들, 타락한 존재들을 결박하여 불태우고 제거할 수가 있습니다. 또한 우리는 그동안 충분한 기회를 가졌던 육화 중인 특정한 인간들을 제거할 필요가 있지만, 이것은 오직 이런 사람들이 구체화했던 그 의식을 임계수치의 사람들이 초월할 때에만 일어날 수 있습니다. 지금은, 그들이 대체교사로 거기에 있습니다. 그리고 임계수치의 사람들이 긍정적인 방식으로 교훈을 배움으로써 그들이 더 이상 필요하지 않을 때까지는 제거될 수가 없습니다.

사랑하는 이들이여, 이 공식을 이해하나요? 육화해 있는 타락한 존재들이 있습니다. 비록 아돌프 히틀러에 관해 듣는 것을 일부 사람들이 싫증낸다는 것을 내가 알고 있긴 하지만, 히틀러의 명백한 예를 다시 들도록 하겠습니다. 그는 본질적으로 대체교사였습니다. 사람들이 마침내 이것이 너무 지나치다는 것을 볼 수 있도록 그는 그런 극단적인 특정의식 상태까지 연출하기로 돼 있었습니다. 어떻게 그런 사람이 육화에서 제거될 수 있을까요? 오직 육화해 있는 임계수치의 사람들이 그 교훈을 배움으로써 그들이 긍정적인 자각을 통해 그 의식 상태의 오류에 맞서서 큰소리를 내고 그 잘못을 설명할 수 있을 때만이 가능합니다. 만약 사람들이 어떤 의식 상태를 초월할 필요가 있다는 긍정적인 자각을 갖지 못한다면, 그 때 대체교사가 나타나서 사람들이 그 의식 상태를 그런 방식으로 볼 수 있도록 극단적인 모습으로 실행하게 됩니다. 충분한 수의 사람들이 교훈을 내면화하고 이제 긍정적인 자각을 통해서 그 의식 상태를 드러낼 수 있을 때, 비로소 대체교사는 더 이상 필요하지 않습니다.

이것이 승천한 마스터들에 의해서 여러분이 마주하고 있는 현실입니다. 우리가 지켜보고 있는 가운데 인류가 특정분야에서 더 높은 수준으로 올라설 필요가 있는 아주 많은 상황들이 있습니다. 우리는 항상 여기서 그 균형 상태를 지켜보고 있습니다. 교훈을 기꺼이 배우고 그 교훈을 자신의 의식 속으로 내면화한 임계수치의 사람들이 있습니까? 만약 없다면, 우리는 곁에 서서 세 상위 세계들의 타락한 존재들이 어떻게 육화해 있는 어떤 사람의 마음을 조종하고 지배함으로써 그 사람이 그런 의식상태를 아주 극단적인 상태로 실행할 수 있는 대체교사가 되는지를, 또한 그에 따라 – 바라건대 – 어떻게 그것을 보다 많은 사람들이 볼 수 있게 하는지를 지켜보아야만 합니다.

고난의 학교를 통해서 배우기

우리는 사람들이 가급적이면 덜 극적이고 덜 고통 받는 방식으로 배우게 하고 싶습니다. 과거에도 우리는 나치주의에 의해서 만들어진 고통과 상처들을 피하는 것을 보고 싶었습니다. 우리가 이것을 피할 수 있는 계획을 갖고 있었지만, 1920년대와 1930년대에는 우리의 가르침에 반응하던 충분한 수의 사람이 없었습니다. 그 결과 전쟁을 피할 수 없었던 것입니다. 우리는 임계수치의 사람들이 우리 가르침에 반응하도록 이 세대가 변하기 시작하기를 희망합니다. *그래야만 인류에게 매우 고통스러운 대체교사 역할을 하게 될 3차 세계대전을 우리가 피하게 할 수가 있습니다.*

우리는 이것을 성취할 수 있는 계획을 갖고 있습니다. 이 책이 그 계획의 일환이지만 이 계획의 성공은 오직 한 가지에 달려있습니다. 즉 어느 정도의 육화해 있는 인간들이 그 계획과 함께 하느냐인 것이지요. 우리는 오직 가르침만을 줄 수가 있고, 그런 다음 (인간들의) 자유의지가 그것을 하도록 허용할 수밖에 없습니다. 그때 우리는 반드시 곁에 서서 인간들이 배울 필요가 있는 방식을 - 그것이 우리의 가르침들을 통해서든, 아니면 고난의 학교(the School of Hard Knocks)를 통해서든 - 배우도록 이것을 허용해야만 합니다.

고난의 학교는 아주 효과적인 교사입니다. 만약 여러분이 처음에 그 교훈을 얻지 못한다면, 두 번째 타격은 더욱 힘들게 될 것이고, 세 번째는 한층 더 힘들게 될 것입니다. 그 타격이 아주 강해서 그것을 무시할 수 있는 사람이 거의 없는 수준이 될 것입니다. 그 타격을 무시할 수 있는 사람은 더 이상 육체로 남아 있을 수 없을 뿐만 아니라, 아스트랄계에 갇히게 될 것입니다.

다시 한 번 말하지만, 나는 여러분이 압도감을 느끼거나 의기소침하게 하려는 것이 아닙니다. 나는 여러분에게 약간의 진실을 알려 줄 필요가 있습니다. 그리고 이 책에 대해서 여러분이 긍정적으로 반응함으로써 내가 여러분이 중요한 단계를 밟아 왔다는 희망을 여러분에게 주게 될 것입니다. 여러분이 희망을 갖고 이 가르침을 다른 사람들에게 이야기한다면, 여러분이 지구 곳곳에서 구르게 될 눈덩이 효과를 만드는데 기여하게 됩니다. 그때 임계수치의 사람들이 낡은 의식을 버리고 우리 마스터들이 3차 세계대전뿐만 아니라 앞으로 오게 될 많은 다른 전쟁들을 막을 수 있도록 요청하게 될 것입니다.

만약 충분한 수의 사람이 요청을 한다면, 여러분이 오늘날 보는 분쟁들과 여러 해 동안 지속되어 왔고 명백한 해결책이 없어 보이는 분쟁들까지도 우리가 멈출 수 있게 될 것입니다. 내가 이전에 이렇게 (성서를 인용해) 말해 왔듯이 말입니다: "사람으로는 할 수 없으되, 하나님으로서는 다 하실 수 있느니라.(마태 19:26)" 육화해 있는 인간들이 우리 마스터들에게 권한을 줄 때, 이 행성으로부터 전쟁 제거를 포함해서 모든 것이 가능합니다. 만약 임계수치의 사람들이 (우리의 메시지에) 응답한다면, 우리가 영원히 전쟁을 없앨 수가 있습니다. 20년 이내에, 이 행성에서의 전쟁가능성이 사실상 불가능하게 될 수가 있습니다.

　이것이 내가 갖고 있는 비전입니다. 나는 여러분이 자신의 자의식체 (개성체) 안에 또한 그런 비전을 갖고 있다는 것 알고 있습니다. 바라건대, 이 책과 기원문 낭독 수련이 물질계 안의 어떤 것보다 더 실제의 현실인 여러분이 이미 알고 있는 것에 의식적으로 연결되는 데 도움이 되었으면 합니다. 나는 물리계 안의 어떤 것보다도 더 실제적인 존재입니다. 나는 승천한 마스터, 성모 마리아입니다!

멘탈계 정화하기 (기원문)

신(神)과 예수 그리스도의 이름으로, 나는 성모 마리아와 고타마 붓다님께 전쟁을 도발하거나 사람들이 전쟁과 분쟁을 멈추지 못하게 만드는 멘탈계의 악귀들과 실재들, 타락한 존재들의 공간을 제거해달라고 요청합니다. 우리는 영적인 존재들이고 승천한 마스터들과 함께 일함으로써 새로운 미래를 공동-창조할 수 있다는 사실을 사람들에게 일깨워주소서.

나는 특히 … 을 요청합니다. (여기에다 개인적인 요청을 추가하세요)

1부

1.고타마 붓다님이시여, 인간들이 사상을 신봉하도록 만들어 통제하고 지배하는 수단으로 삼는 멘탈계 안의 타락한 존재들의 공간을 제거하소서.

고타마 붓다님이시여, 애증을 일으키는
내 마음의 상태를 드러내 보여 주소서.
나는 당신께서 드러내주는 것을 견디면서,

나의 지각은 순수해질 것입니다.

고타마 붓다님이시여, 우주적 평화의 화염이시여,
이제 사납게 날뛰는 사념들이 그치니,
당신과 내가 내면의 평화를 방사하여
윤회의 바다를 고요하게 합니다.

2.고타마 붓다님이시여, 특정 종교와 철학과 과학이론 또는 정치적 이념을 통해서 목적이 수단을 정당화할 수 있다는 생각을 조장하는 멘탈계 안의 타락한 존재들의 공간을 제거하소서.

고타마 붓다님이시여, 당신의 평화의 화염 안에서,
나는 이제 고투하는 자아를 놓아버립니다.
나는 이제 불성(佛性)을 깨달으며,
불성은 당신과 나의 중심핵입니다.

고타마 붓다님이시여, 우주적 평화의 화염이시여,
이제 사납게 날뛰는 사념들이 그치니,
당신과 내가 내면의 평화를 방사하여
윤회의 바다를 고요하게 합니다.

3.고타마 붓다님이시여, 서사적 투쟁에서의 승리나 이상사회 건설이란 목적이 전쟁과 살인을 정당화할 수 있다는 생각을 조장하는 멘탈계 안의 타락한 존재들의 공간을 제거하소서.

고타마 붓다님이시여, 내가 당신과 하나가 되니,
이제 마왕(mara)의 악귀들은 달아납니다.
당신의 현존은 고통을 치유하는 향유와 같이,
내 마음과 감각들을 늘 고요하게 합니다.

고타마 붓다님이시여, 우주적 평화의 화염이시여,
이제 사납게 날뛰는 사념들이 그치니,
당신과 내가 내면의 평화를 방사하여
윤회의 바다를 고요하게 합니다.

4.고타마 붓다님이시여, 전체적인 집단의 목표가 개개인의 삶과 자유
보다 더 중요하다는 생각을 조장하는 멘탈계 안의 타락한 존재들의 공
간을 제거하소서.

고타마 붓다님이시여, 나는 이제 영원한
현재 안에 살겠다고 서약합니다.
당신과 함께 모든 시간을 초월하여,
더없이 숭고한 현재 안에서 살겠습니다.

고타마 붓다님이시여, 우주적 평화의 화염이시여,
이제 사납게 날뛰는 사념들이 그치니,
당신과 내가 내면의 평화를 방사하여
윤회의 바다를 고요하게 합니다.

5.고타마 붓다님이시여, 타락한 존재들이 진리의 법칙을 왜곡하여 만
들어낸 교묘한 생각들을 꿰뚫어볼 수 있도록 모든 영적인 사람들을 일
깨워주소서. 집단의 이익이 절대로 개인의 영적인 성장을 침해하면 안
된다는 것을 그들이 알게 하소서.

고타마 붓다님이시여, 나에겐 아무런 욕망도 없으며,
세속의 어느 것도 갈망하지 않습니다.
이제 나는 무집착 안에서 휴식하며,
마왕(魔王)의 교묘한 시험을 통과합니다.

고타마 붓다님이시여, 우주적 평화의 화염이시여,

이제 사납게 날뛰는 사념들이 그치니,
당신과 내가 내면의 평화를 방사하여
윤회의 바다를 고요하게 합니다.

6.고타마 붓다님이시여, 사람들에게 똑같이 되기를 강요하면서 그들의 개성과 창조적인 흐름을 차단하고자 하는 멘탈계의 타락한 존재들의 공간을 제거하소서.

고타마 붓다님이시여, 내가 당신 안으로 녹아들며,
나의 마음은 이제 둘이 아닌 하나가 되었고,
당신의 눈부신 빛 안에 잠기니,
내가 아는 모든 것은 열반(涅槃)뿐입니다.

고타마 붓다님이시여, 우주적 평화의 화염이시여,
이제 사납게 날뛰는 사념들이 그치니,
당신과 내가 내면의 평화를 방사하여
윤회의 바다를 고요하게 합니다.

7.고타마 붓다님이시여, 집단적 목적의 달성을 위해 자기들이 규정한 기준에 따라 살아야 하고 우리의 신성한 개성이 억압되어야 한다는 생각을 조장하는 멘탈층 안의 타락한 존재들의 공간을 제거하소서.

고타마 붓다님이시여, 시간을 초월한 당신의 공간 안에서,
나는 우주적 은총 안에 잠겨듭니다.
나는 모든 형상을 초월해 계신 신을 깨달으며,
더 이상 세상을 따르지 않으렵니다.

고타마 붓다님이시여, 우주적 평화의 화염이시여,
이제 사납게 날뛰는 사념들이 그치니,
당신과 내가 내면의 평화를 방사하여

윤회의 바다를 고요하게 합니다.

8.고타마 붓다님이시여, 신이 우리에게 주신 개성을 억압하고 동일함을 통해서 "조화"의 상태로 들어가야 한다는 생각을 조장하는 멘탈계 안의 타락한 존재들의 공간을 제거하소서.

고타마 붓다님이시여, 나는 이제 깨어나서,
무엇이 시급한 문제인지를 명확하게 봅니다.
그리하여 나는 내 신성한 권리를 선언하며
지구상에서 불성의 빛이 될 것입니다.

고타마 붓다님이시여, 우주적 평화의 화염이시여,
이제 사납게 날뛰는 사념들이 그치니,
당신과 내가 내면의 평화를 방사하여
윤회의 바다를 고요하게 합니다.

9.고타마 붓다님이시여, 우리를 예측 가능하게 만들고 더 통제하기 쉽게 만들기 위해 동일성의 사상을 조장하는 멘탈층 안의 타락한 존재들의 공간을 제거하소서.

고타마 붓다님이시여, 당신의 뇌성번개로
우리는 지구에 거대한 동요를 일으킵니다.
나는 알고 있나니, 누군가는 깨달음을 얻어,
붓다의 영원한 무리에 합류할 것입니다.

고타마 붓다님이시여, 우주적 평화의 화염이시여,
이제 사납게 날뛰는 사념들이 그치니,
당신과 내가 내면의 평화를 방사하여
윤회의 바다를 고요하게 합니다.

2부

1.고타마 붓다님이시여, 사람들을 통제하면서 그것이 주는 권력의 느낌을 추구하는 멘탈계 안의 타락한 존재들의 공간을 제거하소서.

고타마 붓다님이시여, 애증을 일으키는
내 마음의 상태를 드러내 보여 주소서.
나는 당신께서 드러내주는 것을 견디면서,
나의 지각은 순수해질 것입니다.

고타마 붓다님이시여, 우주적 평화의 화염이시여,
이제 사납게 날뛰는 사념들이 그치니,
당신과 내가 내면의 평화를 방사하여
윤회의 바다를 고요하게 합니다.

2.고타마 붓다님이시여, 그들 자신의 힘의 한계를 인정하지 않는 멘탈계 안의 타락한 존재들의 공간을 제거하소서. 그들은 스스로의 지성에 속고 있고, 자신들의 생각에 따라 우주가 작동하도록 조종할 수 있다고 믿고 있습니다.

고타마 붓다님이시여, 당신의 평화의 화염 안에서,
나는 이제 고투하는 자아를 놓아버립니다.
나는 이제 불성(佛性)을 깨달으며,
불성은 당신과 나의 중심핵입니다.

고타마 붓다님이시여, 우주적 평화의 화염이시여,
이제 사납게 날뛰는 사념들이 그치니,
당신과 내가 내면의 평화를 방사하여
윤회의 바다를 고요하게 합니다.

3.고타마 붓다님이시여, 흔들리지 않는 영역이 있음을 믿지 않고, 자기들이 적절한 이념을 규정하면 우주를 그 이념에 따르도록 강요할 수 있다고 생각하는 멘탈계 안의 타락한 존재들의 공간을 제거하소서.

고타마 붓다님이시여, 내가 당신과 하나가 되니,
이제 마왕(mara)의 악귀들은 달아납니다.
당신의 현존은 고통을 치유하는 향유와 같이,
내 마음과 감각들을 늘 고요하게 합니다.

**고타마 붓다님이시여, 우주적 평화의 화염이시여,
이제 사납게 날뛰는 사념들이 그치니,
당신과 내가 내면의 평화를 방사하여
윤회의 바다를 고요하게 합니다.**

4.고타마 붓다님이시여, 사람들을 이념에 따르도록 강요하기 위해 수단을 가리지 않는 멘탈계 안의 타락한 존재들의 공간을 제거하소서.

고타마 붓다님이시여, 나는 이제 영원한
현재 안에 살겠다고 서약합니다.
당신과 함께 모든 시간을 초월하여,
더없이 숭고한 현재 안에서 살겠습니다.

**고타마 붓다님이시여, 우주적 평화의 화염이시여,
이제 사납게 날뛰는 사념들이 그치니,
당신과 내가 내면의 평화를 방사하여
윤회의 바다를 고요하게 합니다.**

5.고타마 붓다님이시여, 특정한 이념이나 사상체계의 우위를 확립하는 것이 너무나 중요하므로 이를 위해 거의 모든 인간들을 죽여도 된다는 생각을 조장하는 멘탈계의 타락한 존재들의 공간을 제거하소서.

고타마 붓다님이시여, 나에겐 아무런 욕망도 없으며,
세속의 어느 것도 갈망하지 않습니다.
이제 나는 무집착 안에서 휴식하며,
마왕(魔王)의 교묘한 시험을 통과합니다.

고타마 붓다님이시여, 우주적 평화의 화염이시여,
이제 사납게 날뛰는 사념들이 그치니,
당신과 내가 내면의 평화를 방사하여
윤회의 바다를 고요하게 합니다.

6.고타마 붓다님이시여, 육화한 사람들이 많아질수록 그들을 통제하는
것이 더 어려워지기 때문에 인구수를 제한하기를 원하는 멘탈계 안의
타락한 존재들의 공간을 제거하소서.

　고타마 붓다님이시여, 내가 당신 안으로 녹아들며,
나의 마음은 이제 둘이 아닌 하나가 되었고,
당신의 눈부신 빛 안에 잠기니,
내가 아는 모든 것은 열반(涅槃)뿐입니다.

고타마 붓다님이시여, 우주적 평화의 화염이시여,
이제 사납게 날뛰는 사념들이 그치니,
당신과 내가 내면의 평화를 방사하여
윤회의 바다를 고요하게 합니다.

7.고타마 붓다님이시여, 현대적 기술의 출현으로, 더 많은 인구를 통
제할 수 있는 훨씬 더 좋은 수단들을 가질 것이라고 믿는 멘탈계 안의
타락한 존재들의 공간을 제거하소서.

　고타마 붓다님이시여, 시간을 초월한 당신의 공간 안에서,
나는 우주적 은총 안에 잠겨듭니다.

나는 모든 형상을 초월해 계신 신을 깨달으며,
더 이상 세상을 따르지 않으렵니다.

고타마 붓다님이시여, 우주적 평화의 화염이시여,
이제 사납게 날뛰는 사념들이 그치니,
당신과 내가 내면의 평화를 방사하여
윤회의 바다를 고요하게 합니다.

8.고타마 붓다님이시여, 대중매체를 장악해서 그것을 통제수단으로 이용하는 멘탈계 안의 타락한 존재들의 공간을 제거하소서.

고타마 붓다님이시여, 나는 이제 깨어나서,
무엇이 시급한 문제인지를 명확하게 봅니다.
그리하여 나는 내 신성한 권리를 선언하며
지구상에서 불성(佛性)의 빛이 될 것입니다.

고타마 붓다님이시여, 우주적 평화의 화염이시여,
이제 사납게 날뛰는 사념들이 그치니,
당신과 내가 내면의 평화를 방사하여
윤회의 바다를 고요하게 합니다.

9.고타마 붓다님이시여, 자신들의 이념으로 인간들을 통제해도 된다는 생각을 알리는 단상으로 사용하기 위해 세상의 교육기관들을 장악해온 멘탈계 안의 타락한 존재들의 공간을 제거하소서.

고타마 붓다님이시여, 당신의 뇌성번개로
우리는 지구에 거대한 동요를 일으킵니다.
나는 알고 있나니, 누군가는 깨달음을 얻어,
붓다의 영원한 무리에 합류할 것입니다.

고타마 붓다님이시여, 우주적 평화의 화염이시여,
이제 사납게 날뛰는 사념들이 그치니,
당신과 제가 내면의 평화를 방사하여
윤회의 바다를 고요하게 합니다.

3부

1.고타마 붓다님이시여, 상반된 이념을 내세우는 두 집단을 형성해온
멘탈계 안의 타락한 존재들의 공간을 제거하소서. 각 집단은 자신들만
이 유일한 참된 사상을 알리고 있고 반대되는 사상을 가진 자들을 파
괴하는 것이 의무라고 믿습니다.

고타마 붓다님이시여, 애증을 일으키는
내 마음의 상태를 드러내 보여 주소서.
나는 당신께서 드러내주는 것을 견디면서,
나의 지각은 순수해질 것입니다.

고타마 붓다님이시여, 우주적 평화의 화염이시여,
이제 사납게 날뛰는 사념들이 그치니,
당신과 내가 내면의 평화를 방사하여
윤회의 바다를 고요하게 합니다.

2.고타마 붓다님이시여, 이원론적 접근방식의 오류와 타락한 존재들이
통제를 통해 이상사회를 만드는 것이 불가능함을 모든 영적인 사람에
게 일깨워주소서. 통제를 통해서는 지상에서 결코 항구적인 사회를 세
울 수가 없습니다.

고타마 붓다님이시여, 당신의 평화의 화염 안에서,
나는 이제 고투하는 자아를 놓아버립니다.

나는 이제 불성(佛性)을 깨달으며,
불성은 당신과 나의 중심핵입니다.

고타마 붓다님이시여, 우주적 평화의 화염이시여,
이제 사납게 날뛰는 사념들이 그치니,
당신과 내가 내면의 평화를 방사하여
윤회의 바다를 고요하게 합니다.

3.고타마 붓다님이시여, 공산주의와 자본주의 양쪽 뒤에서 사상들을
조장하는 멘탈계 안의 타락한 존재들의 공간을 제거하소서.

고타마 붓다님이시여, 내가 당신과 하나가 되니,
이제 마왕(mara)의 악귀들은 달아납니다.
당신의 현존은 고통을 치유하는 향유와 같이,
내 마음과 감각들을 늘 고요하게 합니다.

고타마 붓다님이시여, 우주적 평화의 화염이시여,
이제 사납게 날뛰는 사념들이 그치니,
당신과 내가 내면의 평화를 방사하여
윤회의 바다를 고요하게 합니다.

4.고타마 붓다님이시여, 타락한 존재들과 그들의 사상에 대한 대안이
있다는 것을 영적인 사람들에게 일깨워주소서, 우리는 상승한 마스터
들과 직접적인 소통체계를 확립하고 지속 가능한 사회를 창조하기 위
한 사상을 제시할 수 있습니다.

고타마 붓다님이시여, 나는 이제 영원한
현재 안에 살겠다고 서약합니다.
당신과 함께 모든 시간을 초월하여,
더없이 숭고한 현재 안에서 살겠습니다.

고타마 붓다님이시여, 우주적 평화의 화염이시여,
이제 사납게 날뛰는 사념들이 그치니,
당신과 내가 내면의 평화를 방사하여
윤회의 바다를 고요하게 합니다.

5.고타마 붓다님이시여, 사람들이 자신을 위해 최상의 것을 행하기를 원치 않는 멘탈계 안의 타락한 존재들의 공간을 제거하소서. 타락한 존재들은 사람들이 결코 자신을 위해 최상의 것이 아닌 것을 행하도록 만들어 그들을 이용하려고 합니다.

고타마 붓다님이시여, 나에겐 아무런 욕망도 없으며,
세속의 어느 것도 갈망하지 않습니다.
이제 나는 무집착 안에서 휴식하며,
마왕(魔王)의 교묘한 시험을 통과합니다.

고타마 붓다님이시여, 우주적 평화의 화염이시여,
이제 사납게 날뛰는 사념들이 그치니,
당신과 내가 내면의 평화를 방사하여
윤회의 바다를 고요하게 합니다.

6.고타마 붓다님이시여, 자기들이 통제를 유지하기 위해서는 사람들을 속일 필요가 있음을 알고 계속해서 사람들을 농락할 수 있는 사상들을 제시하는 멘탈계 안의 타락한 존재들의 공간을 제거하소서.

고타마 붓다님이시여, 내가 당신 안으로 녹아들며,
나의 마음은 이제 둘이 아닌 하나가 되었고,
당신의 눈부신 빛 안에 잠기니,
내가 아는 모든 것은 열반(涅槃)뿐입니다.

고타마 붓다님이시여, 우주적 평화의 화염이시여,

이제 사납게 날뛰는 사념들이 그치니,
당신과 내가 내면의 평화를 방사하여
윤회의 바다를 고요하게 합니다.

7. 고타마 붓다님이시여, 영적인 사람들로 하여금 그들을 믿게 만들어
그 체제에 에너지를 공급케 함으로써 자기들의 결함 있는 체제를 유지
하려 하는 멘탈층 안의 타락한 존재들의 공간을 제거하소서.

고타마 붓다님이시여, 시간을 초월한 당신의 공간 안에서,
나는 우주적 은총 안에 잠겨듭니다.
나는 모든 형상을 초월해 계신 신을 깨달으며,
더 이상 세상을 따르지 않으렵니다.

고타마 붓다님이시여, 우주적 평화의 화염이시여,
이제 사납게 날뛰는 사념들이 그치니,
당신과 내가 내면의 평화를 방사하여
윤회의 바다를 고요하게 합니다.

8. 고타마 붓다님이시여, 멘탈계 안의 실재들과 악귀들의 공간을 제거
하시고, 영적인 사람들과 일반 대중들을 타락한 존재들의 거짓과 기만
으로부터 해방하소서.

고타마 붓다님이시여, 나는 이제 깨어나서,
무엇이 시급한 문제인지를 명확하게 봅니다.
그리하여 나는 내 신성한 권리를 선언하며
지구상에서 불성의 빛이 될 것입니다.

고타마 붓다님이시여, 우주적 평화의 화염이시여,
이제 사납게 날뛰는 사념들이 그치니,

당신과 내가 내면의 평화를 방사하여
윤회의 바다를 고요하게 합니다.

9.고타마 붓다님이시여, 지식인들을 통제하고 있는 멘탈계 안의 타락한 존재들의 공간을 제거하소서. 멘탈계 안의 타락한 존재들에 의해 완전히 사로잡혀 있고 거기서 오는 우월감을 포기하려고 하지 않는 육화 중인 인간들의 공간을 제거하소서.

고타마 붓다님이시여, 당신의 뇌성번개로
우리는 지구에 거대한 동요를 일으킵니다.
나는 알고 있나니, 누군가는 깨달음을 얻어,
붓다의 영원한 무리에 합류할 것입니다.

고타마 붓다님이시여, 우주적 평화의 화염이시여,
이제 사납게 날뛰는 사념들이 그치니,
당신과 내가 내면의 평화를 방사하여
윤회의 바다를 고요하게 합니다.

4부

1.고타마 붓다님이시여, 타락한 존재들에 의해 제시된 사상과 거짓말들, 그리고 타락한 존재들에 의해 지배되어온 기관들을 드러내주소서.

고타마 붓다님이시여, 애증을 일으키는
내 마음의 상태를 드러내 보여 주소서.
나는 당신께서 드러내주는 것을 견디면서,
나의 지각은 순수해질 것입니다.

고타마 붓다님이시여, 우주적 평화의 화염이시여,
이제 사납게 날뛰는 사념들이 그치니,
당신과 내가 내면의 평화를 방사하여
윤회의 바다를 고요하게 합니다.

2.고타마 붓다님이시여, 인간 지성의 속성과 한계를 알고, 인간을 통제할 때 어떻게 그 한계를 활용해야 하는지를 알고 있는 멘탈계 안의 타락한 존재들의 공간을 제거하소서.

고타마 붓다님이시여, 당신의 평화의 화염 안에서,
나는 이제 고투하는 자아를 놓아버립니다.
나는 이제 불성(佛性)을 깨달으며,
불성은 당신과 나의 중심핵입니다.

고타마 붓다님이시여, 우주적 평화의 화염이시여,
이제 사납게 날뛰는 사념들이 그치니,
당신과 내가 내면의 평화를 방사하여
윤회의 바다를 고요하게 합니다.

3.고타마 붓다님이시여, 승천한 마스터들의 가르침들에 반대하는 물질, 감정, 사고, 자의식 층들의 타락한 존재들과 악귀들의 공간을 제거하소서.

고타마 붓다님이시여, 내가 당신과 하나가 되니,
이제 마왕(mara)의 악귀들은 달아납니다.
당신의 현존은 고통을 치유하는 향유와 같이,
내 마음과 감각들을 늘 고요하게 합니다.

고타마 붓다님이시여, 우주적 평화의 화염이시여,

이제 사납게 날뛰는 사념들이 그치니,
당신과 내가 내면의 평화를 방사하여
윤회의 바다를 고요하게 합니다.

4.고타마 붓다님이시여, 모든 것에 대해 물질적 설명이 있어야 하고
사회는 물질적 수단으로 증명될 수 있는 것만을 받아들여야 한다는 사
상을 조장하는 멘탈계 안의 타락한 존재들의 공간을 제거하소서.

고타마 붓다님이시여, 나는 이제 영원한
현재 안에 살겠다고 서약합니다.
당신과 함께 모든 시간을 초월하여,
더없이 숭고한 현재 안에서 살겠습니다.

고타마 붓다님이시여, 우주적 평화의 화염이시여,
이제 사납게 날뛰는 사념들이 그치니,
당신과 내가 내면의 평화를 방사하여
윤회의 바다를 고요하게 합니다.

5.고타마 붓다님이시여, 사회 각 분야의 기성 조직에 대해 의문을 제
기하지 못하도록 교묘한 견해들을 내세우는 멘탈계 안의 타락한 존재
들의 공간을 제거하소서.

고타마 붓다님이시여, 저에겐 아무런 욕망도 없으며,
세속의 어느 것도 갈망하지 않습니다.
이제 나는 무집착 안에서 휴식하며,
마왕(魔王)의 교묘한 시험을 통과합니다.

고타마 붓다님이시여, 우주적 평화의 화염이시여,
이제 사납게 날뛰는 사념들이 그치니,

당신과 내가 내면의 평화를 방사하여
윤회의 바다를 고요하게 합니다.

6.고타마 붓다님이시여, 과학은 인간의 마음과 의식을 진지하게 탐구할 필요가 없다는 견해를 조장하는 멘탈계 안의 타락한 존재들의 공간을 제거하소서.

고타마 붓다님이시여, 제가 당신 안으로 녹아들며,
저의 마음은 이제 둘이 아닌 하나가 되었고,
당신의 눈부신 빛 안에 잠기니,
제가 아는 모든 것은 열반(涅槃)뿐입니다.

고타마 붓다님이시여, 우주적 평화의 화염이시여,
이제 사납게 날뛰는 사념들이 그치니,
당신과 제가 내면의 평화를 방사하여
윤회의 바다를 고요하게 합니다.

7.고타마 붓다님이시여, 의식은 단지 주관적이 될 수밖에 없으며 오직 물질주의적으로 입증된 것만이 객관적이 될 수 있다는 견해를 조장하는 멘탈계 안의 타락한 존재들의 공간을 제거하소서.

고타마 붓다님이시여, 시간을 초월한 당신의 공간 안에서,
나는 우주적 은총 안에 잠겨듭니다.
나는 모든 형상을 초월해 계신 신을 깨달으며,
더 이상 세상을 따르지 않으렵니다.

고타마 붓다님이시여, 우주적 평화의 화염이시여,
이제 사납게 날뛰는 사념들이 그치니,
당신과 내가 내면의 평화를 방사하여

윤회의 바다를 고요하게 합니다.

8.고타마 붓다님이시여, 어떤 것이 타당한 지식인지를 가려내는 기준
이 있고 이 기준은 물질주의적 용어로 정의되어야 한다는 견해를 조장
하기 위해 기성의 교육기관을 이용하고 있는 멘탈계 안의 타락한 존재
들의 공간을 제거하소서.

고타마 붓다님이시여, 나는 이제 깨어나서,
무엇이 시급한 문제인지를 명확하게 봅니다.
그리하여 나는 내 신성한 권리를 선언하며
지구상에서 불성의 빛이 될 것입니다.

고타마 붓다님이시여, 우주적 평화의 화염이시여,
이제 사납게 날뛰는 사념들이 그치니,
당신과 내가 내면의 평화를 방사하여
윤회의 바다를 고요하게 합니다.

9.고타마 붓다님이시여, 내 안의 그리스도에 의해 나는 승천한 마스터
들에게 권한을 부여합니다. 그러니 멘탈계의 에너지들과 실재들, 타락
한 존재들에게 개입하여 그들을 결박하고 태워버리고 제거하시어 이
행성을 물질주의의 한계들로부터 자유롭게 해주소서.

고타마 붓다님이시여, 당신의 뇌성번개로
우리는 지구에 거대한 동요를 일으킵니다.
나는 알고 있나니, 누군가는 깨달음을 얻어,
붓다의 영원한 무리에 합류할 것입니다.

고타마 붓다님이시여, 우주적 평화의 화염이시여,
이제 사납게 날뛰는 사념들이 그치니,

당신과 내가 내면의 평화를 방사하여
윤회의 바다를 고요하게 합니다.

봉인하기

신(神)의 이름으로, 나는 대천사 미카엘과 아스트리아와 시바신께서
나와 모든 건전한 사람들 주위에 뚫을 수 없는 보호막을 형성하시어,
우리를 4가지 세계들 안에 있는 모든 두려움에 기초한 에너지로부터
봉인해주심을 받아들입니다. 또한 나는 신의 빛이 전쟁 배후의 세력들
을 구성하는 모든 두려움에 기초한 에너지들을 불태우고 변형시키고
있음을 받아들입니다!

정체성의 환영들

나는 승천한 마스터, 성모 마리아입니다. 이 질문을 잠시 생각해 보세요: "전쟁이 무엇일까?" 전쟁은 생명의 반대라고 말할 수 있습니다. 그렇다면 생명은 무엇일까요? 생명이란 자각을 확장하기 위한 기회입니다.

여러분이 한 인간 생명과 하나의 육신을 바라볼 때, 지금 육화해 있는 수많은 사람들과 과거에 육화해서 죽어갔던 무수한 사람들을 생각한다면, 또 얼마나 쉽게 많은 사람들이 죽을 수 있고, 수백만 명 사람들이 단 한 번의 전쟁으로 얼마나 쉽게 죽을 수 있는지를 생각해 본다면 그것은 하찮은 것으로 여겨질 수도 있습니다. 그러나 우주적인 관점에서는 무의미한 생명이란 단 하나도 없는데, 생명이란 개별적인 생명흐름이 자각을 확장해나갈 수 있는 유일무이한 기회이기 때문입니다. 각 생명흐름은 전체의 일부이므로 하나의 생명은 전체를 위해 중요한 의미를 지닙니다.

전체란 무엇입니까? 궁극적으로 전체란 신(God)이며, 그것은 여러분이 한 부분으로 생겨나오고 생명의 피라미드, 우주적 위계구조를 형성하는 영적인 세계 안의 모든 존재들입니다. 여러분은 하나의 개별적인 생명흐름이고, 말하자면 생명의 피라미드 최하위 수준에 있습니다. 여러분은 가장 밀도가 높은 천체로 자원해서 내려왔는데, 이 천체의 밀도가 여러분이 성장할 기회를 주고 그럼으로써 여러분은 전체의 성장을 돕는다는 점을 알고 있었기 때문입니다. 다시 말해 이것은, 지구 행성에서의 물질적 삶이 전체를 성장시키는 기회가 되기 때문에 우주적 중요성을 가진다는 의미입니다.

너희는 살인하지 말라

이것이 "너희는 살인하지 말라"라는 계명이 주어진 진정한 이유입니다. 이것이 바로 이 계명이 무조건적일 수밖에 없는 진정한 이유입니다. 이것이 바로 신과 상승한 마스터들이 다른 존재를 죽이는 것을 용인하거나 바람직하다고 하는 어떤 조항도 (계명에다) 절대로 규정하지 않은 진짜 이유입니다.

우리는 누구나 자유의지 그 자체를 표출하도록 허용되어야 한다는 것을 알고 있습니다. 여러분이 다른 사람들의 자유의지를 간섭하거나 강요할 수 있는 많은 일들이 있습니다. 나는 그것이 적법하다 말하고 있는 것이 아닙니다. 내가 말하고 싶은 한 가지는 우주의 법칙은 여러분이 육화한 인간의 생명을 빼앗는 일을 절대 허용하지 않는다는 것입니다. 살인은 자유의지에 대한 침해일 뿐만 아니라 남은 생애 동안 자유의지를 행사할 기회를 단절시키는 것이기도 합니다.

다른 사람에게 강요하는 것은 타당하지 않지만, 여러분은 아직도 육화한 삶 동안에 더 이상 육체적 죽음을 갖지 않는(태어나지 않는) 선택을 할 기회를 가지고 있습니다. 물론 영혼과 생명흐름은 삶을 이어나가며 그들이 육신의 상태가 아니라도 여전히 성장할 수 있습니다. 그들은 자신의 육화에 기초한 선택을 할 수도 있고 자신이 죽었던 방식에 기초한 선택을 할 수도 있지만, 그것이 육화된 삶에서 누릴 수 있었던 기회와 동등한 것은 아닙니다.

나는 이 지구상에는 내가 방금 여러분에게 말했던 것을 스스로 깨달으며 성장한 사람이 거의 없다는 것을 잘 알고 있습니다. 대부분의 종교들은 생명의 가치와 생명의 목적에 대해서 이런 자각과 이해를 주지 않습니다. 물질주의자 철학의 어떤 논설도 그런 자각과 이해를 전혀 주지 못합니다. 그렇기 때문에 지구에서 그토록 많은 사람들이 자의식계의 타락한 존재들의 거짓말과 속임수와 조종에 취약한 것입니다. 인류의 대부분이 아스트랄계와 멘탈계에 주파수를 맞추고 있으므로 이 존재들이 인간들에게 직접적으로 작업하는 경우는 드뭅니다. 육신을 가진 소수의 사람들만이 자의식계의 타락한 존재들에게 파장을 동조시킬 수 있었습니다. 그리고 그들은 자의식계의 이런 존재들로부터 아이디어를 직접적으로 수신해서 정치적이고 종교적인 각종 철학 및 소위 과학적 철학들로 엮어냈던 것입니다.

자의식계의 타락한 존재들로부터 오는 사상들

이런 예는 많이 있었습니다. 나는 두세 가지만 언급하겠습니다. 물론 기독교는 예수의 가르침으로 시작되었습니다. 그는 매우 높은 수준의 신성(神性)을 성취했기에 순수한 가르침을 받을 수 있었습니다. 문제는 당시의 기술이 부족했던 탓에 예수가 말한 모든 것이 정확히 전달되어 기록되지 못했다는 것입니다. 또한 당시 사람들의 의식은 제한되어 있어서 예수가 말할 수 없었던 것들도 많았습니다.

그럼에도 불구하고 기독교는 매우 순수한 기반에서 출발했지만, 그 기반은 가톨릭교회 형성 이후에 심하게 왜곡되었습니다. 초기 교부(教父)들 중의 한 명이었던 성 어거스틴(St. Augustine)[23]은 자의식계

의 타락한 존재들에게 파장을 맞출 수 있었던 한 예였습니다. 다른 교부들은 어거스틴이 했던 정도는 아니었습니다. 원죄(原罪)에 대한 모든 개념은 어거스틴이 창안한 것이 아니라 자의식계의 타락한 존재들에게 파장을 맞춤으로써, 즉 현대적 용어로 표현하자면 그를 통해 채널링된 것입니다.

그 존재들은 인류가 신에 의해 잘못된 방식으로 창조되었기 때문에 근본적으로 결함 있는 인

성 어거스틴

23) (A.D. 354~430) 초대 기독교 시대의 철학자이자 사상가. 중세의 새로운 문화를 탄생하게 한 선구자로 평가받고 있다. 저작물로는 《고백록》《삼위일체론(三位一體論)》《신국론(神國論)》 등의 대작들이 있다. (편집자 주)

간이라는 개념을 제시했습니다. 이런 개념은 신이나 상승한 마스터들로부터 나올 수 없는 것인데, 왜냐하면 내가 여러분들에게 말해 왔던 것처럼 우리는 진실을 알고 있기 때문입니다. 여러분은 자아의식적인 존재들로 이루어진 전체 위계구조에서 확장되어 나온 일부분이며 그 기원은 창조주에 이릅니다. 그러므로 여러분은 이 우주위계구조와 근본적으로 차이가 없으며, 확실히 전체 위계구조는 결함 있는 존재들로 이루어지지 않았습니다. 우리는 우리 자신이 원죄가 있는 존재로 창조되지 않았음을 알고 있습니다. 따라서 인류 역시 죄인으로 창조되지 않았음을 알고 있습니다. 여러분은 자유의지와 더불어 한 점과도 같은 자아각성에 관한 감각을 가지도록 창조되었고, 그것을 기반으로 자각을 확장시켜나갈 수가 있습니다.

여러분이 원초의 순수한 상태, 신의 본래 비전 안에서는 결코 자신에게 무언가 잘못된 것이 있다는 생각을 받아들이는 의식 상태로 내려갈 수 없다는 것을 이해할 것입니다. 자신을 잘못되거나 결함이 있는 죄인이라고 보는 부정성에 결코 빠지지 않으면서도 한 점의 자기인식에서 출발해서 완전한 신의식(God consciousness)으로 확장해 가는 것이 전적으로 가능합니다. 여러분은 완전히 긍정적인 체험을 하면서 충만한 신의식으로 성장할 수 있습니다. 또한 여러분은 일정한 자아각성에서 출발해서 그것을 토대로 확장하고 확립해나가며, 결코 자신을 실패했다거나 실수했다거나 죄를 지은 존재로 보지 않고 착실히 전진해 나갑니다.

타락한 존재들의 논리를 합리적으로 숙고해 보라

사랑하는 이들이여, 이런 부정성으로 갈 필요가 없습니다. 그것은 전적으로 타락한 존재들이 고안해낸 것입니다. 그런 개념은 이전의 천체에서 고안되었지만 지구에서는 자의식계의 존재들에게 집중되어 있습니다. 그들은 신의 창조에 무엇인가 잘못된 것이 있었다는 더 정교한 개념을 제시해왔던 존재들입니다. 이것은 바로 그들의 작전상의 아이디어, 즉 상투적 수법입니다. 이것이 그들의 주요 사상입니다. 그들

454

중의 일부는 신의 계획에 결함이 있으며 신이 실수를 했다고 정말로 믿고 있습니다. 그들은 또한 누군가 그 실수를 바로 잡아야 하고 그 누군가가 바로 그들 자신이라고 믿고 있는 것입니다.

비록 논리나 추론에는 다소 한계가 있지만 나는 여러분이 이에 대해 논리적이고 합리적으로 숙고해 보길 요청합니다. 타락한 존재들의 말을 잘 들어보면, 그 논지의 핵심은 자유의지와 연관되어 있다는 것을 알 수 있습니다. 신이 저지른 실수는 자아의식을 지닌 존재들에게 자유의지를 주었던 일이란 것입니다. 자유의지를 가진 존재들은 전 우주의 성장과정을 거역할 수 있는 선택권이 있습니다. 그들은 자기초월과 의식의 성장을 거역하는 선택을 할 수 있습니다. 신이 그들에게 자유의지를 줌으로써 그들로 하여금 이원성 의식에 빠지게 하고 자신을 전체에 연결된 존재가 아닌 분리된 존재로 보게 되는 잠재성을 부여했다는 것입니다. 결국 타락한 존재들이 말하는 요지는 신의 계획에 결함이 있다는 것입니다.

이제 여기에다 추론과 논리를 사용해 봅시다. 자유의지는 자유롭습니다. 적어도 자의식계 차원에 있는 타락한 존재들은 여러분이 자유의지를 갖고 있다는 것에는 이의를 제기하지 않습니다. 그들이 말하는 것은 바로 자유의지를 갖고 있다는 것이 문제라는 것입니다. 그들이 인정하듯이 자유의지가 정말 자유로운 것이라면, 어떻게 신의 쪽에 실수가 있을 수 있는 것일까요? 예, 여러분이 이원성으로 갈 잠재성이 있는 것은 맞지만 그것은 필연적인 것이 아닙니다. 신이 여러분에게 자유의지를 주면서 진실로 부여한 것은 "생명의 목적은 너희가 지닌 자각을 확장해 가는 것이지만, 어떻게 해나갈지는 너희 자신이 결정하라"는 말씀입니다. 궁극적으로 그 목적은 한 점의 자아의식으로부터 무소부재한 자아의식에 이르는 길을 가는 것이라고 말할 수 있습니다. 신께서는 여러분이 어떻게 그 길을 가고 어떻게 자신의 길을 규정할지에 대해서는 완전한 자유를 주셨습니다. 그렇습니다. 여러분은 분리와 이원성으로 가는 것을 선택할 수도 있습니다. 물론 이렇게 하는 데는 결과가 따릅니다. 그것은 자아를 강화하는 일종의 폐쇄된 세계가 됩니다. 여러분이 한번 그 안으로 들어가 버리면 빠져 나오기가 훨씬 더 어렵지만, 여러분은 그곳에서 나올 수 있습니다. 여러분은 자신의 현의식 상태를 벗어나 순수인식(pure awareness)으로 돌아오는 능력을 절대로 잃어버릴 수 없습니다.

나는 하향나선의 덫에 거의 완전히 사로잡혀버린 타락한 존재들에 대해서 이야기했었습니다. 승천한 마스터들은 하향나선의 덫에 걸려 있지 않습니다. 우리는 그들로 하여금 그들의 나선 바깥에 무언가 존재한다는 현실과 대면하게 해줄 수 있고, 이로써 그들이 자신의 나선을 벗어나 하나됨으로 가는 길을 갈 기회를 줍니다.

신은 타락한 존재와 타락하지 않은 존재를 차별하지 않는다

한번 타락의 길로 들어서면, 이미 타락한 것이고 되돌아올 길이 없다고 말하는 이들이 있습니다. 그러나 신의 관점에서 보면 이것은 사실이 아닙니다. 지금 내가 여러분에게 주는 것은 타락한 존재들과 타락하지 않은 존재들에 대한 개념입니다. 신은 여기에 개의치 않으십니다. 이것은 내가 하는 말이 맞느냐, 틀리느냐의 문제가 아닙니다. 나는 단지, 여러분이 타락한 의식과 이원적 의식에 의해 거의 잠식된 행성에서 살고 있다는 사실에 근거한 하나의 관점을 주고 있는 것입니다. 나는 타락한 의식과 그리스도 의식 간의, 그리고 타락한 존재와 그렇지 않은 존재 간의 뚜렷한 차이에 대해 이야기하고 있습니다. 그러나 신의 전체적인 관점에서, 신은 이 차이조차도 보지 않으십니다.

신은 단지 타락한 존재들이 어떤 길을 선택했다는 사실만 보십니다. 신에게는 그들이 어느 방향으로 가든, 그들이 전체 우주의 흐름을 따라가든 혹은 거슬러가든 정말 문제가 되지 않습니다. 그들이 깨어난다면 그들은 여전히 일체의 상태로 복귀할 수 있지만, 그들은 지금 여러분 모두처럼 어떤 하나의 개체화된 관점을 가지고 있습니다. 예, 지구 같은 행성에서는 분명히 타락한 존재들이 타인들과 자신에게 어마어마한 고통을 만들어왔습니다. 확실히 그것은 신이나 마스터들이 생명흐름들에 대해 품었던 비전이 결코 아닙니다. 그럼에도 여러분이 한번 깨어나기만 한다면, 여러분을 일체성의 상태로 이끌어줄 수 있는 길은 여전히 존재합니다.

이것은 왜 그럴까요? 여러분이 위로 향한 길을 택하든, 아래로 향한 길을 택하든, 여러분은 무엇을 하고 있습니까? 여러분은 하나의 점 같은 자아의식에서 출발합니다. 그런 다음에 여러분은 좀 더 큰 자아를 규정하고, 또 더 큰 자아를 규정하고, 또 그보다 더 큰 자아를 규정해 나갑니다. 여러분이 하나의 자아의식을 벗어나 다른 자아의식으로 옮겨갈 때마다 이전의 자아는 죽습니다. 이를 의식하든 안 하든, 여러분은 이렇게 단언하고 있는 것입니다: "나는 이것이 아니다." 여러분은 여기서 중요한 깨달음을 얻을 수 있습니까? 성장, 생명, 자기 초월은 여러분이 자신의 현 자아를 보면서 "나는 이것이 아니다"라고 말해나가는 과정입니다. 여러분의 현재 자아가 무엇인지는 중요치 않습니다. 여러분은 "나는 이것이 아니다"라는 것을 깨닫게 됨으로써 오직 하나의 길에서 계속 성장해나가는 것입니다 여러분은 성자일 수도 있고 죄인일 수도 있지만, 자아를 초월하고 더 높이 올라가는 방법은 여전히 "나는 이것이 아니다"라는 단언입니다.

자기 자신을 매우 영적이고 종교적이라고 생각하는 사람들, 영적인 자아감을 크게 키워온 사람들이 있으나, 앞에서 우리는 실제로는 바로 이런 것이 그들을 상승하지 못하도록 막는다는 사실을 암시한 적이 있습니다. 그런 사람들은 그런 영적인 자아에 너무나 집착해서 그 자아와 함께 천상으로 가야 한다고 생각하며, 그들은 그 자아를 내려놓지 않으려 합니다. 설사 여러분이 상승에 대한 자격을 갖추었다고 할지라도 여전히 여러분은 자신을 그 지점까지 이끌어온 자아를 보면서 다시 "나는 이것이 아니다"라고 단언해야만 하는 지점이 있습니다. 그러고 나서야 상승한 상태로 올라갈 수 있는 것입니다.

여기에는 아무런 조건이 없는데, 즉 상승하지 못한 그 어떤 천체에서도, 심지어는 가장 낮은 지옥에서도 한 생명흐름이 그 상태를 초월하지 못하도록 막는 그 어떤 조건도 존재한 적이 없습니다. 물론, 나는 타락한 의식이 자아를 강화하는 하향나선이 된다고 이야기했습니다. 예, 내가 여러분이 자신의 힘으로는 그곳에서 나올 수 없다고 이야기했지만, 이 말은 여러분이 '이것은 단지 하나의 자아일 뿐이고 나는 이것이 아니다'란 것을 깨닫게 됨으로써 자신을 초월할 수 없다는 뜻은 아닙니다.

여러분은 죄인이 아니고 동물도 아니다

이것은 영적인 사람들이 이해해야할 중요한 말인데, 이 말을 통해 자의식계의 타락한 존재들이 인간에게 투사했던 환영을 꿰뚫어 볼 수 있기 때문입니다. 물론 여러분이 죄인이라는 환영, 여러분은 선천적으로 다소 결함이 있고 이는 신께서 여러분을 그렇게 창조하셨기 때문이라는 환영이 있습니다. 이것이 아마 알파 환영(the Alpha illusion)일 것입니다. 이 환영의 오메가적 측면은 여러분이 단지 진화된 동물에 지나지 않고, 여러분은 실제로 동물이며 전적으로 물질적 존재라는 것입니다. 즉 여러분의 개성, 자각에 대한 느낌, 여러분의 의식이 모두 육체의 두뇌 안에서 일어나는 기계적인 과정의 산물이며, 두뇌가 작용을 멈추면 모두 소멸해버린다는 것입니다. 누군가 스위치를 꺼버리면 여러분은 사라지게 되어 있다는 말이지요.

이 말이 얼마나 사람들을 일정한 한계에 가두어왔고 지금도 여전히 가두고 있는지를 깊이 생각해 보십시오. 얼마나 많은 사람들이 자신을 죄인으로 느끼며 성장해왔는지 생각해 보세요. 그들의 전 삶들이 태초부터 신이 부과한 이런 상태를 배상해가면서 돌고 도는 중입니다. 어떻게 선하고 완전하신 신이 여러분을 근본적인 결함을 가진 죄인으로 설계하여 창조하고 자신의 아들을 내려 보내 인간을 불쌍히 여겨 구원하여 천상으로 데려갈 때까지 고통 받게 한다는 생각을 할 수 있을까요? 이것의 목적이 무엇일까요? 그리고 이런 왜곡된 믿음이 어떻게 여러분을 자각 속에서 성장하도록 도울 수 있겠습니까?

왜 타락한 존재들은 분리에 대해 언급하지 않는가?

그리고 여러분이 죄인이고 물질적 존재일 뿐만 아니라 분리된 존재이기도 하다는 더 깊은 의식이 있습니다. 그것이 이원성 의식에 빠진

458

결과이다 보니 사람들은 쉽사리 믿습니다. 여러분이 이원성으로 들어가게 되면, 자신을 분리된 존재로 보기 시작합니다. 그리고 타락한 존재들은 분리에 대해 정의하는 철학을 제시할 필요성조차도 느끼지 않습니다. 사실, 그들은 그렇게 하지 못합니다. 여러분은 인간이 분리된 존재이고 이것은 불가피한 상태라고 말하는 철학을 지구에서 거의 본 적이 없음을 눈치 챘을 것입니다. 여러분이 분리된 존재라고 말하는 존재들은 오직 승천한 마스터들뿐입니다.

타락한 존재들이 분리에 대해 언급하지 않는 이유는 무엇일까요? 그 이유는 그들은 여러분의 마음속에다 인간이 분리된 존재라는 생각조차 넣어주고 싶어 하지 않기 때문입니다. 왜 그럴까요? 여러분이 자신을 분리된 존재라고 말할 때는 동시에 여러분이 분리되지 않은 존재, 즉 연결된 존재가 될 수 있다는 대안도 말하고 있는 것이기 때문입니다. 자의식계의 타락한 존재들은 여러분이 분리를 하나의 선택권으로 여기기를 원치 않습니다. 그들은 여러분이 분리에 대해 의문을 품을 수 있게 되는 것조차 꺼려하는데, 이것이 바로 그들이 분리를 불가피하거나 필요한 것으로, 혹은 은혜로운 것으로 규정하는 그 어떤 철학도 갖고 있지 않은 이유입니다.

타락한 존재들이 얼마나 교묘하고 속임수에 능하며 계산적인지가 눈에 보입니까? 다양한 철학을 통해서 그들이 정말로 말하려는 것은 여러분은 영적인 존재가 아니라는 것입니다. 심지어 여러 종교에서도 여러분이 죄인이고 결함이 있거나 여러 가지 한계가 있는 존재로 설명함으로써 여러분을 비–영적인 존재로 묘사하고 있습니다.

심지어는 현대의 소위 뉴에이지(New Age) 운동들도 특별한 자질을 가진 것으로 가정된 한 사람의 스승을 중심으로 하고 있습니다. 이것도 또한 타락한 존재들에 의해 창안된 아이디어입니다. 특별한 자질을 갖춘 한 사람이 있고, 그 혹은 그녀는 특별한 존재이기 때문에 여러분은 그 지도자를 따라야 한다는 것입니다. 이렇게 규정하면서 여러분은 그 스승과 같은 천부적 자질을 갖추지 않았다는 이유로 자신을 자동적으로 더 하위에 놓게 되는 것입니다. 모든 남성과 여성이 동등하게 창조되지 않았나요? 모든 자아의식적인 존재들은 한 점 같은 자아로 창조되어 의식을 높여갈 기회를 갖고 있지 않은가요? 어떻게 한 사람의 지도자가 그렇게 여러분과 근본적으로 다를 수 있다는 말입니까? 그리고 어떻게 여러분과 근본적으로 다른 스승이 여러분을 자각 속에서 성장하도록 도울 수 있겠습니까?

그럴 수는 없지만, 그런 여건이 여러분이 그 타락한 존재들을 추종하도록 도울 수는 있습니다. 물론 이것이 여러분이 신께 돌아가는 과정에서 겪어야만 하는 체험이라면 모든 수단을 통해 그것을 추구해보세요. 그러나 내가 찾는 사람은 그런 체험을 충분히 해보고 한 단계 더 높이 올라갈 준비가 되어 이렇게 말하는 사람입니다: "나는 이런 타락한 스승들 중의 어느 하나도 원치 않는다. 나는 상승한 마스터를 내 안내자로, 내 스승으로, 나의 지도자로 삼고 싶다."

여러분의 그리스도 잠재성을 부인하기

타락한 존재들은 여러분이 창조주의 한 확장체이고, 상승한 마스터들의 확장체이며, 영적인 존재이고, 창조주의 아들딸임을 부정할 것입니다. 무엇보다도 그들은 여러분의 그리스도 잠재성을 부인하고 싶어 합니다.

그리스도란 무엇일까요? 그리스도는 기본적으로 어떤 마음의 상태입니다. 그것은 단일한 마음이고 눈에 보이지 않는 마음입니다. 이 마음은 지구같이 밀도가 짙은 행성에서도 외양에 상관없이 언제나 '모든 생명은 하나'라는 근본적인 진실을 알고 있습니다. 신은 어디에나 계십니다. 그 어떤 것도 신의 창조물과 분리되어 존재할 수 없습니다.

타락한 존재들이 원치 않는 것은 바로 이 사실을 여러분이 스스로 깨닫는 것입니다. 타락한 존재들은 여러분이 그리스도 의식을 지녔다고 생각되는 스승을 추종하는 것은 얼마든지 좋으나 여러분 스스로 자신의 그리스도 의식을 주장하는 것은 허용하지 못합니다. 이런 까닭에 그들은 그리스도 의식을 갖고 있지 않으면서도 그런 척 하거나 혹은 다른 우월한 의식상태, 깨달음 등등을 성취했다고 주장하는 가짜 스승들의 특성을 나타내고 있는 것입니다.

세상에는 수많은 그릇된 스승들이 널려 있으며, 시대를 통틀어 많은 거짓 스승들이 있었습니다. 그들 중의 몇몇은 정말로 자의식계의 타락한 존재들에게 주파수를 맞출 수 있었습니다. 그 가짜 스승들은 개인적인 신성을 구현할 수 있는 잠재력에 접근했던 사람들이 길을 잃어버리도록 그 역할을 충분히 수행했습니다. 이런 가짜 스승을 추종하게 되면, 그를 그런 최상의 경지를 성취할 수 있었던 유일한 존재로 늘 우러러보게 되는 까닭에 여러분은 자신의 그리스도 잠재력을 부인하게 됩니다. 예수도 육화 시절에 어떤 인도 스승을 만났었는데, 그도 그런 종류의 거짓 스승이었습니다. 그는 예수가 자신의 그리스도 잠재력을 부인하게 만들기 위해서 그가 생각할 수 있었던 모든 것을 다 행했습니다. 이것은 예수에게 있어서 꼭 필요한 입문(initiation, 통과의례)이었습니다. 그는 그 시험을 통과해야만 했고, 그러면서 능히 자신의 신성을 선포해야만 했습니다. 확언하지만 그것은 예수에게 험난한 시험이었으며, 누구에게도 그럴 것입니다.

우리는 "학생이 준비되면 교사가 나타난다."라고 말한 적이 있습니다. 여러분 중 다수가 진정한 가르침이나 진정한 교사를 만났을 때 종종 그릇된 가르침이나 그릇된 교사들도 동시에 나타나는 것을 체험했을 것입니다. 여러분 중 다수가 일정 기간 동안 거짓 가르침이나 거짓 교사를 따랐던 적이 있을 것입니다. 여러분에게는 그런 대조적 체험과 관점이 필요했고 그런 후에야 상위의 것과 하위의 것, 진리와 거짓, 그리고 일체성에 기초한 것과 이원성이나 분리에 기초한 것 사이의 차이를 볼 수 있었습니다. 그리하여 여러분은 에고의 관점에서 우월함의 상태로 높아지는 것과 그리스도 관점에서 일체의 상태로 상승하는 것의 차이를 알 수 있었을 것입니다.

어떻게 타락한 존재들이 그릇된 길을 만들어내는가?

자의식계의 타락한 존재들은 거짓된 길을 만들어내는 데 굉장한 재주가 있습니다. 아브라함 링컨(Abraham Lincoln)이 말한 것처럼, 그들은 "모든 사람들을 영원히 속일 수는 없다"는 것을 알고 있습니다.

가끔 어떤 사람이 깨어나기 시작하면, 그들은 그 사람을 거짓된 길로 이끌기 위해서 무슨 짓이든 다 합니다. 그리고 그 사람으로 하여금 분리된 자아를 신에게 받아들여질 만한 완벽의 상태로 끌어 올리는 것을 추구하게 만듭니다. 그럼으로써 그를 천상으로 들여보내도록 신에게 강요할 수가 있다는 것입니다.

자의식계의 타락한 존재들은 자신도 그렇게 될 것이라고 믿습니다. 그들은 충분한 수의 지구인들이 자신들의 그릇된 신념을 따르게 되면, 신도 그들의 우월성을 인정할 수밖에 없으며, 결국 그들을 천상으로 들어오게 해주고 또 지구와 다른 행성들의 상승하지 못한 생명흐름들을 다스릴 권능도 갖게 해줄 것이라고 진지하게 믿고 있습니다. 그들의 일부는 전 우주의 지배자가 되려는 꿈을 가지고 있습니다. 그런 까닭에 그들은 자기들에게 순종하지 않거나, 맹목적으로 그들을 따르지 않거나, 이 행성의 주인이 되려는 그들의 꿈을 방해하려는 지구인들에게 분노하는 것입니다.

멘탈계와 자의식계의 타락한 존재들

자의식계의 타락한 존재들은 사람들의 정체성을 왜곡하기 위해 모든 일을 다 해왔습니다. 그 목적은 여러분이 육화해 있는 동안 자신의 신성을 주장하지 못하도록 막기 위한 것입니다. 여러 책에서 우리가 설명했듯이, 그들은 여러분이 예수의 본보기를 따르지 못하도록 가능한 한 무슨 일이든 다 하려고 합니다. 그들이 가장 원치 않는 것은 수만의 그리스도적인 존재들이 앞으로 나아가 자신의 그리스도 신성을 주장하고 공개적으로 표현하는 것입니다. 이것을 막기 위해 그들이 어떤 일을 할까요? 단연코 그들은 자신의 힘이 닿는 무슨 일이든 다 할 것입니다.

자의식계의 타락한 존재들은 멘탈계의 타락한 존재들에 대해서 고도의 지배권을 가지고 있습니다. 그들은 아스트랄계의 타락한 존재들과 악귀들에 대해서도 좀 덜하기는 하지만 여전히 상당한 정도의 지배권을 행사합니다. 이 악귀들 중의 일부는 아무도 통제할 수 없을 정도의 분노와 파괴성에 사로잡혀있습니다. 그러나 그런 파괴성은 최소한 어느 정도까지는 자의식계의 타락한 존재들의 계략을 뒷받침해주기 때문에 별로 문제가 되지 않습니다.

내가 말했듯이, 멘탈계의 타락한 존재들은 어떤 문제에 직면해있습니다. 그들은 사람들을 지배하기를 원하기 때문에 지배할 대상으로 육화한 사람들이 필요합니다. 따라서 그들은 전쟁에서 사람들을 다 죽여선 안 됩니다. 자의식계의 타락한 존재들도 역시 이런 상황에 직면하며, 그래서 그들은 아스트랄계의 악귀들이 자신의 통제를 벗어나지는 않는지 종종 살펴보아야 합니다. 그들의 목적은 반드시 지구의 사람들을 다 죽이는 것이 아니기 때문에 그들은 이것을 위협으로 여깁니다. 그들의 목적은 지구인들을 통제하는 것이지만, 만일 그렇게 할 수 없다면 그들은 분명히 사람들을 죽이려 할 것이며, 어쩌면 전부 다 죽일 수도 있습니다. 이것이 자의식계의 타락한 존재들과 멘탈계의 존재들 사이의 미묘한 차이점입니다. 멘탈계의 그 존재들은 사람들을 모두 죽이는 것을 원하지는 않는데, 지배하기 위해 통제할 대상이 필요하기 때문입니다. 그러나 자의식계의 존재들은 일차적으로 지구인들을 통제하려는 욕망에 의해 움직이는 것이 아닙니다. 그들은 신을 통제하려는 욕망에 의해 움직입니다. 물론 이런 일은 불가능하지만 그들은 이를 알 수가 없고, 여러분이 그것을 그들에게 설명할 수도 없습니다. 개인적으로 시도해 본 나의 경험에서 볼 때, 나는 이것을 여러분에게 보장할 수 있습니다.

타락한 존재들은 설득되지 않는다

누구나 상승 자격을 갖춘 후에도 배움의 과정을 거쳐야 하며, 그런 후에야 내가 지금 '지구의 신성한 어머니'라는 직책을 갖고 봉사하는 것과 같은 그런 자격을 실제적으로 갖출 수가 있습니다. 그 누구든 우리 승천한 마스터들과 같은 관점을 가지고 타락한 존재들을 설득해보는 시험을 거쳐야만 합니다.

우리 대사들조차도 타락한 존재들에게 그들의 방법이 잘못되었음을 설득할 수 없다는 것을 직접 체험할 필요가 있습니다. 이런 것을 통해 우리는 여러분이 육화해 있는 동안에 어떤 일을 겪는지 이해하게 되고 지구에서 차원상승하지 못한 형제자매들에게 봉사하는데 도움을 받습니다. 즉 우리는 이성도, 논리도, 심지어는 그리스도 마음도 통하지 않는 지구에서 수행해야 하는 과업들을 이해하게 되는 것이지요. 여러분은 타락한 자들을 설득할 수 없습니다. 그런 까닭에 지구를 차원 상승시키는 유일한 길은 특정 존재들을 제거하는 것뿐이며, 그럼으로써 그들이 나타내는 의식 상태와 그들이 구체화시킨 것들 또한 지구에서 제거될 수 있습니다.

타락한 존재들을 설득하는 데 집중하는 대신에 우리는 육화해있는 영적 존재들을 깨어나게 하고 설득하는데 중점을 두고 있습니다. 깨어난 존재들은 자신의 권한을 사용해서 요청을 할 수 있고, 그러면 우리가 그 상황에 개입해서 그들 타락한 존재들과 그들이 지구에 구현시킨 의식 상태의 일부를 제거할 수 있습니다. 우리는 이런 방법으로 지구를 상승시키는데, 즉 타락한 존재들에게 직접 작업하는 것이 아니라 타락한 존재들이 지구에 만들어놓은 아수라장을 충분히 목격한 단계에 이른 육화한 영적 존재들과 함께 일하는 것입니다.

권한은 육화한 존재들에게 있다

이 책에서 여러분에게 관련된 주요 질문은 "나는 지구상에서 전쟁을 충분히 겪었는가?"입니다. 여러분은 전쟁을 지켜보면서 다음과 같이 말하는 단계에 이르렀습니까? "이 행성에서 전쟁이 계속 일어나는 것을 나는 이제 절대로 용인하거나 참을 수 없다. 나는 더 이상 지구 행성의 어떤 전쟁도 받아들이지 않겠다." 이것이 바로 내가 여러 단계를 통해서 여러분에게 이끌어내고자 노력했던 결단입니다. 타락한 존재들은 육화한 여러분이 권한을 가진 존재라는 사실을 알고 있기 때문에 당신들이 그 단계에 이르는 것을 막기 위해서 무슨 짓이든 다 할 것입니다.

자의식계의 타락한 존재들은 자신들이 막강한 힘과 지식, 통찰력,

통제력을 갖고 있다고 느끼기에 어떤 의미에서는 고양되고 대단한듯한 기분에 빠져 있습니다. 그들은 지배하고 기만하는데 통달했으며, 이것이 그들을 매우 강력하게 느끼도록 만듭니다. 한편 그들은 또한 지구 행성에 대한 권한은 육신을 가진 생명흐름에게만 주어져 있기 때문에 자기들이 지상에서 어떤 권한도 갖고 있지 않다는 것도 알고 있습니다. 그들이 어쩌면 여러분을 통제하거나 조종하거나 기만할 수 있지만, 그들은 여러분이 스스로 그 통제를 벗어나 자유롭게 될 수 있고 그런 후 그들을 결박하여 지구에서 없애줄 것을 요청할 수 있다는 것 또한 알고 있습니다. 그리고 우리 마스터들은 즉각적으로 여러분이 우리에게 부여해 준 그 권한을 실행할 수 있습니다.

타락한 존재들은 자신들이 외줄을 걷고 있음을 알고 있습니다. 그들은 칼날 위를 걷고 있습니다. 그들이 여러분을 기만하려고 애를 쓰면 쓸수록 실제적으로는 자기들이 여러분이 깨어날 기회를 더 증가시키고 있음을 알고 있습니다. 왜냐하면 그들이 기만을 유지하기 위해 더 극단으로 치달을수록 그들의 거짓은 더 눈에 잘 띄게 되기 때문입니다. 히틀러나 스탈린, 모택동은 그들의 대리인들이었던 까닭에 그런 극단으로 치닫도록 허용되었습니다. 타락한 존재들이 무슨 일을 하던 그들은 점점 더 극단으로 가야만 하고, 또 그렇게 함으로써 그들의 기만과 그 결과는 눈에 더 잘 띄게 됩니다.

여러분이 알아야만 하는 것은 자의식계의 타락한 존재들이 한편으로는 매우 친절하고, 진보되고, 능숙하고, 강력해 보일 수도 있다는 점입니다. 분명히 그들은 지적능력을 이용하여 논거와 아이디어를 제시하는데 아주 능숙합니다. 여러분이 이러한 타락한 존재들을 꼭 볼 필요는 없는데, 만약 여러분이 그들을 볼 수 있다면, 전쟁을 일으키기 위해서 나온 전형적인 전쟁광으로 알면 됩니다. 여러분은 그들을 평화로운 존재라고 생각할지도 모릅니다. 또한 여러분은 그들이 그릇된 기독교를 조장함으로써 실제로 지상에다 이상적인 사회를 만들려고 한다고 생각할 수도 있습니다.

천 년이 넘는 세월 동안 가톨릭교회가 자체의 교리와 교의들로 어떻게 서구를 철통같이 손아귀에 움켜쥐고 있었는지를 보십시오. 그들의 주장이 무엇이었습니까? 그것은 이것이 '구원으로 가는 유일한 길'이고 따라서 가톨릭교회가 지상에서 사람들의 영원한 구원을 촉진해왔다는 것이었지요. 가톨릭교회는 거의 전적으로 자의식계의 타락한 존재들의 창작물이었는데 어떻게 그 교회가 구원의 목적을 성취할 수 있었겠습니까? 하지만, 그것은 주장에 불과했습니다. 그렇지 않나요?

그러면 자의식계의 타락한 존재들의 또 다른 창작물인 마르크스주의, 공산주의 사상을 보십시오. 역시 그것도 지상에 이상사회를 세운다고 하는 주장이었습니다. 또 다른 산물은 원래 형태의 다윈의 진화론으로, 여러분이 진화한 동물이란 아이디어와 적자생존의 개념입니다. 그 사상을 뒤따른 물질주의적 사고방식도 가톨릭의 독단과 교리들로부터 인간의 마음을 해방시킨다고 표방했지만 그것 역시 타락한 존재들의 생각이었습니다. 가톨릭교회의 교리와 교의들을 만들어낸 이들이 누구입니까? 오 이런, 그것도 자의식계의 타락한 존재들이 아니었나요? 누가 지금 인간에게 물질주의 사상을 주면서 그런 교의와 교리로부터 여러분을 해방시키고 싶다고 주장하고 있습니까? 예, 그들도 역시 자의식계의 타락한 존재들입니다.

온화한 주장의 연막을 꿰뚫어보기

여러분은 코에 고삐가 꿰어진 채로 타락한 존재들에 의해 이리저리 휘둘림을 충분히 겪지 않았습니까? 사랑하는 이들이여, 이런 일은 이제 충분하지 않나요? 그래서 나는 타락한 존재들과 타락한 사고방식, 그리고 이원성과 분리의 의식으로부터 자유로워지는 길을 이 책과 다른 가르침들에서 제시하고 있는 것입니다. 우리는 이 메신저(킴 마이클즈)를 통해서 지구에서 대다수의 영적인 사람들을 타락한 존재들과 이원성으로부터 해방시켜줄 수 있는 체계적인 길을 제시해왔습니다.

나는 또한 이 책에서 여러분을 개인적인 자유만을 추구하는데서 그치지 않는 단계로 데려가려고 노력하고 있습니다. 여러분은 또한 자신의 의식을 일정한 단계로 끌어올림으로써 (마스터들에게) 요청할 권리를 주장할 수 있고 다른 이들을 자유롭게 해줄 수 있음을 알고 있습니다. 여러분은 지구에서 전쟁을 제거할 수 있는 선두주자가 될 잠재력을 갖고 있습니다. 현실적으로 진정 지구에서 전쟁을 없애기 위해서는 우리가 전쟁 배후의 타락한 존재들과 그 의식을 제거해야만 한다는 것을 이해해야 합니다.

그렇기에 여러분은 한 단계 더 올라가서 자의식계의 타락한 존재들을 바라볼 필요가 있습니다. 비록 그들이 작업 전면에 온화하고 이로운 주장들을 내세우고 있지만 이것이 모두 거짓말임을 알아야 합니다. 이것들 모두가 연막입니다. 나는 멘탈계의 타락한 존재들은 지구에서 사람들을 모두 죽이기를 원하지는 않는다고 이야기한 바 있습니다. 그러나 자의식계의 타락한 존재들은 그들이 만일 지구 사람들을 통제할 수 없다면 모두 다 죽일 것입니다. 이것은 왜 그럴까요? 자의식계의 타락한 존재들은 신이 틀렸음을 증명하고자 하는 총괄적 계획을 갖고 있기 때문입니다. 그러면 어떻게 그들이 궁극적으로 신이 틀렸음을 증명할까요? 그들은 자유의지가 잘못된 것임을 입증함으로써, 즉 그 자유의지가 재앙적 결과를 초래한다는 것을 증명함으로써 그렇게 합니다.

타락한 존재들은 인간들에게 무감각하다

타락한 존재들은 지구의 모든 인간들을 전적으로 자기-파괴적인 나선으로 들어가게 만들 수만 있다면, 자유의지가 그런 끔찍한 결과를 가져왔으므로 신의 계획은 오류임을 결과적으로 입증할 수 있다고 생각합니다. 이런 식으로는 왜 안 되는지를 내가 여러분에게 설명했습니다만, 타락한 존재들은 이것을 이해할 수도 없고 이해하려고 하지도 않을 것입니다. 자의식계의 타락한 존재들은 한편으로는 온화하고 자비롭고 능수능란해 보이지만 여전히 신에 대한 분노를 품고 있고, 급기야는 지구의 모든 인간들을 죽이려 합니다. 그들은 자신들의 논리를 증명하기 위해 기꺼이 사람들이 서로를 죽이도록 만들며, 심지어는 지구 행성 전체를 파괴하고자 합니다.

여러분이 타락한 존재들을 육화한 자들부터 시작해서 아스트랄, 멘탈계, 그리고 자의식계에 있는 그들을 살펴본다면, 매우 이상하고 모순적이기까지 한 현상을 볼 수 있을 것입니다. 내가 말했듯이, 히틀러 같은 사람들은 설득할 수가 없는데, 그들의 마음이 닫혀있기 때문입니다. 아스트랄계의 악귀들도 분노에 사로잡혀 있어서 이성적인 논의가 불가능합니다. 멘탈계의 존재들 역시도 지성의 덫에 걸려있어서 설득이 통하지 않습니다.

어떤 의미에서 히틀러는 유대인들 같은 그가 소모품으로 여겼던 존재들의 고통에 무감각했던 것이라고 말할 수도 있습니다. 아스트랄계의 타락한 존재들도 역시 무감각한데, 이것은 그들이 분노에 깊이 사로잡혀 있기 때문입니다. 그들은 인류에 대한 배려심이 전혀 없습니다. 멘탈계의 타락한 존재들도 자신의 지성과 영적자만에 완전히 빠져 있어서 그들도 역시 매우 무감각합니다. 자의식계의 타락한 존재들은 겉으로는 너무나 세련되고 능숙하고 자비로운 동기에서 일하는 것처럼 보일 수도 있지만, 실상 그들은 인류에 대해서 가장 극단적인 무감각성을 갖고 있습니다.

그들은 인류가 어찌 되든 전혀 개의치 않습니다. 인간들은 단지 놀이판의 하찮은 인질일 뿐입니다. 인간들은 단지 도구에 지나지 않습니다. 인간들은 그들이 전쟁터에서 이리저리 옮길 수 있는 조각들에 불과합니다. 그들은 신의 오류를 증명하기 위해서 지구행성 전체를 파괴하려 하고 있습니다. 그들의 첫 번째 계략은 모든 것을 통제하는 것이고, 만약 그렇게 할 수 없다면 파괴해버리려고 합니다. 여러분은 영적 존재로서의 그들을 알아야 하며, 이것이 엄연한 실상임을 깨달아야 합니다. 타락한 존재들은 절대로 굽히지 않습니다. 그들은 모든 인간들에게, 그리고 여러분이 할 수 있는 모든 이성적 논의와 설득에 대해서도 완전히 무감각합니다.

타락한 존재들을 다룰 때 사리분별하기

내가 이 이야기를 하는 것은 여러분이 타락한 존재들에게 분노를 느끼기를 원해서가 아닙니다. 다만 나는 여러분이 모든 생명이 하나라는 직관적 감각을 가지고 있기 때문에 이것을 여러분에게 이야기하고 있습니다. 여러분은 어떤 존재든 설득해서 돌아오게 할 수 있고 모든 것을 선(善)으로 만들 수 있을 거라고 믿는 경향이 있습니다. 나는 내가 지금 하고 있는 이야기조차도 여러분의 마음 안에서는 그렇게 전용될 수 있음을 압니다. 나는 속죄가 불가능한 타락한 존재란 없으며 그들은 언제든 깨어날 수 있다고 말한 적이 있습니다. 그러나 지구에 집착하고 있는 자의식계의 타락한 존재들이 수준 이하의 상태에서 깨어날 가능성은 없습니다. 그리고 그들은 지구상의 어떤 존재에 의해서도 깨어날 수 없습니다. 그들을 일깨우기 위해서 여러분이 할 수 있는 행동이나 말은 전혀 없습니다. 그들이 지구와 관련된 삶에 의해서도 아직 깨어나지 못했다면, 그들이 지구에 머물러 있다고 해도 깨어나기란 불가능한 단계에 이르렀습니다. 그들은 다른 어디론가 가서 새로운 기회를 부여 받아야 합니다. 그러나 그들이 어디로 가는지는 정말 중요하지 않습니다. 그것은 지구의 진보에 핵심적인 것이 아닙니다.

여기서 여러분이 깨달아야 하는 것은 스스로 결단을 내릴 필요가 있다는 것입니다. 여러분의 충성심은 어디에 있나요? 여러분의 관심은 어디에 있습니까? 여러분의 애착은 어디에 있습니까? 여러분의 소원, 여러분의 비전은 어디에 있나요? 자의식계의 타락한 존재들을 구하고 싶습니까, 아니면 지구를 상승시키기 위해 노력하고 싶습니까? 여러분은 자유의지를 가지고 있습니다. 만일 여러분이 타락한 존재들에게 애착이 있다면 모든 수단을 다해 그들을 따르도록 하세요. 하지만 그러면 여러분은 내가 이 책에서 주고 있는 가르침과 도구들을 놓치게 됩니다. 만약 여러분 자신이 지구를 상승시키기 위해 태어나 있음을 가슴 속에서 깨닫고 있다면, 한 단계 향상된 안목에서 이것은 오직 한 가지 방법으로만 일어날 수 있다는 것을 깨달으세요. 즉 타락한 존재들이 지구에서 제거되어야만 하는 것입니다!

그들에게 분노하거나 부정적으로 되라는 말이 아닙니다. 단지 완전히 현실적인 시각으로, 자의식계의 이런 타락한 존재들이 이 지구행성에 대단히 오랜 세월 동안 관여해왔다는 사실을 직시하세요. 과거에 그들은 다른 행성들도 장구한 세월 동안 장악하고 있었습니다. 이제는 그들이 가야 할 시간이며, 그래야만 지구는 상승할 수 있습니다. 여러분이 가슴에서 이런 결단을 내려야겠다고 느낀다면, 우리에게 요청을 하세요. 우리가 타락한 존재들을 지구에서 제거하여 지구가 더 밝아질 수 있도록 우리에게 권한을 주세요. 그리하여 더 많은 사람들이 깨어나서, 이제는 그들이 전쟁을 유도하는 타락한 사상들을 볼 수 있게 하십시오.

타락한 사상들의 기만성을 알아차리기

자의식계의 타락한 존재들이 전파한 모든 사상들은 아주 쉽게 전쟁을 정당화하는 사상으로 바뀔 수 있습니다. 여러분은 가톨릭교회가 어떻게 십자군 전쟁과 신교도와의 전쟁을 정당화했는지, 또 공산주의가 어떻게 전쟁을 정당화했는지, 그리고 설사 물질주의가 직접적은 아니더라도 간접적으로 어떻게 전쟁을 정당화하게 되었는지 알 수 있을 것입니다. 히틀러에게 적자생존의 사상은 매우 호소력이 있었는데, 그 사상은 게르만족의 우월성을 대변해주고 그들이 그 이념에 따라 적자(適者)가 아닌 유대인들을 무력으로 핍박하고 죽일 권리를 뒷받침하는 지적인 논리가 되어주었던 것입니다.

이제는 사람들이 깨어나서 이 사상들의 기만성을 깨달아야 합니다. 이 방향으로 가기 위한 가장 중요한 한 단계는 자의식계의 타락한 존재들을 제거하는 것입니다. 그다음 단계는 자의식계의 타락한 존재들 하부의 모든 구조와 에너지들이 불태워지도록 요청을 하는 것입니다. 여러분은 자의식계의 타락한 존재들 각자에게는 그들 밑에 거짓 피라미드, 죽음의 피라미드의 전체 구조가 있다는 것을 이해해야 합니다. 즉 자의식계의 타락한 존재들에게 통제를 받으며 그들과 직접적으로 엮인 멘탈계의 존재들이 있고, 또 그 아래에는 그들의 지배를 받는 아스트랄계의 악귀들과 실재들이 있으며, 이어서 육화한 사람들이 있는 것입니다.

각 영역의 이런 존재들은 심판 받아 결박되고 이송되어 소멸되어야 하며, 지구에서 제거될 필요가 있습니다. 우리는 이것을 할 수 있습니다. 우리가 권한을 가지게 되면, 눈 깜박할 사이에 이렇게 할 수가 있습니다. 그리고 오직 여러분만이, 여러분을 비롯한 임계수치의 사람들만이 우리에게 그 권한을 줄 수 있습니다. 여러분은 그 임계수치에 대해서는 걱정하지 않아도 됩니다. 단지 여러분 자신에 대해서만 걱정하세요. 여러분은 선택할 수 있습니다. 여러분은 요청할 수 있습니다. 그리고 여러분이 우리에게 권한을 준다면, 여러분은 자신이 지구에 와서 하려고 했던 임무를 완수하게 될 것입니다. 여러분은 여러분이 할 수 있는 일을 다 한 것이고, 나도 여러분에게 그 이상을 요청하고 있는 것이 아닙니다.

자의식계 정화하기 (기원문)

신(神)과 예수 그리스도의 이름으로, 나는 성모 마리아님과 알파와 오메가님께, 전쟁을 촉발시키고 전쟁과 분쟁을 멈추지 못하게 막고 있는 악귀들과 실재들과 타락한 존재들을 자의식계에서 제거해주시기를 요청합니다. 우리는 영적인 존재들이고 승천한 마스터들과 함께 일함으로써 새로운 미래를 공동-창조할 수 있다는 사실을 사람들에게 일깨워주소서.

나는 특히 … 을 요청합니다. (여기에다 개인적인 요청을 추가하세요)

1부

1.사랑하는 알파님이시여, 나는 "살인하지 말라"는 무조건적인 계명을 조건에 따라 살인이 용인된다는 상대적인 말로 바꿔놓은 자의식계의 타락한 존재들에 대해서 당신의 심판을 요청합니다.

사랑하는 알파님이시여, 신의 원대한 계획이,
중심 태양 안에서 시작되었습니다.
참으로 경이로운 세계에 관한 비전에 따라,

우주 천체들이 펼쳐졌습니다.

사랑하는 알파님이시여, 당신의 빛 안에서,
나는 이제 내면의 눈으로 신을 봅니다.
나는 더 이상 인간으로 살지 않겠으며,
내 삶을 온전히 신께 바치나이다.

2.사랑하는 알파님이시여, 나는 육화해서 자의식계의 타락한 존재들에게 주파수를 맞추어 왔던 사람들에 대해서 당신의 심판을 요청합니다.

사랑하는 알파님이시여, "모두에게 봉사하라",
이는 창조주의 영원한 요청입니다.
창조주의 완전한 전체에서 생명흐름들이
신성한 목적을 갖고 흘러나왔습니다.

사랑하는 알파님이시여, 당신의 빛 안에서,
나는 이제 내면의 눈으로 신을 봅니다.
나는 더 이상 인간으로 살지 않겠으며,
내 삶을 온전히 신께 바치나이다.

3.사랑하는 알파님이시여, 나는 가톨릭교회의 배후에서 성 어거스틴 (Augustine)과 교부들을 이용해 거짓된 사상을 만들어낸 자의식계의 타락한 존재들에 대해 심판을 요청합니다.

사랑하는 알파님이시여, 모든 존재는 하나였습니다.
우리는 중심 태양에서 나왔으니,
때가 되면 당신께 돌아갈 것입니다.
우리는 우주적 합일을 열망합니다.

사랑하는 알파님이시여, 당신의 빛 안에서,

나는 이제 내면의 눈으로 신을 봅니다.
나는 더 이상 인간으로 살지 않겠으며,
내 삶을 온전히 신께 바치나이다.

4.사랑하는 알파님이시여, 나는 인간은 근본적으로 결함이 있는 존재
이고 신에 의해 원래 그렇게 창조되었다는 생각을 조장하는 자의식계
의 타락한 존재들에 대해 심판을 요청합니다.

사랑하는 알파님이시여, 나는 이제 압니다.
당신과 오메가는 열쇠를 이루고,
당신의 극성(極性)으로부터,
나는 정체성을 부여받았습니다.

사랑하는 알파님이시여, 당신의 빛 안에서,
나는 이제 내면의 눈으로 신을 봅니다.
나는 더 이상 인간으로 살지 않겠으며,
내 삶을 온전히 신께 바치나이다.

5.사랑하는 알파님이시여, 나는 신의 창조가 뭔가 잘못되었고 신의 설
계에 결함이 있다는 생각을 조장하는 자의식계의 타락한 존재들에 대
해 심판을 요청합니다.

사랑하는 알파님이시여, 당신의 8자 형상의 연결은
우주의 문입니다.
나는 찬란히 빛나는 우주의 큐브에서 나왔고,
가슴에 있는 빛의 섬광입니다.

사랑하는 알파님이시여, 당신의 빛 안에서,
나는 이제 내면의 눈으로 신을 봅니다.
나는 더 이상 인간으로 살지 않겠으며,

내 삶을 온전히 신께 바치나이다.

6. 사랑하는 알파님이시여, 나는 신이 실수를 했고 그들 자신이 그 실수를 바로 잡아야만 한다는 생각을 조장하는 자의식계의 타락한 존재들에 대해 심판을 요청합니다.

사랑하는 알파님이시여, 나는 당신의 모태에서,
물질이란 무덤으로 내려왔습니다.
그러나 나는 더 이상 묻혀있지 않을 것이니,
내 내면의 비전을 복원해주소서.

사랑하는 알파님이시여, 당신의 빛 안에서,
나는 이제 내면의 눈으로 신을 봅니다.
나는 더 이상 인간으로 살지 않겠으며,
내 삶을 온전히 신께 바치나이다.

7. 사랑하는 알파님이시여, 나는 신이 자아의식적인 존재들에게 자유의지와 우주의 성장과정에 거역할 수 있는 선택권을 줌으로써 오류를 범했다는 생각을 조장하는 자의식계의 타락한 존재들에 대해 심판을 요청합니다.

사랑하는 알파님이시여, 나는 이제 당신이
내게 주었던 사랑을 압니다.
공동창조자로서 나는 그 빛을 가져와,
모든 물질이 노래하게 만들겠습니다.

사랑하는 알파님이시여, 당신의 빛 안에서,
나는 이제 내면의 눈으로 신을 봅니다.
나는 더 이상 인간으로 살지 않겠으며,
내 삶을 온전히 신께 바치나이다.

8.사랑하는 알파님이시여, 나는 우리의 자각의 느낌과 의식이 물리적인 두뇌 안에서 일어나는 기계적인 과정의 산물이고 우리가 진화된 동물에 불과하다는 생각을 조장하는 자의식계의 타락한 존재들에 대해 심판을 요청합니다.

사랑하는 알파님이시여, 이 지구에서
우리는 새로운 시대를 탄생시킵니다.
천상에서 당신께서 보내는 사랑을
우리가 이곳으로 가져오기 때문입니다.

사랑하는 알파님이시여, 당신의 빛 안에서,
나는 이제 내면의 눈으로 신을 봅니다.
나는 더 이상 인간으로 살지 않겠으며,
내 삶을 온전히 신께 바치나이다.

9.사랑하는 알파님이시여, 우리가 죄인이고 물질적인 존재이며 또한 분리된 존재라는 생각을 조장하는 정체성층의 타락한 존재들에 대해 나는 심판을 요청합니다.

사랑하는 알파님이시여, 당신과 나,
우리는 진정한 양극성을 이룹니다.
천상에서와 같이 이곳 지상에서도,
나는 생명의 강과 함께 흘러갑니다.

사랑하는 알파님이시여, 당신의 빛 안에서,
나는 이제 내면의 눈으로 신을 봅니다.
나는 더 이상 인간으로 살지 않겠으며,
내 삶을 온전히 신께 바치나이다.

2부

1.사랑하는 오메가님이시여, 어떤 종교지도자가 특별한 자질을 갖고 있고 매우 특별한 존재이기 때문에 우리는 그를 따라야 한다는 생각을 조장하는 자의식계의 타락한 존재들에 대해 나는 심판을 요청합니다.

오메가님이시여, 나는 이제 우주적
문 안에 있는 당신의 보좌를 명상합니다.
나는 알파님과 당신이 공동-창조한
8자의 형상에서 탄생합니다.

오 생명의 노래시여, 당신은 생명을 부어주며
진실로 모든 가슴과 동조합니다.
오 신성한 노래시여, 당신의 연금술은
지구를 낙원으로 바꿉니다.

2.사랑하는 오메가님이시여, 타락한 존재인 거짓 종교지도자들을 따르려는 경향에서 모든 영적인 사람들을 일깨워주시어, 그들이 이렇게 말하게 하소서: "나는 이런 타락한 스승들을 원하지 않는다. 나는 승천한 마스터를 내 안내자로, 내 스승으로, 내 지도자로 삼기를 원한다."

오메가님이시여, 당신의 신성한 공간 안에서
나는 우주의 부모를 포용합니다.
나는 우주적 인종에 합류하는 것은
너무나 큰 은총임을 압니다.

오 생명의 노래시여, 당신은 생명을 부어주며
진실로 모든 가슴과 동조합니다.
오 신성한 노래시여, 당신의 연금술은
지구를 낙원으로 바꿉니다.

3.사랑하는 오메가님이시여, 나는 우리가 창조주의 확장이고, 상승한 마스터들의 확장이며, 영적인 존재이고 신의 자녀라는 진실을 부정하는 자의식계의 타락한 존재들에 대해 심판을 요청합니다.

중심 태양 안의 오메가님이시여,
당신은 삶이 우주적 기쁨임을 보여줍니다.
이렇게 우리는 승리하고,
집으로 돌아가는 여행을 시작합니다.

오 생명의 노래시여, 당신은 생명을 부어주며
진실로 모든 가슴과 동조합니다.
오 신성한 노래시여, 당신의 연금술은
지구를 낙원으로 바꿉니다.

4.사랑하는 오메가님이시여, 나는 모든 생명은 하나이고, 신은 편재하며, 어느 것도 신의 창조물에서 분리될 수 없다는 근원적 현실을 알 수 있는 우리의 그리스도 잠재력을 우리가 부인하기 바라는 자의식계의 타락한 존재들에 대해 심판을 요청합니다.

오메가님이시여, 여성성은
무한으로 이르는 길입니다.
나는 당신과의 유사성을 느끼며,
내 자신의 신성을 깨닫습니다.

오 생명의 노래시여, 당신은 생명을 부어주며
진실로 모든 가슴과 동조합니다.
오 신성한 노래시여, 당신의 연금술은
지구를 낙원으로 바꿉니다.

5.사랑하는 오메가님이시여, 나는 세상의 거짓 종교지도자들을 조종하

고 있는 자의식계의 타락한 존재들에 대해 심판을 요청합니다. 나는 자의식계의 타락한 존재들에게 주파수를 맞추면서 사람들을 신성 실현 의 잠재력에서 벗어나도록 이끌고 있는 거짓 스승들에 대해 심판을 요 청합니다.

오메가님이시여, 당신의 우주적 흐름 안에서,
나는 나의 신성한 계획을 명확히 깨닫습니다.
이제 내 가슴은 찬란히 타오르는 램프가 되어
모두에게 사랑을 부어줍니다.

오 생명의 노래시여, 당신은 생명을 부어주며
진실로 모든 가슴과 동조합니다.
오 신성한 노래시여, 당신의 연금술은
지구를 낙원으로 바꿉니다.

6.사랑하는 오메가님이시여, 나는 분리된 자아를 완벽하게 만들면 신 에게 그 자아를 상승영역으로 받아들이게끔 강요할 수 있다는 생각을 조장하는 육화한 가짜 스승들과 자의식계의 타락한 존재들에 대해 심 판을 요청합니다.

오메가님이시여, 우주 어머니의 화염이시여,
나는 바로 이 빛에서 나왔습니다.
우주적 게임에 참여하면서
나는 그리스도 승리를 선언합니다.

오 생명의 노래시여, 당신은 생명을 부어주며
진실로 모든 가슴과 동조합니다.
오 신성한 노래시여, 당신의 연금술은
지구를 낙원으로 바꿉니다.

7.사랑하는 오메가님이시여, 나는 깨어나기 시작한 사람들을 거짓된 길로 이끌어 분리된 자아가 죽게 하는 대신에 오히려 높이고자 하는 육화한 가짜 스승들과 자의식계의 타락한 존재들에 대해 심판을 요청합니다.

오메가님이시여, 내가 왜 지구로 내려왔는지,
이제 나는 깨닫습니다.
그러므로 나는 이 행성의 상승을 돕기 위해
온전히 나의 뜻을 집중합니다.

오 생명의 노래시여, 당신은 생명을 부어주며
진실로 모든 가슴과 동조합니다.
오 신성한 노래시여, 당신의 연금술은
지구를 낙원으로 바꿉니다.

8.사랑하는 오메가님이시여, 나는 만일 지구에서 자기들의 거짓 사상을 따르는 사람들을 충분히 확보한다면, 신이 그들의 우월성을 인정하고 천상으로 들여보낼 수밖에 없을 뿐만 아니라 지구와 다른 행성의 상승하지 못한 생명흐름들을 다스릴 힘을 갖게 되리라고 믿는 자의식계의 타락한 존재들에 대해 심판을 요청합니다.

오메가님이시여, 나는 이제 우주적 합창단의
대열에 합류하기를 열망합니다.
내 가슴은 그리스도의 불꽃으로 타오르며,
그것이 이 행성을 신성하게 합니다.

오 생명의 노래시여, 당신은 생명을 부어주며
진실로 모든 가슴과 동조합니다.
오 신성한 노래시여, 당신의 연금술은
지구를 낙원으로 바꿉니다.

9.사랑하는 오메가님이시여, 나는 전 우주의 지배자가 되기를 꿈꾸며 자기들을 맹목적으로 따르지 않는 지구인들에게 분노하는 자의식계의 타락한 존재들에 대해 심판을 요청합니다.

오메가님이시여, 내 가슴은 찬란히 타오르고
나의 삶은 위를 향한 단계 속에 있습니다.
내가 이 행성을 상승시킬 수 있도록,
이제 신성한 말씀을 가르치러 오소서.

오 생명의 노래시여, 당신은 생명을 부어주며
진실로 모든 가슴과 동조합니다.
오 신성한 노래시여, 당신의 연금술은
지구를 낙원으로 바꿉니다.

3부

1.사랑하는 알파님이시여, 나는 우리가 육화해 있는 동안 신성을 되찾지 못하도록 막기 위해 사람들의 정체감을 왜곡시킬 수 있는 모든 것을 자행하는 자의식계의 타락한 존재들에 대해 심판을 요청합니다.

사랑하는 알파님이시여, 신의 원대한 계획이
중심 태양 안에서 시작되었습니다.
참으로 경이로운 세계에 관한 비전에 따라,
우주 천체들이 펼쳐졌습니다.

사랑하는 알파님이시여, 당신의 빛 안에서,
나는 이제 내면의 눈으로 신을 봅니다.
나는 더 이상 인간으로 살지 않겠으며,
내 삶을 온전히 신께 바치나이다.

2.사랑하는 알파님이시여, 나는 지구의 모든 사람을 통제하기를 원하고 또 통제될 수 없는 사람들은 모두 죽여 버리려고 하는 자의식계의 타락한 존재들에 대해 심판을 요청합니다.

사랑하는 알파님이시여, "모두에게 봉사하라"
이는 창조주의 영원한 요청입니다.
창조주의 완전한 전체에서 생명흐름들이,
신성한 목적을 갖고 흘러나왔습니다.

**사랑하는 알파님이시여, 당신의 빛 안에서
나는 이제 내면의 눈으로 신을 봅니다.
나는 더 이상 인간으로 살지 않겠으며,
내 삶을 온전히 신께 바치나이다.**

3.사랑하는 알파님이시여, 나는 원래 지구의 사람들을 통제하려는 욕망이 아니라 신을 통제하려는 욕망에 의해서 움직이는 자의식계의 타락한 존재들에 대해 심판을 요청합니다.

사랑하는 알파님이시여, 모든 존재는 하나였습니다.
우리는 중심 태양에서 나왔으니,
때가 되면 당신께 돌아갈 것입니다.
우리는 우주적 합일을 열망합니다.

**사랑하는 알파님이시여, 당신의 빛 안에서,
나는 이제 내면의 눈으로 신을 봅니다.
나는 더 이상 인간으로 살지 않겠으며,
내 삶을 온전히 신께 바치나이다.**

4.사랑하는 알파님이시여, 나는 자신들이 막강한 힘과 지식, 그리고 통찰력과 기만술, 지배력을 가지고 있다고 느끼기 때문에 고양되고 대

단한듯한 기분에 빠져있는 자의식계의 타락한 존재들에 대해 심판을 요청합니다.

사랑하는 알파님이시여, 나는 이제 압니다.
당신과 오메가는 열쇠를 이루고,
당신의 극성(極性)으로부터,
나는 정체성을 부여받았습니다.

사랑하는 알파님이시여, 당신의 빛 안에서,
나는 이제 내면의 눈으로 신을 봅니다.
나는 더 이상 인간으로 살지 않겠으며,
내 삶을 온전히 신께 바치나이다.

5.사랑하는 알파님이시여, 나는 자기들에게는 지구 행성에 대한 아무런 권한이 없고 그 권한은 물질적인 육신을 입은 생명흐름들에게 부여되어 있다는 현실법칙을 아는 자의식계의 타락한 존재들에 대해 심판을 요청합니다.

사랑하는 알파님이시여, 당신의 8자 형상의
연결은 우주의 문입니다.
나는 찬란히 빛나는 우주의 큐브에서 나왔고,
가슴에 있는 빛의 섬광입니다.

사랑하는 알파님이시여, 당신의 빛 안에서,
나는 이제 내면의 눈으로 신을 봅니다.
나는 더 이상 인간으로 살지 않겠으며,
내 삶을 온전히 신께 바치나이다.

6.사랑하는 알파님이시여, 나는 지성을 아주 능숙하게 이용하여 논거와 아이디어들을 제시하기 때문에 온화하고 진보되고 노련하고 강력해

보이는 자의식계의 타락한 존재들에 대해 심판을 요청합니다.

사랑하는 알파님이시여, 나는 당신의 모태에서,
물질이란 무덤으로 내려왔습니다.
그러나 나는 더 이상 묻혀있지 않을 것이니,
내 내면의 비전을 복원해주소서.

사랑하는 알파님이시여, 당신의 빛 안에서,
나는 이제 내면의 눈으로 신을 봅니다.
나는 더 이상 인간으로 살지 않겠으며,
내 삶을 온전히 신께 바치나이다.

7. 사랑하는 알파님이시여, 나는 가톨릭교회가 유일한 구원의 수단이라는 사상을 제시하며 외적인 구원을 조장하는 자의식계의 타락한 존재들에 대해 심판을 요청합니다.

사랑하는 알파님이시여, 나는 이제 당신이
내게 주었던 사랑을 압니다.
공동창조자로서 나는 그 빛을 가져와,
모든 물질이 노래하게 만들겠습니다.

사랑하는 알파님이시여, 당신의 빛 안에서,
나는 이제 내면의 눈으로 신을 봅니다.
나는 더 이상 인간으로 살지 않겠으며,
내 삶을 온전히 신께 바치나이다.

8. 사랑하는 알파님이시여, 나는 한 편에서는 마르크스주의와 공산주의를 일으키고 다른 쪽에서는 자본주의 사상을 조장하는 자의식계의 타락한 존재들에 대해 심판을 요청합니다.

사랑하는 알파님이시여, 이 지구에서
우리는 새로운 시대를 탄생시킵니다.
천상에서 당신께서 보내는 사랑을,
우리가 이곳으로 가져오기 때문입니다.

사랑하는 알파님이시여, 당신의 빛 안에서,
나는 이제 내면의 눈으로 신을 봅니다.
나는 더 이상 인간으로 살지 않겠으며,
내 삶을 온전히 신께 바치나이다.

9.사랑하는 알파님이시여, 나는 다윈의 진화론 배후에서 우리가 진화
된 동물들이라는 사상과 적자생존의 사상을 조장하는 자의식계의 타락
한 존재들에 대해 심판을 요청합니다.

사랑하는 알파님이시여, 당신과 나,
우리는 진정한 양극성을 이룹니다.
천상에서와 같이 이곳 지상에서도,
나는 생명의 강과 함께 흘러갑니다.

사랑하는 알파님이시여, 당신의 빛 안에서,
나는 이제 내면의 눈으로 신을 봅니다.
나는 더 이상 인간으로 살지 않겠으며,
내 삶을 온전히 신께 바치나이다.

4부

1.사랑하는 오메가님이시여, 나는 그들 자신이 만들어냈던 가톨릭교회
의 교리와 교의를 통해 인간의 마음을 해방시킨다고 주장하며 물질주
의적 사고방식을 조장하고 있는 자의식계의 타락한 존재들에 대해 심

판을 요청합니다.

오메가님이시여, 나는 이제 우주적
문 안에 있는, 당신의 보좌를 명상합니다.
나는 알파님과 당신이 공동-창조한
8자의 형상에서 탄생합니다.

오 생명의 노래시여, 당신은 생명을 부어주며
진실로 모든 가슴과 동조합니다.
오 신성한 노래시여, 당신의 연금술은
지구를 낙원으로 바꿉니다.

2.사랑하는 오메가님이시여, 나는 겉으로는 온화하고 이로운 주장을
내걸고 있지만, 만일 지구상의 사람들을 통제할 수 없다면 그들 모두
를 죽이려고 하는 자의식계의 타락한 존재들에 대해 심판을 요청합니
다.

오메가님이시여, 당신의 신성한 공간 안에서,
나는 우주의 부모를 포옹합니다.
나는 우주적 인종에 합류하는 것은
너무나 큰 은총임을 압니다.

오 생명의 노래시여, 당신은 생명을 부어주며
진실로 모든 가슴과 동조합니다.
오 신성한 노래시여, 당신의 연금술은
지구를 낙원으로 바꿉니다.

3.사랑하는 오메가님이시여, 나는 자유의지가 비참한 결과로 이어지는
것을 입증하고 자유의지를 부여한 신이 틀렸음을 증명하려는 계략을
가진 자의식계의 타락한 존재들에 대해 심판을 요청합니다.

중심 태양 안의 오메가님이시여,
당신은 삶이 우주적 기쁨임을 보여줍니다.
이렇게 우리는 승리하고,
집으로 돌아가는 여행을 시작합니다.

오 생명의 노래시여, 당신은 생명을 부어주며
진실로 모든 가슴과 동조합니다.
오 신성한 노래시여, 당신의 연금술은
지구를 낙원으로 바꿉니다.

4.사랑하는 오메가님이시여, 나는 자신들이 지구의 모든 인간들을 완전히 자기파괴의 나선으로 들어가게 할 수 있다면, 그런 끔찍한 결과를 가져온 자유의지가 잘못된 것임을 입증하게 된다고 생각하는 자의식계의 타락한 존재들에 대해 심판을 요청합니다.

오메가님이시여, 여성성은
무한으로 이르는 길입니다.
나는 당신과의 유사성을 느끼며,
내 자신의 신성을 깨닫습니다.

오 생명의 노래시여, 당신은 생명을 부어주며
진실로 모든 가슴과 동조합니다.
오 신성한 노래시여, 당신의 연금술은
지구를 낙원으로 바꿉니다.

5.사랑하는 오메가님이시여, 나는 겉으로는 친절하고 자애롭고 능수능란하게 보이지만, 여전히 신에 대한 극심한 분노를 가지고 결국 지구의 인간들을 모두 죽이려하는 자의식계의 타락한 존재들에 대해 심판을 요청합니다. 그들은 자신들의 논리를 증명하기 위해 사람들이 서로를 죽이도록 만들고 심지어는 지구행성 전체를 파괴하려 합니다.

오메가님이시여, 당신의 우주적 흐름 안에서,
나는 나의 신성한 계획을 명확히 깨닫습니다.
이제 내 가슴은 찬란히 타오르는 램프가 되어
모두에게 사랑을 부어줍니다.

오 생명의 노래시여, 당신은 생명을 부어주며
진실로 모든 가슴과 동조합니다.
오 신성한 노래시여, 당신의 연금술은
지구를 낙원으로 바꿉니다.

6.사랑하는 오메가님이시여, 나는 겉으로는 세련되고 능수능란해 보이지만, 인간에 대한 가장 극단적인 무감각함을 지닌 자의식계의 타락한 존재들에 대해 심판을 요청합니다.

오메가님이시여, 우주 어머니의 화염이시여.
나는 바로 이 빛에서 나왔습니다.
우주적 게임에 참여하면서
나는 그리스도 승리를 선언합니다.

오 생명의 노래시여, 당신은 생명을 부어주며
진실로 모든 가슴과 동조합니다.
오 신성한 노래시여, 당신의 연금술은
지구를 낙원으로 바꿉니다.

7.사랑하는 오메가님이시여, 나는 인간들을 도구로만 보고 자기들이 통제할 수 없는 대상을 기꺼이 파멸시키려 하는 자의식계의 타락한 존재들에 대해 심판을 요청합니다.

오메가님이시여, 내가 왜 지구로 내려왔는지,
이제 나는 깨닫습니다.

그러므로 나는 이 행성의 상승을 돕기 위해
온전히 나의 뜻을 집중합니다.

오 생명의 노래시여, 당신은 생명을 부어주며
진실로 모든 가슴과 동조합니다.
오 신성한 노래시여, 당신의 연금술은
지구를 낙원으로 바꿉니다.

8.사랑하는 오메가님이시여, 나는 자의식계의 타락한 존재들과 그들
아래 구축되어 있는 거짓 피라미드, 죽음의 피라미드 전체에 대해 심
판을 요청합니다. 또한 나는 자의식계의 타락한 존재들에 의해 통제되
는 멘탈계의 존재들, 아스트랄계의 존재들, 육화한 사람들에 대해 심
판을 요청합니다.

오메가님이시여, 나는 이제 우주적 합창단의
대열에 합류하기를 열망합니다.
내 가슴은 그리스도의 불꽃으로 타오르며,
그것이 이 행성을 신성하게 합니다.

오 생명의 노래시여, 당신은 생명을 부어주며
진실로 모든 가슴과 동조합니다.
오 신성한 노래시여, 당신의 연금술은
지구를 낙원으로 바꿉니다.

9.사랑하는 오메가님이시여, 이로써 나는 내 안의 그리스도의 권한을
행사하여 이렇게 선언합니다. "나는 지구에서 전쟁을 충분히 경험했
다. 나는 이 행성에서 계속 전쟁이 일어나는 것을 절대로 용인하거나
참지 않겠다. 나는 더 이상 지구 행성의 어떤 전쟁도 받아들이지 않겠
다."

오메가님이시여, 내 가슴은 찬란히 타오르고
나의 삶은 위를 향한 단계 속에 있습니다.
내가 이 행성을 상승시킬 수 있도록,
이제 신성한 말씀을 가르치러 오소서.

오 생명의 노래시여, 당신은 생명을 부어주며
진실로 모든 가슴과 동조합니다.
오 신성한 노래시여, 당신의 연금술은
지구를 낙원으로 바꿉니다.

봉인하기

신(神)의 이름으로, 나는 대천사 미카엘과 아스트리아와 시바신께서
나와 모든 건전한 사람들 주위에 뚫을 수 없는 보호막을 형성하시어,
우리를 4가지 세계들 안에 있는 모든 두려움에 기초한 에너지로부터
봉인해주심을 받아들입니다. 또한 나는 신의 빛이 전쟁 배후의 세력들
을 구성하는 모든 두려움에 기초한 에너지들을 불태우고 변형시키고
있음을 받아들입니다!

타락한 존재들로부터 여러분 자신을 보호하기

　나는 우리의 가르침들이 일부 사람들이 불균형한 상태가 되도록 자극할 수도 있다는 것을 너무나 잘 알고 있습니다. 말하자면 그들은 자신들이 이곳에 와서 하려고 했던 일을 행하는 것에 대해 지나치게 열정적인 상태가 되는 것이지요. 어떤 사람들은 그런 가르침들을 진작 발견하지 못했던 것이 자신의 삶의 큰 부분을 낭비한 것이라고 느낍니다. 그들이 마침내 가르침들을 찾았을 때, 그들은 자신을 그것에다 내던지고 온종일 기도로 요청하며 삶의 다른 부분들을 무시함으로써 이를 보상하고 싶어 합니다. 하지만 나는 여러분이 이렇게 하지 않기를 부탁합니다.

　나는 전쟁이 지구에서 극단적인 조건이라는 것을 압니다. 또한 나는 여러분이 전쟁터의 군인이라면, 아주 극단적인 상태 속에 있다는 것을 잘 알고 있습니다. 그렇다고 내가 상승한 마스터들의 학생인 여러분이 타락한 존재들에 대한 심판을 가져오기 위해 호전적인 사고방식에 빠져 삶의 다른 측면들을 제쳐둔 채 불균형적이고 극단적인 생활방식으로 살아야한다고 말하는 것이 아닙니다. 내가 여러분에게 요청하는 것은 균형 잡힌 영적인 삶을 살면서 한편으로는 여전히 기도로 요청할 시간을 갖되, 다만 우리가 일을 할 수 있도록 권한과 증식할 수 있는 에너지를 우리에게 달라는 것입니다. 그렇습니다. 전쟁은 극단적인 조건입니다. 예, 전쟁은 없어질 필요가 있습니다. 하지만 여러분은 타락한 존재들이 전쟁을 일으킴으로써 하는 것은 육화한 인간들로 하여금 적을 물리치기 위해 더욱 크나큰 극단으로 치달을 수밖에 없게 만드는 것임을 보지 못하나요?

또한, 내가 여러 번 반복해서 설명했듯이, 물리적 영역에서 일어나는 모든 것에는 의식 속에서도 그것에 상응하는 것이 있음을 보지 못하나요? 알다시피 사람들이 극단적인 물리적 행위를 취할 경우, 그들은 자신의 감정체, 사고체, 자의식체에서도 그와 유사한 극단적 상태로 들어가게 됩니다. 또한 여러분은 물질계 수준에서 불균형 상태에 이르는 것은 세 상위체들 안에 있는 불균형임을 알지 못하나요? 그런데 어떻게 불균형한 상태로 들어간 당신이 지구에서 전쟁을 없애는데 도움을 줄 수 있다고 생각하나요?

비록 여러분이 이런 영적 가르침을 따르는 영적인 학생이더라도, 실제로 지구의 불균형에 원인을 제공할 수 있습니다. 과거의 시여 과정에서 주어진 우리의 가르침들을 발견했던 상승한 마스터의 학생들이 있었는데, 그들은 그 가르침들을 이용하는데 너무나 균형을 잃어버린 나머지 실제로 전쟁의 존속에 자신들의 불균형으로 기여했습니다. 또한 그들은 타락한 존재들이나 다른 정치제도 출신의 특정 인간들에 대해 너무나 분노하다보니 모든 전쟁 기계들에게 먹이를 주는 오염된 에너지에 기여했습니다. 나는 여러분이 이렇게 하지 말라고 요청하는 것입니다.

나는 여러분이 균형에 대한 우리의 가르침들이나 다른 많은 가르침들을 받아들여 균형 잡힌 여정으로 걸어가기를, 또 균형 잡힌 삶을 살기를 바랍니다. 나는 여러분에게 전쟁에 반대하여 또 다른 전쟁상태로 돌입하라고 요청하는 것이 아닙니다. 나는 여러분이 자신의 개인적인 내면의 균형을 발견하고 평화를 발견함으로써 전쟁과 싸우라고 요청하고 있는 것이며, 그런 평화로운 상태에서 우리가 들어가서 더러운 작업을 할 권한, 즉 아스트랄계의 구덩이와 멘탈계, 자의식계를 깨끗이 청소할 권한을 우리에게 주는 요청을 해달라는 것입니다. 이것은 우리의 일입니다. 이것이 우리의 임무입니다. 이것은 우리의 기쁨입니다. 우리는 불균형의 상태로 들어가지 않은 채 이를 완벽하게 해낼 능력이 있습니다. 대천사 미카엘이 타락한 존재들을 대할 때는 절대적으로 단호하지만, 그들에 대해 분노하지 않습니다. 그는 그들에 대해 전투를 벌인다는 마음이 없습니다. 그는 신의 평화 속에서 완전히 중심이 잡힌 상태로 단순히 자신의 일을 할 뿐입니다.

전쟁에 관해 더 이야기해야 할 것들

여러분은 이 책에서 내가 전쟁에 관해서는 아주 많이 말해왔지만, 평화에 관해서는 거의 언급하지 않았다는 것을 알 것입니다. 물론, 나는 여러분이 평화를 발견하여 전쟁에 대해 가장 효율적인 전사가 되기를 바랍니다. 당신들이 전쟁 배후에 있는 그 의식을 초월하는 것이 아니라 전쟁 자체와 싸워서는 전쟁을 없애지 못합니다.

전쟁세력들이 제거되도록 요청하는데 있어 가장 효율적인 것은 제거되는 것을 보고 싶어 하는 그 의식을 넘어서는 것입니다. 우리는 이렇게 할 수 있는 도구들을 이 책과 우리의 다른 책들을 통해 여러분에게 주었습니다. 나는 기도로 요청하기 위해 이 책을 이용하고 있는 사람들에게, '평화의 전사'라는 책과 이원성 의식에 대해 말한 우리의 다른 책들을 공부하는 것도 중요하다고 생각합니다. 확실히, 여러분은 마이트레야의 가르침들에 친숙해져야 할 것인데, '악의 우주론'이라는 책에서 그것에 관련된 집중적인 가르침들을 얻을 수 있습니다.

나의 사랑하는 이들이여, 이 책에서 전쟁에 관해 많은 것들을 이야기했지만, 나는 여러분이 이것이 전쟁에 관한 궁극적인 것 혹은 모든 것이라고 생각하지 않기를 바랍니다. 들려줄 수 있는 훨씬 더 많은 것들이 있습니다. 아마도 이 책을 통해 우리가 주는 가르침들을 임계수치의 사람들이 받아들여 이용한다면, 더 많은 것이 전해질 것입니다. 내가 말하려는 것은 만약 임계수치의 사람들이 이 책을 선택하여 도구들과 가르침들을 받아들여 그것들을 이용한다면, 그때 우리가 이 행성에서 전쟁을 없애는 과정에서 엄청나게 의미 있는 진전을 이룰 수 있다는 것입니다. 비록 전쟁에 관해 이야기할 더 많은 것이 있지만, 여기서 여러분에게 전해 준 것은 그 자체로 완전합니다. 이 책을 통해

 내가 준 도구들과 가르침들을 임계수치의 사람들이 선택해서 이용한다면, 그때 우리는 지구 행성에서 완전히 전쟁을 없애게 되는, 역행할 수 없는 과정을 신속히 진행할 수 있을 것입니다.

수십 년 이내에 놀라운 변화가 가능합니다. 사람들은 과거를 돌아다보며 그토록 짧은 시간 안에 그런 극적인 변화들이 일어났다는 것을 거의 이해할 수 없게 될 것입니다. 전쟁의 망령이 수천 년 동안 인류를 계속 괴롭혀 온 만큼, 그들은 그것을 보고 이렇게 말하게 될 것입니다. "어떻게 전쟁이 이렇게 빨리 사라질 수 있지?" 아마도, 공식적인 사회는 기원을 통해 요청하는 영적인 사람들의 중요성을 결코 인식하지 못할 것입니다. 만약 임계수치의 사람들이 이 책의 가르침들과 도구들을 받아들인다면, 내가 장담하건대, 그때 당신들 가운데 많은 이들의 생 안에 전쟁은 더 이상 불가능하게 될 것입니다.

이것이 여러분 가슴에 커다란 즐거움이 되지 않을까요? 그리고 이것이 당신이 이 행성에 오기로 한 목적의 중요한 부분을 성취했다는 느낌을 주지 않을까요? 비록 육화하기에 너무나 힘들고 밀도 높은 행성일지라도, 이렇게 하는 것이 당신들에게 할 만한 가치가 있다고 느끼게 하지 않을까요?

나는 여러분 중 많은 이들이 많은 어려움과 고통들을 겪어왔음을 알고 있지만, 여러분이 전쟁을 없애는데 중요한 기여를 했다고 느낄 수 있다면, 그 모든 것이 가치가 있지 않겠습니까? 또한 비록 한 사람의 생애는 미미해 보일지라도 그것이 당신에게 '생명의 강'이라는 우주의 상향적 움직임, 즉 우주적 목적의 일부가 될 수 있다고 여전히 느끼게 하고, 생명의 강과 이어져 있다고 느끼게 하지 않을까요?

타락한 존재들의 반발을 극복하기

나는 여러분이 전쟁에 관해서 기원을 통해 요청을 시작한다면, 자신이 다루어야 할 에너지들로 인해 무척 부담을 느낄 시기를 겪으리라는 것을 압니다. 여러분이 이 책 속의 도구들을 이용하기 시작할 때, 여러분은 타락한 존재들이 그들이 가진 모든 것을 여러분의 모든 4가지 체의 수준들에서 퍼부을 것이라 사실을 지금쯤 깨달아야 합니다. 그들은 여러분을 조종하려고 시도할 것입니다. 그들은 모든 방식으로 여러분에게 부담을 주려고 할 것입니다. 심지어 그들은 당신의 영향권 안에 있는 사람들에게까지 그렇게 하려 들 것입니다. 이것이 바로 여러분이 자신뿐만 아니라 여러분 주변의 사람들 모두에 대한 보호를 기원해야 하는 이유입니다.

다시 말하지만, 나는 여러분이 두려움의 상태에 빠지거나, 혹은 타락한 존재들과 전쟁에 임한다거나 그들과 싸운다고 하는 의식 상태로 들어가라고 요청하는 것이 아닙니다. 나는 그저 여러분이 기원문을 통해 요청함으로써 우리가 당신들을 보호할 수 있게 하라고 말하고 있는 것입니다. 그리고 여러분이 부담을 느낄 때, 자신이 공격받고 있다고 느낄 때, 타락한 존재들이 여러분에게 부담을 주기 위해 이용하고 있는 여러분 의식 안의 어떤 것이 있음을, 어떤 환영이 있음을 알아차리라고 요청합니다. 나는 여러분이 자기 눈 안의 들보를 들여다보고 그것을 제거하는데 우리의 가르침들과 도구들을 이용함으로써 그 부담을 초월하여 훨씬 더 효율적이 될 수 있기를 바랍니다.

내가 여기에서 말하고자 하는 것은 다음과 같습니다. 만약 여러분이 이 책 속의 도구들과 가르침들을 진지하게 사용하고자 결정한다면, 현재 느끼고 있는 것보다 아마도 훨씬 더한 부담을 느끼게 될 입문의 시기를 겪으리라는 것입니다. 여러분은 공격받는다고 느끼게 될 것입니다. 여러분은 이것이 지구에서 타락한 존재들을 제거하기 위한 작업을 단념케 하려고 여러분에게 온갖 것을 퍼붓고 있는 그 타락한 존재들임을 알아야 합니다. 타락한 존재들에 관해 내가 여러분에게 이야기 해 온 모든 것을 가지고, 여러분은 타락한 존재들이 그렇게 하는 것에 대해 놀라지 말아야 합니다. 우리 마스터들의 가르침들과 도구들을 이용하는 것은 결국 타락한 존재들이 지구에서 제거되는 결과에 이를 것이기 때문에 그들은 틀림없이 그것을 막기 위해서 할 수 있는 무엇이든 하려고 할 것입니다. 그들에게 있어 이것은 죽느냐 사느냐의 싸움처럼 보입니다. 나는 여러분이 이런 식으로 그것을 보라는 것이 아니라, 단순히 무슨 일이 일어나고 있고, 무엇이 일어날지에 대해 깨인 채로 알아차리라고 부탁합니다. 그러고 나서 그것에 대해 기원문을 통해 (보호를) 요청하세요.

그런 다음 자신을 들여다보고, 여러분의 의식 속으로 그들의 침투를 허용한 그 환영을 극복하세요. 여러분이 의도적으로 이렇게 한다면, 이 시기를 너무도 빨리 끝마칠 수 있다는 것에 대해 놀라게 될 것입니다. 여러분은 자신이 이제는 타락한 존재들이 기존의 방식으로 여러분에게 영향을 미치는 것이 더 이상 불가능한 지점으로 올라섰다고 느끼는 단계에 이를 것입니다. 여러분은 여러분 자신을 가속시켰습니다. 여러분은 과거에 당신을 공격했던 타락한 존재들의 접근을 초월하여 자신의 의식을 촉진시켰습니다. 이것은 커다란 자유로움이고, 내적인 앎이라는 위대한 인식입니다.

여러분은 눈이 먼 채로 깨어날 수는 없다

사랑하는 이들이여, "무지가 축복이다(모르는 게 약이다)"라고들 하지만, 여러분은 무지가 축복이 아니라는 것을 이해하기 시작했나요? 나는 오직 자신들이 해야 할 것은 긍정적이 되어 긍정적인 진동을 내보내는 것이라고 여기는 영적인 사람들에 관해 이야기해 왔습니다. 그런데 여러분이 어떤 어둠이나 악의 세력에게도 자신의 마음을 두어서는 안 된다고 말하는 이들이 있습니다. 왜냐하면 그들은 이에 관해 말하기를, 내가 여러분에게 준 기원문을 통해 요청을 할 때조차도 여러분이 그 어둠의 세력들에게 여러분의 에너지를 주는 것이기 때문이라는 것입니다. 하지만 내가 장담하건대, 여러분이 극단적인 불균형의 상태에서 기원문을 바치지 않는 한, 이 기원문들은 어둠의 세력들에게 여러분의 에너지를 주지 않는 방식으로 작용하도록 고안돼 있습니다. 여러분이 무집착 상태로 평화에 집중해서 우리가 여러분과 함께 그 작업을 해가리라는 것을 인식한 채로 그것을 행하기만 한다면, 당신의 에너지를 어둠의 세력들에게 주지 않을 것입니다. 내가 여러분에게 강조하고자 하는 것은 영적여정은 깨어남의 여정이라는 것입니다. 그러나 눈이 먼 채로는 여러분이 깨어 있지 못합니다. 어둠의 세력들이 존재하는 것을 보길 거부하는 영적인 사람들이 있고, 그들은 여전히 영적여정을 걸어갈 수 있다고 생각하지만, 그들은 그 여정에서 어떤 수준 이상을 넘어갈 수가 없습니다. 진정한 영적여정은 여러분이 스스로 깨어나는 만큼 자신이 서 있는 이 지구상의 현실을 바라보아야 한다는 것입니다. 여러분은 이곳에서 어떤 일들이 벌어지고 있는지를 알아야만 합니다. 여러분은 타락한 존재들이 존재한다는 것을 인정해야 하는데, 왜냐하면 그들은 지구 행성에서 참으로 난해한 부분이고 또 너무나 오래 존재해왔기 때문입니다. 여러분이 타락한 존재들에 대해 알지 못하면서 지구와 같은 행성에서 영적인 여정을 걸을 수는 없습니다. 나는 여러분에게 그들과 싸우거나 그들에게 에너지를 주라고 요청하는 것이 아닙니다. 그들을 두려워하라고 말하는 것도 아닙니다. 다만 나는 여러분이 그런 존재들에 대해 알고 있으라고 요청하는 것입니다.

내가 말하고 있는 것을 이해하나요? 당신들이 (어둠의 타락한 존재들에 대해) 무지한 상태로 의식의 더 높은 상태를 향해 영적인 여정을 걸을 수는 없습니다. 단지 어떤 것이 여러분에게 불편하거나 불쾌하다는 이유로 그것을 보기를 거부한 채, 영적여정을 걸을 수는 없는 것입니다. 여러분은 기꺼이 모든 것을 보고자 함으로써만이 그 여정을 걸을 수가 있습니다.

우선, 당신들은 타락한 존재들을 바라보아야 합니다. 그런 다음, 내가 이 책에서 여러분에게 말했던 것을 인정하기 시작하면, 여러분은 방해 받게 될 것입니다. 이어서 여러분이 계속 상승해감에 따라 이제 여러분은 타락한 존재들을 초월한 지점으로 가게 될 것입니다. 이제 당신은 완전한 무집착과 내면의 평화로 그들을 볼 수 있고 그들의 존재를 인지할 수 있습니다.

조화를 유지하면서 어둠을 바라보기

일부 영적인 학도(수행자)들은 평화 안에 머물고 내면의 조화로움을 유지하는 것이 너무도 중요하기에 그 조화로움을 방해하는 어떤 것도 보지 않겠다고 생각합니다. 그러나 여러분 내면의 조화로움을 방해하는 어떤 것이 존재하는 한, 여러분은 높은 수준의 영적 성취단계에 이르지 못합니다. 여러분은 영적 달성을 이루는 것에 대해 단지 외적인 인상을 형성했는데, 왜냐하면 내면의 조화와 균형의 이러한 상태를 언제나 유지할 수 있을 것으로 추정하기 때문입니다. 이것은 실제로 영적인 경지에 도달한 것이 아닙니다. 이것은 통달상태가 아닙니다.

부처님의 경우, 마왕의 악귀들을 모른 체함으로써 열반(涅槃)24)에 들어간 것이 아닙니다. 그가 직면했던 마지막 시험은 마왕의 모든 악귀들을 바라보아야 하는 것이었고, 부처님을 반응하게 하기 위해 그 악귀들이 생각할 수 있는 모든 것을 하도록 허용해야 하는 것이었습니다. 그는 거기에 앉아 모든 것을 보아야 했고, 무집착의 상태가 되어 반응하지 말아야 했습니다. 그런 다음에 그분은 열반에 들어갈 수 있었습니다. 여러분은 타락한 존재들이 여러분에게 퍼부을 수 있는 모든 것을 기꺼이 볼 수 있고, 또 그 모든 것을 단순히 바라보며 "이것은 내가 아니다."라고 말하기 전까지, 자신의 개인적인 열반에 들어갈 수 없습니다.

여러분은 자신이 육화한 이 행성에서 일어나고 있는 것에 대해 알지도 못한 채로 영적인 여정을 걸을 수는 없습니다. 여러분은 모든 것을 보아야 하며, 그리고 그 너머를 보아야만 합니다. 여러분은 마왕의 모든 악귀들 배후에서는 모든 것이 여전히 불성(佛性)이 있음을 압니다.

---

24) 모든 번뇌에서 벗어나 영원한 진리를 깨달은 경지. (감수자 주)

모든 것은 여전히 하나입니다. 이곳 지구상의 모든 것을 보며 여러분은 이렇게 말합니다. "이것(에고, 소아)은 내가 아니다." 그런 다음 여러분은 영적인 세계의 일체성을 보며, 이렇게 말합니다. "나는 이것(참나, 대아)이다. 나는 저 위에 있는 '신아(불성, 신성)'이며, 이곳 아래의 분리된 '내(소아)'가 아니다." 그때, 비로소 여러분은 열반에 들어갈 수 있습니다.

이곳 지상에서 천상에 있는 모든 것이 되라.

내가 첫 번째로 여러분을 맞이할 것입니다. 여러분에게 숙고해보라고 요청합니다만, 이번 생을 지상에 태어나기로 선택한 여러분의 주목적은 원래 열반에 들어가는 것이 아니었습니다. 그것은 여러분이 이 지구행성에 육화해 있는 동안 어떤 일을 하려는 것이었습니다. 여러분은 이 시기가 지구의 진화에 있어 아주 중요한 시기라는 것을 알고 있었기 때문에 변화를 만들기 위해 이곳에 왔습니다. 여러분은 지구를 끌어올리고 그 위에 육화한 수십억의 생명흐름들을 자유롭게 하는 일을 하려고 개인적으로 열반에 들어가는 것을 제쳐두었습니다.

이와 더불어 나는 여러분을 스스로 상승한 마스터들의 학도들일 뿐 아니라 지구상에서 마스터들의 확장체로 여기는 이들의 신분으로 기꺼이 맞이하고 싶습니다.

여러분은 지구가 가질 수 있는 최상의 잠재력이 "위에서와 같이, 아래에서도"임을 깨닫기 시작하고 있는 이들 중에 한 명입니다. 이것은 오직 여러분이 천상에서와 같이 여기 지상에서도 그렇게 될 때 일어날 것입니다. 이미 여러분이 위에서 그러하듯이, 여기 아래에서도 천상의 모든 것이 되시렵니까? 나는 천상의 성모 마리아입니다. 여러분은 지상의 성모 마리아가 되어주렵니까?

어둠의 세력들로부터의 보호 (기원문)

신(神)과 예수 그리스도의 이름으로, 나는 성모 마리아, 대천사 미카엘, 아스트리아와 성 저메인 대사님께, 우리가 자신을 가속하여 어둠의 세력들이 도달할 수 있는 범위를 넘어서도록 도와주시기를 요청합니다. 우리는 영적인 존재들이고 승천한 마스터들과 함께 일함으로써 새로운 미래를 공동-창조할 수 있다는 사실을 사람들에게 일깨워주옵소서.

나는 특히 … 을 요청합니다. (여기에다 개인적인 요청을 추가하세요)

1부

1. 대천사 미카엘이시여, 나는 물리적인 사고, 재난, 폭력행위 형태로 나타나는 타락한 존재들의 반발로부터, 당신께서 나와 내 영향력 범위 안의 모든 사람들을 전적으로 보호해주심을 받아들입니다.

대천사 미카엘이시여, 찬란한 푸른빛이시여,
내 가슴은 오직 당신을 위해 열려 있습니다.

내 마음은 이제 둘이 아닌 하나가 되었고,
나에 대한 당신의 사랑은 언제나 진실합니다.

대천사 미카엘이시여, 당신은 여기에 함께 하시고,
당신의 빛은 모든 의심과 두려움을 불태웁니다.
당신의 현존은 영원히 내 가까이 있으며,
당신은 나에게 너무나 소중합니다.

2. 대천사 미카엘이시여, 나는 질병이나 육체적 문제의 형태로 나타나
는 타락한 존재들의 반발로부터, 당신께서 나와 내 영향력 범위 안의
모든 사람들을 전적으로 보호해주심을 받아들입니다.

대천사 미카엘이시여, 나는 당신의 실체와
온전히 하나가 되겠습니다.
내게 보이는 어떤 두려움도 나를 막지 못하며,
이 세상은 나를 지배할 힘이 없습니다.

대천사 미카엘이시여, 당신은 여기에 함께 하시고,
당신의 빛은 모든 의심과 두려움을 불태웁니다.
당신의 현존은 영원히 내 가까이 있으며,
당신은 나에게 너무나 소중합니다.

3. 대천사 미카엘이시여, 나는 돌발적이거나 광기어린 행동을 일으키는
감정적 투사 형태로서의 타락한 존재들의 반발로부터, 당신께서 나와
내 영향력 범위 안의 모든 사람들을 전적으로 보호해주심을 받아들입
니다.

대천사 미카엘이시여, 나를 굳게 잡아주시고,
이제 가장 어두운 밤을 산산조각내소서.
당신의 빛으로 내 차크라들을 정화하고,

나의 내면의 시각을 복원해주소서.

대천사 미카엘이시여, 당신은 여기에 함께 하시고,
당신의 빛은 모든 의심과 두려움을 불태웁니다.
당신의 현존은 영원히 내 가까이 있으며,
당신은 나에게 너무나 소중합니다.

4. 대천사 미카엘이시여, 나는 우울증이나 절망감을 일으키는 감정적 투사 형태로서의 타락한 존재들의 반발로부터 당신께서 나와 내 영향력 범위 안의 모든 사람들을 전적으로 보호해주심을 받아들입니다.

대천사 미카엘이시여, 나는 이제 일어나서,
당신과 함께 빛을 지휘합니다.
내가 가장 높은 진리를 이해할 때까지,
나는 영원히 내 가슴을 확장해나가겠습니다.

대천사 미카엘이시여, 당신은 여기에 함께 하시고,
당신의 빛은 모든 의심과 두려움을 불태웁니다.
당신의 현존은 영원히 내 가까이 있으며,
당신은 나에게 너무나 소중합니다.

5. 대천사 미카엘이시여, 나는 혼란과 정신적 불안정을 일으키는 정신적 투사 형태로서의 타락한 존재들의 반발로부터, 당신께서 나와 내 영향력 범위 안의 모든 사람들을 전적으로 보호해주심을 받아들입니다.

대천사 미카엘이시여, 내 가슴 안에 계신 존재시여,
당신은 결코 나를 떠나지 않습니다.
나는 신성한 영단의 한 부분이며,
이제 나는 신선한 새 출발을 받아들입니다.

대천사 미카엘이시여, 당신은 여기에 함께 하시고,
당신의 빛은 모든 의심과 두려움을 불태웁니다.
당신의 현존은 영원히 내 가까이 있으며,
당신은 나에게 너무나 소중합니다.

6.대천사 미카엘이시여, 나는 광신과 닫힌 마음을 야기하는 정신적 투사 형태로서의 타락한 존재들의 반발로부터, 당신께서 나와 내 영향력 범위 안의 모든 사람들을 전적으로 보호해주심을 받아들입니다.

대천사 미카엘이시여, 당신의 푸른 검(劍)은
모든 어둠을 베어버립니다.
나는 이제 나의 그리스도 신성을 추구하며,
무엇이 진실인지를 분별합니다.

대천사 미카엘이시여, 당신은 여기에 함께 하시고,
당신의 빛은 모든 의심과 두려움을 불태웁니다.
당신의 현존은 영원히 내 가까이 있으며,
당신은 나에게 너무나 소중합니다.

7.대천사 미카엘이시여, 나는 특정한 믿음체계에 집착케 하는 정체성 투사의 형태로 나타나는 타락한 존재들의 반발로부터, 당신께서 나와 내 영향력 범위 안의 모든 사람들을 전적으로 보호해주심을 받아들입니다.

대천사 미카엘이시여, 당신의 날개 안에서,
나는 이제 저급한 것들을 내려놓습니다.
내 가슴속에서 귀향하라는 신의 부름이 울리면,
당신과 함께 내 가슴은 영원히 노래합니다.

대천사 미카엘이시여, 당신은 여기에 함께 하시고,

당신의 빛은 모든 의심과 두려움을 불태웁니다.
당신의 현존은 영원히 내 가까이 있으며,
당신은 나에게 너무나 소중합니다.

8.대천사 미카엘이시여, 나는 정체성의 위기나 광신을 야기하는 정체성 투사 형태로서의 타락한 존재들의 반발로부터, 당신께서 나와 내 영향력 범위 안의 모든 사람들을 전적으로 보호해주심을 받아들입니다.

대천사 미카엘이시여, 나를 고향으로 데려가소서.
나는 더 높은 천체에서 거닐고 싶습니다.
나는 우주의 거품에서 다시 태어나고,
내 삶은 이제 신성한 시(詩)가 됩니다.

대천사 미카엘이시여, 당신은 여기에 함께 하시고,
당신의 빛은 모든 의심과 두려움을 불태웁니다.
당신의 현존은 영원히 내 가까이 있으며,
당신은 나에게 너무나 소중합니다.

9.대천사 미카엘이시여, 나는 우리의 영적인 성장에 대한 어떤 방해의 형태로 나타나는 타락한 존재들의 반발로부터, 당신께서 나와 내 영향력 범위 안의 모든 사람들을 전적으로 보호해주심을 받아들입니다.

대천사 미카엘이시여, 빛이신 당신은
푸른 별처럼 찬란하게 빛나고 있습니다.
당신은 우주의 아바타(Avatar)이며,
나는 당신과 함께 아주 멀리 갈 것입니다.

대천사 미카엘이시여, 당신은 여기에 함께 하시고,
당신의 빛은 모든 의심과 두려움을 불태웁니다.

당신의 현존은 영원히 내 가까이 있으며,
당신은 나에게 너무나 소중합니다.

2부

1.사랑하는 아스트리아님이시여, 나는 당신께서 나와 내 영향권 안의
모든 사람들을 육화한 타락한 존재들과 세 상위 세계들의 타락한 존재
들에 의해 조종되는 자들로부터 단절하여 자유롭게 해주심을 받아들입
니다.

아스트리아님이시여, 사랑이 가득한 백색의 존재시여,
당신의 현존은 나의 순수한 기쁨입니다.
당신의 검(劍)과 희고 푸른 원주(circle)에 의해,
아스트랄계가 뒤집어져 흩어지고 있습니다.

아스트리아님이시여, 어서 속도를 높이소서.
순수함으로 저를 진동하게 하소서.
빛나는 청백색의 불꽃을 방출하시어,
나의 오라를 진동하는 빛으로 채워주소서.

2.사랑하는 아스트리아님이시여, 나는 당신께서 나와 내 영향권 안의
모든 사람들을 아스트랄계의 타락한 존재들과 악귀들, 실재들로부터
단절하여 자유롭게 해주심을 받아들입니다.

아스트리아님이시여, 격렬한 폭풍은 고요해지고,
순수함은 규범이 됩니다.
기사의 빛나는 갑옷처럼,
나의 오라는 백청색 빛으로 채워집니다.

아스트리아님이시여, 어서 속도를 높이소서.
순수함으로 저를 진동하게 하소서.
빛나는 청백색의 불꽃을 방출하시어,
나의 오라를 진동하는 빛으로 채워주소서.

3.사랑하는 아스트리아님이시여, 당신께서 나와 내 영향권 안의 모든
사람들을 멘탈계의 타락한 존재들과 악귀들로부터 단절하여 자유롭게
해주심을 받아들입니다.

아스트리아님이시여, 속박하는 모든 존재로부터
나를 차단하여 어서 자유롭게 해주소서.
모든 아스트랄 세력을 결박하시어,
내가 반드시 진정한 자유를 찾게 하소서.

아스트리아님이시여, 어서 속도를 높이소서.
순수함으로 나를 진동하게 하소서.
빛나는 청백색의 불꽃을 방출하시어,
나의 오라를 진동하는 빛으로 채워주소서.

4.사랑하는 아스트리아님이시여, 나는 당신께서 나와 내 영향권 안의
모든 사람들을 자의식계의 타락한 존재들과 악귀들로부터 단절하여 자
유롭게 해주심을 받아들입니다.

아스트리아님이시여, 진지하게 촉구 드립니다.
모든 악귀들을 몰아내고 나를 정화시켜 주소서.
그들을 모두 불태우고 나를 더 향상시켜 주소서.
나는 당신의 정화하는 불꽃을 견뎌내겠습니다.

아스트리아님이시여, 어서 속도를 높이소서.
순수함으로 나를 진동하게 하소서.

빛나는 청백색의 불꽃을 방출하시어,
나의 오라를 진동하는 빛으로 채워주소서.

5.사랑하는 아스트리아님이시여, 나는 전쟁을 멈추도록 요청하는 나에
게 복수하기 위해 나와 내 영향권 안의 사람들을 공격하는 아스트랄계
의 타락한 존재들과 악귀들을 당신께서 결박하고 태워버리심을 받아들
입니다.

아스트리아님이시여, 모든 어둠의 영혼들을 결박하시어,
더 이상 내 눈이 멀지 않도록 하소서.
나는 그 영혼과 그의 쌍둥이를 직시하면서,
그리스도의 승리를 성취합니다.

아스트리아님이시여, 어서 속도를 높이소서.
순수함으로 나를 진동하게 하소서.
빛나는 청백색의 불꽃을 방출하시어,
나의 오라를 진동하는 빛으로 채워주소서.

6.사랑하는 아스트리아님이시여, 나는 전쟁을 멈추도록 요청하는 나에
게 복수하기 위해 나와 내 영향권 안의 사람들을 공격하는 멘탈계의
타락한 존재들과 악귀들을 당신께서 결박하고 태워버리심을 받아들입
니다.

아스트리아님이시여, 죽음과 지옥의 에너지들로부터,
나의 모든 세포를 정화해주소서.
내 몸은 이제 자유롭게 성장하고,
각 세포는 내면의 빛을 발산합니다.

아스트리아님이시여, 어서 속도를 높이소서.
순수함으로 나를 진동하게 하소서.

빛나는 청백색의 불꽃을 방출하시어,
나의 오라를 진동하는 빛으로 채워주소서.

7.사랑하는 아스트리아님이시여, 나는 전쟁을 멈추도록 요청하는 나에게 복수하기 위해 나와 내 영향권 안의 사람들을 공격하는 자의식계의 타락한 존재들과 악귀들을 당신께서 결박하고 태워버리심을 받아들입니다.

아스트리아님이시여, 나의 감수성을 맑게 하소서.
순수함 안에서 나는 평화를 발견합니다.
당신이 방출하는 고양된 느낌과
완전한 평화 안에서 나는 공동-창조를 합니다.

아스트리아님이시여, 어서 속도를 높이소서.
순수함으로 나를 진동하게 하소서.
빛나는 청백색의 불꽃을 방출하시어,
나의 오라를 진동하는 빛으로 채워주소서.

8.사랑하는 아스트리아님이시여, 나는 당신께서 내가 지구에서 그들을 제거해달라고 요청하는 것을 공격적으로 방해하고자 하는 악귀들과 타락한 존재들을 결박하고 태워버리심을 받아들입니다.

아스트리아님이시여, 나의 멘탈계를 정화하시고,
내 그리스도 자아가 항상 지휘하게 하소서.
나는 이제 모두의 지고선을 위한 모형(母型)이
어떻게 구현되는지 압니다.

아스트리아님이시여, 어서 속도를 높이소서.
순수함으로 나를 진동하게 하소서.
빛나는 청백색의 불꽃을 방출하시어,

나의 오라를 진동하는 빛으로 채워주소서.

9.사랑하는 아스트리아님이시여, 나는 지구에서 그들을 제거하게 될 승천한 마스터들의 가르침과 도구들을 아무도 사용하지 못하게 막으려는 악귀들과 타락한 존재들을 당신께서 결박하고 태워버리심을 받아들입니다.

아스트리아님이시여, 대단히 명료한 의식으로,
나는 새로운 정체성을 선포합니다.
이제 나는 에테르 청사진을 보며,
깨어난 의식으로 공동-창조를 합니다.

아스트리아님이시여, 어서 속도를 높이소서.
순수함으로 나를 진동하게 하소서.
빛나는 청백색의 불꽃을 방출하시어,
나의 오라를 진동하는 빛으로 채워주소서.

3부

1.성모 마리아님이시여, 나는 당신께서 나와 내 영향권 안에 있는 모든 사람들이 4가지 세계들 안의 악귀들과 타락한 존재들의 공격에 취약하게 만드는 모든 물리적 습관들을 인식하고 초월하도록 도와주심을 받아들입니다.

오, 축복받은 성모 마리아, 나의 어머니시여,
당신의 사랑보다 더 큰 사랑은 없습니다.
우리가 가슴과 마음 안에서 하나가 될 때,
나는 신성한 영단에서 내 자리를 발견합니다.

오, 성모 마리아님시여, 지구를 더 높은
상태로 촉진시키는 노래를 가져오소서.
이제 모든 물질이 빛을 발합니다.

2.성모 마리아님이시여, 나는 당신께서 나와 내 영향권 안에 있는 모
든 사람들이 4가지 세계들 안의 악귀들과 타락한 존재들의 공격에 취
약하게 만드는 모든 감정적 패턴들을 인식하고 초월하도록 도와주심을
받아들입니다.

나는 천상에서 지상으로 보내져,
육신을 입었습니다,
신성한 권한을 당신께 부여하여 요청하오니,
부디 지구를 자유롭게 하소서.

오, 성모 마리아님시여, 지구를 더 높은
상태로 촉진시키는 노래를 가져오소서.
이제 모든 물질이 빛을 발합니다.

3.성모 마리아님이시여, 나는 당신께서 나와 내 영향권 안에 있는 모
든 사람들이 4가지 세계들 안의 악귀들과 타락한 존재들의 공격에 취
약하게 만드는 모든 정신적 환영들을 인식하고 초월하도록 도와주심을
받아들입니다.

나는 이제 신(神)의 신성한 이름으로,
당신께 요청하오니,
당신의 어머니의 화염을 사용하여
두려움에서 나온 에너지를 모두 불태워버리고,
신성한 조화를 회복하소서.

오, 성모 마리아님시여, 지구를 더 높은
상태로 촉진시키는 노래를 가져오소서.
이제 모든 물질이 빛을 발합니다.

4.성모 마리아님이시여, 나는 당신께서 나와 내 영향권 안에 있는 모
든 사람들이 4가지 세계들 안의 악귀들과 타락한 존재들의 공격에 취
약하게 만드는 모든 거짓된 정체감들을 인식하고 초월하도록 도와주심
을 받아들입니다.

　나는 이로써 당신의 신성한 이름을 찬양하오며,
　당신은 집단의식을 끌어 올립니다.
　두려움과 의심과 수치는 더 이상 있을 수 없나니,
　당신의 어머니의 화염으로 그것들을 불태워주소서.

　오, 성모 마리아님시여, 지구를 더 높은
　상태로 촉진시키는 노래를 가져오소서.
　이제 모든 물질이 빛을 발합니다.

5.성모 마리아님이시여, 나는 당신께서 나와 내 영향권 안에 있는 모
든 사람들이 우리가 타락한 존재들이나 다른 사람들과 대립하고 있다
고 생각하는 성향을 인식하고 초월하도록 도와주심을 받아들입니다.

　당신께서 지상에서 모든 어둠을 몰아내고,
　당신의 빛이 거대한 해일처럼 밀려오나니,
　어떤 어둠의 힘도 이제는
　상승나선을 멈출 수 없습니다.

　오, 성모 마리아님시여, 지구를 더 높은
　상태로 촉진시키는 노래를 가져오소서.

이제 모든 물질이 빛을 발합니다.

6.성모 마리아님이시여, 나는 당신께서 나와 내 영향권 안에 있는 모든 사람들이 자신의 신성한 계획을 성취하기 위해 극단주의나 불균형한 생활방식으로 살아야 한다고 생각하는 성향을 인식하고 초월하도록 도와주심을 받아들입니다.

당신께서 모든 정령의 생명들을 축복하고,
인간이 만들어놓은 스트레스를 그들에게서
제거하시니,
이제 자연령들은 자유를 얻어,
신성한 디크리를 실현합니다.

오, 성모 마리아님시여, 지구를 더 높은
상태로 촉진시키는 노래를 가져오소서.
이제 모든 물질이 빛을 발합니다.

7.성모 마리아님이시여, 나는 당신께서 나와 내 영향권 안에 있는 모든 사람들이 전쟁의 세력들에게 에너지를 공급하는 불합리한 사고방식에 빠져 있는 우리의 성향을 인식하고 초월하도록 도와주심을 받아들입니다.

나는 목소리를 높이고 확고한 입장을 취하여
전쟁의 중단을 요구하노니,
다시는 전쟁이 지구에다 상처를 입히지 않을 것이며,
황금시대가 탄생할 것입니다.

오, 성모 마리아님시여, 지구를 더 높은
상태로 촉진시키는 노래를 가져오소서.

이제 모든 물질이 빛을 발합니다.

8.성모 마리아님이시여, 나는 당신께서 나와 내 영향권 안에 있는 모든 사람들이 적을 무찌르기 위해 우리가 더욱 더 극단들로 치닫도록 강요하는 타락한 존재들의 의도를 인식하고 초월하도록 도와주심을 받아들입니다.

어머니 지구가 마침내 자유를 얻을 때,
재난들은 과거의 일이 되나니,
당신의 어머니의 빛이 너무나 강렬해져서
이제 물질의 밀도는 훨씬 낮아집니다.

오, 성모 마리아님시여, 지구를 더 높은
상태로 촉진시키는 노래를 가져오소서.
이제 모든 물질이 빛을 발합니다.

9.성모 마리아님이시여, 나는 당신께서 나와 내 영향권 안에 있는 모든 사람들이 물리적 차원의 불균형으로 이어지는 세 상위체 안의 불균형을 인식하고 초월하도록 도와주심을 받아들입니다.

어머니의 빛 안에서 지구는 순수해지고,
상향나선이 지속될 것이니,
이제 번영은 기본이며,
신의 비전은 구체화됩니다.

오, 성모 마리아님시여, 지구를 더 높은
상태로 촉진시키는 노래를 가져오소서.
이제 모든 물질이 빛을 발합니다.

4부

1.성 저메인님이시여, 나와 내 영향력 범위 안에 있는 모든 사람들의 삶 속으로 막대한 양의 보랏빛 화염을 보내주소서. 물리적 사고나 재난들 또는 우리의 신성한 계획에 장애가 되는 사건들에 대한 카르마적 취약함을 변형시켜주소서.

오, 성 저메인님이시여, 당신은 영감을 부어주시고,
나의 비전은 영원히 더 높이 상승합니다.
나는 당신과 함께 8자 형상의 무한한 흐름을 만들면서,
당신의 황금시대를 공동-창조합니다.

오, 성 저메인님이시여, 당신이 가져오는 사랑은
진실로 모든 물질을 노래하게 하고,
당신의 보라색 불꽃은 모든 것을 회복시킵니다.
당신과 함께 우리는 더 나은 존재가 됩니다.

2.성 저메인님이시여, 나와 내 영향력 범위 안에 있는 모든 사람의 육신 속으로 막대한 양의 보랏빛 화염을 보내주소서. 우리의 신성한 계획에 장애가 되는 물리적 질병 또는 신체적 불균형에 대한 카르마적 취약함을 변형시켜주소서.

오, 성 저메인님이시여, 우리가 당신의 이름을
낭송할 때, 자유의 불꽃이 방출됩니다.
가속화됨은 당신의 선물이고,
그것이 우리의 행성을 확실히 끌어올립니다.

오, 성 저메인님이시여, 당신이 가져오는 사랑은
진실로 모든 물질을 노래하게 하고,
당신의 보라색 불꽃은 모든 것을 회복시킵니다.

당신과 함께 우리는 더 나은 존재가 됩니다.

3.성 저메인님이시여, 나와 내 영향력 범위 안에 있는 모든 사람의 감정체 속으로 막대한 양의 보랏빛 화염을 보내주소서. 감정계의 존재들에게 연관된 모든 카르마와 정서적 불안정과 우울증의 성향을 변형시켜주소서.

오, 성 저메인님이여, 사랑으로 우리는 당신의 보라색
화염을 가져올 우리의 권리를 선포합니다.
그것은 천상의 당신으로부터 우리에게 내려오는,
모든 것을 변형시키는 흐름입니다.

오, 성 저메인님이시여, 당신이 가져오는 사랑은
진실로 모든 물질을 노래하게 하고,
당신의 보라색 불꽃은 모든 것을 회복시킵니다.
당신과 함께 우리는 더 나은 존재가 됩니다.

4.성 저메인님이시여, 나와 내 영향력 범위 안에 있는 모든 사람의 멘탈체 속으로 막대한 양의 보랏빛 화염을 보내주소서. 멘탈계의 존재들에게 연관된 모든 카르마적 인연과 혼란스럽거나 명확성이 부족한 성향을 변형시켜주소서.

오, 성 저메인님시이여, 나는 당신을 너무나 사랑하고,
내 오라는 보라색 광휘로 충만합니다.
내 차크라들이 보라색 불꽃으로 채워지니,
나는 당신의 우주적 증폭기입니다.

오, 성 저메인님이시여, 당신이 가져오는 사랑은
진실로 모든 물질을 노래하게 하고,
당신의 보라색 불꽃은 모든 것을 회복시킵니다.

당신과 함께 우리는 더 나은 존재가 됩니다.

5.성 저메인님이시여, 나와 내 영향력 범위 안에 있는 모든 사람의 자의식체(개성체) 속으로 막대한 양의 보랏빛 화염을 보내주소서. 자의식계의 존재들에게 연관된 모든 카르마적 인연과 광신 또는 폐쇄적인 마음의 성향을 변형시켜주소서.

오, 성 저메인님이시여, 나는 이제 자유로우며,
당신의 보라색 불꽃은 치유술입니다.
마음 안의 모든 장애를 변형시키니,
나는 분명히 내면의 평화를 찾습니다.

오, 성 저메인님이시여, 당신이 가져오는 사랑은
진실로 모든 물질을 노래하게 하고,
당신의 보라색 불꽃은 모든 것을 회복시킵니다.
당신과 함께 우리는 더 나은 존재가 됩니다.

6.성 저메인님이시여, 나와 내 영향력 범위 안에 있는 모든 사람들의 삶 속으로 막대한 양의 보라색 화염을 보내주소서. 우리가 균형 잡힌 길을 가며 안정된 삶을 살지 못하도록 가로막는 카르마적 취약함을 변형시켜주소서.

오, 성 저메인님이시여, 내 몸은 순수해지고,
당신의 보라색 화염은 모든 것을 치유합니다.
모든 질병의 원인을 태워버리니,
나는 완전한 평온함을 느낍니다.

오, 성 저메인님이시여, 당신이 가져오는 사랑은
진실로 모든 물질을 노래하게 하고,
당신의 보라색 불꽃은 모든 것을 회복시킵니다.

당신과 함께 우리는 더 나은 존재가 됩니다.

7.성 저메인님이시여, 나와 내 영향력 범위 안에 있는 모든 사람들의 삶 속으로 막대한 양의 보랏빛 화염을 보내주소서. 우리가 내면의 균형을 유지하면서 승천한 마스터들께 지구에서 전쟁을 제거할 권한을 부여할 수 없도록 가로막는 모든 카르마적 취약함을 변형시켜주소서.

오, 성 저메인님이시여, 나는 카르마에서 자유롭고,
과거는 더 이상 나에게 짐이 아닙니다.
완전히 새로운 기회가 펼쳐지고,
나는 그리스도 신성과 일체가 됩니다.

오, 성 저메인님이시여, 당신이 가져오는 사랑은
진실로 모든 물질을 노래하게 하고,
당신의 보라색 불꽃은 모든 것을 회복시킵니다.
당신과 함께 우리는 더 나은 존재가 됩니다.

8.성 저메인님이시여, 나와 내 영향력 범위 안에 있는 모든 사람들의 삶 속으로 막대한 양의 보랏빛 화염을 보내주소서. 어둠의 세력의 공격이나 에너지들에 대해 우리를 취약하게 만드는 우리 의식 속의 모든 환영을 변형시켜주소서.

오, 성 저메인님이시여, 우리는 이제 하나이고,
나는 당신을 위한 보라빛 태양입니다.
우리가 이 지구 행성을 변형시키니,
당신의 황금시대의 탄생을 가져올 것입니다.

오, 성 저메인님이시여, 당신이 가져오는 사랑은
진실로 모든 물질을 노래하게 하고,
당신의 보라색 불꽃은 모든 것을 회복시킵니다.

당신과 함께 우리는 더 나은 존재가 됩니다.

9. 성 저메인님이시여, 나와 내 영향력 범위 안에 있는 모든 사람들의 삶 속으로 막대한 양의 보랏빛 화염을 보내주소서. 우리의 에너지와 카르마적 취약함을 모두 변형시켜주시어, 우리가 타락한 존재들의 도달 범위 너머로 우리 의식을 가속화시켜 그들이 더 이상 우리를 침해하지 못하게 하소서.

오, 성 저메인님이시여, 지구는 이원성의 무거운
짐에서 벗어나 자유롭습니다.
하나됨 안에서 우리가 최상의 것을 이루니,
당신의 황금시대가 실현됩니다.

오, 성 저메인님이시여, 당신이 가져오는 사랑은
진실로 모든 물질을 노래하게 하고,
당신의 보라색 불꽃은 모든 것을 회복시킵니다.
당신과 함께 우리는 더 나은 존재가 됩니다.

봉인하기

신(神)의 이름으로, 나는 대천사 미카엘과 아스트리아와 시바신께서 나와 모든 건전한 사람들 주위에 뚫을 수 없는 보호막을 형성하시어, 우리를 4가지 세계들 안에 있는 모든 두려움에 기초한 에너지로부터 봉인해주심을 받아들입니다. 또한 나는 신의 빛이 전쟁 배후의 세력들을 구성하는 모든 두려움에 기초한 에너지들을 불태우고 변형시키고 있음을 받아들입니다!

전쟁과 세계경제조작 배후의 영적인 원인 및 그 해법

초판 1쇄 발행 / 2016년 6월 25일

저자 / 킴 마이클즈

옮긴이 / 편집, 번역팀

발행인 / 朴燦鎬

발행처 / 도서출판 은하문명

등록 / 2002년 7월 30일 (제22-723호)

주소 / 서울특별시 종로구 수송동 58번지, 332호

전화 / (02)737-8436

팩스 / (02)737-8486

인터넷 홈페이지(www.ufogalaxy.co.kr)

파본은 서점에서 교환해 드립니다.

가격 24,000원

ISBN: 978-89-94287-14-0 (03230)